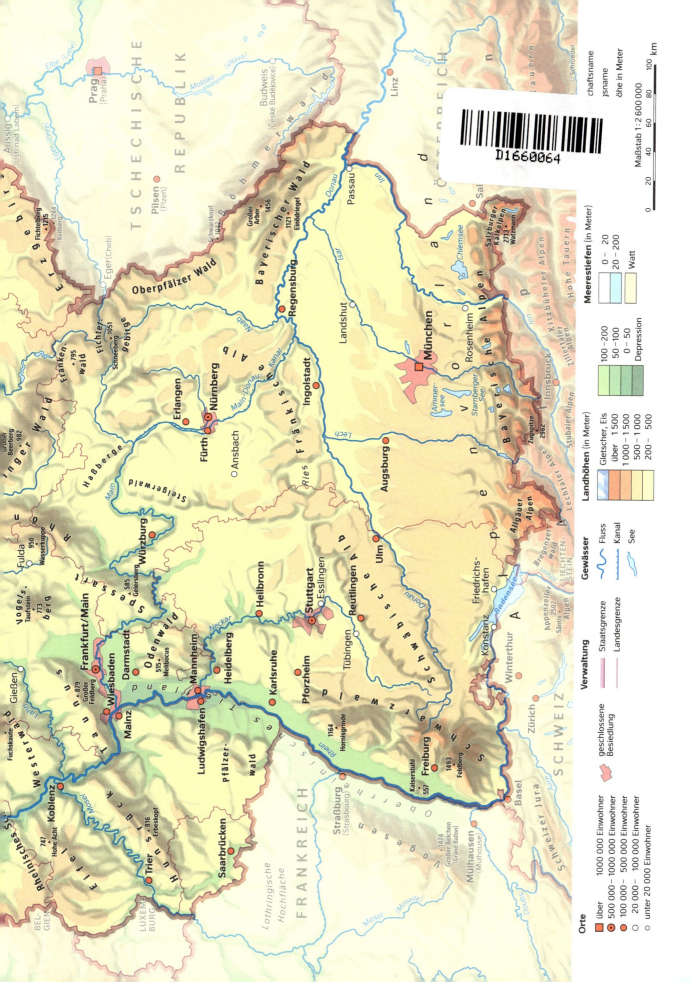

westermann

trio

GESELLSCHAFTSLEHRE

HESSEN

KLASSE 5/6

Moderator
Marco Schreiber

Autorinnen und Autoren
Özlem Barut
Timur Birsin
Julia Diegisser
Susanne Fritsch
Lisa Gehbauer
Dr. Christoph Pilgrim
Marco Schreiber
Roland Struwe

Unter Mitwirkung der Verlagsredaktion

Coverfotos:
Ausschnitt der Korenhalle des Erechtheion (Athen, Griechenland) (links),
Menschenmenge in einem Einkaufszentrum (rechts oben),
Großmutter mit Enkelkind beim Mountainbike-Ausflug im Allgäu (rechts unten)

Mit Beiträgen von:
Matthias Bahr, Philipp Böker, Ulrich Brameier, Kerstin Bräuer, Thomas Braun, Ruwen Bubel, Bernd Dieffenbacher, Joachim Dietz, Christa Forster, Stephanie Fürstenberg, Peter Gaffga, Evelyn Gmach, Cornelia Heindl, Gunnar Hermann, Uwe Hofemeister, Annett Kaldich, Uwe Kehler, Peter Kirch, Peter Köhler, Norma Kreuzberger, Rudolf Kunz, Ute Liebmann, Susanne Markert, Harald Mertins, Martin Mirwald, Jürgen Nebel, Christoph Neudert, Michael Richter, Tammo Rock, Frank Rüther, Marianne Schmidt, Carola Schön, Cathrin Schreier, Karin Schröfel, Astrid Senft, Jürgen Spanger, Marian Teichmüller, Rita Tekülve, Ralf Tieke, Anke Walzer-Mirwald, Oliver Wolf, Hartmann Wunderer, Uta Zierold, Karin Zumpfort

© 2023 Westermann Bildungsmedien Verlag GmbH, Georg-Westermann-Allee 66, 38104 Braunschweig
www.westermann.de

Das Werk und seine Teile sind urheberrechtlich geschützt. Jede Nutzung in anderen als den gesetzlich zugelassenen bzw. vertraglich zugestandenen Fällen bedarf der vorherigen schriftlichen Einwilligung des Verlages. Nähere Informationen zur vertraglich gestatteten Anzahl von Kopien finden Sie auf www.schulbuchkopie.de.

Für Verweise (Links) auf Internet-Adressen gilt folgender Haftungshinweis: Trotz sorgfältiger inhaltlicher Kontrolle wird die Haftung für die Inhalte der externen Seiten ausgeschlossen. Für den Inhalt dieser externen Seiten sind ausschließlich deren Betreiber verantwortlich. Sollten Sie daher auf kostenpflichtige, illegale oder anstößige Inhalte treffen, so bedauern wir dies ausdrücklich und bitten Sie, uns umgehend per E-Mail davon in Kenntnis zu setzen, damit beim Nachdruck der Verweis gelöscht wird.

Druck A[1] / Jahr 2023
Alle Drucke der Serie A sind im Unterricht parallel verwendbar.

Redaktion: Jasmin Repplinger (Lektorat Eck, Berlin)
Druck und Bindung: Westermann Druck GmbH, Georg-Westermann-Allee 66, 38104 Braunschweig

ISBN 978-3-14-112452-1

Inhaltsverzeichnis

1 Gesellschaftslehre – unser neues Fach 8

Gesellschaftslehre – unser neues Fach 10
AKTIV Jeder Mensch hat eine Geschichte – mein Zeitstrahl 12
METHODE Wir zeichnen einen Zeitstrahl 13
AKTIV Was ist sonst auf der Welt passiert? – Der historische Zeitstrahl 14
METHODE Wir recherchieren im Internet 15
AKTIV Geographie: Erkunde deinen Wohnort 16
METHODE Plakate und Wandzeitungen erstellen 17
Wir beschreiben unseren Schulweg 18
Politik ist überall 20
Mitbestimmung in der Schule 22
Verantwortung übernehmen – Klassensprecher und Klassendienste 23
AKTIV Der Klassenrat 24
Himmelsrichtungen – die richtige Richtung finden 26
Wir arbeiten mit dem Atlas 28
Verschiedene Kartenarten 29

2 Kinderwelten 30

Ich und die anderen 32
Jeder gehört dazu – Zusammenleben mit einer Behinderung 34
Zusammenleben braucht Regeln 36
Gegen jede Regel: körperliche und seelische Gewalt 38
Konflikte sind normal – Aber wie löse ich sie? 40
Familienleben – welche Bedeutung hat Familie? 42
Familie ist nicht gleich Familie 44
METHODE Arbeiten mit Schaubildern und Diagrammen 45
Und wie viele Elternteile hast du? 46
Bunt wie der Regenbogen – Die Vielfalt der Liebe 48
Wer ist der Chef im Haus? – Rollenbilder im Wandel 50
METHODE Karikatur-Analyse 51
Erziehung im Wandel 52
Kinderrechte weltweit 54
Kinder in Armut 56
Warum verlassen Menschen ihre Heimat? 58
Wie bunt ist Deutschland? 60
ALLES KLAR? Üben und Anwenden 62

3 Orientierung auf der Erde 64

Unser Platz im Weltall 66
EXTRA Unser Sonnensystem – immer in Bewegung 68
Die Erde – der Blaue Planet 70
Rekorde der Erde 72
EXTRA Seefahrer entdecken die Welt 74
Wir orientieren uns mit dem Stadtplan 76
METHODE Wir erstellen eine Kartenskizze 78
Wie kommt der Berg auf die Karte? 80
AKTIV Wir suchen einen Schatz 81

Der Maßstab	82
METHODE Wir bestimmen Entfernungen in Karten	83
Das Gradnetz der Erde	84
Lage eines Ortes im Gradnetz	86
METHODE Die Lage eines Ortes im Gradnetz bestimmen	87
ALLES KLAR? Üben und Anwenden	88

4 Mensch und Natur   90

Orientierung in der Geschichte	92
Spuren der Geschichte	94
Die Menschen in der Altsteinzeit	96
Die Menschen in der Jungsteinzeit	98
Vergleich von Alt- und Jungsteinzeit	100
Erfindungen verändern das Leben in der Jungsteinzeit	102
Eisenzeit – Metalle verändern die Welt	104
Die Landwirtschaft früher und heute 1: Jungsteinzeit bis Mittelalter	106
Die Landwirtschaft früher und heute 2: Industrialisierung bis heute	108
Woher kommen unsere Nahrungsmittel?	110
EXTRA Was ist Landwirtschaft?	112
Landwirtschaft in Hessen	113
Ein konventioneller landwirtschaftlicher Betrieb stellt sich vor	114
Ein ökologisch wirtschaftender Betrieb stellt sich vor	116
Wetter und Klima	118
ALLES KLAR? Üben und Anwenden	120

5 Orientierung in Hessen und Deutschland   122

Wir planen eine Klassenfahrt. Ziel: Hessen	124
Unterschiede zwischen einem Leben in der Stadt und auf dem Land	126
EXTRA Wo leben die Menschen in Hessen heute und in der Zukunft?	127
Aufgaben einer Stadt	128
Stadt und Umland ergänzen sich	130
METHODE Wir arbeiten mit Modellen	131
Die Bundesrepublik Deutschland	132
Ein Flug über Deutschland	134
ALLES KLAR? Üben und Anwenden	138

6 Leben in Extremräumen   140

AKTIV Leben in extremen Räumen	142
Temperaturunterschiede auf der Erde	144
Die Klimazonen der Erde	146
METHODE Wir zeichnen Klimadiagramme und werten sie aus	148
Im tropischen Regenwald	150
Der tropische Regenwald – ein ganz besonderer Wald	152
Leben im und mit dem Regenwald – die Yanomami	154
Wandern, um zu überleben	156
EXTRA Wanderfeldbau	157

Zerstörung des tropischen Regenwaldes	158
Die Polargebiete	160
Das Leben der Inuit früher	162
Inuit heute – Leben zwischen Tradition und Moderne	164
Mit dem Geländewagen durch die größte Wüste der Welt	166
Leben in der Wüste	168
EXTRA Überlebenskünstler in der Wüste	169
METHODE Ein Bild beschreiben und auswerten	170
Ägypten – eine Flussoase	172
METHODE Einen Steckbrief für einen Ort oder eine Region erstellen	173
Die Entstehung einer Hochkultur	174
Nutzbarmachung des Nil durch Bewässerungstechnik	176
Entwicklung einer Gesellschaft	178
Die Spitze der Gesellschaftsordnung: der Pharao	179
Gruppenarbeit: Beamte, Bauern und Handwerker	180
Wissenschaft im alten Ägypten	182
Pyramiden als Grabstätte der Pharaonen	184
Glaube im alten Ägypten	186
ALLES KLAR? Üben und Anwenden	188

7 Antikes Griechenland 190

Die Hellenen besiedeln Griechenland	192
Neue Städte in fernen Regionen – die griechische Kolonisation	193
Glauben im alten Griechenland	194
Die Olympischen Spiele	196
METHODE Eine Textquelle analysieren	197
Die Gesellschaft der Polis Athen	198
Athens Weg zur Demokratie	200
Die Volksversammlung der Polis Athen	202
EXTRA Die erste Demokratie der Welt – wie lief eine Volksversammlung ab?	204
Sparta – ein Staat der Krieger	206
Erziehung in Sparta	208
Erziehung in Athen	209
EXTRA Alexander der Große – bis ans Ende der Welt?	210
Spuren der Griechen heute	212
ALLES KLAR? Üben und Anwenden	214

8 Konsum und Nachhaltigkeit 216

Ich will das! Und das! Und das!	218
Werbung überall	220
Wie viel Einfluss haben Influencer?	222
Güter sind begrenzt	224
Ohne Moos nix los – das Geld	225
Auf dem Markt entsteht der Preis	226
Wer die Wahl hat, hat die Qual	228
AKTIV Wir erstellen Wandzeitungen oder Lapbooks	230

Woher kommen unsere Erdbeeren?	232
Fischfang und Fischzucht	234
Schokolade aus Westafrika	236
Hightech-Landwirtschaft unter Glas	238
Essen im Eimer	240
Unser Abfallberg	242
Wie wird unser Energiehunger gestillt?	244
Auf Kosten des Planeten	246
ALLES KLAR? Üben und Anwenden	248

9 Rom – Weltmacht der Antike 250

Rom – Vom Dorf zur Großmacht	252
METHODE Auswerten von Geschichtskarten	254
Das römische Heer	256
Die Punischen Kriege	258
Herrschaft im antiken Rom	260
Das Ende der Römischen Republik – Beginn der Kaiserzeit	261
Wohnen im antiken Rom	262
Freizeit und Vergnügen	264
Sklaverei in Rom	265
Die „familia"	266
Schule im Alten Rom	267
Die Germanen: viele Stämme – eine Kultur	268
Handel über die Grenzen hinaus	270
Der Einfluss der römischen Kultur	272
AKTIV Den Römern auf der Spur – ein Museum besuchen	273
Die Anfänge des Christentums	274
Das Ende des Römischen Reiches	276
ALLES KLAR? Üben und Anwenden	278

10 Urlaub in Deutschland und Europa 280

Urlaub an den Küsten Deutschlands	282
Urlaub an Nord- und Ostsee	284
Warum verschwindet das Meer?	286
Ein Ausflug ins Wattenmeer	288
Urlaubsregion Alpen	290
Die Alpen – vom Tal zum Gipfel	291
So nutzt der Mensch die Höhenstufen der Alpen	292
EXTRA Rettung in den Alpen	293
Wandel in den Alpen	294
Gefährdet der Tourismus die Alpen?	296
Urlaub am Mittelmeer	298
Europa im Überblick	300
Badeurlaub auf der Insel Mallorca	302
ALLES KLAR? Üben und Anwenden	304

Anhang	**306**
Starthilfen	306
Operatoren	312
Minilexikon	313
Bildquellenverzeichnis	319

Tipps zur Arbeit mit dem Buch

AUFGABEN

1* *Ein Stern vor einer Aufgabe sagt euch, dass es eine Starthilfe gibt, die euch beim Lösen der Aufgabe hilft (siehe S. 306 ff).*
2 *Grüne Aufgaben findet ihr auf den Extra-Seiten oder diese weisen auf die Erarbeitung vertiefender Inhalte hin.*
3 *Orange Aufgaben sind aufwendiger oder du benötigst weitere Materialien, z. B. aus dem Internet.*

Weil manche Begriffe besonders wichtig sind, werden sie im Text fett hervorgehoben: Die Erklärungen zu den Begriffen findest du entweder in einer Box auf der Seite oder im Minilexikon im Anhang (ab S. 313).

M 3 Wichtige Begriffe: Grundbegriffe und Fachbegriffe

Die Sonderseiten und besondere Materialkästen
Manchmal gibt es in deinem Schulbuch verschiedene farbig markierte Sonderseiten und Boxen, so wie hier:

Auf manchen Seiten im Buch findest du ganz unten Atlas- 100389-030-1 schueler.diercke.de links. Sie stehen meist auf der linken Schulbuchseite. Schau nach, ob du folgenden Atlaslink auf dieser Doppelseite findest:
Die Zahl **100389** verweist auf den Atlas, auf den sich der Link bezieht. Die **030** meint Seite 30 im Atlas. Auf *www.schueler.diercke.de* findest du weitere Informationen zur Karte sowie Zusatzmaterial, wie zum Beispiel Animationen und Rätsel.

M 1 Atlaslinks

METHODE
Auf diesen Seiten lernst du wichtige Methoden kennen und wendest sie an. Mit Methoden sind besondere Arbeitstechniken gemeint. Sie helfen dir dabei, eigenständig arbeiten zu können.

AKTIV
Auf diesen Seiten ist Handeln angesagt. Hier wirst du aktiv und gestaltest selbst etwas zu einem Thema. Du führst einen Versuch durch oder informierst dich vor Ort über etwas. Neben den AKTIV-Seiten kommen zahlreiche AKTIV-Kästen in deinem Buch vor.

Auf manchen Seiten gibt es zusätzlich QR-Codes, die du mit einem Smartphone oder Tablet einscannen kannst. Hier findest du weitere zum Thema passende digitale Ergänzungen, wie zum Beispiel Videos. Zugehörige Aufgaben sind dabei mit dem Digital+-Zeichen gekennzeichnet.
Eine weitere Möglichkeit, um diese Inhalte einsehen zu können, sind Web-Codes. Sie befinden sich neben den QR-Codes. Gib den Code, z. B. WES-112452-007, auf
www.westermann.de/webcode ein.

  Digital+
WES-112452-007

M 2 QR-Codes

EXTRA
Auf den EXTRA-Seiten findest du Inhalte, die ergänzende Informationen zu einem Thema liefern oder Inhalte vertiefen. Wie schon bei den Aktiv-Seiten gibt es im Buch auch kleinere EXTRA-Kästen wie diesen hier.

ALLES KLAR
Am Ende des Kapitels kannst du das vorher erworbene Wissen noch einmal anwenden und überprüfen, ob du alles verstanden hast. Außerdem werden wichtige Grundbegriffe nochmals aufgelistet. Diese solltest du kennen und erklären können.

Gesellschaftslehre – unser neues

Fach

Gesellschaftslehre – unser neues Fach

In deiner neuen Schule ist einiges anders als in der Grundschule. Aus der Grundschule kennst du das Fach Sachkunde. An deiner neuen Schule heißt dieses Fach Gesellschaftslehre (GL). Es verbindet drei Fächer. Daher heißt dein Buch auch „Trio".
Die Fächer heißen: Geschichte, Geographie (Erdkunde) und Politik und Wirtschaft (PoWi). Alle drei Fächer beschäftigen sich mit uns Menschen und unserem Lebensraum. Jedes Fach hat dabei seine eigenen Fragen.

M1 Burg Ronneburg

Geschichte

Im Fach Geschichte geht es um die Vergangenheit der Menschen. Am Beispiel der Burg Ronneburg können geschichtliche Fragen sein:
- Wann lebten dort Menschen?
- Wer lebte dort?
- Wie lebten die Menschen auf einer Burg?
- Wie ernährten sie sich?
- Wovon lebten sie?
- Woran glaubten sie?

Für die Antworten dazu arbeitest du mit Texten, Karten und Bildern. Auch Besuche in Museen oder alten Gebäuden vor Ort gehören dazu.

Geographie (Erdkunde)

Im Fach Geographie geht es um unseren Planeten Erde und darum, wie wir Menschen mit ihm umgehen. Am Beispiel der Region um Ronneburg können geographische Fragen sein:
- Wo liegt die Ronneburg?
- Welches Klima herrscht dort?
- Was liegt unter der Ronneburg?
- Was wird in der Gegend angebaut?
- Wie wirkt sich der Anbau auf die Umwelt aus?

Um auf diese Fragen Antworten zu erhalten, arbeitest du mit Karten, Diagrammen und Texten. Auch hier gehören Besuche vor Ort dazu.

Politik und Wirtschaft (PoWi)

Im Fach PoWi geht es um unser Zusammenleben, vor allem in der Gegenwart. Typische Fragen sind:
- Welche Rechte und Pflichten hast du?
- Welche Meinung hast du zu bestimmten Themen?
- Wie kannst du etwas beeinflussen und verändern?
- Was ist gerecht? Was ist ungerecht?

Zu diesen Fragen arbeitest du vor allem mit Texten und Schaubildern aus Büchern, aus dem Internet, aus Zeitungen und mit Umfragen.

M2 Typische Fragen und Arbeitsmaterialien des Fachs Gesellschaftslehre

Gesellschaftslehre – unser neues Fach

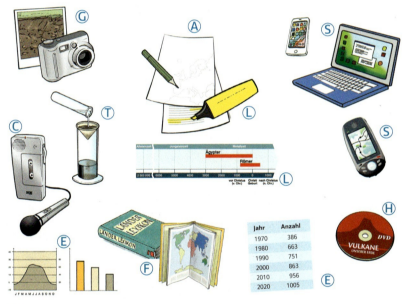

M 3 Fragen der drei GL-Fächer zum Thema Pizza

M 4 Arbeitsmittel und Methoden im GL-Unterricht

(G) Fotografieren und Bilder auswerten
(?) Tabellen auswerten
(?) Orientieren im Gelände
(?) Diagramme auswerten
(?) Zeitleisten anlegen
(?) Texte und Quellen markieren und auswerten
(?) Internet zum Informieren nutzen
(?) Interviews durchführen und Zeitzeugen befragen
(?) Filme auswerten
(?) Kartenskizzen zeichnen
(?) Atlas und Lexikon benutzen
(?) Versuche durchführen

M 5 Typische Arbeitsweisen im Fach Gesellschaftslehre

AUFGABEN

1. Erkläre, warum dein GL-Buch „Trio" heißt.
2. Was weißt du schon zu den Fragen der drei Fächer (M1, M2)? Tausche dich mit deinem Nachbarn aus, schreibt eure Antworten auf und stellt sie der Klasse vor.
3. Die Bilder in M4 haben Buchstaben. Ordne diese Buchstaben den Arbeitsweisen in M5 zu. Von oben nach unten gelesen erhältst du ein Lösungswort.
4. a) Welche Fragen stellen sich Geschichte, Geographie sowie Politik und Wirtschaft am Beispiel der Pizza? Erstelle eine Tabelle mit drei Spalten und den Fächern als Überschrift. Trage die Fragen aus M3 ein.

AKTIV

Jeder Mensch hat eine Geschichte – mein Zeitstrahl

Nicht nur einzelne Völker wie die alten Ägypter, die alten Griechen oder die alten Römer haben eine Geschichte, sondern auch jeder einzelne von uns hat eine eigene Geschichte. Der Unterschied liegt darin, was wir erzählen. Bei den Ägyptern schaust du im Kapitel „Leben in Extremräumen" darauf, wie sie es geschafft haben zu überleben und sogar große Städte in einem Gebiet zu bauen, in dem es sehr trocken ist. Welche Berufe gab es, wer hatte das Sagen? Woran glaubten die Ägypter? Schaust du auf deine eigene Geschichte, fallen dir persönliche Dinge ein: deine eigene Geburt, die Geburt deiner Geschwister, ein Umzug, deine Einschulung, eine Reise, dein Eintritt in einen Sportverein.

Diese Ereignisse kannst du auf einem Zeitstrahl zeitlich sortiert darstellen, z. B. um sie deinen Mitschülerinnen und Mitschülern zu zeigen.

Dein Zeitstrahl wird aus zwei Teilen bestehen, einem oberen Teil mit deiner persönlichen Geschichte und einem unteren Teil mit Ereignissen aus aller Welt, die gleichzeitig zu Ereignissen deines Lebens passiert sind. Auf dieser Doppelseite zeigen wir dir zunächst, wie du den oberen Teil zeichnen und gestalten kannst.

Vorbereitung:

1. Ideen sammeln mit einer Mindmap
Welche Ereignisse fallen dir ein, wenn du an deine eigene Geschichte denkst? Zeichne zunächst eine Mindmap. In die Mitte schreibst du „Meine eigene Geschichte". Darum herum schreibst du alle Ereignisse, die du wichtig findest und die du anderen erzählen willst. Formuliere deine Ereignisse stichpunktartig.

2. Das Datum eines Ereignisses bestimmen
Wann sind die Ereignisse passiert? Nimm einen Stift in einer andere Farbe und ergänze die Daten an deinen Ereignissen, z. B. dein Geburtsdatum beim Ereignis „meine Geburt".

3. Passende Quellen auswählen
Welche **Quellen** gibt es zu deinen Ereignissen? Was sind überhaupt Quellen und welche gibt es?
Für diesen Schritt brauchst du die Hilfe deiner Eltern. Wenn du nun Ideen hast, welche Quellen am besten zu deinen Ereignissen passen, dann schreibe mit einer dritten Farbe die Art der Quelle zu dem passenden Ereignis und der Jahreszahl auf deiner Mindmap.

M1 Erste Schritte einer Mindmap

INFO

Was sind Quellen?
Eine Quelle ist eigentlich der Ursprung eines Flusses. In GL sind Quellen Dinge, die uns helfen, die Vergangenheit zu erforschen. Das können ganz unterschiedliche Gegenstände sein.
- Sachquellen (Werkzeuge, Spielzeug, Münzen, Schmuck, Knochen, Abfälle)
- Bildquellen (Foto, Gemälde, Höhlenmalerei)
- Textquellen (Buch, Ausweis, Karte, Brief, Erzählungen von Zeitzeugen)

Gesellschaftslehre – unser neues Fach

METHODE

Wir zeichnen einen Zeitstrahl

1. **Schritt: Material vorbereiten**
- Du benötigst: ein Blatt Papier, Bleistift, Lineal, Radiergummi, Farbstifte, Schere, Klebestift.
- Halte deine Notizen und Materialien (Bilder, kurze Texte) zu den Informationen, die auf dem Zeitstrahl eintragen werden sollen, bereit.

2. **Schritt: Probe legen**
- Lege das Blatt im Querformat vor dich hin.
- Bevor du mit dem Zeichnen beginnst, verteilst du deine Materialien oben auf dem Blatt, um zu sehen, wie viel Platz sie einnehmen. Verteile sie von links nach rechts in der Reihenfolge ihres Alters. Das älteste Ereignis liegt dabei links.

3. **Schritt: Pfeil zeichnen**
- Zeichne mithilfe des Lineals mit dem Bleistift einen Blockpfeil quer über das Blatt. Er sollte mindestens 2 cm dick sein, damit du später die Jahreszahl noch lesbar reinschreiben kannst.
- Unterteile den Blockpfeil mit Querstrichen für die Jahresangaben.
- Beschrifte die Querstriche mit den Jahreszahlen. Beginne ganz links.

4. **Schritt: Ereignisse eintragen**
- Trage die Ereignisse am Zeitstrahl an der jeweiligen Jahreszahl ein. Schreibe dazu das Datum und das Ereignis in Stichwörtern. Beginne links auf deinem Zeitstrahl.
- Klebe deine Quellen auf und verbinde sie durch einen Pfeil mit den dazugehörigen Jahreszahlen.

Hinweise für deinen persönlichen Zeitstrahl

zum 1. Schritt
Für deinen persönlichen Zeitstrahl nimmst du am besten ein Blatt Papier der Größe A3. Halte deine Mindmap (M1) als Hilfestellung bereit. Erstelle von deinen Quellen Kopien und verkleinere sie, falls nötig.

zum 2. Schritt
Beachte, dass der Pfeil später in die Mitte des Blattes gezeichnet werden soll und deine Quellen nur oberhalb des Pfeil aufgeklebt werden. Die untere Hälfte bleibt erst einmal frei.

zum 3. Schritt:
- Für deinen persönlichen Zeitstrahl auf dem A3-Blatt kannst du den Pfeil 35 cm lang zeichnen.
- Unterteile den Blockpfeil alle 3,5 cm mit Querstrichen.
- Beginne bei der Beschriftung ganz links mit dem Jahr deiner Geburt. Wie in M1 kannst du die Jahreszahlen in den Blockpfeil schreiben.

zum 4. Schritt:
- Übertrage deine Ereignisse der Mindmap in deinen Zeitstrahl.

M 3 Hilfe bei der Gestaltung

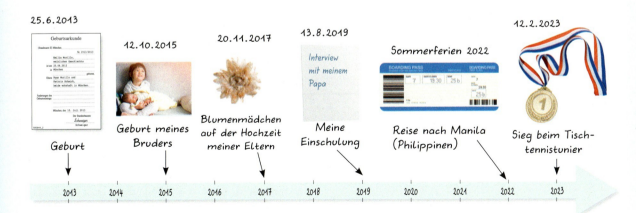

M 2 Zeitstrahl

AKTIV

Was ist sonst auf der Welt passiert? – Der historische Zeitstrahl

Während du zur Welt kamst, laufen und schreiben lerntest, passierten eine ganze Menge anderer Dinge in der Welt. Vielleicht feierte am Tag deiner Geburt eine berühmte Sängerin ihren Geburtstag? Vielleicht gewann am Tag deiner Einschulung dein Lieblingssportverein eine Meisterschaft? Vielleicht begann in demselben Jahr, in dem du schwimmen lerntest, die Corona-Pandemie? Wenn ein Jahr zu Ende geht, blicken die Menschen zurück, um zu bewerten, was gut war und was ihnen Sorgen bereitet hat.

Im Fernsehen und im Internet gibt es am Ende des Jahres oft sogenannte Jahresrückblicke. Darin wird an Ereignisse aus der Politik, der Wirtschaft, der Umwelt, des Sports, der Wissenschaft und Kultur erinnert, an Ereignisse, die in dem Jahr die Nachrichten bestimmten. Den Zeitstrahl über deine eigene Geschichte kannst du mit diesen wichtigen Ereignissen aus aller Welt ergänzen. Dabei hilft zum Beispiel die Suche im Internet.

Arbeitsschritte:

1. Recherchiere zu jedem Ereignis deines eigenen Zeitstrahls zwei Ereignisse aus den folgenden Bereichen: Politik, Wirtschaft, Umwelt, Sport, Wissenschaft, Kultur. Die Ereignisse können aus demselben Jahr oder von demselben Tag sein. Du kannst für deine Suche im Internet suchen. Die Schrittfolge auf S. 15 kann dir helfen.

2. Ergänze unterhalb deines Zeitstrahls deine von dir ausgewählten Ereignisse aus dem Weltgeschehen. Falls du noch Platz auf deinem Blatt hast, kannst du auch noch passende Bilder dazukleben.

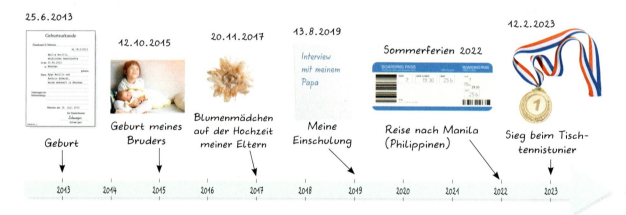

M1 Zeitstrahl mit Ergänzung aus dem Weltgeschehen

Gesellschaftslehre – unser neues Fach

METHODE

Wir recherchieren im Internet
Deinen Zeitstrahl wollen wir mit Informationen aus dem Weltgeschehen ergänzen. Dazu suchst du Ereignisse aus Politik, Wirtschaft, Umwelt, Sport, Wissenschaft und Kultur zu den bestimmten Jahren jeweils zwei Ereignisse aus.

1. Schritt: Thema klären
Für eine Internetrecherche ist es wichtig, genau zu wissen, wonach man sucht.
Beispiel: Wenn du einen Vortrag über ein Land halten sollst, musst du dir überlegen, über welche Aspekte du sprechen möchtest.

2. Schritt: Schlüsselbegriffe verwenden
Für die Suche nach speziellen Informationen arbeitest du am besten mit Schlüsselbegriffen. Beispiel: Deutschland, Einwohnerzahl, Naturraum ...
Nutze für die Suche im Internet eine Suchmaschine. Suchmaschinen für Kinder sind leichter zu nutzen und leiten dich auf Webseiten, die für Kinder geeignet sind.

3. Schritt: Suchen und sortieren
Wenn du mehrere Quellen gefunden hast, sortiere sie nach dem Nutzen für dich. Was ist nützlich, was ist zu speziell, was ist allgemein gültig?

4. Schritt: Das Wesentliche herausarbeiten
Erarbeite die wesentlichen Punkte zu deinem Thema und notiere unbedingt die Quelle, also den Namen der Internetseite oder speichere die URL.

INTERNET

Suchmaschinen für Kinder bieten leichter verständliche, dafür aber auch weniger Suchergebnisse an. Beispiele sind:
- www.blinde-kuh.de
- www.fragfinn.de

Einige Internetseiten bieten direkt die Informationen zu zahlreichen Themen, wie z.B.:
- www.helles-koepfchen.de
  → Auswahl von Themen
- www.planet-wissen.de → Auswahl von Themen
- www.klexikon.de → Internet-Kinderlexikon

Hinweise für die Ergänzung deines persönlichen Zeitstrahls

zu 1. Schritt
Für deinen persönlichen Zeitstrahl suchst du nach bedeutenden Ereignissen aus Politik, Wirtschaft, Umwelt, Sport, Wissenschaft und Kultur. Die Ereignisse müssen aus den Jahren der Ereignisse sein, die auf deinem eigenen Zeitstrahl stehen. Jahresrückblicke können dir helfen.

zu 2. Schritt
Als Hilfe kannst du die Begriffe aus den Wortfeldern nutzen. Kombiniere nacheinander deine Begriffe und Jahreszahlen. Beispiel: Gib in die Suchleiste der Suchmaschine dein Geburtsjahr und das Schlagwort „Deutscher Meister" ein. Oder du kombinierst ein ausgewähltes Jahr mit dem Suchwort „wichtigste Ereignisse".

zu 4. Schritt
Notiere dir die besonderen Ereignisse zu deinen Jahreszahlen. Du kannst auch Bilder für deinen Zeitstrahl ausdrucken und dort ergänzen. Achte dabei auf die Größe, damit alles auf dein Blatt passt.

M2 Hilfe bei der Gestaltung

Politik
Kanzler, Präsident, neue Amtszeit, Wahl, Friedensnobelpreisträger, Krieg, USA, China, Russland ...

Wirtschaft
reichster Unternehmer, wertvollstes Unternehmen, Videospielkonsole, neuste Erfindungen, Steuern, Taschengeld ...

Sport
Olympia, Olympiasieger, Formel 1, Reitsport, Deutscher Meister, Sportler des Jahres ...

Kultur und Unterhaltung
Charts, Oscar, Serienstart, Emmy-Gewinner, GNTM-Gewinner, beliebtestes Spiel / Onlinegame, Hochzeit berühmter Leute ...

M3 Wortfelder für deine Suche

AKTIV

Geographie: Erkunde deinen Wohnort

Geographie bedeutet wortwörtlich, die Erde zu beschreiben. Und damit beschäftigen sich Geographinnen und Geographen auch: Sie beschreiben, wie die Erde aussieht: ihre Oberfläche, der Boden, die Gesteine, die Städte und Dörfer. Sie interessiert, wie Naturkräfte die Erde im Lauf ihrer etwa 4,6 Milliarden Jahre verändert haben, aber auch, wie der Mensch die Erde beeinflusst. Nun kannst du selbst wie ein Geograph die Gegend, in der du lebst, erkunden. Deine Ergebnisse stellst du anschließend deiner Klasse vor. Bei dieser Erkundung machst du die Lage eines Ortes ausfindig, findest heraus, wo die Menschen wohnen, wo und was sie arbeiten, was sie in ihrer Freizeit machen und wie sie selbst über ihren Wohnort denken. Manche Aufgaben kannst du in der Klasse bearbeiten, für andere musst du rausgehen und die Orte aufsuchen.

METHODE

Plakate und Wandzeitungen erstellen

Überlegt zuerst, welche Funktion das Plakat oder die Wandzeitung hat:
Plakate sollen schon von Weitem lesbar sein. Deshalb muss die Schrift groß sein, weswegen nur wenig Text auf ein Plakat passt. Daher werden nur Stichwörter und Halbsätze verwendet und keine Fließtexte.
Bei einer Wandzeitung tritt der Betrachter näher heran. Nur die Überschriften müssen groß geschrieben werden. Die Stichworte und Texte können kleiner sein.

1. Schritt: Thema festlegen
Finde eine passende Überschrift für dein Thema und Teilüberschriften für die jeweiligen Unterpunkte.

2. Schritt: Material beschaffen
Stelle wichtige Informationen aus den Materialien zusammen. Wähle aussagekräftige Überschriften und Fotos aus, die die Aufmerksamkeit der Betrachter erregen. Nutze verschiedene Darstellungsformen wie Zeichnungen, Tabellen und Grafiken, um dein Plakat abwechslungsreich zu gestalten.

3. Schritt: Beiträge erstellen
Fasse wichtige Informationen in Stichwörter zusammen oder schreibe kurze, klar verständliche Texte. Erstelle Abbildungen und Zeichnungen.

4. Schritt: Plakat erstellen
Lege die erstellten Texte und Abbildungen probeweise auf dein Blatt. Probiere verschiedene Varianten aus, um die beste Aufteilung auszuwählen.

- Ortsplan, Stadtplan oder digitale Karte
- Smartphone für Interviews und Fotos
- Klemmbrett mit Papier
- Bleistift und Stift
- Schulatlas
- GL-Hefter

M1 Deine Arbeitsmaterialien

Checkliste zur Gestaltung
- Gestaltet das Plakat oder die Wandzeitung übersichtlich. Überlegt euch vorher eine sinnvolle Struktur.
- Arbeitet mit verschiedenen Farben.
- Formuliert kurze, aber verständliche Stichpunkte statt langer Fließtexte. Verwendet dafür eure eigenen Worte.
- Verwendet große Bilder, die von Weitem das Interesse wecken; lieber wenige große als viele kleine Bilder.
- Gebt jedem Bild auch eine Bildunterschrift.
- Schreibt ganz klein unter die Fotos, woher ihr diese habt (z. B. Quelle: www.planet-wissen.de).

M2 Nützliche Hinweise

Deine Wohnumgebung

Hierfür musst du deinen Wohnort direkt aufsuchen. Du benötigst ein Smartphone für Fotos sowie dein Klemmbrett mit Papier und Stift, um Skizzen zu zeichnen.
- Wie sieht dein Haus aus?
- Wie viele Stockwerke hat es?
- Wie viele Wohnungen gibt es in deinem Haus?
- Wie viele Häuser stehen in deiner Straße?
- Welche Geschäfte gibt es in deiner Straße?
- Wie lange läufst du zum nächsten Bäcker und zum nächsten Supermarkt?
- Wie lange läufst du zum nächsten Spielplatz?
- Wie lange dauert dein Weg zur Schule?
- Welche Verkehrsmittel benutzt du?

Bewohner in deinem Wohnort

Hierfür musst außerhalb der Schule arbeiten. Dafür benötigst du ein Aufnahmegerät. In der Schule solltest du die Fragen aufschreiben.
- Befrage mindestens fünf Personen, warum sie hier leben.
- Was schätzen sie besonders an ihrem Wohnort? Was vermissen sie?
- Befrage eine Person, die schon lange in deinem Ort lebt, und frage sie nach den Veränderungen im Ort.

Die Lage deines Wohnortes in der näheren und weiteren Umgebung

Diese Aufgabe kannst du in der Klasse bearbeiten. Dazu benötigst du einen Schulatlas, einen Stadtplan und deinen GL-Hefter.
- Wie heißt der Ort, in dem du wohnst?
- Wie lautet deine Adresse?
- Wie heißt der Orts- oder Stadtteil, in dem du wohnst?
- In welcher Himmelsrichtung liegt dein Haus von der Mitte des Ortes aus gesehen?
- In welchem Bundesland liegt dein Wohnort? In welcher Himmelsrichtung liegt dein Wohnort von der Mitte des Bundeslandes aus gesehen?
- Welches Gewässer und welches Gebirge liegen in der Nähe deines Wohnortes?
- Wie viele Einwohner hat dein Wohnort und welche Fläche hat er?
- Wie heißt die Hauptstadt deines Bundeslandes und wie weit ist dein Wohnort davon entfernt?

Freizeit
- Wo triffst du dich mit Freunden?
- Was kann man in der Freizeit oder in den Ferien in deinem Ort machen?
- Welche Orte magst du gar nicht?

Betriebe, Fabriken, Büros

- Welche Betriebe, Geschäfte, Praxen oder Werkstätten gibt es in deinem Wohnumfeld?
- Welche Berufe werden dort ausgeübt?

AUFGABEN

1. *Wähle von den fünf Themen auf dieser Seite mindestens drei aus und erkunde deinen Wohnort. Du kannst auch eigene Ideen zur Erkundung umsetzen.*
2. *Gestalte eine Wandzeitung oder ein Plakat mit deinen Ergebnissen.*
3. *Stellt eure Ergebnisse eurer Klasse vor.*

Wir beschreiben unseren Schulweg

Lara geht seit Beginn des neuen Schuljahres in die fünfte Realschulklasse der Eichendorffschule in Kelkheim. Im GL-Unterricht sollen die Kinder eine Skizze ihres Schulweges anfertigen (M3). Das gelingt Jan, wie er findet, auch ganz gut. Im Anschluss vergleichen die Kinder ihre Skizzen. Jan fällt auf, dass alle Zeichnungen sehr unterschiedlich aussehen. Sein Mitschüler Tim hat z. B. die Pizzeria und einige Geschäfte eingezeichnet. Sara hingegen hat sich sehr an dem Straßennetz orientiert und kaum Häuser gemalt. Im Anschluss gehen die Kinder in den Computerraum und suchen ihr Zuhause und die Schule mit Google Maps (M5).

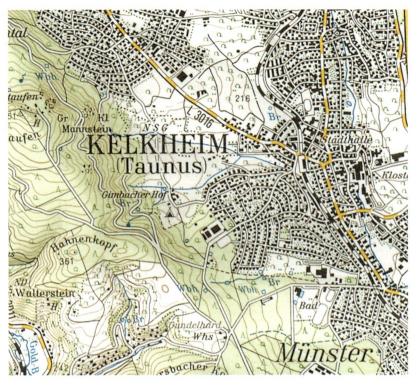

M1 Kelkheim auf einer Karte

M2 Stadtplan von Kelkheim

Gesellschaftslehre – unser neues Fach

M 3 Schulwegskizze von Lara zur Eichendorffschule (EDS)

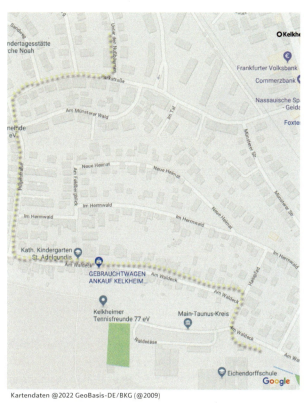

Kartendaten ©2022 GeoBasis-DE/BKG (©2009)

M 5 Jan Schulweg (gepunktet) auf Google-Maps

M 4 Straßenschilder geben Orientierung

So kannst du einen Weg beschreiben:

Ich gehe aus dem Haus und biege links ab.

An der Kreuzung Am Berg und Parkstraße biege ich rechts ab.

Am Kindergarten gehe ich links in die Hügelstraße.

Ich gehe am Spielplatz vorbei und biege in die Straße Am Waldeck.

Die Schule befindet sich auf der rechten Seite.

M 6 Hilfesätze für das Beschreiben von Wegen

AUFGABEN

1. *Beschreibe Laras und Jans Weg zur Schule (M3, M5).*
2. *Suche in M2 die Straße, in der Jan wohnt (M5).*
3. *Wo wurde das Foto M4 aufgenommen? Zeige die Stelle in der Karte M2.*
4. *Zeichne eine Wegskizze deines eigenen Schulweges.*
5.* *Erstelle eine Wegbeschreibung deines Schulwegs mithilfe von Google Maps.*

Politik ist mir egal. Ich find's langweilig.

Politik ist was für alte Leute.

Ich mag Politik nicht. Politiker streiten doch immer nur.

Bei Politik geht es darum, wer bestimmen darf.

M1 Aussagen über Politik

Politik ist überall

Soll am Waldrand ein Skaterpark gebaut werden, Supermarkt oder sollen neue Wohnungen entstehen? Dürfen Schüler in der Schule Jogginghosen tragen? Wie schnell darf auf Autobahnen gefahren werden?
Über solche Fragen lässt sich viel diskutieren und streiten. Und schon sind wir mitten in der **Politik**.
Politik betrifft uns alle, denn Politik bedeutet, Entscheidungen zu treffen, die das Leben der Menschen regeln und beeinflussen. Wo Menschen zusammenleben, können Konflikte entstehen. Daher ist es Aufgabe der Politik, Vereinbarungen für das Zusammenleben zu treffen. Dazu gehören Regeln, die verhindern sollen, dass überhaupt Konflikte entstehen (z. B. im Straßenverkehr). Es gibt aber auch Regeln, die beinhalten, welche Rechte und Pflichten wir haben. Es geht also darum, den Frieden zu sichern und für Ordnung zu sorgen. Politik bedeutet aber auch, Probleme zu lösen, Entscheidungen für die Zukunft zu treffen und dafür zu sorgen, dass es den Menschen und der Natur gut geht.

So sollte es im Idealfall sein. Doch das ist nicht einfach, denn wir Menschen haben zum Teil sehr unterschiedliche Interessen. Auf die Fragen, welche Ziele nun die richtigen sind und welche Wege zum Ziel führen, gibt es unterschiedliche Antworten. Zur Politik gehören daher auch Streit und Diskussion sowie der Versuch, Macht und Einfluss zu gewinnen, um seine Interessen durchzusetzen. Häufig gibt es aber auch Kompromisse, bei denen die Interessen von möglichst vielen Menschen berücksichtigt werden.
Politik findet übrigens nicht nur dort statt, wo Politiker sind. Überall, wo Menschen zusammenkommen und Regeln für ihr Zusammenleben aufstellen oder gemeinsam Entscheidungen treffen, wird Politik gemacht – auch in der Schule.

M2 Eine Klasse hält einen Klassenrat ab.

M3 Der Deutsche Bundestag, unser Parlament

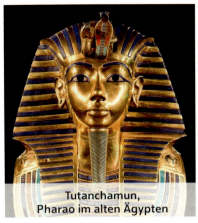
Tutanchamun,
Pharao im alten Ägypten

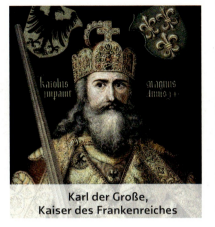
Karl der Große,
Kaiser des Frankenreiches

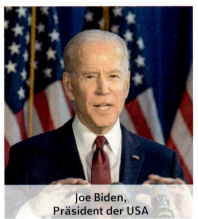
Joe Biden,
Präsident der USA

M4 Was haben die drei gemeinsam?

Wer trifft die Entscheidung in einem Staat? Wer besitzt die Macht und wie wird sie vergeben? Die Frage, woher Herrscher oder Politiker das Recht nehmen, über andere zu bestimmen oder für andere Entscheidungen zu treffen, ist von großer Bedeutung. Nur wenn Machthaber ihre Macht rechtfertigen und begründen können, werden ihre Entscheidungen auch akzeptiert und ihre Macht wird nicht infrage gestellt. Viele Jahrhunderte war es üblich, dass es in einem Gebiet einen Herrscher gab, der alleine regierte und bestimmte, welche Gesetze es gibt. Die Macht lag in den Händen einer Person, eines sogenannten **Monarchen**. Das Wort bedeutet Alleinherrscher. Das waren z. B. Könige, Kaiser oder Pharaonen. Sie haben ihre Herrschaft meist von ihren Vorfahren geerbt. So rechtfertigten sie ihre Macht. Heutzutage gibt es nicht mehr viele Monarchen.
In vielen Staaten werden die führenden Politiker stattdessen gewählt, z. B. Präsidenten. Außerdem gibt es in vielen Staaten keine Alleinherrscher mehr. Monarchen oder Präsidenten müssen ihre Macht heute meist mit einem **Parlament** teilen, also einer Versammlung, in der Vertreter des Volkes über Gesetze entscheiden. Wer in diesen Parlamenten sitzt, entscheiden die Bürger ebenfalls bei Wahlen. Dabei wählen die Bürger Politiker oder Parteien, die ähnliche Meinungen zu vielen wichtigen Fragen haben wie sie selbst. Die Politiker erhalten also das Recht, Entscheidungen zu treffen, direkt vom Volk. Daher heißt diese Herrschaftsform auch **Demokratie**, das bedeutet Volksherrschaft. Im alten Griechenland gab es sogar eine direkte Demokratie, in der die Bürger über bestimmte Fragen abstimmen konnten.
Zwar ist es in den heutigen Demokratien üblich, jemanden zu wählen, der stellvertretend Entscheidungen trifft, doch können die Bürger die Politik nicht nur beeinflussen, wenn sie ihre Stimme abgeben. Sie haben auch zwischen den Wahlen viele Möglichkeiten dazu.

M5 Wer besitzt die Macht?

AUFGABEN

1. Diskutiert die Aussagen in M1.
2. Erkläre, welche Aufgaben Politiker haben.
3.* a) Sammle aus dem Text die wichtigsten Begriffe, mit denen sich Politik beschäftigt, in einer Mindmap.
   b) Ergänze deine Mindmap mithilfe des Videos.
4. Erkläre, warum auch in einem Klassenrat Politik gemacht wird (M2).
5. a) Betrachte die Bilder M4. Was haben die drei Personen gemeinsam?
   b) Erkläre mithilfe von M5, was die drei Personen unterscheidet.
6. Diskutiert, welche Möglichkeiten die Bürger haben, Politik mitzugestalten und Einfluss zu nehmen.

INTERNET

Was ist Politik?
Scanne den QR-Code mit deinem Smartphone oder Tablet oder gib den nebenstehenden Webcode auf der Website westermann.de/webcode ein.

 Digital+

WES-112452-021

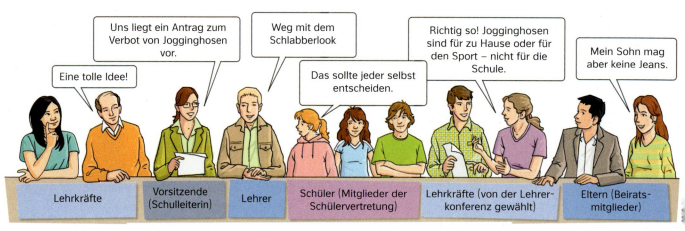

M1 Die Schulkonferenz umfasst mindestens elf Mitglieder: Schulleitung, fünf Lehrkräfte, fünf Schüler und Eltern.

Mitbestimmung in der Schule

Sollen Jogginghosen an der Schule verboten werden? Diese Frage wird an manchen Schulen diskutiert, doch wer darf das überhaupt entscheiden? Gehört das ins Schulgesetz, in die Schulordnung oder in die Klassenregeln?

In diesem Fall kann jede Schule für sich entscheiden, wie sie damit umgeht. Und hier kommt ihr Schüler ins Spiel, denn ihr seid nicht machtlos! Bei bestimmten Fragen habt ihr ein Wörtchen mitzureden. Ihr habt die Möglichkeit, mitzubestimmen und auch eigene Ideen einzubringen. Die Schulordnung wird nämlich durch die Schulgemeinschaft beschlossen. Dazu gehören die Lehrer, die Eltern und natürlich die Schüler. Alle drei haben ihre eigenen Gremien, das heißt, sie treffen sich unter ihresgleichen, beraten und stimmen über einzelne Themen ab. Die Lehrkräfte treffen sich in der **Gesamtkonferenz**, die Eltern im Schulelternbeirat (SEB) und die Schülerschaft in der **Schülervertretung (SV)** bzw. im Schülerrat.

Nachdem die drei Organe ihre Beschlüsse gefasst haben, kommen Vertreter aller drei Gruppen noch einmal gemeinsam zu einer Sitzung zusammen. In dieser Schulkonferenz (M1) wird noch einmal beraten und abgestimmt. Wenn die Mehrheit einem Vorschlag zustimmt, kann die Schulordnung geändert werden. Doch nicht nur in der Schule können Schüler mitbestimmen. Die SV wählt auch Mitglieder für den Stadt- oder Kreis-Schülerrat und die Landesschülervertretung (LSV), die die Interessen der 800 000 Schülerinnen und Schüler in Hessen gegenüber der Politik vertreten.

INFO

Gremien / Organe

Gremien (Einzahl: Gremium) sind Versammlungen von Fachleuten oder betroffenen Personen, die wichtige Dinge beraten und Entscheidungen treffen. Solche Gremien nennt man auch Organe. Die Mitglieder werden z. B. gewählt oder von anderen entsandt.

M2 Die Landesschülervertretung (LSV) hat eine eigene Website und einen Instagram-Account, wo sie über ihre Arbeit informiert.

AUFGABEN

1. Erkläre, welchen Einfluss die Schülerschaft auf Entscheidungen innerhalb der Schule haben.
2. Beurteile, ob die Zusammensetzung der Schulkonferenz fair ist (M1).

 Digital+

WES-112452-022

Gesellschaftslehre – unser neues Fach

Verantwortung übernehmen – Klassendienste

Da nicht alle Schulkinder gleichzeitig in den einzelnen schulischen Organen vertreten sein können, müsst ihr dafür Vertreter wählen. Ihr bestimmt z. B. darüber, wer **Klassensprecherin** oder **Klassensprecher** ist und diese Person wird dann die Interessen eurer Klasse in der SV vertreten. Sie gibt die Wünsche der Klasse weiter und vermittelt bei Problemen. Außerdem wählt ihr (entweder alle oder der Schülerrat) jedes Schuljahr die Schülersprecherin oder den Schulsprecher. Diese Person leitet dann die SV. Alle Schülerinnen und Schüler können kandidieren, das heißt, sich zur Wahl stellen. Damit die Wahl dann gültig ist, muss sie gewissen Grundsätzen entsprechen. Eine gut funktionierende Klasse braucht aber nicht nur eine Klassensprecherin und einen Klassensprechen sowie die Vertreter. Es wäre ja auch unfair, wenn die ganze Arbeit an ein oder zwei Personen hängen bleibt. Es ist wichtig, dass alle Verantwortung übernehmen, das heißt, für gewisse Aufgaben zuständig sind. Wenn jeder seinen kleinen Beitrag leistet, verteilt sich die Last auf viele Schultern. So gewinnt ihr auch den nächsten Klassenraumwettbewerb. Das gibt es noch nicht an eurer Schule? Dann wendet euch doch mal an die SV.

allgemein: Jeder darf wählen, der zur Klasse gehört bzw. zur Schule.

frei: Die Stimmabgabe erfolgt ohne Druck oder Zwang.

gleich: Jede Stimme zählt gleich viel und jeder hat gleich viele Stimmen.

geheim: Die Wahl erfolgt unbeobachtet und es darf nicht nachvollziehbar sein, wer wie abgestimmt hat.

M3 Wahlgrundsätze (gelten für alle Wahlen)

M5 Ausschnitt aus einem Klassendienste-Plan

AUFGABEN

3 Nenne Eigenschaften, die ein guter Klassensprecher bzw. eine gute Klassensprecherin haben sollte.

4 Überlegt gemeinsam, wie die Wahl zum Klassensprecher und zum Stellvertreter ablaufen sollte, damit am Ende alle das Ergebnis akzeptieren (M3).

5 Erkläre, warum es sinnvoll ist, die Arbeit innerhalb der Klasse aufzuteilen (M5).

6* Beschreibe das Schaubild M4.

7 Findet heraus, wer an eurer Schule in den einzelnen Gremien sitzt: a) SEB-Vorsitz, b) Schülersprecher, c) Mitglieder der Schulkonferenz.

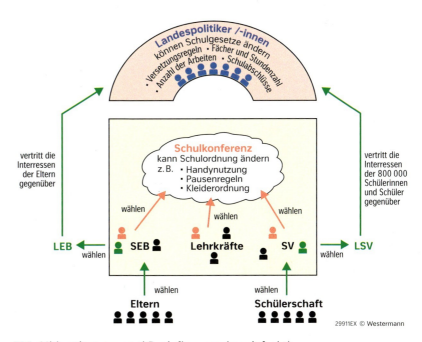

M4 Mitbestimmung und Beeinflussung (vereinfacht)

AKTIV

Der Klassenrat

Einmal pro Woche gibt deine Klassenlehrerin oder dein Klassenlehrer an dich und deine Mitschüler die Leitung einer Schulstunde ab. Diese Schulstunde nennt sich Klassenrat. Pro Stunde übernehmen vier von euch jeweils eines der vier Ämter. Damit jeder von euch drankommt, wechselt die Besetzung der Ämter wöchentlich. Im Klassenrat besprecht ihr Themen, die euch selbst wichtig sind: Die Wahl der Klassensprecherin oder des Klassensprechers, einen Streit in der Klasse, Ärger mit einem Lehrer oder einer Lehrerin. Vielleicht wollt ihr auch darüber sprechen, wohin der nächste Ausflug gehen soll oder über die Regeln, die im Klassenrat und in eurer Klasse gelten sollen.

Jemand von euch bringt ein Thema ein, Meinungen werden ausgetauscht, es wird diskutiert. Zum Schluss stimmt ihr vielleicht über eine neue Regel ab. Diese wird dann ins Protokoll geschrieben. In der darauffolgenden Klassenratsstunde wird nachgefragt, ob die Abmachung eingehalten wurde.

Dadurch übt ihr demokratische Regeln ein und versucht, eine Klassengemeinschaft zu werden.

Übrigens: Eure Lehrerin oder euer Lehrer beteiligt sich natürlich auch, muss sich aber wie die anderen melden und warten, bis sie bzw. er drangenommen wird.

Wer?
alle Schüler einer Klasse

Was tun?
sich besprechen, entscheiden

Worüber?
alles, was die Klasse betrifft (M3): Probleme, Feiern, Konflikte, Ausflüge, …

Wo?
Sitzkreis im Klassenzimmer

Wann?
regelmäßig, zum Beispiel jeden Freitag

Wie lange?
eine Unterrichtsstunde

Wie?
mithilfe eines klaren Ablaufs

Warum?
die eigene Meinung vertreten, fair diskutieren, Angelegenheiten selbst regeln, Entscheidungen der Mehrheit achten, die Gemeinschaft fördern

M2 Klassenrat – ein Steckbrief

Vorsitzender
Ich eröffne den Klassenrat, leite die Diskussion und beende die Sitzung.

Regelwächter
Ich sorge dafür, dass sich jeder an die Regeln hält.

Zeitwächter
Ich achte darauf, dass wir unseren Zeitrahmen einhalten.

Protokollant
Ich schreibe unsere Vorschläge und Beschlüsse auf, damit wir uns daran erinnern können.

Ratsmitglieder
Wir beraten und entscheiden über unsere Wünsche und Probleme.

M1 Aufgaben im Klassenrat

Gesellschaftslehre – unser neues Fach

Klassen-Blog: Regeln
- Die Eintragungen werden in der Ich-Form verfasst und mit dem eigenen Namen unterschrieben.
- Das Geschriebene muss gut lesbar sein.
- Es darf niemand beleidigt werden.
- Es dürfen keine Einträge weggestrichen werden.

Klassen-Briefkasten
Manchmal tut man sich schwer, seine Meinung für alle sichtbar anzuschreiben. Dann kann es besser sein, einen Zettel mit dem Anliegen in einen dafür vorgesehenen Klassen-Briefkasten zu werfen.

M 3 Klassen-Blog und Klassen-Briefkasten

Ablauf einer Klassenratsstunde

1. Vorbereitung und Verteilung der Ämter

- Stellt einen Stuhlkreis und nehmt gemeinsam mit eurer Klassenlehrerin oder eurem Klassenlehrer Platz.
- Verteilt die vier Ämter (M1) für die heutige Klassenratsstunde.

2. Eröffnung des Klassenrats
- Die Vorsitzende bzw. der Vorsitzende eröffnet den Klassenrat und fragt nach Themen. In den darauffolgenden Sitzungen fragt der Vorsitzende dann zuerst nach Themen, die noch nicht abgeschlossen waren und fragt, ob Vereinbarungen eingehalten worden sind.

3. Tagesordnung mit Zeiten festlegen
- Die Protokollantin oder der Protokollant schreibt die neuen Themen auf und liest sie vor.
- Die Vorsitzende bzw. der Vorsitzende schlägt eine Reihenfolge für die Themen vor. Darüber kann auch abgestimmt werden.
  - Die Zeitwächterin bzw. der Zeitwächter macht einen Vorschlag, wie viel Zeit ihr für jedes Thema habt.
  - Die Vorsitzende oder der Vorsitzende ruft das erste Thema auf.

4. Anliegen besprechen, Beschlüsse fassen
- Wer das Thema eingebracht hat, erläutert es zunächst.
- Die Klasse bespricht und diskutiert das Thema.
- Die Vorsitzende oder der Vorsitzende fasst zusammen und bittet die Klasse um Lösungsvorschläge.
- Die Klasse stimmt ab und überlegt, wie sie den Vorschlag umsetzen kann.
- Die Zeitwächterin oder der Zeitwächter erinnert an die vereinbarte Zeit.

5. Beschlüsse zusammenfassen und den Klassenrat beenden

- Die Vorsitzende oder der Vorsitzende fasst die Beschlüsse zusammen.
- Die Regelwächterin oder der Regelwächter gibt der Klasse eine Rückmeldung, wie sie die Regeln eingehalten hat.
- Die Vorsitzende oder der Vorsitzende beendet den Klassenrat.

M1 Sechs Fotos zu den Himmelsrichtungen

Himmelsrichtungen – die richtige Richtung finden

„Wir haben Fußballkarten für die Nordtribüne." „Osteuropa erlebt eine Kältewelle." „Der Wind dreht heute von Süd auf West."
Die vier **Himmelsrichtungen** spielen in vielen Situationen eine große Rolle. Doch der Wind weht nicht immer genau aus Norden, Süden, Westen oder Osten. Es gibt auch Nebenhimmelsrichtungen: In der Mitte zwischen Süden und Westen befindet sich die Himmelsrichtung Südwesten (SW). In M5 kannst du noch weitere Nebenhimmelsrichtungen sehen.

Amira ist Muslima und möchte in einem Raum beten. Sie muss dazu ihren Teppich nach Südosten ausrichten. Sie schaut aus dem Fenster und sieht vor sich die untergehende Sonne.

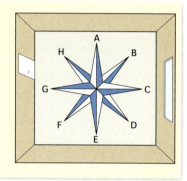

M3 Amira möchte beten (siehe Aufgabe 4)

M2 Merksatz zu den Himmelsrichtungen

M4 Satellitenschüssel und Solaranlage

AUFGABEN

1. Vervollständige den Merksatz in M2 mithilfe der angegebenen Wörter. Nutze auch M5.
2. Erkläre mithilfe von M5, was die sechs Fotos in M1 mit den Himmelsrichtungen zu tun haben.
3. * Ermittle, wo in deinem Klassenraum Norden, Süden, Westen und Osten sind (M5).
4. * Hilf Amira herauszufinden, in welche Richtung sie ihren Teppich ausrichten muss. Gib dazu den entsprechenden Buchstaben der Windrose an (M3).
5. Auf dem Dach des Hauses in M4 ist etwas schiefgelaufen. Erkläre.

Norden

- **Kompassnadeln** zeigen immer nach Norden.
- Mittags zeigen alle **Schatten** nach Norden.
- Im Norden sind **Sonne** und **Mond** nie zu sehen.
- Der **Polarstern** steht am Nachthimmel im Norden.
- Bei **Karten** ist in der Regel Norden oben. Dies gilt auch bei Online-Kartendiensten.
- An **Nordhängen** schmilzt der Schnee langsamer.

Westen

- Im Westen geht abends die **Sonne** unter.
- Starker **Wind** weht in Hessen zumeist aus **westlichen** Richtungen.
- Bei Westwind starten die Flugzeuge vom Frankfurter Flughafen oder vom Kassel Airport aus immer nach Westen und landen ebenfalls Richtung Westen. Bei Ostwind ist es entsprechend umgekehrt.

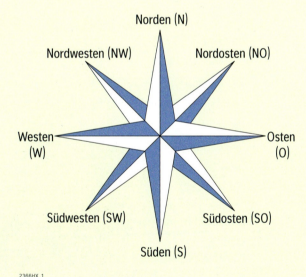

Osten

- Im Osten geht morgens die **Sonne** auf.
- Schwacher **Wind** bei schönem Wetter weht in Hessen zumeist aus **östlichen** Richtungen.

Süden

- Während der Sommerzeit steht die **Sonne** in Hessen etwa um 13.25 Uhr genau im Süden. Während der Winterzeit steht die Sonne in Hessen etwa um 12.25 Uhr genau im Süden.
- Die **Blüten** vieler Pflanzen, wie z. B. die der Sonnenblume, richten sich zur Sonne aus, also am Mittag Richtung **Süden**.
- **Satellitenschüsseln** in Deutschland zeigen ungefähr nach **Süden**.
- **Solaranlagen** auf Dächern sind ungefähr nach **Süden** ausgerichtet, denn nur so können sie möglichst viel Sonnenlicht einfangen.
- Der Vollmond befindet sich gegen Mitternacht im Süden.

M 5 Windrose und Besonderes zu den vier Himmelsrichtungen

Wir arbeiten mit dem Atlas

Der Atlas ist nicht nur das größte Buch in eurer Schultasche, sondern auch ein ganz besonderes: In ihm könnt ihr die ganze Welt entdecken. Ihr findet jedoch darin keine Texte, sondern hauptsächlich Karten. Damit ihr euch in diesem riesigen Buch gut zurechtfindet, lernt ihr auf dieser Seite, wie der Atlas aufgebaut ist.

Der Aufbau eines Atlas

1. Das Kartenverzeichnis
Wie die meisten Bücher beginnt auch der Atlas mit einer Art Inhaltsverzeichnis. Hier sind alle Karten, die im Atlas vorkommen, nach Regionen sortiert.

2. Der Kartenteil
In jedem Atlas gibt es verschiedene Karten mit unterschiedlichen Maßstäben. Je nach Karteninhalt unterscheidet man zwischen **physischen** und **thematischen Karten**.

3. Das Register
Auf den letzten Seiten befindet sich das Register. Darin sind Orte, Städte, Flüsse, Berge, Länder und Regionen alphabetisch aufgelistet.

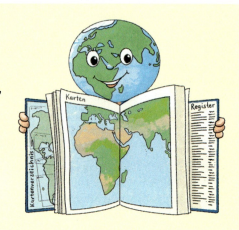

Arbeit mit dem Register
- Im Register findest du die Orte in alphabetischer Reihenfolge aufgelistet.
- Hinter jedem Eintrag steht eine Kombination aus Zahlen und Buchstaben, z. B. „Fritzlar 28 B2".
- Die Zahl 28 sagt dir, dass du die Stadt Fritzlar im Atlas auf Seite 28 findest. Die Lageangabe B2 gibt an, dass sich Fritzlar im Planquadrat B2 befindet.
  → Fritzlar liegt auf Seite 28 im Planquadrat B2.

Friedberg 30 D2
Friedland 26 E4
Friedrichshafen 30 E5
Frisches Haff 75 O1
Fritzlar 28 B2
Fuchskauten 30 D2
Fuhse 26 F3
Fujian 119 H2

M1 Ausschnitt aus einem Register und einer Atlaskarte

AUFGABEN

1 Schließe dein Buch und nenne die drei Teile des Atlas.

2 Wie ist das Kartenverzeichnis deines Atlas aufgebaut? Notiere die Reihenfolge der Regionen.

3 Suche auf den drei Kartenabschnitten Ⓐ – Ⓒ die Pyrenäen (Atlas). Beschreibe, was du auf der jeweiligen Seite erfährst.

4 a) Finde in deinem Atlas drei Beispiele für thematische Karten. Notiere jeweils die Kartenüberschrift.
b) Beschreibe, was auf den Karten zu sehen ist.

5* Suche im Register deines Atlas die Städte New Orleans, Manaus, Canberra, Helsinki, Peking und Moskau.
a) Notiere die Seitenzahl und das Planquadrat.
b) Bestimme die Kontinente, auf denen die Städte liegen.

Verschiedene Kartenarten

① Die meisten Karten im Atlas geben Auskunft über ein bestimmtes Thema, zum Beispiel Landwirtschaft oder Verkehr.

② Die Staatenkarte (politische Karte) ist eine spezielle Form der thematischen Karte. Sie ist sehr übersichtlich, da sie nur eine begrenzte Anzahl von Informationen enthält.

③ Physische Karten geben Auskunft über die Oberflächenformen eines Gebietes. Dies erfolgt mithilfe von farbigen Höhenschichten.

④ Hier kann man sehr gut die Namen der Länder unserer Erde und ihrer Hauptstadt herausfinden.

⑤ Bei thematischen Karten ist die genaue Betrachtung der Legende besonders wichtig, da immer wieder neue Symbole erscheinen, z. B. Mais, Baumwolle, Wein.

⑥ Diese Karten ermöglichen einen schnellen Überblick über die Lage von Gebirgen und Tälern. Es sind auch Städte, Seen und Flüsse dargestellt. Darum eignen sich die Karten gut zur Orientierung.

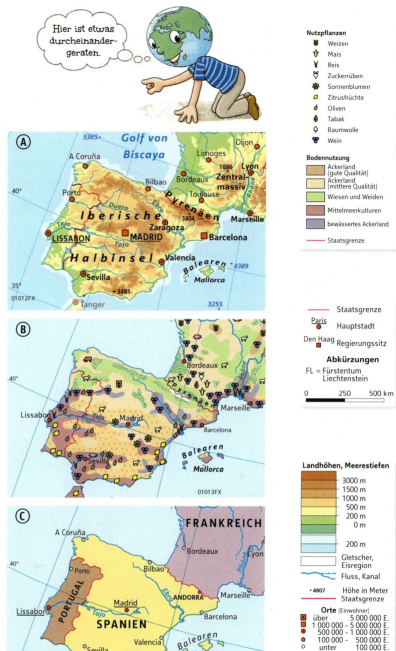

"Hier ist etwas durcheinandergeraten."

AUFGABEN

6 Ordne den jeweiligen Kartenarten Ⓐ – Ⓒ die entsprechenden Beschreibungen (1–6) und Legenden (a–c) zu.

7 Jede Karte hat einen Titel. Formuliere die Titel für die Karten Ⓐ – Ⓒ.

8 Suche im Atlas für Deutschland, Europa und die Welt jeweils eine politische Karte und eine physische Karte. Notiere die jeweiligen Seiten in deinem Hefter.

9* Erkläre in eigenen Worten den Unterschied zwischen physischen und thematischen Karten.

Kinderwelten

M1 Was haben ein Sportverein...

... und eine Schulklasse gemeinsam?

Ich und die anderen

Du bist nicht allein auf dieser Welt. Um dich herum sind zahlreiche Menschen. Wir alle, die zusammen in einem Land leben, bilden gemeinsam eine **Gesellschaft**. Doch den Großteil der Menschen kennst du natürlich nicht. Die meisten, die du kennst, sind mit dir gemeinsam in verschiedenen **sozialen Gruppen**. Das sind deine eigenen kleinen Welten, in denen du dich bewegst. In manchen bist du freiwillig, in anderen wiederum bist du zwangsweise Mitglied. Diese sozialen Gruppen spielen für dein Leben eine besondere Rolle. Sie geben dir häufig ein Gefühl der Zusammengehörigkeit. Aber du lernst auch sehr viel in ihnen. Denn bewusst oder unbewusst erfährst du, welches Verhalten von dir in diesen Gruppen und der Gesellschaft erwartet wird. Durch Nachahmung und Erziehung lernst du die **Normen** und **Werte** der Gesellschaft.

Werte sind Ziele, die eine Gesellschaft für richtig und wichtig hält, wie z. B. Frieden oder Höflichkeit. Normen sind konkrete Regeln, die sich daraus ableiten, z. B. dass du keinen schlägst oder eine dir bekannte Person grüßt. Wer sich an die Werte und Normen hält, trägt zu einem friedlichen Zusammenleben und harmonischen Miteinander bei und ist auch Vorbild für andere.

> **INFO**
>
> **Normen und Werte**
> Nicht überall auf der Welt gelten die gleichen Normen und Werte. Fährst du in ein anderes Land, wirst du sehen, dass die Menschen sich häufig anders verhalten. Vor allem in weit entfernten Regionen ist das der Fall. Gut erkennbar ist dies z. B. bei Begrüßungen oder beim Essen.

Hilfsbereitschaft	niemanden verletzen
Treue	nicht schmatzen
Frieden	siezen, nicht duzen
Respekt	nicht betrügen
Anstand	Tür aufhalten

M2 Werte und Normen

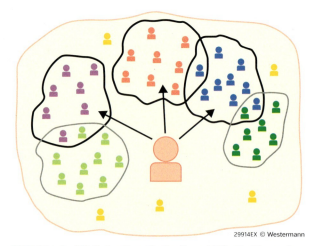

M3 Wir sind Teil der Gesellschaft und Mitglied in sozialen Gruppen.

Alinas Horror-Woche

"Was für eine schreckliche Woche!" Alina ist total genervt. Irgendwie war alles zu viel und gefühlt ist jeder sauer auf sie oder von ihr enttäuscht. Kennst du das auch? Was war passiert?

Schon zu Beginn der Woche fing der Stress an. Kaum im Klassenraum angekommen, wollte Dana ihr von ihrem Wochenende erzählen. Als gute Freundin hört man da natürlich zu, schließlich erwartet Dana das auch. Aber es dauert nicht lange, da bekommt sie einen Anschiss von Herrn Bauer. Denn auch ihr GL-Lehrer erwartet von ihr, dass sie zuhört – aber nicht Dana, sondern ihm. Zumal Ende der Woche eine Klassenarbeit ansteht. Herr Bauer betont: „Ich erwarte, dass ihr auch alle gut vorbereitet seid." Alina nimmt das ernst. Doch kaum setzt sie sich zum Lernen hin, kommt ihre Mutter mit dem kleinen Brüderchen: „Pass mal eben auf Max auf, während ich einkaufen gehe". Max freut sich und erwartet, dass seine große Schwester mit ihm spielt. Als dann noch Dana fragt, ob sie vorbeikommt, muss sie absagen, weshalb Dana jetzt sauer ist. Aus dem Lernen wird heute nichts mehr.

Am nächsten Tag ruft Alinas Handball-Trainer an. „Am Samstag haben wir ein wichtiges Spiel und ich erwarte, dass du topfit bist. Du kommst also hoffentlich zum Training". OK, dann wird das Lernen halt auf morgen verschoben.

Donnerstag: Letzte Chance zur Vorbereitung. Da klingelt das Smartphone. Alinas Freundin Anna ist dran und weint. Sie hat gerade erfahren, dass ihr Hund eingeschläfert werden muss und braucht Alinas Unterstützung. Außerdem hat ihre Oma Geburtstag, die sie eigentlich zum Kuchenessen erwartet hat. Und wieder hat Alina keine Zeit zum Lernen gefunden.

Die Arbeit am nächsten Tag geht total in die Hose. Sowohl ihr Lehrer als auch ihre Eltern erwarten aber gute Leistungen von ihr. „Das gibt Ärger!", denkt Alina. „Aber wie hätte ich das alles schaffen sollen?"

M 4 Ein Rollenkonflikt

Soziale Rollen

In jeder sozialen Gruppe übernehmen wir soziale Rollen. Einige der zahlreichen Rollen behält man sein Leben lang (z. B. Sohn / Tochter), andere Rollen legt man im Laufe der Zeit ab (z. B. Schüler), dafür kommen neue Rollen hinzu (z. B. Kollege).

Bei der Vielzahl der Rollen ist es nicht vermeidbar, dass es auch mal zu **Rollenkonflikten** kommt, denn an jede soziale Rolle sind Erwartungen und Verhaltensweisen geknüpft.

Diese Erwartungen anderer Personen können sehr unterschiedlich und auch gegensätzlich sein, z. B. wenn ein Freund erwartet, dass du ihn die Hausaufgaben abschreiben lässt, und der Lehrer erwartet, dass du das nicht zulässt. Häufig fehlt einfach die Zeit, um alle Erwartungen erfüllen zu können. Dies kann dazu führen, dass du deine Mitmenschen eventuell enttäuschen musst. Ein Sprichwort besagt daher: Es recht zu machen jedermann, ist eine Kunst, die keiner kann.

AUFGABEN

1* Beschreibe die Grafik M3 mithilfe des Textes.
2 Nenne soziale Gruppen, in denen du Mitglied bist. Unterscheide zwischen Zwangsgruppe und freiwilliger Gruppe.
3 Erkläre, welche Funktionen soziale Gruppen haben.
4 a) Ordne zu, welche Werte und Normen zusammenpassen (M2).
b) Nenne weitere Beispiele.
5 „Es recht zu machen jedermann, ist eine Kunst, die keiner kann." Beurteile, ob das Sprichwort stimmt.
6* Erstelle ein Schaubild, in dem du zeigst, welche Erwartungen die verschiedenen Personen an Alina hatten. In welchen sozialen Rollen steckte sie? (M4)
7 Formuliere Tipps, wie Alina mit diesen Rollenkonflikten hätte umgehen können (M4).

M1 Inklusion in der Schule ...   ... und im Sport

Jeder gehört dazu – Zusammenleben mit einer Behinderung

Sarah ist seit einem Fahrradunfall auf den Rollstuhl angewiesen. Karim kam mit einer Fehlbildung des Armes auf die Welt. Johannes ist nach einer Augenkrankheit fast blind. Alle drei gehören zu den 7,8 Millionen Menschen in Deutschland, die eine schwere Behinderung haben. Die meisten Menschen mit einer Behinderung sind schon älter. Bei Kindern und Jugendlichen sind 3 von 100 davon betroffen. Das sind etwa 200 000.

Die Art der Behinderung ist dabei sehr unterschiedlich. Es gibt **geistige und körperliche Behinderungen**. Zu den körperlichen Behinderungen zählen z. B. Schäden an inneren Organen wie Herz oder Lunge, Verlust von Armen oder Beinen oder Einschränkungen der Sinnesorgane wie Augen oder Ohren. Die meisten Behinderungen sind Folge von Krankheiten (90 von 100), bei 3 von 100 sind sie angeboren, nur bei einer von hundert Behinderungen ist ein Unfall die Ursache.

Auch die Schwere der Behinderung ist sehr unterschiedlich. So gibt es Menschen, die mit ihrer Behinderung im Alltag gut zurechtkommen. Andere wiederum brauchen rund um die Uhr Unterstützung. Damit jeder ein gutes Leben führen kann, braucht es die Rücksichtnahme und manchmal auch Hilfe der Gesellschaft. Damit keiner am Rande der Gesellschaft steht und ausgeschlossen wird, müssen die Voraussetzungen geschaffen werden, dass Menschen problemlos am gesellschaftlichen Leben teilhaben können – z. B. bei der Arbeit, beim Sport und in der Schule.

In vielen Klassen lernen Kinder mit und ohne Behinderung zusammen. Dies bezeichnet man als **Inklusion**. Zum Teil benötigen manche Schüler spezielle Unterstützung durch Teilhabeassistenten, die sie im Schulalltag begleiten. Manchmal genügen aber bestimmte technische Hilfsmittel, um zurechtzukommen.

Damit behinderte Menschen einfacher eine Arbeit finden, gibt es eine Quote für Einstellungen: 5 von 100 Arbeitsstellen sind für sie vorgesehen. Erfüllt ein Unternehmen das nicht, muss es stattdessen Geld bezahlen.

Sport ist eine ideale Möglichkeit zur Inklusion. So gibt es z. B. Blindenfußball mit einem Rasselball. Hier bleiben die Behinderten aber nicht unter sich, sondern spielen gemeinsam mit Sehenden, die eine Augenbinde tragen. Weitere beliebte Teamsportarten sind Rollstuhl-Basketball oder Rollstuhl-Hockey.

M2 Beispiele, wie Inklusion funktionieren kann

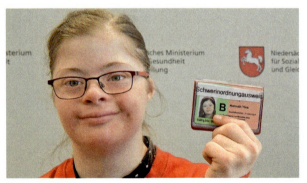

M3 Hannah (14) hat das Down-Syndrom und besitzt deshalb einen Schwerbehindertenausweis. Da sie die Bezeichnung diskriminierend findet, hat sie daraus einen „Schwer-in-Ordnung-Ausweis" gemacht.

FACHBEGRIFF

Inklusion

In unserem Zusammenleben gibt es viele verschiedene Menschen: Es gibt dicke und dünne, große und kleine Leute, Kinder und Ältere, Männer und Frauen, Menschen aus anderen Ländern, Menschen mit und ohne Behinderung. Jeder von uns ist anders und einzigartig. Deshalb muss die Gemeinschaft so gestaltet sein, dass jeder Mensch überall dabei sein kann: in der Schule, am Arbeitsplatz, im Wohnviertel oder in der Freizeit. Das bedeutet Inklusion.

Übersetzt heißt Inklusion Zugehörigkeit. Damit ist das Gegenteil von Ausgrenzung (Exklusion) gemeint. Inklusion ist für unser gesamtes Zusammenleben wichtig. Aus diesem Grund gibt es internationale Vereinbarungen und auch eigene Gesetze in Deutschland. In diesen steht, dass Menschen mit Behinderung die gleichen Rechte haben sollen wie Menschen ohne Einschränkungen. Das gilt auch für das Recht, die gleiche Schule besuchen zu können.

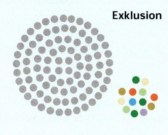

M 4 Wie Menschen mit Behinderung ihren Alltag meistern können.

AUFGABEN

1. *Erstelle eine Mindmap, in der du die verschiedenen Arten und Ursachen von Behinderungen sammelst.*
2. *Erkläre den Begriff Inklusion anhand eines Beispiels (M2).*
3. * *Versetze dich in die Lage eines Rollstuhlfahrers und notiere, wo dir im Alltag Probleme begegnen könnten.*
4. *Nenne Beispiele dafür, wie man versucht, Behinderte im Alltag zu unterstützen (M4).*
5. *Nimm Stellung zu Hannahs Idee, den Schwerbehindertenausweis umzubenennen (M3).*
6. *Im Gesetz steht: „Niemand darf wegen seiner Behinderung benachteiligt werden." Nimm Stellung zu der Frage, ob dieser Grundsatz eingehalten wird.*

M1 In der 5a herrscht Chaos.

M2 Mit Regeln funktioniert es besser.

Zusammenleben braucht Regeln

Vor den Sommerferien hast du eine soziale Gruppe verlassen und nun bist du in einer neuen sozialen Gruppe. Aber irgendwie ist das hier alles noch ziemlich chaotisch, oder? Finn ruft ständig in die Klasse rein. Melissa und Meike kommen häufiger zu spät. Unter Jakobs Tisch liegt immer wieder Müll und Max und Emre schwätzen lieber miteinander, anstatt anderen zuzuhören. Kaum sind die ersten Wochen vergangen, ist die Klassenlehrerin schon ziemlich genervt. Kein guter Start in die neue Schule.

Das Problem: Wo es keine Regeln gibt, herrscht oft Chaos. Daher gibt es fast überall Regeln, zum Beispiel im Sport oder im Straßenverkehr. Manche Normen gelten, obwohl sie nirgendwo aufgeschrieben sind. Sicherlich gibt es auch bei dir zu Hause Regeln, aber kein Regelbuch. Doch wenn man Regeln aufschreibt, haben diese einen verbindlicheren Charakter. Man kann sich darauf berufen, das heißt, man kann sein Recht einfordern und bei Verstoß darauf verweisen, wo sie stehen. Das gilt auch für die Schule.

Regeln, die für alle Schulen in einem Bundesland gelten, stehen zum Beispiel im Schulgesetz. Dafür sind Politiker zuständig. Gewisse Regeln gelten nur für eure Schule. Diese stehen in der Schulordnung und werden von der Schulgemeinschaft beschlossen. Und damit es in eurer Klasse kein Chaos gibt, könnt ihr selbst eure eigenen Klassenregeln aufstellen.

AKTIV

Wir erstellen unsere Klassenregeln

1. Gebt euch in der Klasse selbst Regeln.
2. Schreibt die Regeln auf ein Plakat, damit jeder die Regeln kennt und daran erinnert wird.
3. Unterschreibt das Plakat. So bekennt sich jeder zu den Regeln und verspricht, diese einzuhalten.
4. Überlegt, was passiert, wenn sich jemand nicht an die Regeln hält. Notiert auch das.
5. Hängt das Plakat gut sichtbar im Klassenraum auf.

FACHBEGRIFF

Gesetze sind Regeln, die von Politikerinnen und Politikern beschlossen und aufgeschrieben werden. Damit jeder sich an die Gesetze hält, werden diese auch veröffentlicht. Die Politikerinnen und Politiker, die über die Gesetze entscheiden, werden gewählt. In Deutschland sitzen diese gewählten Abgeordneten im Bundestag. Auch in Hessen gibt es Politiker, die Gesetze beschließen. Sie sitzen im Landtag.

M3 Tipps zur Plakatgestaltung findet ihr auf S. 16.

Aus der Schulordnung einer Volksschule 1890

§ 1. Die Kinder haben pünktlich [...], an Körper und Kleidung reinlich und anständig, und mit den erforderlichen Schulsachen [...] zu erscheinen, sich sofort an ihre Plätze zu setzen und alles zum Unterricht Nötige in Bereitschaft zu legen.

§ 2. [...] Wer erst nach dem Beginn des Unterrichts kommt, hat [...] den [...] Grund anzuzeigen.

§ 3. Während des Unterrichts sollen die Schüler still, ruhig, in gerader und anständiger Haltung auf ihren Plätzen sitzen, die Hände auf den Tisch legen, und sich mit den Füßen ruhig auf dem Boden halten. Alles, was den Unterricht hemmt und stört, wie Essen, Spielen, Scharren, oder Stampfen mit den Füßen, Schwätzen, Lachen, eigenmächtiges Verlassen des Platzes ist untersagt. Hat das Kind während des Unterrichts dem Lehrer etwas zu sagen oder ihn um etwas zu bitten, so gibt es, bevor es spricht, ein Zeichen mit dem Finger.

§ 4. Beim Eintritt des Lehrers [...] haben die Kinder denselben durch Aufstehen zu begrüßen. [...]

§ 5. Die Schüler sollen ihre volle Aufmerksamkeit dem Lehrer oder [...] ihren schriftlichen Arbeiten zuwenden. Beim Aufsagen, Lesen und Singen sollen sie stehen; ihre Antworten sollen sie in gerader Haltung des Kopfes laut, [...] wohlbetont und möglichst in ganzen Sätzen geben. Beim Schreiben und Zeichnen sollen sie aufrecht sitzen, die Brust nicht an den Tisch andrücken, noch den Körper stark vorwärts biegen.

§ 6. Das Vorsagen oder Zuflüstern von Antworten [...] ist verboten; ebenso das Abschreiben oder Abschreibenlassen schriftlicher Arbeiten.

§ 7. Die häuslichen Aufgaben hat jedes Kind fleißig zu lernen oder anzufertigen. [...]

§ 8. Die Tafeln, Hefte und Bücher der Kinder sollen reinlich und in guter Ordnung gehalten [...] werden.

§ 9. Das Verunreinigen des Schulzimmers und der Räume des Schulhauses, [...] das Beschmutzen oder Beschädigen der Tische, Bänke und Lehrmittel ist streng untersagt. [...]

§ 12. Kein Schüler soll den [...] Gottesdienst versäumen. In der Kirche sollen die Kinder [...] ein anständiges [...] und gottesfürchtiges Verhalten zu erkennen geben.

§ 13. Nach dem Schlusse der Schule verlassen die Kinder bankweise, ohne Lärm und in guter Ordnung, das Zimmer und gehen ruhig und anständig ihres Weges.

§ 14. Untereinander sollen die Kinder verträglich, friedfertig und freundlich sein. Das Beschmutzen oder Beschädigen der Schulsachen eines Mitschülers, das Schimpfen, Schreien, Schlagen der Schüler untereinander ist streng untersagt.

§ 15. Gegen den Lehrer haben sich die Schüler stets folgsam, wahrheitsliebend, bescheiden und höflich zu benehmen. [...]

§ 17. Niemals dürfen die Kinder fremdes Eigentum nehmen [...]. Das [...] Einfangen von Vögeln und das Beschädigen der Bäume und anderer Gewächse ist verboten, ebenso das Tabakrauchen und die Anschaffung von Pulver, Feuerwerkskörpern, Streichzündhölzchen [...].

§ 18. Fluchen, Schimpfen, Schlagen, Werfen, Nachspringen nach Fuhrwerken, Anhängen, oder unbefugtes Aufsitzen auf solche darf nicht vorkommen. [...]

§ 20. [Die Schüler] erhalten ein Zeugnis [...], welches von den Eltern [...] unterschrieben wird. [...]

Quelle: Schulordnung Baden 1890. GenWiki Online, Stand: 30.12.2008

M 4 Ein Blick in die Vergangenheit

AUFGABEN

1. Stell dir vor, es gäbe keine Regeln im Sport oder im Straßenverkehr. Wie würde das Zusammenleben dann aussehen?

2. Erkläre, warum es Strafen geben muss, wenn es Regeln gibt.

3. a) Partnerarbeit: Lest arbeitsteilig § 1 – 7 und § 8 – 20 und berichtet euch gegenseitig vom Inhalt (M4).
   b) Diskutiert in der Klasse, was sich zwischen früher und heute verändert hat und was gleich geblieben ist (M4 – M5).

4. Befragt eure Großeltern zu ihrer Schulzeit.
   a) Sammelt gemeinsam Fragen in der Klasse.
   b) Notiert die Ergebnisse eurer Befragungen.
   c) Vergleicht eure Ergebnisse.
   d) Vergleicht die Ergebnisse mit eurer Schulzeit.

M 5 Unartige Schüler mussten damals noch mit Prügel mit dem Rohrstock rechnen (Stahlstich 1876).

M1 Eine alltägliche Situation in Deniz' Leben.

Gegen jede Regel: körperliche und seelische Gewalt

Die Tischtennisplatten auf dem Schulhof sind bei den Schülern sehr beliebt. Gerade als die Fünftklässler an der Reihe sind, wird Deniz von hinten angerempelt. „Hey, weg da! Jetzt bin ich dran!", fordert Jonas aus der 8. Klasse. Zusammen mit seinen Kumpels sorgt er immer wieder für Ärger. Als Deniz nicht gleich folgt, stößt Jonas ihn zur Seite. Da fällt Deniz so unglücklich, dass er sich eine große Schürfwunde am Ellbogen zuzieht. Sofort holen seine Mitschüler die Schulsanitäter. Auch die Pausenaufsicht kümmert sich um ihn. Deniz wird versorgt und Jonas erhält eine Strafe. Doch damit nicht genug. Es folgt eine ganze Reihe von Gemeinheiten, die sich Jonas und seine Clique ausdenken: So findet Deniz eines Tages seinen Turnbeutel im Müll wieder. Er wird beschimpft. Im Bus wackelt Jonas ständig an seinem Sitz und schließlich wird er sogar bespuckt. Noch dazu lachen ihn viele aus. Mittlerweile hat Deniz Angst, in die Schule zu gehen.

Was Deniz erlebt, wird als **Mobbing** bezeichnet. Gemeint sind damit Schikanen, die über einen längeren Zeitraum vorkommen und den Betroffenen seelisch schädigen und belasten. Zunehmend kommt das auch im Internet vor. Schüler werden beispielsweise von Mitschülern über Sprach- oder Textnachrichten fertig gemacht oder es werden heimlich Fotos und Filme aufgenommen, bearbeitet und weiter verschickt. Dieses **Cybermobbing** ist eine Straftat.

Deniz kann Hilfe in Anspruch nehmen. Vielleicht hat die Schule eine Sozialarbeiterin oder einen Sozialarbeiter. Aber auch die Klassenlehrerin oder der Klassenlehrer oder eine Verbindungs-/Vertrauenslehrerin bzw. -lehrer können geeignete Ansprechpersonen sein. Ziel ist es, dass Deniz wieder ohne Angst zur Schule geht und nicht befürchten muss, ausgegrenzt zu werden. Schule soll auch ein Ort sein, an dem Kinder und Jugendliche glücklich sein können.

M2 Auf der Seite krisenchat.de findest du rund um die Uhr Ansprechpartner, mit denen du per WhatsApp schreiben kannst.

M3 Unter der „Nummer gegen Kummer" findest du eine anonyme telefonische Beratung, bei Problemen aller Art.

Kinderwelten

M 4 Die Ärzte

M 6 Immer mitten in die Fresse rein?

Du hast mich so oft angespuckt,
geschlagen und getreten
Das war nicht sehr nett von dir,
ich hatte nie darum gebeten
Deine Freunde haben applaudiert,
sie fanden es ganz toll
Wenn du mich vermöbelt hast,
doch jetzt ist das Maß voll

Gewalt erzeugt Gegengewalt –
hat man dir das nicht erklärt
Oder hast du da auch, wie so oft,
einfach nicht genau zugehört
Jetzt stehst du vor mir und wir sind ganz allein
Keiner kann dir helfen, keiner steht dir bei
Ich schlage nur noch auf dich ein

Immer mitten in die Fresse rein
Immer mitten in die Fresse rein

Ich bin nicht stark und ich bin kein Held
Doch was zu viel ist, ist zu viel
Für Deine Aggressionen war ich immer das Ventil*
Deine Kumpels waren immer dabei,
doch jetzt wendet sich das Blatt
Auch wenn ich morgen besser umzieh',
irgendwo in eine andere Stadt

Gewalt erzeugt Gegengewalt –
hat man dir das nicht erzählt
Oder hast du da auch, wie so oft, im Unterricht gefehlt
Jetzt liegst du vor mir und wir sind ganz allein
Und ich schlage weiter auf dich ein
Das tut gut, das musste einfach mal sein

Immer mitten in die Fresse rein
Immer mitten in die Fresse rein

Quelle: Text, (OT): Vetter, Jan; Copyright: Edition Fuhuru bei PMS Musikverlag GmbH, Berlin | *Ventil = Mittel, um Druck abzulassen

M 5 Die Ärzte komponierten 1995 den „Schunder-Song"

Digital+
WES-112452-039

Veröffentliche möglichst wenig private Infos von dir im Internet. Verschicke keine Fotos, die nicht jeder sehen soll.

Blockiere Mobber in den einzelnen Apps, sodass diese dir nicht mehr schreiben können.

Reagiere nicht auf Mobbing. Das bestärkt die Täter. Versuche, sie zu ignorieren.

Erstelle Screenshots von den Nachrichten und Bildern, die du von Mobbern geschickt bekommst. Damit hast du Beweise in der Hand.

Such dir Hilfe und rede mit Menschen, denen du vertraust. Du bist nicht allein!

M 7 Maßnahmen gegen Cybermobbing

AUFGABEN

1. Erläutere anhand von Beispiele, was Mobbing bedeutet. Welche Formen kann Mobbing haben?
2. Versetze dich in die Lage eines Mobbing-Opfers und schreibe einen Tagebucheintrag.
3. Beschreibe, was dem „Sänger" in dem Song widerfahren ist und wie er darauf reagiert (M5).
4. Bewerte die Reaktion des „Sängers" in dem Song.
5. Wie hätte der „Sänger" alternativ reagieren sollen? Erkläre.
6. a) *Diskutiert, ob die Maßnahmen aus M7 sinnvoll sind.
   b) Findet gemeinsam weitere mögliche Maßnahmen.

Konflikte sind normal – Aber wie löse ich sie?

Wo Menschen zusammenkommen, können auch mal Konflikte entstehen. Das ist ganz normal, denn wir Menschen sind eben unterschiedlich. Wir haben unterschiedliche Ziele, Überzeugungen, Interessen, Wünsche. Der eine will dies, der andere jenes oder beide wollen dasselbe, doch nur einer kann es haben. Und schon kommt es zum Krach. Das passiert in der Schule, in der Familie, im Freundeskreis und sogar zwischen Völkern und Staaten. Wie geht man nun mit einer solchen Situation um?

Um Gewalt zu vermeiden und Konflikte friedlich und fair zu lösen, gibt es hier ein paar Tipps:

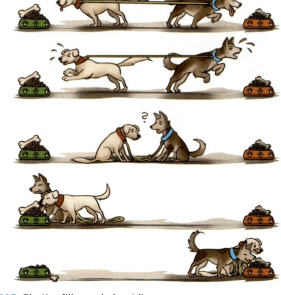

M2 Ein Konflikt und eine Lösung

Wenn du merkst, dass du einen Fehler gemacht hast, kannst du um Entschuldigung bitten. Das beweist Stärke und Größe.

Versuche dich in die andere Person hineinzuversetzen und zu verstehen, was ihr durch den Kopf geht.

In einigen Fällen musst du zur Lösung des Konflikts vielleicht deine Bedürfnisse etwas zurückstecken, das heißt, dass nicht alles so läuft, wie du es willst. Aber auch der andere muss etwas verzichten. Am Ende steht ein Kompromiss. Es gibt keinen Gewinner und Verlierer und beide können mit dem Ergebnis gut leben.

Führt Regeln ein, die einen neuen Konflikt vermeiden können.

Findet gemeinsam eine Lösung. Manchmal gibt es Wege, bei denen beide Vorteile haben und keiner nachgeben oder verzichten muss.

Suche das Gespräch. Kommunikation ist von großer Bedeutung. Nur wenn man miteinander redet, kann man versuchen den anderen zu verstehen. Äußere deine Sicht und höre dir die Sicht der anderen Person an. Vielleicht hattet ihr eine unterschiedliche Wahrnehmung der Dinge und es hätte erst gar nicht zum Streit kommen müssen. Das erfährt man aber nur, wenn man sich gegenseitig zuhört.

Wenn ihr den Streit nicht allein lösen könnt, sucht euch Hilfe, z. B. bei den Streitschlichtern.

M1 Tipps zur Konfliktlösung

Kinderwelten

M 3 An vielen Schulen gibt es ausgebildete Streitschlichter. Auch an deiner?

1. Streitgespräch eröffnen
Die Teilnehmer begrüßen sich gegenseitig.
Folgende Regeln gelten:
Die Streitenden müssen einander zuhören und sich aussprechen lassen. Niemand wird beleidigt.

2. Problem darstellen, Sichtweisen klären
Die Streitenden formulieren das Problem in der „Ich-Form". Das Gehörte wird vom anderen wiederholt.

3. Plätze tauschen
Die Streitenden tauschen ihre Plätze, um sich besser in den anderen hineinversetzen zu können. Jeder äußert sich nun noch einmal zum Streitfall, aber diesmal aus der Sicht des anderen.

4. Lösung finden
Die Streitenden selbst schreiben Vorschläge zur Lösung des Streits auf. Ein Vorschlag wird ausgewählt und als Lösung im Protokoll festgehalten.

5. Vertrag unterschreiben, Lösungsvorschlag umsetzen
Die Einigung wird in einem Vertrag festgehalten und von den Streitenden unterschrieben. Die beiden verpflichten sich, die Vereinbarungen einzuhalten.

6. Streitschlichtung schließen
Ein weiteres Treffen wird vereinbart, um die Einhaltung zu besprechen. Die Schlichtung schließt mit der Verabschiedung.

M 4 So kann eine Streitschlichtung ablaufen.

Fallbeispiel 1
Jan beleidigt seit einigen Wochen immer wieder Alis Eltern.

Fallbeispiel 2
Sophie zeichnet immer wieder in Franzis Block, wenn sie nicht hinschaut. Darüber regt sich Franzi auf.

Fallbeispiel 3
Anastasia und Veronika möchten beide auf dem selben Sitzplatz sitzen und streiten sich deswegen.

M 5 Konfliktsituationen

AUFGABEN

1. *Beschreibe das Problem der beiden Hunde und wie es gelöst wird (M2).*
2. *Gib den Hunden Sprechblasen oder schreibe einen Dialog (M2).*
3. *Erkläre in eigenen Worten, wie sich Konflikte lösen lassen (M1, M3).*
4. *Berichte von einem Konflikt, den du erfolgreich lösen konntest.*
5. *Diskutiert, wie der Konflikt in den Fallbeispielen gelöst werden könnte (M5).*

M1 Baby beim Essen

M2 Raus aus dem Rollstuhl

Familienleben – welche Bedeutung hat Familie?

Familie kann manchmal ganz schön nerven und Familienleben ist auch nicht immer Friede, Freude, Eierkuchen. Doch so anstrengend Familie auch sein kann, sie übernimmt ganz wichtige Aufgaben.

Dazu gehört die wirtschaftliche Funktion: Familie ist ein Ort, der Schutz und Fürsorge für einzelne Mitglieder bietet. Die Familie sorgt dafür, dass Kinder behütet und versorgt werden, das heißt, ein Dach über dem Kopf und genug zu essen haben. Manchmal gilt das auch für kranke oder alte Familienangehörige, auch wenn diese Aufgabe heutzutage häufig von Pflege- oder Altenheimen übernommen wird. Grundsätzlich zeigt sich aber, dass die **Generationen** sich gegenseitig unterstützen und sich umeinander kümmern.

Familie ist auch ein Ort des Lernens. In der Familie lernen die Kinder von Geburt an Fertigkeiten und Fähigkeiten, um selbstständig zu werden, z. B. lernen sie, wie man sich selbst anzieht und die Schnürsenkel bindet. Durch Erziehung werden den Kindern auch die Normen und Werte der Gesellschaft beigebracht. So erlernen sie z. B. den Umgang mit anderen Menschen.

Und ganz wichtig: Familie ist ein Ort der Liebe. Die Familie gibt uns das Gefühl von Wärme, Geborgenheit, Zusammengehörigkeit und Vertrauen. Hier finden wir häufig Menschen, die für uns da sind, wenn wir sie brauchen. Familie ist also mehr als eine Versorgungsgemeinschaft, sie bietet emotionalen Halt und Beistand.

FACHBEGRIFF

Generation
Eine Generation bezeichnet alle Menschen, die in einem bestimmten Zeitabschnitt geboren wurden. In einer Familie gibt es die Generation der Kinder, die der Eltern und die der Großeltern.
Der Zeitraum zwischen einer Generation und der nächsten beträgt oft zwischen 20–30 Jahre. Das heißt, die meisten Eltern sind ungefähr 30 Jahre älter als ihre Kinder, die Großeltern sind etwa 60 Jahre älter als ihre Enkel.

M3 Wer hat recht?

Kyrie und Brielle Jackson sind wohl eines der berühmtesten Zwillingspärchen, die es gibt – und das nur wegen einer ganz besonderen Umarmung. [...]
Grund dafür ist dieses berührende Bild, das die beiden Mädchen kurz nach ihrer Geburt im Brutkasten zeigt. Die Zwillinge kamen 12 Wochen zu früh zur Welt und mussten deswegen in getrennte Brutkästen gelegt werden. Während sich Kyrie gut entwickelte und Gewicht zulegte, litt Brielle unter Atemproblemen. Medizinische Mittel wirkten nicht, weswegen [...] eine Krankenschwester auf die Idee kam, die beiden Geschwister in einen gemeinsamen Brutkasten zu legen. [...]

Als Kyrie den Arm um ihre Zwillingsschwester legte, verbesserte sich der Zustand von Brielle auf wundersame Weise. Ein ganz natürlicher Akt der Liebe unter Geschwistern sorgte dafür, dass beide Schwestern ihre Frühgeburt gut überstanden. [...]
Mittlerweile wissen die Ärzte, wie wichtig Zärtlichkeiten für Babys sind und dass sich viele medizinische Vorgänge durch Berührungen und Zuwendung verstärken lassen. [...]

Quelle: Pia Kotzur: Als man dieses Baby neben seine sterbende Schwester legte, geschah ein großes Wunder. BurdaForward GmbH, München, 02.01.2018

M 4 Wie ein Wunder

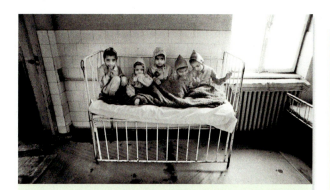

Wie sehr wir andere Menschen brauchen, zeigte sich 1990 in einem rumänischen Waisenhaus. Dort gab es sehr viele Kinder, für die kaum einer gesorgt hat. Die Pflegerinnen haben den Kindern zwar zu Essen gegeben, sich aber nicht weiter um sie gekümmert. Sie haben weder mit ihnen gespielt noch ihnen etwas vorgelesen, sie nicht gestreichelt oder in den Arm genommen. Die Kinder überlebten zwar, aber die Folgen waren kleinere Gehirne, psychische Störungen und eine geringere Intelligenz als bei anderen Kindern. Je länger die Kinder in diesen Heimen waren, desto auffälliger waren die Auswirkungen. Ohne die liebevolle Fürsorge, die Sozialkontakte und Aktivitäten fehlten ihnen Erfahrungen und Erlebnisse, die für die Entwicklung wichtig sind, denn vor allem die ersten Lebensmonate und -jahre sind dafür entscheidend. Vernachlässigte Kinder haben schlechtere Startbedingungen ins Leben. Bis heute sind einige der ehemaligen Waisenkinder auf Unterstützung angewiesen.

M 5 Das Schicksal rumänischer Waisenkinder

EXTRA

Kinder als Alterssicherung

Die Funktionen der Familie und vor allem die Bedeutung von Kindern haben sich im Laufe der Jahrhunderte drastisch verändert. Für viele Familien waren Kinder früher wichtig zur finanziellen Absicherung. Kinder mussten bei der Feldarbeit helfen oder auf andere Weise zum Haushaltseinkommen beitragen. Kinder galten zudem als wichtige Altersabsicherung. In Zeiten, in denen es noch keine Renten für ältere Menschen gab, kümmerten sich die Kinder um ihre Eltern, wenn diese nicht mehr für sich selbst sorgen konnten. Je mehr Kinder man hatte, desto unbesorgter konnte man im hohen Alter sein. Mittlerweile kümmert sich der Staat größtenteils um die soziale Absicherung. Das ist auch ein Grund dafür, warum heute weniger Kinder geboren werden. In vielen armen Ländern, in denen der Staat keine Rente zahlt, ist die Anzahl der Kinder pro Familie auch heute noch hoch.

AUFGABEN

1. Was bedeutet für dich „Familie"?
2. Deine Meinung ist gefragt: nimm Stellung zu M3.
3. Nenne und erkläre die Funktionen von Familie.
4. Partnerarbeit: Lest die beiden Geschichten und informiert euch anschließend gegenseitig. Was können wir aus den beiden Geschichten lernen? (M4, M5)

M1 Familienformen verändern sich.

M3 Wer gehört zur Familie? Auch der Hund?

Familie ist nicht gleich Familie

Sowohl das Zusammenleben in der Familie als auch die Zusammensetzung von Familien haben sich im Laufe der Jahrhunderte, aber vor allem in den letzten Jahrzehnten stark verändert. Das zeigt sich zum Beispiel an der Anzahl der Kinder. Im Durchschnitt bekommen Frauen in Deutschland heute 1,5 Kinder. Vor 150 Jahren waren es noch zwischen vier und fünf Kinder. Es gibt also nur noch wenige Großfamilien, dafür viel mehr Kleinfamilien. Des Weiteren hat die Zahl der alleinerziehenden Mütter oder seltener auch Väter zugenommen (**Ein-Eltern-Familie**). Zuletzt gibt es heute mehr zusammengewürfelte **Patchwork-Familien** sowie sogenannte **Regenbogenfamilien**, in denen Kinder bei gleichgeschlechtlichen Paaren aufwachsen.

Familie hat heute viel mit Liebe zu tun. Menschen heiraten aus Liebe und Kinder entstehen häufig aus Liebe. Vor etwa 50 Jahren wurde in der Gesellschaft noch erwartet, dass nur verheiratete Paare Kinder bekommen und das Ehepaare auch ein Leben lang zusammenbleiben. „Bis dass der Tod euch scheidet", heißt es in der Kirche. Uneheliche Kinder wurden abwertend als „Bastard" bezeichnet. Heute spielt es für die Menschen keine Rolle mehr, ob die Eltern nun verheiratet sind oder nicht. Das hat auch mit der abnehmenden Bedeutung von Religion zu tun. Auch das Thema **Scheidung** ist deshalb kein Tabu mehr. Wenn Paare sich nicht mehr lieben, sind sie heute eher bereit, sich zu trennen.

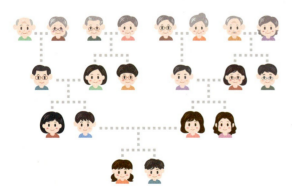

M2 Ein Stammbaum zeigt, wer deine Vorfahren sind und mit wem du verwandt bist.

AUFGABEN

1. Diskutiert, wer alles zur Familie dazu gehört (M3).
2. Beschreibe M1. Welche Veränderungen werden hier gezeigt?
3.* Arbeite aus dem Text heraus, wie sich Familien in den letzten Jahrzehnten verändert haben.
4. Erkläre, was eine Patchwork- und was eine Regenbogen-Familie ist.
5. Zeichne die im Text genannten Familienformen als Strichmännchen.
6. Erstelle deinen eigenen Stammbaum (M2).
7. „Familie sucht man sich nicht aus." Nimm Stellung zu diesem Sprichwort.

METHODE

Arbeiten mit Schaubildern und Diagrammen

Schaubilder dienen dazu, Zahlen zu vergleichen und Zusammenhänge verständlich zu machen. In einem Balkendiagramm (M4) werden Zahlen mit waagerechten Streifen veranschaulicht. Sind die Angaben in senkrechten Streifen dargestellt, handelt es sich um ein Säulendiagramm. Ein Kreisdiagramm (M5) wird verwendet, um Teile einer Gesamtmenge darzustellen.
So entschlüsselst du ein Schaubild (am Beispiel M4):

M4 Balkendiagramm

1. Schritt: Den Sachverhalt einordnen
- **Worum geht es in dem Schaubild?**
  Lies dazu die Überschrift/Bildunterschrift.
  Beispiel: Formen des Zusammenlebens in Deutschland
- **Woher und von wann stammen die Zahlen?**
  Suche dazu Hinweise (Quelle, Jahr).
  Beispiel: Statistisches Bundesamt, 2020
- **Welche Maßeinheit haben die Zahlen?**
  Ermittle dazu die Einheit. *Beispiel: Millionen*

2. Schritt: Den Sachverhalt beschreiben
Gehe zur Beantwortung der Fragen jeweils die Angaben nacheinander durch und formuliere Sätze.
- **Welche Einzelheiten erfährst du über das Thema?**
  Beispiel: In Deutschland leben 7,9 Millionen Ehepaare mit Kindern.
- **Welche Angaben sind die kleinsten/größten?**
  Beispiel: Die am wenigsten vertretene Lebensform ist mit 0,4 Millionen die der alleinerziehenden Väter. Alleinstehende bilden die größte Gruppe aller Haushalte.

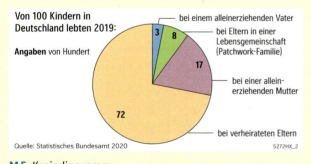

M5 Kreisdiagramm

3. Schritt: Den Sachverhalt auswerten
Stelle die Zusammenhänge in Sätzen dar.
- **Vergleiche die dargestellten Zahlen miteinander und fasse zusammen. Was stellst du fest?**
  Beispiel: Es gibt fast sechsmal so viele alleinerziehende Mütter wie Väter.
- **Wie lauten die Hauptaussagen des Schaubildes?**
  Beispiel: Insgesamt leben 21 Millionen Erwachsene mit einem oder mehreren Kindern zusammen.

AUFGABEN

8 Werte das Schaubild M5 entsprechend der Anleitung aus.

9* Erstelle ein eigenes Säulendiagramm zu den Familienformen in deiner Klasse.

M1 Alleinerziehende Mutter

M3 Trennungen können zu Konflikten führen.

Und wie viele Elternteile hast du?

Der Anteil der alleinerziehenden Eltern ist in den letzten Jahrzehnten stetig gestiegen. Mittlerweile ist fast jede vierte Familie in Deutschland eine Ein-Eltern-Familie. Die Gründe dafür sind vielfältig. In der Hälfte der Fälle haben sich die Ehepartner getrennt oder sind bereits geschieden. In 31 von 100 Fällen waren die Eltern nicht verheiratet (ledig), als sie sich trennten. In 19 von 100 Fällen ist das Elternteil verwitwet, das heißt, dass der Partner verstorben ist.

Für viele Alleinerziehende, meistens Mütter, ist diese Situation eine große Herausforderung und Dauerstress. Es ist nicht einfach, den Alltag zu meistern. Da die Mütter oft Vollzeit arbeiten, ist der Tagesablauf häufig genau geplant. Um Arbeit und Kind unter einen Hut zu bekommen, ist eine zuverlässige Kinderbetreuung sehr wichtig. Viele Mütter sind auf die Unterstützung von Familie und Freunden angewiesen.

Trotz Arbeit müssen sie meist mit weniger Geld auskommen und sind häufiger von Armut bedroht. Viele haben es zudem schwer, eine Arbeit zu finden, die mit der Kinderbetreuung vereinbar ist.

Auch für die Kinder ist die Situation nicht immer einfach, z. B. wenn die Mutter keine Zeit für gemeinsame Aktivitäten hat oder überlastet ist. Lassen sich die Eltern scheiden, kann dies auch zu Konflikten über das Sorgerecht führen. Doch es gibt auch Positivbeispiele, nämlich dann, wenn der Vater weiterhin eine Unterstützung ist, die Eltern sich das Sorgerecht teilen und das Kind weiterhin eine gute Beziehung zu beiden hat.

Wer sich trennt oder den Partner verliert, muss aber nicht auf Dauer Single bleiben. Durch neue Beziehungen entstehen Patchworkfamilien mit Stiefeltern, Stiefgeschwistern und Halbgeschwistern. So können aus einem Elternteil auch mal vier werden.

M2 Alleinerziehende Eltern in Deutschland 2021

AUFGABEN

1. *Arbeite heraus, mit welchen Herausforderungen Alleinerziehende zu kämpfen haben.*
2. *Beschreibe die Grafik M2.*
3. *Beschreibe den Comic M4.*
4. *Zeichne einen Stammbaum, in dem du Antonias Familienverhältnisse darstellst (M5).*
5. *Erkläre, was Antonia unter einer „traditionellen deutschen Familie" versteht (M5).*
6. *Arbeite aus dem Interview heraus, welche Vor- und Nachteile das Aufwachsen in einer Patchworkfamilie mit sich bringen kann (M5).*

M 4 Comic (Renate Alf, 2009)

Leben in einer Patchworkfamilie

Antonia, wie sieht eure Patchwork-Familie aus?
Meine Mama und mein Papa haben sich scheiden lassen als ich 2 war. Mein Papa ist wieder neu verheiratet und hat mit seiner neuen Frau nochmal zwei Töchter bekommen und meine Mama hat einen neuen Lebenspartner, mit dem sie einen Sohn hat.

Du hast also drei Halbgeschwister. Siehst du sie auch als Halbgeschwister?
Nein, ich sehe alle drei als meine Geschwister an und sehe da keinen Unterschied!

Du bist mit deinem Stiefvater aufgewachsen. Wie ist dein Verhältnis zu ihm?
Sehr gut. Er war/ist immer für mich da, wie ein Papa, hat sich aber nie großartig bei meiner Erziehung eingemischt.

Wie viel Kontakt hast du zu deinem Vater und deinen beiden Halbschwestern?
Meine Eltern haben feste Tage ausgemacht, an denen ich bei meinem Vater war. Zu sagen, dass es immer leicht war, wäre gelogen. Ich hatte Phasen, in denen ich meine Mama sehr stark vermisst habe. Woran das gelegen hat, weiß ich bis heute nicht. Mein Papa und meine Stiefmama haben alles gemacht, dass ich bei ihnen mein zweites Zuhause habe. Ich hatte mein eigenes Zimmer und bekam sogar meinen eigenen selbstgemachten Weihnachtskalender, obwohl ich dann auf einen Schlag immer ziemlich viele Türchen aufmachen konnte. 😁
Als ich älter und mobiler wurde, habe ich selbst entschieden, wann ich meinen Papa und Familie besuche.

So ist es auch heute noch. Jedes zweite Wochenende bin ich auf einen Kaffee oder zum Essen dort und mit meinen Schwestern stehe ich im regelmäßigen Kontakt oder wir treffen uns auch ohne „die Alten". 😊

Wie siehst du deine Familie im Vergleich zu anderen?
Ich bin damit aufgewachsen und finde es toll, eine so große Familie zu haben. Ich bin ein Familienmensch und liebe es, dass ich zwei Zuhause habe, in die ich immer zurückkehren kann.

Welche besonderen Herausforderungen ergeben sich aus eurer Familiensituation?
Als Patchwork-Kind sitzt man immer ein bisschen zwischen den Stühlen. Wenn ich zu meinem Papa komme, komme ich in eine Familie, die ihren kompletten Alltag zusammen verbringt und in die ich mich dann erstmal einfinden muss. Und natürlich leben mein Papa und Familie anders. Das war früher nicht immer so leicht, sich anzupassen. Heute macht mir das gar nichts mehr aus und ich weiß es sogar zu schätzen, dass es bei Papa anders ist als bei Mama. 🙂
Und dann gibt's da die deutschen Behörden, die es Patchwork-Kindern nicht immer leicht macht. Zum Beispiel wenn beide Elternteile Formulare unterschreiben müssen. 😕 Einmal wollte ich mit meinem Papa in den Urlaub, doch die Flughafenpolizei wollte das nicht zulassen, weil meine Mama nicht dabei war. Sie musste dann zur nächsten Polizeistation, sich ausweisen und ihr Einverständnis geben. Das sind Situationen, in denen klar wird, dass ich nicht nach dem traditionellen deutschen Familienmodell lebe. 😮

M 5 Antonia (22) erzählt von ihrer Kindheit und Jugend in einer Patchwork-Familie. Interview vom 13.07.2021.

M 1 Im Sommer finden in zahlreichen Städten Demos für die Rechte von LGBT statt.

M 3 Auch gleichgeschlechtliche Paare dürfen seit 2017 heiraten.

Bunt wie der Regenbogen – Die Vielfalt der Liebe

Jeden Sommer gibt es in zahlreichen Innenstädten vieler Staaten ein buntes Fahnenmeer in den Farben des Regenbogens zu sehen (M1). Diese Farben sind das Symbol der **LGBT-Community**. Zu dieser Gemeinschaft gehören zum Beispiel alle, die keinen Menschen des anderen Geschlechts, sondern des gleichen Geschlechts lieben. Sie sind also nicht **heterosexuell** (eng. „straight"), sondern **homosexuell**.

Die bunte Parade nennt man auf Englisch „Pride". Das bedeutet Stolz und soll darauf hinweisen, dass die Menschen selbstbewusst mit ihrer **sexuellen Orientierung** und **Geschlechtsidentität** umgehen. In Deutschland nennt man die Parade meist Christopher Street Day (CSD). Er soll an die wiederholte Gewalt der Polizei gegen Schwule erinnern, die 1969 in einer Straßenschlacht in der New Yorker Christopher Street endete. Der CSD ist somit auch eine Demonstration, bei der LGBT für ihre Rechte und für Toleranz auf die Straße gehen. Sie möchten genauso behandelt werden wie heterosexuelle Menschen.

Vor allem in Westeuropa und Amerika hat sich die Akzeptanz von Homosexualität verbessert. In Deutschland denken 86 von 100 Menschen, dass die Gesellschaft Homosexualität akzeptiert. Viele Homosexuelle trauen sich deshalb auch, offen mit ihrer sexuellen Orientierung zu leben (**Coming-out/Outing**). Auch viele Prominente aus Politik, Kultur oder Sport gehen offen damit um. Dennoch: Auch in Deutschland kommt es immer wieder zu Diskriminierung, Beleidigungen und auch Gewalt – auch an Schulen.

In Deutschland wurde Homosexualität bis 1973 mit bis zu fünf Jahren Haft bestraft. Erst danach wurde es legalisiert. 2001 wurde die eingetragene Lebenspartnerschaft eingeführt. Sie war der Ehe noch nicht gleichgestellt. Seit 2017 gibt es die sogenannte Homo-Ehe oder Ehe für alle. Nun dürfen homosexuelle Paare auch Kinder adoptieren. Ganz anders sieht es in vielen Staaten Asiens und Afrikas aus. Dort gibt es teilweise noch die Todesstrafe für Homosexuelle.

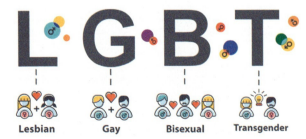

M 2 Im Deutschen werden die Begriffe lesbisch, schwul, bisexuell und transgender verwendet.

FACHBEGRIFF

Sexuelle Orientierung
Menschen, die nicht heterosexuell sind, besitzen eine andere sexuelle Orientierung und fühlen sich z. B.
- zum gleichen Geschlecht hingezogen (Homosexuelle, also Lesben und Schwule)
- zu beiden Geschlechtern hingezogen (Bisexuelle).

M 4 Comic (Renate Alf, 2016)

M 6 Schwule Väter: selten, aber nicht unmöglich

Leben in einer Regenbogenfamilie

Für Antonia und Felix ist ganz klar, dass sie was Besonderes sind, hier in der Kleinstadt. Die meisten Kinder leben mit Vater und Mutter zusammen, sie aber haben nicht nur zwei Eltern, sondern drei, und zwar zwei Mütter und einen Vater. Antonia hat bisher auch nie ein Geheimnis daraus gemacht, dass ihre Mama eine Frau liebt und nun mit einer Frau verheiratet ist. „Schon im Kindergarten war ich so ein Plappermäulchen", lacht sie, „da hab ich das den Erzieherinnen erzählt, noch bevor Mama das denen gesagt hat." [...] Sie sind also eine Familie, die anders ist als die meisten Familien in der Kleinstadt, und für viele ist das kein Grund zum Komisch-Gucken oder Komisch-darüber-Reden, für einige wenige aber doch. Und Felix und Antonia finden, dass die ganz schön nerven. [...]. Antonia [...] hat festgestellt, dass die, die blöde Sachen sagen, irgendwann damit aufhören, wenn man sich nicht darüber ärgert oder zumindest nicht zeigt, dass man sich ärgert. In ihrer Grundschulklasse da war anfangs ein Junge, der über Antonia und ihre Mütter gelacht und gelästert hat. „Ich hab dann mit meiner Freundin darüber geredet und die hat dann gesagt: ‚Hör nicht darauf, lass ihn doch einfach dumm stehen und dumm schwätzen', ja, und dann hab ich das gemacht und dann hat es aufgehört. Aber es ist natürlich kein so tolles Gefühl, wenn einer über deine Eltern lästert." [...] Felix ärgert sich über einen Jungen, der [...] „Ej, du Schwuli!" ruft. [...] Auch seine Freunde finden, dass man diesem Jungen eigentlich mal grundsätzlich die Meinung sagen müsste. Und, ergänzt Antonia, denen, die dicke Kinder hänseln oder blöde Kommentare zu den türkischen Mädchen sagen, ebenfalls. [...]

[Zehn Jahre später], [...] als sie in [einer] Talkrunde [...] eingeladen war, wunderte sie sich schon sehr, dass sich [einige Politiker] darüber ausließen, dass Kinder bei homosexuellen Eltern nicht gut aufwachsen könnten. „Da sitze ich daneben, und die reden [...] über Kinder aus Regenbogenfamilien und damit eben auch über mich, und ich denke: ‚Hallo?! Hast du eigentlich zugehört, was ich gerade gesagt habe?!'" [...] „Nur in der Grundschule", sagt Antonia, „da wäre ich so wahnsinnig gerne normal gewesen. Da wollte ich auf keinen Fall was Besonderes sein, ich glaube, in der Zeit hätte ich lieber eine traditionelle [...] Familie [...] gehabt." [...]

Quelle: Uli Streib-Brzič und Stephanie Gerlach: Und was sagen die Kinder dazu? 4. Auflage. Querverlag, Berlin 2015, S. 17–24

M 5 Antonia und Felix berichten im Alter von 10 und 12 Jahren und rückblickend 10 Jahre später

AUFGABEN

1. Betrachte die Bilder auf der Doppelseite. Was geht dir spontan durch den Kopf?
2. Erkläre, wofür die Buchstaben in LGBT stehen.
3. Diskutiert in der Klasse, warum sich noch kein aktiver Fußballspieler in Deutschland geoutet hat.
4. Arbeite heraus, wie Antonia und Felix ihre Kindheit als Kinder von zwei Müttern erlebten (M5).
5. Sammelt Vor- und Nachteile, die das Aufwachsen in einer Regenbogenfamilie mit sich bringen kann, und notiert diese.

M1 Auch Papa kümmert sich um die Kinder

M3 Doppelbelastung: Arbeit und Kindererziehung

Wer ist der Chef im Haus? – Rollenbilder im Wandel

Sicherlich wärst du gerne der Chef im Haus, aber bis du dich so nennen darfst, dauert es noch ein wenig. Diese Rolle übernehmen deine Eltern. Aber gibt es bei euch einen Chef oder eine Chefin; oder sind beide Chefs?
Die Rollenverteilung zwischen Mann und Frau hat sich stark verändert. Noch vor 50 Jahren war die Rollenverteilung klar geregelt: Der Mann ging zur Arbeit und brachte das Geld nach Hause, die Frau kümmerte sich um den Haushalt und die Kinder. Zwar steht in unserem Grundgesetz bereits seit 1949, dass Männer und Frauen **gleichberechtigt** sind, doch die Realität sah lange anders aus. Frauen durften kein eigenes Konto eröffnen und wollte die Frau arbeiten gehen, brauchte sie dafür das Einverständnis ihres Mannes. Auch in Erziehungsfragen hatte der Mann das letzte Wort – obwohl die Erziehung eher Aufgabe der Mütter war.
Heute sieht es in vielen Familien anders aus. Männer und Frauen teilen sich die Aufgaben. Die Erwartungen an die Rollen haben sich verändert. Das **Rollenbild** hat sich gewandelt. Trotzdem sind es bis heute vor allem die Frauen, die sich um Haushalt und Kinder kümmern. Und das, obwohl drei von vier Müttern minderjähriger Kinder berufstätig sind (2018). Viele Frauen sind also doppelt belastet: durch Familie und Beruf.

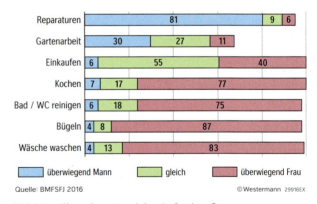

M4 Wer übernimmt welche Aufgaben?

> Eine Hausfrau soll ihrem Mann ein Heim schaffen, in dem er wirklich zu Hause ist, in das er nach des Tages Arbeit gern zurückkehrt. Dabei muss immer das im Vordergrund stehen, was ihm besonders am Herzen liegt. Der eine verlangt unbedingte Ordnung. [...] Einem anderen Ehemann ist es wichtig, dass seine Frau immer gepflegt aussieht und hübsch angezogen ist. Ein Dritter legt großen Wert darauf, dass ihm nicht nur Allerweltsessen auf den Tisch gestellt wird, sondern Dinge, die seinem Gaumen immer von Neuem schmeicheln.
>
> Quelle: Zuhören und bewundern. Spiegel Special 4/2007, S. 103; verändert

M2 Ratgeber für eine gute Ehe von 1959

AUFGABEN

1. Beschreibe, wie die Rollenverteilung in deiner Familie aussieht.
2. Vergleiche die heutige Rollenverteilung mit der von 1959 (M2).
3. Beschreibe die Grafik M4. Überprüfe anschließend, wie stark sich die Rollenverteilung verändert hat.
4.* Bewerte die Grafik M4. Ist die Rollenverteilung heutzutage fair?

METHODE

Karikatur-Analyse

Eine Karikatur ist eine Zeichnung, die eine Situation im Alltag oder ein politisches Ereignis stark übertrieben, verzerrt und dadurch meist komisch darstellt. Meist gehören zu dem Bild nur wenige Wörter. Viele Karikaturen haben [...] keinen Text.
Ziel der Karikatur ist es, menschliche Schwächen oder gesellschaftliche Zustände mit Witz [...] zu entlarven. [...] Die Art des Zeichnens heißt karikieren. Eine Karikatur ist niemals neutral, niemals unparteiisch. Der Karikaturist wertet aus seiner Sicht mit seiner Darstellung [...] einen Fehler einer Person, einen Sachverhalt oder den Ablauf eines Ereignisses, indem er alles ins Lächerliche zieht. Ziel ist es aber nicht, einfach nur einen politischen Witz zu reißen, sondern über das Lachen zum Nachdenken anzuregen.

Quelle: Karikatur, Rossipotti e.V., Berlin

M 5 Was ist eine Karikatur?

M 6 Karikatur von Renate Alf

1. Schritt: Den Sachverhalt einordnen
- Wann und wo ist die Karikatur erschienen?
- Wer ist der Karikaturist?
- Gibt es eine Über- oder Unterschrift? Wenn ja, wie lautet sie?
- Worum geht es in der Karikatur? Was ist das Thema?

2. Schritt: Den Sachverhalt beschreiben
- Wie ist der Bildaufbau gestaltet? Gibt es ein Bild oder mehrere Einzelbilder? Was siehst du im Vordergrund und was im Hintergrund?
- Welche Situationen / Handlungen sind dargestellt?
- Welche Gegenstände / Symbole werden gezeigt?
- Welche Personen werden abgebildet?
- Welchen Gesichtsausdruck (Mimik) und welche Körpersprache (Gestik) haben diese bzw. welche Gefühle / Emotionen zeigen sie?
- Beschreibe so genau wie möglich. Jedes Detail kann wichtig sein für die Interpretation.

3. Schritt: Den Sachverhalt auswerten
- Was kritisiert der Karikaturist?
- Wofür stehen die verschiedenen Bildelemente und Symbole?

Die Karikatur ist von Renate Alf. Sie handelt von der Vereinbarkeit von Kindern und Beruf.
Im Zentrum der Karikatur ist eine Frau an einer Kreuzung zu sehen. Links zeigt ein Schild Richtung „Kinder" und rechts ein Schild Richtung „Beruf". Der Weg geradeaus ist nicht beschildert. Die Frau trägt ein Kleid und hält eine Handtasche in ihrer rechten Hand. Sie schaut irritiert und verwundert, was an ihren weit aufgerissenen Augen zu erkennen ist. Nachdenklich hält sie ihre linke Hand am Kinn und fragt „Und wohin geht's geradeaus??".
Die Frage der Frau deutet darauf hin, dass sie weder nach links noch nach rechts gehen möchte. Sie möchte sich nicht für einen der beiden Wege entscheiden. Daher fragt sie sich, wohin der Weg geradeaus führt. Der Weg könnte den Versuch darstellen, Kinder und Beruf miteinander zu vereinbaren. Da der Weg aber nicht beschildert ist, ist es ungewiss, was sie dort erwartet. Wird der Weg schwer und steinig? Ist es vielleicht sogar eine Sackgasse?
Die Karikaturistin möchte damit auf die schwierige Vereinbarkeit von Familie und Beruf hinweisen und kritisiert, dass viele Frauen sich gezwungen sehen, sich für eines von beiden zu entscheiden.

M 7 Beispiel-Analyse

M1 Gewalt zur Erziehung – ist das in Ordnung?

M2 Karikatur von Renate Alf

Erziehung im Wandel

Drei von vier Jugendlichen würden ihre Kinder so erziehen, wie sie von ihren eigenen Eltern erzogen worden sind. Die meisten sind also zufrieden mit ihrer Erziehung.

Sowohl die Erziehungsziele als auch die Erziehungsstile haben sich im Laufe der Zeit verändert. Erziehungsziele sind Werte, die Eltern oder Lehrer den Kindern beibringen wollten. Es geht um die Frage, welche Eigenschaften und Verhaltensweisen das Kind später besitzen soll. Erziehungsstile beinhalten die Methoden. Es geht um die Frage, wie die Ziele erreicht werden sollen.

In den 1950er-Jahren war es zum Beispiel noch üblich, dass Kinder auch durch körperliche Züchtigung, das heißt, mit körperlicher Gewalt, erzogen wurden. Eltern haben ihren Kindern den Hintern versohlt (z. B. mit der Schuhsohle) oder ihnen eine Backpfeife verpasst, also mit der Hand ins Gesicht geschlagen, dass die Ohren pfeifen.

Heute ist das meist anders. „Kinder haben ein Recht auf gewaltfreie Erziehung. Körperliche Bestrafungen, seelische Verletzungen und andere entwürdigende Maßnahmen sind unzulässig." So steht es seit November 2000 im Bürgerlichen Gesetzbuch.

Sollte es doch zu Gewalt kommen, liegt eine Kindeswohlgefährdung vor. In diesem Fall kann sich das Kind Hilfe suchen, zum Beispiel bei der Schulsozialarbeit, der Polizei oder Beratungsstellen.

INFO

Helikopter-Eltern

Viele Eltern kümmern sich sehr fürsorglich um ihre Kinder. Manche Eltern begleiten ihre Kinder auf Schritt und Tritt und tun wirklich alles, damit es ihnen gut geht. Diejenigen, die es dabei auch mal übertreiben, nennt man Helikopter-Eltern, da sie den ganzen Tag um die Kinder herum kreisen und den Kindern wenige Freiräume geben und ihnen wenig Selbstständigkeit zutrauen. Ein gutes Beispiel dafür ist der Umgang mit dem Schulweg bzw. die Frage, ob Kinder von den Eltern zur Schule gebracht werden oder selbstständig zur Schule kommen.

> Heyhey, ich wollte euch nur kurz Bescheid geben, dass die Mädels scheinbar gut am Klassenfahrtsort angekommen sind! 😊

> Oh, danke! 😊 Schön zu hören, aber woher weißt du das? Die Klassenlehrerin hat sich doch noch gar nicht in der Klassen-Chat-gruppe gemeldet. 🤔

> Die Mutter vom Timmy konnte wohl nicht widerstehen und macht jetzt zur gleichen Zeit am selben Ort Urlaub. 😏

M3 Eine Chat-Unterhaltung zwischen Eltern

Kinderwelten

Kleine Geschichte der Erziehung

Über viele Jahrhunderte, sogar Jahrtausende war die Erziehung der Kinder von Strenge geprägt. Das Verhältnis zu den Eltern war distanziert. Nähe und Geborgenheit waren eher die Ausnahme und nicht die Regel. Kinder wurden als kleine Erwachsene betrachtet. Schon im Grundschulalter mussten sie auf dem Feld, in der Werkstatt oder im Stall helfen und auch schwere Arbeiten verrichten. Schulen, wie wir sie heute kennen, gab es noch nicht.

Erst vor etwa 250 Jahren kam in Europa der Gedanke langsam auf, dass die Kindheit ein eigener Lebensabschnitt ist, in dem die Kinder geschützt werden müssen. Sie sollten nicht durch Belehrung und Strafe lernen, sondern durch Spiel und Spaß die Welt entdecken und sich frei entfalten. Erwachsene sollten erkennen, dass Kinder ihre eigene Art haben zu denken und zu fühlen und dass sie von Geburt an gut sind. Dennoch war der andere Gedanke immer noch weit verbreitet, dass es notwendig ist, die „böse Kindsnatur" wie ein Tier abzurichten.

Noch vor 150 Jahren war es durchaus üblich, dass die Kinder ihre Eltern siezten. Im damaligen Deutschen Kaiserreich sollten die Kinder zu Gehorsam und Disziplin erzogen werden. Sie sollten ordentlich sein und machen, was ihnen gesagt wurde. Auf diese Weise sollten vor allem aus den Jungen auch gute Soldaten werden.

Auch während der Zeit des Nationalsozialismus unter Adolf Hitler sollten sie auf den Krieg vorbereitet werden. Kinder sollten nicht selbst denken, sondern Befehle ausführen. Die Mädchen sollten zur Hausfrau und Mutter erzogen werden. In dieser Zeit war Erziehung weniger Sache der Eltern, sondern des Staates.

Heute ist das Recht der Eltern, selbst zu entscheiden, wie sie ihre Kinder erziehen wollen, im Grundgesetz verankert. Jedoch gibt es auch rechtliche Grenzen. Kindergärten und Schulen unterstützen die Eltern bei der Erziehung.

M6 Werbung für die Hitlerjugend

M4 Ein Blick in die Vergangenheit

AUFGABEN

1 * Welche Werte möchtest du später deinen Kindern vermitteln bzw. welche Erziehungsziele hättest du?

2 Erkläre in eigenen Worten, wie sich die Erziehungsmethoden verändert haben (M4).

3 „Ein kleiner Klaps auf den Po hat noch keinem geschadet." Nimm Stellung zu dieser Aussage (M1).

4 Nimm Stellung zu M3.

5 Sammelt in der Klasse Argumente, warum Kinder in die Schule gebracht werden sollten oder warum Kinder selbst zur Schule gehen sollten.

6 Beurteile, ob die Aussage heute immer noch gilt (M5).

7 Interpretiere die Karikatur M2.

Die Kinder von heute sind Tyrannen. Sie widersprechen ihren Eltern, kleckern mit dem Essen und ärgern ihre Lehrer!

M5 Sokrates lebte vor etwa 2500 Jahren.

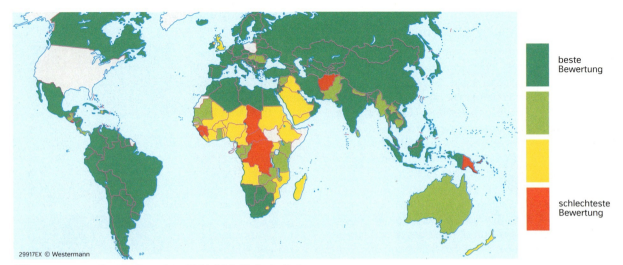

M 1 Bewertung der Kinderrechte 2021 (KidsRight Index)

Kinderrechte weltweit

Der 20. November 1989 war ein besonderer Tag für alle Kinder weltweit. Die Vereinten Nationen (eng. United Nations, UN), eine Organisation, in der 193 Staaten Mitglied sind, beschlossen an diesem Tag die **UN-Kinderrechtskonvention**. In 54 Artikeln wurde festgehalten, dass alle Unterzeichner die besonderen Rechte von Kindern achten und schützen sowie ihre Lebenssituation verbessern sollen. Der einzige Staat der Welt, in dem die UN-Kinderrechtskonvention nicht gilt, sind die USA. Sie befürchten, dass das Recht der Eltern, über ihre Erziehung zu entscheiden, zu stark eingeschränkt wird. Die Umsetzung der Rechte gelingt in manchen Ländern nur sehr schwierig. Längst nicht jedes Kind hat beispielsweise Zugang zu Bildung, da die Eltern sich z. B. das Schulgeld nicht leisten können.

AUFGABEN

1. *Erläutere die Kinderrechte mit jeweils einem Satz (M2).*
2. *Finde mithilfe einer Weltkarte je fünf Staaten heraus, in denen die Situation der Kinderrechte gut bzw. schlecht ist (M1, Atlas).*
3. *Überprüfe, ob für dich alle Kinderrechte erfüllt sind (M2).*
4. *Arbeite heraus, wie die Organisation Save the Children die Lage der Kinder bewertet (M4).*
5. *Diskutiert in der Klasse, ob es notwendig ist, für Kinderrechte zu demonstrieren (M3). Notiert eure Ergebnisse.*
6. *Nimm Stellung zur Wiedereinführung der Prügelstrafe an amerikanischen Schulen (M5).*

M 2 Das Plakat des Kinderhilfswerks UNICEF zeigt eine Zusammenfassung der 54 Artikel der Kinderrechtskonvention.

Kinderwelten

M 3 Demonstration in Frankfurt/Main

Meilensteine für Kinder

„Kinder, die heute geboren werden, haben bessere Chancen als jemals zuvor, gesund und in Sicherheit aufzuwachsen und zur Schule gehen zu können", schreibt die Organisation Save the Children in ihrem Bericht „Meilensteine für Kinder" von 2019, in dem die weltweite Situation der Kinder dargestellt wird. Laut der Organisation hat sich das Leben von insgesamt 280 Mio. Kindern in den letzten 20 Jahren verbessert. Die Medizin und auch die Technik sind heute moderner denn je. Durch diesen Fortschritt ist es möglich, dass viele Krankheiten geheilt werden und vielen Kindern geholfen wird. Um die Menschen vor Krankheiten zu schützen, werden zum Beispiel viele neue Impfungen entwickelt. Auch schwangere Frauen und Säuglinge können heute viel besser versorgt werden als noch vor hundert Jahren.

Aber die größte Veränderung in den letzten hundert Jahren ist die Art und Weise, wie wir Erwachsene über Kinder denken. Sie haben heute Rechte, die ganz deutlich aufgeschrieben wurden. „In den vergangenen hundert Jahren wurde auf der ganzen Welt also viel erreicht, es bleibt aber noch viel zu tun, damit alle Kinder überall auf der Welt gesund aufwachsen, zur Schule gehen können und vor Bedrohungen geschützt sind", so das Fazit von Save the Children.
Noch immer hat jedes vierte Kind auf der Erde nicht die Möglichkeit, eine angstfreie Kindheit zu erleben. Gründe dafür sind Krieg, Armut und Hunger.
Deutschland liegt auf Platz 6 von 176 untersuchten Staaten, während Singapur Platz 1 belegt. Schlusslichter sind Niger, Tschad und die Zentralafrikanische Republik.

M 4 Wie geht es den Kindern weltweit? Aus dem Bericht einer Kinderschutz-Organisation.

In mehreren US-Staaten ist die Prügelstrafe grundsätzlich erlaubt. Nach 21 Jahren [...] wird sie nun auch in einem Schulbezirk in Missouri wieder eingeführt - auch auf Wunsch einiger Eltern. [...]
Es geht um Schläge mit einem Holzpaddel auf das Gesäß von Kindern. Eine Züchtigungsmethode, die in den USA Tradition hat [...]. Es ist wie bei vielen Themen in den USA derzeit: Die Debatte ist heftig, laut - und gespalten.

Quelle: Ralf Borchard: Prügel gegen „Disziplinlosigkeit". Norddeutscher Rundfunk, Hamburg, tagesschau.de 04.09.2022

M 5 Kinderrechte in den USA

M1 Kinderarbeit in Ecuador...

... und in Brasilien

Kinder in Armut

Etwas zu essen und zu trinken, ein Dach über dem Kopf, Kleidung: Das sind Dinge, die jeder Mensch braucht. Wem das fehlt, der gilt als arm. Besonders kritisch ist die Situation für Menschen in **extremer Armut**, die dazu führt, dass die Betroffenen auf der Straße leben und häufig Hunger leiden. Diese Form von Armut ist in Europa selten, aber in vielen Regionen dieser Welt ist sie ein großes Problem.

In den letzten Jahrzehnten ging die Anzahl der in Armut lebenden Menschen stark zurück. Doch die Corona-Pandemie bedeutete einen Rückschlag in dieser positiven Entwicklung. 2021 war fast jeder zehnte Mensch von extremer Armut betroffen. 120 Mio. Menschen mehr als vor der Pandemie.

Da viele Familien kaum über die Runden kommen, müssen die Kinder häufig auch Geld verdienen. Doch Kinderarbeit ist umstritten, weshalb es dafür Gesetze gibt, die die Kinderarbeit begrenzen.

Kinderarbeit sind laut Definition Arbeiten, für die Kinder zu jung sind oder die gefährlich oder ausbeuterisch sind, die körperliche oder seelische Entwicklung schädigen oder die Kinder vom Schulbesuch abhalten. Kinderarbeit beraubt Kinder ihrer Kindheit und verstößt gegen die weltweit gültigen Kinderrechte. Man muss also unterscheiden zwischen normalen Aufgaben zum Beispiel im Haushalt, zwischen legaler Beschäftigung von Jugendlichen und zwischen Ausbeutung von Kindern.

Für legale [= erlaubte] Beschäftigung haben die meisten Staaten per Gesetz ein Mindestalter zwischen 14 und 16 Jahren festgelegt. In Deutschland ist das Mindestalter 15 Jahre mit einigen Ausnahmen für leichte Tätigkeiten [...]. Die Einzelheiten werden durch das Jugendarbeitsschutzgesetz geregelt.

Zu den „schlimmsten Formen der Kinderarbeit" zählen [...]: Sklaverei und sklavenähnliche Abhängigkeiten, Zwangsarbeit [...], kriminelle Tätigkeiten wie der Missbrauch von Kindern als Drogenkuriere sowie andere Formen der Arbeit, die die Sicherheit und Gesundheit der Kinder gefährden können. Fast alle Staaten der Welt haben sich [...] auf das Ziel geeinigt, jegliche Form der Kinderarbeit [...] bis zum Jahr 2025 vollständig abzuschaffen.

Quelle: Ninja Charbonneau. Kinderarbeit weltweit: Die 7 wichtigsten Fragen und Antworten. Deutsches Komitee für UNICEF e.V., Köln, 10.06.2021

M2 Kinderarbeit in einer Goldmine in der Demokratischen Republik Kongo

M3 Was ist Kinderarbeit?

INTERNET

Weitere Berichte findet du hier:

Digital+

WES-112452-056

Kinderarbeit in Bolivien hat viele Gesichter: Zum Beispiel das lebhafte und fröhliche von Deyna Mamani. An den Wochenenden verkauft die Zwölfjährige schon seit vier Jahren Fruchtsäfte, um ihre Großmutter bei der Arbeit auf dem Markt in La Paz zu unterstützen. [...] Andere Gesichter von arbeitenden Kindern sind ernst und misstrauisch, wie das von Rodrigo Medrano Calle. Bis spät in die Nacht bietet der 14-Jährige Zigaretten und Kaugummi in den Bars der bolivianischen Hauptstadt an. Im ganzen Land sieht man Mädchen, die auf Friedhöfen Grabsteine polieren, Jungen, die in der Mittagshitze die Schuhe von Passanten putzen und zierliche Jugendliche, die sich an der körperlich besonders anstrengenden Zuckerrohrernte beteiligen. Eigentlich dürften Rodrigo und Deyna nicht arbeiten: Das Mädchen ist jünger als 14 und der Junge ist spät abends in Bars tätig, was in Bolivien Jugendlichen unter 18 verboten ist, weil es als zu gefährlich gilt. Doch die beiden lassen sich nicht davon abhalten. Rodrigo findet es realitätsfern und ungerecht, dass Kinder und Jugendliche in Bolivien aufgrund ihres Alters von vielen Jobs ausgeschlossen werden – denn die [...] Not ist so groß, dass ihr Einkommen von der Familie dringend

Eine 12-Jährige verkauft gebrauchte Schuhe und Altkleider auf einem Markt La Paz, Bolivien

gebraucht wird. [...] Sie müssen jüngere Geschwister ernähren, Schulbücher kaufen und den Eltern dabei helfen, die Rechnungen der Familie zu begleichen. [...] „Wenn uns jemand sagt, wir sollen nicht mehr arbeiten, hört keiner von uns darauf", sagt Sonia Caba Flores [...]. „Wenn es genug Arbeit für unsere Eltern gäbe, würden wir vielleicht nicht arbeiten, aber das ist eben nicht der Fall."

Quelle: Sara Shahriari: Kinder in Bolivien kämpfen für Recht auf Arbeit. Deutsche Welle Online, Bonn, 01.05.2013

M 4 Kinderarbeit in Bolivien

Wahabu, Erntehelfer aus Ghana:
„Die Armut trieb mich her. Ich hab keine Schule besucht, und zu Hause ging es mir nicht gut, deshalb hat mich mein älterer Bruder auf diese Farm geholt und mir Arbeit verschafft. Ich verdiene nicht viel, aber was ich bekomme, teile ich in zwei Hälften, die eine schicke ich nach Hause, von der anderen Hälfte kaufe ich, was ich zum Leben brauche."

Boureima, ein Ziegelmacher in Ouagadougou:
„Ich kam vor einem Jahr nach Ouagadougou. [...] Was ich hier schwierig finde, ist, dass mein Arbeitgeber von mir verlangt, dass ich vier Fuhren Sand am Tag einsammle, das ist anstrengend. Ich beginne zwischen 6 oder sieben Uhr morgens und komme auf drei Fuhren bis zum Mittag. [...] Zweimal im Monat habe ich einen freien Tag."

Quelle: Was Flüchtlingskinder erzählen. SCALA Z MEDIA GMBH, München, afrika-junior Online, Zugriff: 17.10.2022

M 5 Kinderarbeit in Afrika

AUFGABEN

1. *Erstelle eine Mindmap mit Ursachen und Folgen von Armut.*
2. *Nenne Beispiele für Kinderarbeit (M1 – M5).*
3. *Diskutiert, ob Zeitung-Austragen auch Kinderarbeit ist (M3).*
4. *Arbeite heraus, warum die Kinder arbeiten und warum sie für ein Recht auf Arbeit kämpfen (M4).*
5. *Erkläre die Grafik M6.*

M 6 Teufelskreis der Armut

M1 Flüchtlingskinder an der polnisch-belarussischen Grenze (links) und im Ukraine-Krieg (rechts).

Warum verlassen Menschen ihre Heimat?

Seit Jahrtausenden zieht es Menschen immer wieder von einem Ort an einen anderen. Die Gründe dafür sind vielfältig. Manche Menschen wandern aus beruflichen Gründen oder wegen der Liebe von einem Land ins andere. Nicht immer findet die **Migration** aber freiwillig statt. Viele **Migranten** sind auf der Suche nach einem besseren Leben. Sie wollen der Armut und dem Elend in ihrer Heimat entkommen.

Zu den Migranten gehören auch diejenigen, die vor Krieg flüchten. Sie erhalten in Deutschland Schutz, solange ihr Herkunftsland nicht sicher ist. Mehr als 82 Millionen Menschen sind weltweit auf der Flucht.
Auch wer vor politischer Verfolgung flieht, z. B. aufgrund seiner Religion oder weil er eine andere Meinung hat, kann in Deutschland ein Aufenthaltsrecht erhalten. Diese Menschen bekommen **Asyl**.

FACHBEGRIFF

Migration bedeutet Wanderung. Mit dem Begriff Migranten sind Menschen gemeint, die ihre Heimat verlassen haben und ihren Wohnsitz wechseln. Menschen, die aus einem Land auswandern, sind Emigranten. Menschen, die in ein Land einwandern, sind Immigranten.

INFO

Etwa 35 Millionen Flüchtlinge sind Kinder und Jugendliche. Die nach Deutschland Geflohenen kamen meist mit ihren Familien. Mehrere Zehntausend sind aber unbegleitete Minderjährige, die alleine kamen oder von ihrer Familie getrennt wurden.

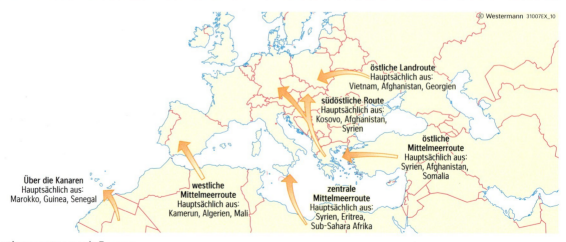

M2 Migrationsrouten nach Europa.

Kinderwelten

Ganz allein sind die vier syrischen Cousins Anas (7), Abdelhamid (9), Mohamed (9) und Mahmoud (8) nach Deutschland geflohen. Ihre Eltern und Geschwister mussten [...] zurückbleiben. [...] Zum Glück haben die vier Jungen in ihrer neuen Heimat Bonn entfernte Verwandte, die sich liebevoll um sie kümmern. [...]

In ihrem jungen Leben haben sie schon sehr viel durchgemacht. Der Krieg kam in ihre [...] Dörfer in der Nähe der syrischen Stadt Aleppo und trieb sie mit ihren Familien in die Flucht, zunächst zu Fuß und dann mit einem Auto in die Türkei. Ein Jahr lang versuchten sie, dort Fuß zu fassen, zogen von einem Ort zum nächsten auf der Suche nach Arbeit und einer Möglichkeit, zu überleben. Zuletzt wohnten die Cousins mit ihren Familien – insgesamt mehr als 30 Personen – in einer kleinen Wohnung in sehr beengten Verhältnissen in Izmir. Die Kinder konnten nicht zur Schule gehen, die Familien hatten kaum Geld. Deshalb trafen die verzweifelten Eltern eine schwere Entscheidung: In der Hoffnung auf eine bessere Zukunft kratzten sie ihr letztes Geld zusammen, um wenigstens je ein Kind auf den Weg nach Deutschland zu schicken. Zusammen mit anderen Syrern [...] waren sie acht Tage lang unterwegs. „Ich hatte große Angst", erzählt Mohamed. Besonders schlimm war die Überfahrt nach Griechenland mit einem Schlauchboot. „Das Boot war kaputt. Wir mussten alle aussteigen, ins Meer, und dann wieder reinklettern. [...]"

[...] In Griechenland mussten die Kinder hohe Felsen hochklettern und eine lange Strecke laufen, erzählen sie. Durch Mazedonien fuhren sie mit einem Auto, in Serbien liefen sie stundenlang durch einen Wald, mit einem Zug kamen sie schließlich in Bonn an. [...]

Quelle: Ninja Charbonneau: Flüchtlingskinder: Vier Cousins und ihr Weg allein nach Deutschland. Deutsches Komitee für UNICEF e.V., Köln, 08.01.2016

M3 Vier Cousins aus Syrien

Geschlagene zweieinhalb Jahre befand sich der Junge auf der Flucht. Sein Vater war zuvor als Unbeteiligter bei einer Schießerei ums Leben gekommen. [...] Seine Mutter wurde nach afghanischer Sitte mit dem Bruder ihres verstorbenen Mannes zwangsverheiratet. [...] Der gewalttätige Onkel stellte sich als aktives Mitglied einer Talibanmiliz* heraus. Als die Mutter erfuhr, dass ihr Mann plante, Hamid in ein Ausbildungslager in Pakistan zu verschleppen, drängte sie ihren [elfjährigen] Sohn zur Flucht. Das Kind irrte durch sechs verschiedene Länder und lief Hunderte Kilometer zu Fuß. Hamid lebte auf der Straße, wurde in Kellerlöchern versteckt und schlief wochenlang mit einer Flüchtlingsgruppe im Wald: „Wir hatten solchen Hunger, dass wir Blätter gegessen haben. Manche haben ihre Schuhe gegessen." Zu seinem Glück traf er unterwegs einen anderen afghanischen Jugendlichen [...]. Der Freund wurde zu Hamids Lebensretter. Bei der illegalen Überfahrt nach Italien schlug das überfüllte Schlauchboot leck, in dem sich die Kinder befanden: „Ich kann nicht schwimmen, aber der Schleuser hat uns vor der Küste von Bord geworfen. Ich habe das Bewusstsein verloren. Als ich wieder wach wurde, lag ich am Ufer. Mein Freund hatte mich aus dem Meer gezogen und so lange auf meine Brust geschlagen, bis das Wasser aus meiner Lunge kam." Mit dem Zug gelangten die Kinder schließlich nach Aachen.

* Die Taliban sind eine radikal-islamische Terrorgruppe, die auch Ausbildungslager betreibt, in denen Jugendliche zu Terroristen ausgebildet werden. Milizen sind militärische Kräfte.

Quelle: Frau Suk. Drei jugendliche Flüchtlinge erzählen. Verlag um die Ecke, Aachen, 15.02.2015

M4 Hamid aus Afghanistan

AUFGABEN

1. Überprüfe mithilfe der Karte M2, über welche Routen die Kinder auf den Fotos kamen (M1).
2. Wähle für jede Route ein mögliches Herkunftsland aus und nenne die Länder, die auf dem Weg nach Europa liegen (M2, Atlas).
3. Lest euch arbeitsteilig die Geschichten der Flüchtlingskinder durch und berichtet euch gegenseitig: Warum flüchteten die Kinder und wie verlief ihre Flucht? (M3, M4)
4. Schau dir die Videos hinter dem Webcode an. Arbeite heraus, warum die Kinder flüchteten.

Digital+

WES-112452-059

5. Nenne Gründe, warum Menschen auswandern.

Jamal Musiala Uğur Sahin und Özlem Türeci Mai Thi Nguyen-Kim Tarek Al-Wazir

M1 Bekannte Menschen mit Migrationshintergrund

Wie bunt ist Deutschland?

Ob im Sport oder in der Kultur, ob in der Wissenschaft oder in der Wirtschaft, ob in den Medien oder in der Politik, überall in Deutschland begegnen uns Menschen mit unterschiedlichen Wurzeln. Denn Deutschland ist ein Zuwanderungsland, in dem Menschen aus fast allen Staaten der Welt leben. Unsere Gesellschaft ist heute multikulturell. Das bedeutet, dass hier mittlerweile viele Kulturen zusammenleben.

Fast zwölf Millionen Menschen haben eine andere Staatsbürgerschaft, gelten also als Ausländer (Stand 2021). Fast 23 Mio. Menschen haben einen **Migrationshintergrund**. Mindestens ein Elternteil hat also eine andere Staatsbürgerschaft. Auch Menschen, die eingebürgert wurden, also die deutsche Staatsbürgerschaft bekommen haben, gehören dazu. Ein großer Teil dieser Menschen hat selbst aber nie Migrationserfahrung gemacht, das heißt, sie sind in Deutschland geboren. Besonders multikulturell sind die hessischen Großstädte Offenbach und Frankfurt. Hier hat mehr als die Hälfte der Einwohner einen Migrationshintergrund.

Für viele Zugewanderte ist es schwierig, sich im neuen Land mit fremder Sprache zurechtzufinden. Mit dem Erlernen der Sprache wird es leichter, sich z. B. in der Schule, im Beruf oder in Vereinen einzubringen und teilzuhaben. Dabei ist es bedeutsam, Zugewanderte in das gesellschaftliche Leben miteinzubeziehen und Chancengleichheit sicherzustellen. Dies bezeichnet man als **Integration**. Sie gelingt vor allem dann, wenn zwischen Zugewanderten und einheimischer Bevölkerung ein reger Austausch stattfindet. Wo dieser Austausch fehlt, entstehen möglicherweise Vorurteile und Ängste, die zu Konflikten oder gar zu Fremdenfeindlichkeit und Rassismus führen können.

Integration bedeutet jedoch nicht, dass Menschen ihre Herkunft verleugnen müssen. Viele Zugewanderte pflegen weiterhin ihre Traditionen, bevorzugen Speisen aus ihrer alten Heimat und interessieren sich für das, was in ihrem Herkunftsland passiert.

> **INFO**
>
> **Wer bekommt die deutsche Staatsbürgerschaft?**
> 1. Wer ein deutsches Elternteil hat, ist Deutscher.
> 2. Wer in Deutschland geboren wurde, aber zwei Elternteile mit einer anderen Staatsbürgerschaft hat, muss sich bis zum 23. Lebensjahr für die deutsche oder die Staatsbürgerschaft der Eltern entscheiden.
> 3. Wer mindestens acht Jahre in Deutschland lebt, kann die deutsche Staatsbürgerschaft beantragen. Wer ein gesichertes Einkommen, keine Vorstrafen und ausreichende Deutschkenntnisse hat, wird dann eingebürgert.

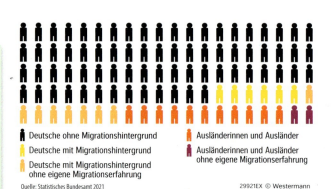

M2 Wie viele Menschen in Deutschland haben Migrationshintergrund?

M 3 In dritter Generation im Automobil-Werk in Köln, – Ahmet (16), Mustafa (47) und Süleyman Cözmez (68).

M 5 1964 kam der millionste Gastarbeiter in die Bundesrepublik – Armando Rodrigues aus Portugal.

Gekommen, um zu bleiben

In den 1950er-Jahren begann in Deutschland eine Zeit des wirtschaftlichen Aufschwungs. Die Wirtschaft brummte: Es wurde immer mehr gekauft bzw. verkauft. Die Unternehmen mussten mehr Menschen einstellen, die die Waren produzierten. Die Arbeitslosigkeit ging stark zurück, sodass es kaum noch Arbeitslose gab. Nun standen die Unternehmen aber vor einem Problem: ihnen gingen die Arbeitskräfte aus. Die Lösung: Arbeitskräfte aus dem Ausland. Diese kamen vor allem aus den südeuropäischen Staaten wie Portugal, Spanien, Italien, Jugoslawien und Griechenland sowie aus der Türkei. Zwischen 1955 und 1973 kamen rund 14 Mio. Menschen als sogenannte **Gastarbeiter** in die Bundesrepublik Deutschland. Wie der Begriff schon sagt, gingen die Politiker damals davon aus, dass die Gastarbeiter auch wieder nach Hause gehen, denn Gäste kommen ja nur zu Besuch und bleiben nicht dauerhaft. Die Regierung hat sich deshalb nicht mit dem Thema Integration beschäftigt. Viele Gastarbeiter gingen tatsächlich in ihre Heimat zurück, aber viele andere blieben. Ab 1971 erlaubte die Regierung auch den **Familiennachzug**, das heißt, dass Frau und Kinder nach Deutschland kommen durften. Viele gründeten hier auch eigene Familien. Mittlerweile werden die Nachfahren der vierten Generation geboren.

Spätestens seit dem Zuwanderungsgesetz von 2005 ist klar, dass Deutschland ein **Einwanderungsland** ist und die Politik sich um eine bessere Integration bemühen muss. Dieses beinhaltet neue Regeln für den Aufenthalt von Migranten und die Staatsangehörigkeit sowie Rechte und auch Pflichten von Migranten. So müssen Neuzuwanderer Integrationskurse besuchen, in denen sie die deutsche Sprache lernen und Informationen über Politik, Gesellschaft und Geschichte erhalten.

Staat	Anzahl
Türkei	2 800 000
Polen	2 190 000
Russland	1 320 000
Kasachstan	1 280 000
Syrien	1 070 000
Rumänien	1 030 000
Italien	930 000
Bosnien und Herzegowina	490 000
Kosovo	480 000

M 4 Menschen mit Migrationshintergrund in Deutschland 2021 (Quelle: Statistisches Bundesamt)

AUFGABEN

1* *Erkläre den Unterschied zwischen den Begriffen Migrant, Ausländer und Mensch mit Migrationshintergrund.*
2 *Beschreibe die Grafik M2.*
3 *a) Erkläre mithilfe des Textes, was Integration bedeutet und wie diese gelingen kann.*
   b) Vergleiche, was die Politik früher für die Integration getan hat und was heute getan wird.
4 *Erkläre, warum vor allem in den 1960er-Jahren viele Ausländer nach Deutschland zogen.*
5 *Erstelle ein Säulendiagramm zur Tabelle M4.*
6 *Erstelle einen Steckbrief zu den Personen in M1.*

ALLES KLAR?

Fachbegriffe

a) Suche nach den fett markierten Begriffen in diesem Kapitel. Notiere sie auf Karteikärtchen und schreib auf die Rückseite eine kurze Erklärung.
b) Befragt euch anschließend gegenseitig in der Klasse.

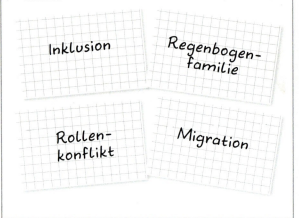

Statistik erstellen

a) Finde heraus, wie viele Geschwister deine Klassenkameraden haben.
b) Erstelle dann ein Säulendiagramm mit der Anzahl der Kinder in den Familien.

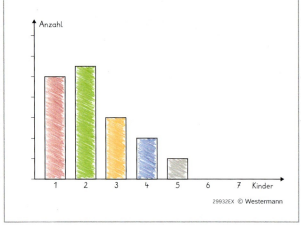

Richtig oder falsch?

Überprüfe die Aussagen, erkläre sie oder korrigiere sie, wenn nötig.

1. Eine Familie ist eine soziale Rolle.
2. Extreme Armut bedeutet, dass man sich keine Markenkleidung leisten kann.
3. Ohne Regeln würde sich meist der Stärkere durchsetzen.
4. Die Anzahl der Großfamilien steigt immer weiter.
5. Eine Demonstration für die Rechte von Homosexuellen heißt LGBT.
6. Eltern dürfen ihre Kinder zur Erziehung schlagen.
7. Alle Migranten sind Flüchtlinge.
8. Der Schlüssel zur Integration ist Geld.
9. Frauen sind häufig doppelt belastet.
10. Cybermobbing ist eine Straftat.

Geschlechterrollen

Beschreibe das Werbeplakat aus den 1960er-Jahren und erläutere, welche Rollenverteilung hier dargestellt wird.

Karikatur-Analyse
Interpretiere die Karikatur von Jan Tomaschoff (2019)

Mobbing
Nenne Möglichkeiten, wie man mit Cybermobbing umgehen kann.

Rätsel
Finde die gesuchten Begriffe zu den Aussagen 1 – 12. Die Buchstaben hinter den Begriffen ergeben in der Reihenfolge der Aussagen das Lösungswort.

1. Eine Möglichkeit, einen Konflikt zu lösen.
2. Das Gegenteil von Ausgrenzung ist Zugehörigkeit. Der Fachbegriff lautet …
3. Ein homosexuelles Paar mit Kindern ist eine …
4. Ein Kinderrecht.
5. Ein Grund für Flucht.
6. Jemand, dessen Eltern aus dem Ausland stammen, hat …
7. Eine aus mehreren Familien neu zusammengesetzte Familie heißt …
8. Ein Grund, warum sich Ehepaare früher seltener scheiden ließen.
9. Wenn Männer und Frauen die gleichen Rechte und Pflichten haben, sind sie …
10. Sie regeln das Zusammenleben in einem Staat.
11. Noch eine Fluchtursache
12. Der Grund, warum die weltweite Armut zuletzt wieder gestiegen ist.

Regenbogenfamilie Ⓝ
Gesetze Ⓣ
Religion Ⓔ
Verfolgung Ⓔ
gleichberechtigt Ⓛ
Migrationshintergrund Ⓡ
Inklusion Ⓘ
Kompromiss Ⓚ
Patchworkfamilie Ⓦ
Bildung Ⓓ
Krieg Ⓔ
Corona-Pandemie Ⓝ

Orientierung auf der Erde

M1 Schematische Darstellung unseres Sonnensystems

Unser Platz im Weltall

Unser Sonnensystem

Die Erde ist einer unter acht Planeten, die um unsere Sonne kreisen. Sie benötigt dafür ein Jahr. Dabei dreht sie sich in 24 Stunden auch einmal um sich selbst. So entstehen Tag und Nacht.
Die Erde hat genau den richtigen Abstand zur Sonne, damit Leben entstehen konnte. Wäre die Erde näher an der Sonne, so wäre es zu heiß. Wäre sie weiter weg, so wäre es zu kalt.

Mit dieser Eselsbrücke kannst du dir die Reihenfolge der acht Planeten merken:

Mein **V**ater **e**rklärt **m**ir **j**eden **S**onntag **u**nseren **N**achthimmel.

M3 Die Erde ist ein Planet.

Monde

… sind Objekte, die sich um Planeten bewegen. Unser Mond dreht sich in einer Entfernung von ungefähr 380 000 km um die Erde. Dabei leuchtet er nicht selbst, sondern wird von der Sonne angestrahlt. Für eine Umrundung der Erde braucht er etwa einen Monat. Am 21. Juli 1969 landeten erstmals Menschen auf dem Mond. Der Planet Jupiter hat nicht nur einen Mond, sondern 69.

M4 „Unser" Mond

Sterne

… sind riesige selbstleuchtende Himmelskörper. Auch im Zentrum unseres Sonnensystems befindet sich ein Stern, nämlich unsere Sonne. Sie ist ca. 150 Mio. km von uns entfernt. Ohne die Sonne wäre Leben auf der Erde nicht möglich. Sie spendet uns Wärme und Licht. Auf der Sonnenoberfläche herrschen Temperaturen von ca. 6000 °C. Im Inneren beträgt die Temperatur sogar bis zu 15 Mio. °C.

M2 Der Astronaut Buzz Aldrin auf dem Mond

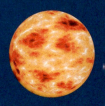

M5 Unsere Sonne ist ein Stern.

M 6 Die Milchstraße: eine Galaxie

M 8 Blick ins All – unzählige Galaxien

Die Milchstraße

... ist eine Galaxie, also eine Ansammlung von vielen Sternen und Sonnensystemen. Man schätzt, dass es alleine in der Milchstraße 100 – 300 Mrd. Sterne gibt. Einer davon ist unsere Sonne.
Der Durchmesser der Milchstraße beträgt nach neuesten Erkenntnissen unglaubliche 200 000 Lichtjahre. Das Licht bräuchte also vom einen Ende zum anderen Ende der Galaxie 200 000 Jahre. In der Mitte der Milchstraße befindet sich ein gewaltiges schwarzes Loch.

Es gibt jedoch nicht nur eine Galaxie. Mit der heutigen Technik kann man ca. 50 Mrd. andere Galaxien sehen. Wissenschaftler schätzen, dass das Weltall eine Größe von 100 Mrd. Lichtjahren und ein Alter von 13,7 Mrd. Jahren hat.
Ein Lichtjahr ist keine Zeitangabe: Es bezeichnet die Strecke, die das Licht in einem Jahr zurücklegt.
Ein Lichtjahr entspricht ungefähr 9,5 Billionen km = 9 500 000 000 000 km.

Größenvergleich

Stell dir vor, die Sonne wäre so groß wie ein Fußball. Die Erde wäre dann nicht mal so groß wie eine Erbse und 73 m von der Sonne entfernt. Zu unserem Nachbarstern Proxima Centauri wären es in diesem Beispiel immer noch 20 000 km.

AUFGABEN

1. a) Welcher Planet ist der Sonne am nächsten?
b) Wie heißen die Nachbarplaneten der Erde?
c) Welches ist der größte Planet in unserem Sonnensystem?
2. Erkläre die Begriffe Planet, Stern, Sonne und Galaxie.
3. Informiere dich im Internet über einen unserer acht Planeten. Stelle ihn der Klasse vor.
4. M1 zeigt eine schematische Abbildung unseres Sonnensystems. Nenne Punkte, in denen die Abbildung nicht der Realität entspricht. Begründe, warum die Zeichner diese „Fehler" gemacht haben.
5. Im Wortspeicher M7 findest du Begriffe, die mit dem Weltall zu tun haben. Recherchiere für zwei Begriffe, was diese bedeuten und (a) erkläre sie deinen Mitschülern oder (b) bereite eine kurze Präsentation vor.

M 7 Wortspeicher „Weltraum"

EXTRA

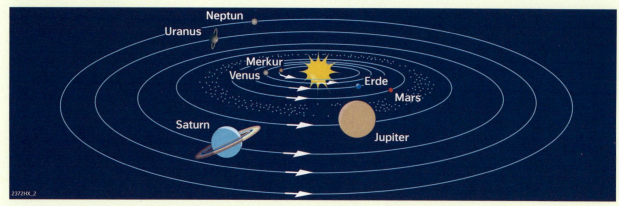

M1 Die acht Planeten und ihre Umlaufbahn um die Sonne (Zeichnung nicht maßstabsgerecht)

Unser Sonnensystem – immer in Bewegung

Alle Himmelskörper unseres Sonnensystems sind in Bewegung. So dreht sich die Erde um die Sonne (**Revolution**), der Mond um die Erde und die Erde um sich selbst (**Rotation**) (M1, M3).

Am längsten für eine Umdrehung um die Sonne braucht der Neptun mit 165 Jahren. Die Drehung um sich selbst dauert bei der Venus am längsten: 243 Tage.

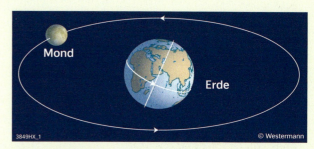

M3 Drehung des Mondes um die Erde und Drehung der Erde um sich selbst

M2 Halbmond, Vollmond und Halbmond

AUFGABEN

1. Erkläre, warum es auch „Mondat" statt „Monat" heißen könnte.

2* Begründe mithilfe von M4, welcher Halbmond in M2 abnehmend und welcher zunehmend ist.

Orientierung auf der Erde

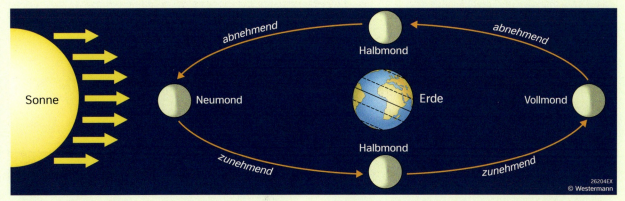

M4 Die vier Mondphasen

Die **Erde** dreht sich in **einem Jahr** einmal um die **Sonne**.
Der **Mond** dreht sich etwa in **einem Monat** einmal um die **Erde**.
Die **Erde** dreht sich in **einem Tag** einmal **um sich selbst**.
Das Wort **Monat** ist abgeleitet vom Wort Mond, denn ein Monat dauert etwa so lange wie eine Drehung des Mondes um die Erde.
Es gibt vier gleich lange **Mondphasen**: Jede Mondphase dauert etwa **eine Woche**.

M5 Zeitdauer von Drehungen im Sonnensystem

AKTIV

Versuch zur Entstehung von Tag und Nacht

1. Stelle einen Globus auf einen Tisch.

2. Beleuchte den Globus mit einer starken Taschenlampe und verdunkle den Raum.

3. Hefte auf den Globus eine Markierung an die Stelle, wo Deutschland liegt.

4. Drehe den Globus langsam von links nach rechts (West nach Ost) und beschreibe die Veränderung von Helligkeit und Dunkelheit auf dem Globus.

Deutschland dreht sich mit einer Geschwindigkeit von etwa **1 000 km/h** um die Erdachse. So schnell fliegt auch ungefähr ein Passagierflugzeug.
Die Erde kreist mit einer Geschwindigkeit von etwa **107 000 km/h** um die Sonne.
Dies sind etwa 30 km in nur einer Sekunde.

M6 Geschwindigkeiten der Drehungen der Erde

AUFGABEN

3* Stellt in Dreierteams gleichzeitig die folgenden Drehungen dar:
a) Drehung der Erde um die Sonne, b) Drehung der Erde um sich selbst, c) Drehung des Mondes um die Erde.

4 Beschreibt eure Beobachtung.

5 Ein schneller Radfahrer benötigt für 30 km eine Stunde. Vergleiche mit M6.

6 Führt zu zweit den Versuch zur Entstehung von Tag und Nacht durch.

M1 Die Erde aus dem Weltall

Die Erde – der Blaue Planet

Wenn du die Erde aus der Sicht eines Astronauten betrachten willst, kannst du das mit einem Globus machen (M2). Er ist ein Modell der Erdkugel. Auf ihm ist der **Äquator** eingezeichnet – eine rund 40 000 km lange gedachte Linie um die Mitte der Erde. Diese teilt die Erde in eine nördliche und eine südliche Halbkugel.

Auf dem Globus kannst du auch die Lage und Größe der Kontinente und Ozeane erkennen.
Die direkte Verbindung zwischen Nordpol und Südpol ist die Erdachse. Um sie dreht sich die Erde einmal am Tag. Die Erdachse eines Globus ist schräg, weil die Erde auch in dieser Stellung um die Sonne kreist.

M2 Globus

M3 Die Raumstation ISS schwebt ca. 360 km über der Erde.

Orientierung auf der Erde

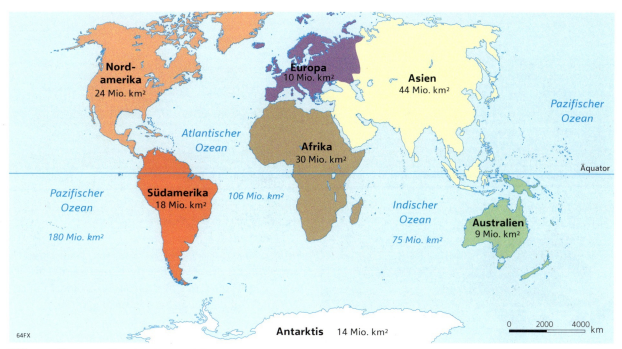

M 4 Verteilung von Kontinenten und Ozeanen

Kontinente und Ozeane

Auf der Erde sind die Land- und Wasserflächen unterschiedlich verteilt: Die großen Landmassen liegen auf der Nordhalbkugel, dagegen befinden sich auf der Südhalbkugel vorwiegend Wasserflächen.
Die Landflächen gliedern sich in sieben Kontinente (Erdteile). Sie werden von den Ozeanen umgeben. Die Ozeane sind mit Nebenmeeren verbunden. Dazu zählen das Mittelmeer, die Nordsee oder die Ostsee.

AUFGABEN

1.* *Berechne die Land- und die Wassermasse der Erde mithilfe von M4.*
2. *Trage die Kontinente in einer Tabelle von groß nach klein ein.*
3. *Weshalb bezeichnet man die Erde auch als den Blauen Planeten? Erkläre (M1, M4).*
4. *Schließe dein Buch und nenne deinem Partner die Kontinente.*
5. *Nenne die Kontinente, die entlang des Äquators liegen (M4).*
6. *Erkläre, warum es den Pazifischen Ozean in M4 zweimal gibt.*

EXTRA

Die Entstehung von Tag und Nacht

Die Erde umkreist die Sonne. Dabei dreht sie sich wie ein Kreisel um die eigene Achse. Diese Drehung wird Erdrotation genannt.

Für eine volle Drehung um die eigene Achse benötigt die Erde 24 Stunden. Dabei wird sie von der Sonne bestrahlt. Wegen der Kugelgestalt erreichen die Sonnenstrahlen immer nur eine Hälfte der Erde. Hier ist dann Tag. Die andere Hälfte liegt von der Sonne abgewandt im Schatten. Dort ist also Nacht. Während einer Drehung werden immer andere Teile der Erde beleuchtet.

Für uns sieht es so aus, als ob sich die Sonne am Himmel bewegt. Wir sehen sie im Osten aufgehen und im Westen untergehen. Tatsächlich dreht sich jedoch die Erde von Westen nach Osten.

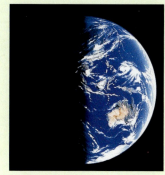

Rekorde der Erde

Auf der Erde gibt es zahlreiche Flüsse, die besonders lang, Gebirge, die besonders hoch, und Städte, die besonders groß sind. Macht euch als Rekordjäger mit eurem Atlas auf die Reise. Eure Reise beginnt in …

1. … **Grönland**, der größten Insel der Erde. Diese ist ungefähr sechsmal so groß wie Deutschland.
2. In der Nähe der Stadt Las Vegas liegt eine der berühmtesten Schluchten der Erde. Der **Grand Canyon** ist 1 800 m tief.
3. Auf **Java**, einer Insel, die zu Indonesien gehört, gibt es die meisten Vulkane.
4. Die **Hauptstadt** Japans, Tokio, ist eine der größten Städte der Erde.
5. Das längste Gebirge der Welt sind die **Anden** (8 000 km).
6. Der wasserreichste Fluss der Erde ist der **Amazonas**.

Orientierung auf der Erde

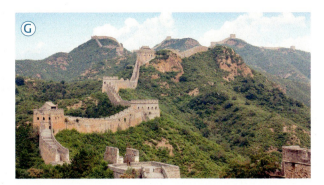
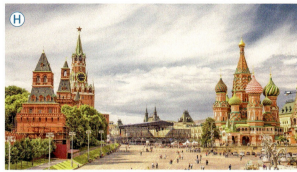

7. Die größte Wüste der Erde, die **Sahara**, liegt in Afrika.
8. Der längste Fluss der Erde ist der **Nil** (6671 km).
9. Mit Rekordwerten von −70 °C ist die **Antarktis** der kälteste Kontinent.
10. Nördlich von Brisbane liegt das größte Korallenriff der Erde, das **Great Barrier Reef**.
11. Der höchste Berg der Erde ist der **Mount Everest** (8848 m).
12. Das Land mit der Hauptstadt **Peking** hat weltweit die meisten Einwohner.
13. Der größte See der Erde, das **Kaspische Meer**, wird aufgrund seiner Größe sogar als Meer bezeichnet.
14. **Moskau** ist die Hauptstadt des größten Landes der Erde.
15. Die Chinesische Mauer ist das längste Bauwerk. Sie ist über 6000 km lang.

AUFGABEN

1. *Suche mithilfe des Registers die Rekorde der Erde im Atlas und ordne sie den Buchstaben in der Karte M1 zu. Wie lautet das Lösungswort?*
2. *Erstelle eine Tabelle mit den Rekorden der Erde, den dazugehörigen Kontinenten und Ländern.*
3. *Ordne den Fotos den passenden Rekord zu.*
4. *Welche der Rekorde würdest du gerne selbst besuchen? Begründe deine Antwort.*

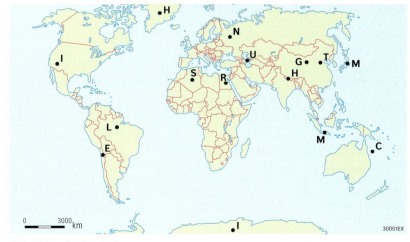

M1 Rekorde der Erde

73

EXTRA

Seefahrer entdecken die Welt

Kolumbus segelt nach Westen

Viele Jahrhunderte blieb die Frage umstritten, welche Form die Erde hat. Manche Menschen glaubten zum Beispiel, dass die Erde eine Scheibe sei. Schon vor 2000 Jahren stellte der griechische Gelehrte Aristoteles die Behauptung auf, dass die Erde eine Kugel sein müsse. Im Laufe der Zeit schlossen sich immer mehr Gelehrte und Seefahrer der Ansicht Aristoteles an. Dennoch war Christoph Kolumbus sehr mutig. Er suchte vor etwa 500 Jahren den Seeweg nach Indien in Richtung Westen. Bis dahin war nur der östliche Weg nach Indien bekannt. Seine Idee: Auf diesem Seeweg könnte man begehrte Handelswaren wie Gewürze, Tee, Seide und Edelsteine aus dem fernen Asien schneller und günstiger nach Europa transportieren als auf dem Landweg.

Im August 1492 brach er mit drei Schiffen zu einer ungewissen Reise auf. Nach langer Fahrt erreichte Kolumbus mit seiner Mannschaft eine Insel, die er San Salvador nannte. Da er der Ansicht war, in Indien gelandet zu sein, bezeichnete er deren Bewohner als Indianer.

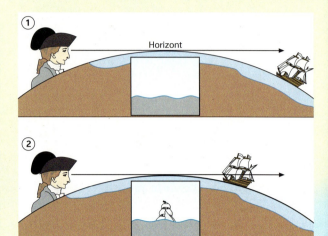
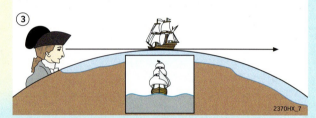

M 1 Beobachtung eines herannahenden Schiffs

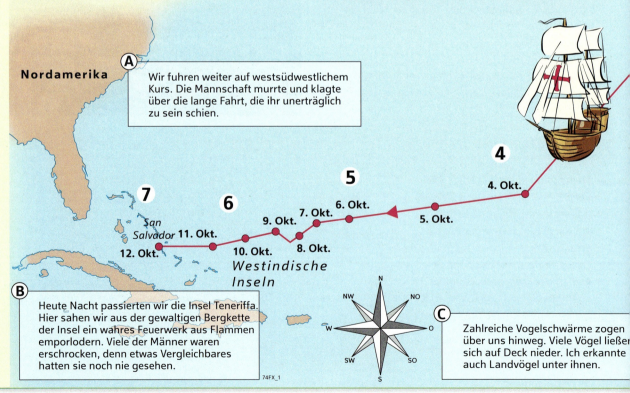

A: Wir fuhren weiter auf westsüdwestlichem Kurs. Die Mannschaft murrte und klagte über die lange Fahrt, die ihr unerträglich zu sein schien.

B: Heute Nacht passierten wir die Insel Teneriffa. Hier sahen wir aus der gewaltigen Bergkette der Insel ein wahres Feuerwerk aus Flammen emporlodern. Viele der Männer waren erschrocken, denn etwas Vergleichbares hatten sie noch nie gesehen.

C: Zahlreiche Vogelschwärme zogen über uns hinweg. Viele Vögel ließen sich auf Deck nieder. Ich erkannte auch Landvögel unter ihnen.

Orientierung auf der Erde

Erste Reise: 3. August 1492 – 15. März 1493

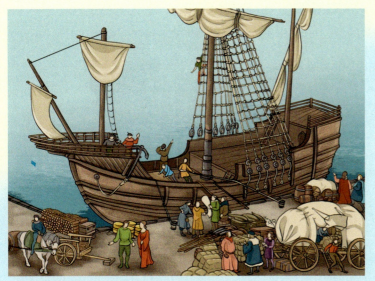

D Um zwei Uhr morgens kam Land in Sicht. Wir warteten bis Tagesanbruch und gingen auf einer Insel an Land, die ihre Bewohner „Guanahani" nannten.

M 2 Vor der großen Fahrt wird das Schiff beladen.

G Heute entschwand das Land endgültig aus unseren Blicken. Da viele Männer nun befürchteten, es für längere Zeit nicht wiedersehen zu können, seufzten sie laut auf.

E Als ich mich gegen 22 Uhr auf dem Achterdeck befand, glaubte ich im Westen ein Licht zu sehen. Es sah wie eine kleine Wachskerze aus.

F Nach langen Verhandlungen mit der spanischen Königin Isabella war unser Unternehmen endlich gesichert. Am 3. August stachen wir in See.

Magellan umrundet die Erde

1519 brach der portugiesische Seefahrer Ferdinand Magellan zu einer langen Reise um die Erde auf. Von Spanien aus wollte er um die Südspitze Amerikas herum nach Asien segeln. Die fünf Schiffe seiner Flotte waren voll beladen, sodass die 270 Seeleute der Besatzung kaum Platz fanden.

Nach insgesamt 1 100 Tagen kehrte nur eines der fünf ausgelaufenen Schiffe mit 18 Männern nach Spanien zurück. Die meisten Seeleute starben an Krankheiten, Hunger oder Erschöpfung. Magellan selbst wurde 1521 bei Kämpfen mit Einheimischen auf den Philippinen getötet.

AUFGABEN

1. Erkläre, weshalb Aristoteles von der Kugelgestalt der Erde überzeugt war (M1).
2. Erkläre, welchem Irrtum Kolumbus unterlag.
3. Ordne die Textbausteine (A bis G) aus Kolumbus Tagebucheinträgen den Zahlen 1 bis 7 zu.
4. Die Vorräte der drei Schiffe waren bei der Ankunft in San Salvador fast aufgebraucht. Beurteile, ob Kolumbus je in Asien angekommen wäre, wenn er nicht „zufällig" Amerika entdeckt hätte.
5. Informiere dich über den Entdecker Magellan. War seine Reise ein Erfolg? Begründe.

Wir orientieren uns mit dem Stadtplan

Hannah, Yasin und Leon haben sich für den Nachmittag vor der neuen Stadtbibliothek verabredet. Sie wollen sich Bücher und Filme ausleihen. Die drei kommen auf verschiedenen Wegen zur Bibliothek. Ihre Wege kannst du auf dem Stadtplan verfolgen (M3).

Ich laufe von der Hohefeldstraße zur Stadtbibliothek.

M2 Treffpunkt Stadtbibliothek

Wo ist denn die Stadtbibliothek? Ich komme von der Rotstraße.

Hannah

Yasin

In einem Stadtplan sind alle Straßen eines Ortes mit ihren Namen enthalten. Die Namen stehen auch im Straßenverzeichnis des Stadtplans (M4).
Im Stadtplan sind dünne Linien eingezeichnet. Sie teilen ihn in einzelne Felder auf, die man Planquadrate nennt (M1).

Ich komme mit dem Bus am Bahnhof an. Von dort aus gehe ich zur Stadtbibliothek.

Leon

Am oberen und unteren Rand des Stadtplans stehen Buchstaben, am linken und rechten Rand Zahlen. Mit ihrer Hilfe kannst du jedes Planquadrat genau bestimmen (M1).
Die Buchstaben und Zahlen findest du auch hinter den Namen im Straßenverzeichnis. So weißt du, in welchem Planquadrat die Straße liegt.

	A	B	C	D	E
1					
2			C2		
3					
4					
5					

M1 Planquadrate

AUFGABEN

1. *Suche mithilfe des Straßenverzeichnisses die Stadtbibliothek im Stadtplan. Sie liegt in der Torstraße. Notiere das Planquadrat. Welche weiteren Gebäude findest du in diesem Planquadrat?*
2. *Suche die drei Straßen, aus denen die Kinder starten, im Straßenverzeichnis und notiere, in welchen Planquadraten sie liegen.*
3. * *Ermittle, welches der drei Kinder den weitesten Weg zur Bibliothek hat?*
4. *Übt in Partnerarbeit den Umgang mit dem Stadtplan. Stellt euch gegenseitig Suchaufgaben.*
5. *Beschreibe deinem Partner einen beliebigen Weg. Verwende die Himmelsrichtungen bei deiner Beschreibung.*

Orientierung auf der Erde

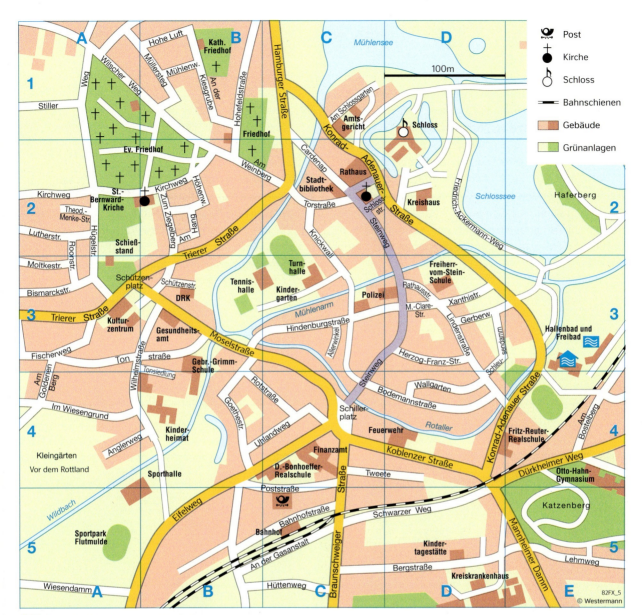

M 3 Ausschnitt aus einem Stadtplan

Am Goldenen Berge	A3/A4	Herzog-Franz-Str.	D3	Tonstr.	A3/B3
Am Weinberg	B2/C2	Hindenburgstr.	B3/C3/D3	Torstr.	C2
Bahnhofstr.	B5/C5	Hohefeldstr.	B1/B2	Wilhelmstr.	A4/B3/B4
Bergstr.	C5/D5	Lindenstr.	D3/D4	Xanthi-Str.	D3
Cardenap	C2	Moselstr.	B3/C3/C4		
Dürkheimer Weg	E4	Rotstr.	B4/C4		
Fischerweg	A3	Schillerplatz	C4		

M 4 Auszug aus einem Straßenverzeichnis

METHODE

Wir erstellen eine Kartenskizze

Auf Karten werden Räume dargestellt. Sie zeigen die **Oberflächenformen** eines Gebietes, den Verlauf von Flüssen und die Lage von Städten. Solche Karten dienen der Orientierung. Sie helfen uns, ein besseres Bild von Räumen in unseren Köpfen entstehen zu lassen. So kann man sich zum Beispiel mithilfe einer Karte in fremden Gegenden zurechtfinden. Vereinfachte Kartenskizzen könnt ihr auch selbst erstellen. Wichtig ist dabei nicht die genaue Linienführung, sondern dass die Größenverhältnisse und Lagebeziehungen zueinander stimmen.

AUFGABEN

1. Benenne die in M6 eingetragenen Gebirge, Flüsse und Städte (Atlas).
2.* Zeichne die Kartenzeichen aus M5 ab und schreibe ihre Bedeutung auf.
3. Zeichne eine eigene Kartenskizze von Hessen.
4.* Übertrage den Steckbrief M3 in deinen Hefter und fülle ihn aus. Natürlich kannst du ihn auch ergänzen.
5. Zeichne eine Karte von Hessen zu einem bestimmten Thema. Du kannst z. B. Sehenswürdigkeiten eintragen. Erstelle eine dazu passende Legende.

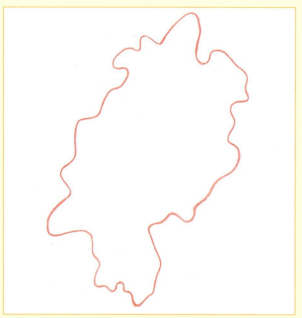

M1

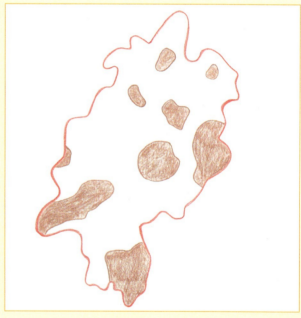

M2

Arbeitsschritt 1

Zeichne zunächst die Landesgrenze von Hessen mit einem roten Holzstift. Dies wird einfacher, wenn du den Umriss begradigst, das heißt, in grober Form nachzeichnest.
Auf der Seite 124 in diesem Buch oder in deinem Atlas findest du eine Karte von Hessen, die du als Vorlage verwenden kannst.

Arbeitsschritt 2

Trage die Gebirge Hessens mit einem braunen Stift ein. Vereinfache die Umrisslinien der Gebirge, indem du diese nur grob nachzeichnest. Achte beim Ausmalen der Gebirge darauf, dass du den Stift nicht zu fest aufdrückst, damit du eventuell noch Flüsse oder Städte nachtragen kannst.

Orientierung auf der Erde

Steckbrief Hessen

Landeshauptstadt:
größte Stadt:
Fläche:
höchster Berg:
längster Fluss:
Sehenswürdigkeiten:

M 3

Berge, Flüsse, Städte und vieles mehr werden in einer Karte mit einfachen Zeichen (M5) dargestellt. Die Erklärung dieser Zeichen am Kartenrand nennt man **Legende**.

M 5 Kartenzeichen

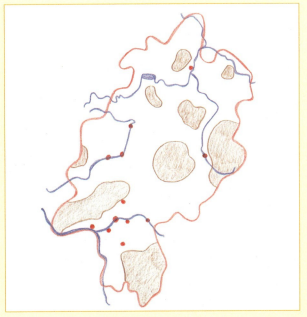

M 4

M 6

Arbeitsschritt 3

Zeichne große Flüsse mit Blau in deine Karte. Dabei gehst du genauso wie beim Zeichnen des Umrisses vor (M1). Auch Flüsse werden in Karten begradigt. Kennzeichne wichtige Städte durch einen roten Punkt. Beim Einzeichnen der Städte ist es hilfreich, sich an den Gebirgen und Flüssen zu orientieren.

Arbeitsschritt 4

Würde man alle Gebirge, Flüsse und Städte direkt in der Karte beschriften, wäre diese sehr voll und somit unübersichtlich. Darum werden Karten mit Legenden versehen. So kann man die Karten lesen und sie bleiben trotzdem übersichtlich. Erstelle eine Legende für deine Karte.

M1 Senkrechtluftbild: Burgruine Drachenfels

Wie kommt der Berg auf die Karte?

Fotografiert man einen Berg senkrecht aus der Luft, ist seine Höhe kaum zu erkennen (M1). Bei Karten schaust du wie aus einem Flugzeug auf die gezeichnete Landschaft, denn auf dem Papier ist es nicht möglich, die Oberfläche in ihrer wirklichen Höhe und Form zu zeichnen. Wie aber erkennst du einen Berg auf einer Karte? Auf vielen Karten sind die verschiedenen Höhen in Farbstufen eingeteilt (Höhenschichten). Tiefländer werden dabei mit grünen, mittlere Höhen mit gelblichen und Gebirge und Hochländer mit braunen Farben dargestellt (M2).

Merke: Je tiefer die Landschaft liegt ... .
Je höher die Landschaft liegt, desto ... .

Oft werden unterschiedliche Höhen auf Karten auch durch Höhenlinien (M2 oben) dargestellt. Diese verbinden alle Punkte, die in gleicher Höhe liegen. Mithilfe dieser Höhenlinien kannst du feststellen, wie hoch zum Beispiel das Gelände, die Gebäude oder die Bäume an dieser Stelle liegen. Außerdem siehst du, wie stark das Gelände ansteigt.

Merke: Je enger die Höhenlinien gezeichnet sind, desto ... .

Wenn du dir den Berg M1 aufgeschnitten vorstellst, erhältst du einen Querschnitt (rote Profillinie M2). Hier sind die Höhenunterschiede noch besser zu erkennen (M2 unten).

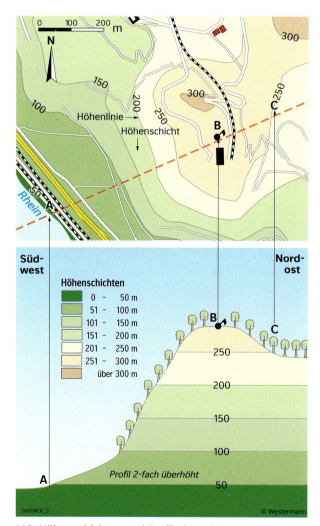

M2 Höhenschichten und Profil eines Berges

AUFGABEN

1 Betrachte M2:
a) Auf welcher Höhenschicht stehen die Häuser, auf welcher die Burgruine?
b) Errechne den Höhenunterschied zwischen den Punkten A und C.
c) Welcher Abhang ist steiler, der West- oder der Osthang?

2* Vervollständige die Merksätze von dieser Seite in deinem Hefter.

Orientierung auf der Erde

AKTIV

Wir suchen einen Schatz

Vor mehr als zweihundert Jahren haben Seeräuber einen Schatz auf Maula-Paula versteckt. Jetzt ist eine alte Beschreibung (rechts) zum Versteck aufgetaucht.

1. Sucht die Stelle, wo der Schatz vergraben ist.
2. Legt ein Transparentpapier über die Karte und zeichnet den Weg zum Schatz und die Fundstelle ein. Um sicher zu sein, ob ihr an der richtigen Stelle grabt, noch ein Hinweis: Genau im Osten seht ihr den Turm einer zweiten Burg in 3 km und die Nordostspitze der Insel in 4 km Entfernung.
3. Weil die Schatzkiste schwer ist, sucht einen Rückweg, der bequem, aber auch nicht zu weit ist.

„Ankert in der Bucht im Nordwesten der Insel, denn die Südküste ist unzugänglich und es ist besser, wenn euch die Inselbewohner nicht zu Gesicht bekommen … Ihr seid an der richtigen Stelle, wenn ihr den Turm des alten Forts in 3 km Entfernung in nordöstlicher Richtung seht. Vom Ankerplatz geht ihr genau nach Süden, bis ihr an einen kleinen Fluss kommt. Jetzt müsst ihr flussaufwärts gehen, bis zwei Flüsse zusammentreffen. Ihr folgt diesem aus Süden kommenden Fluss, bis der sich verzweigt. An dieser Stelle müsst ihr 1 km nach Osten gehen. Dort liegt der Schatz vergraben."

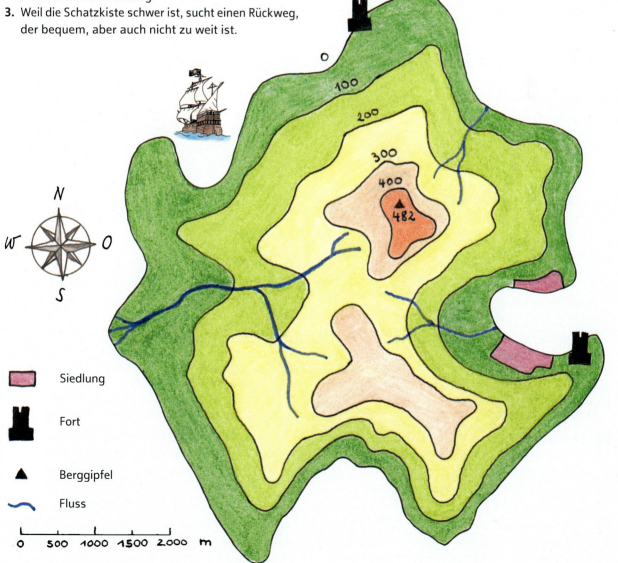

- Siedlung
- Fort
- Berggipfel
- Fluss

Der Maßstab

Auf Karten ist alles viel kleiner

Beim Malen verkleinerst du Gegenstände oft, damit sie komplett abgebildet sind. Malst du ein Auto, kannst du es verkleinert gut darstellen. Je kleiner du es malst, umso schwieriger sind Einzelheiten, wie z. B. das Kennzeichen oder der Türgriff, zu erkennen. Genauso funktioniert es mit Karten in diesem Buch, in deinem Atlas oder bei Online-Karten. Die Wirklichkeit, z. B. eine Stadt, wird stark verkleinert dargestellt. Wie sehr ein Gegenstand verkleinert ist, gibt dir der Maßstab an.

Wie du den Maßstab berechnest

Den Maßstab einer Karte gibt man z. B. in der Form 1:2 oder 1:5 an. Die zweite Zahl heißt Maßstabszahl. Sie gibt an, wie viel Mal größer die Gegenstände in der Abbildung in Wirklichkeit sind.
Die Maßstabszahl Eins bedeutet, dass ein Gegenstand in der Originalgröße dargestellt ist (M1). Das Auto ② ist halb so lang wie das Auto ①. Der Maßstab also 1:2.

1. Größe messen
- Miss die Länge des Original-Modellautos ①.
- Miss nun die Länge des Autos ②.

2. Maßstabszahl berechnen.
- Länge des Originalautos ① (8 cm) geteilt durch Länge Auto ② (4 cm) ergibt die Maßstabszahl
  das bedeutet:
  8 cm : 4 cm = 2

3. Maßstab aufschreiben
- Das Ergebnis der Rechnung ist 2.
- Daraus folgt: Der Maßstab des Autos ② beträgt 1:2.

① Maßstab 1:1

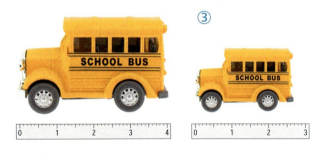

② Maßstab 1:2
③

④   ⑤ Maßstab 1:10

M1 Verkleinerte Modellauto mit unterschiedlichen Maßstäben

AUFGABEN

1* *Berechne den Maßstab der Autos ③ und ④.*
2 *Das Auto ⑤ ist im Maßstab 1:10 dargestellt. Erläutere, was dies bedeutet.*
3 *Ermittle im Atlas die Karte mit der größten Maßstabszahl.*
4 *Berechne mithilfe der Karte M3 die Entfernung von Stuttgart nach Frankfurt.*
5 *Ermittle mithilfe des Atlas die Entfernung von Paris nach München.*

INFO

Bei Karten sind die Maßstabszahlen oft viel größer: Bei einem Maßstab von
1 : 200 000
entspricht 1 cm auf der Karte einer Entfernung von 200 000 cm in der Wirklichkeit.
Das sind dann genau 2 000 m oder 2 km.

METHODE

Wir bestimmen Entfernungen in Karten

Wie weit ist es von Frankfurt nach Rostock?
Lina ist im letzten Jahr mit ihrer Familie nach Deutschland gekommen. Sie lebt in Frankfurt am Main. Ein paar Monate später kam auch ihr Cousin Junis mit seinen Eltern nach Deutschland. Die Familie lebt in Rostock. Linas und Junis Familien wollen sich unbedingt treffen. Aber sie wissen nicht, wie weit es von Frankfurt am Main nach Rostock ist. Lina hat eine Karte gefunden und sie auch Junis geschickt (M2). Beide versuchen nun, die kürzeste Entfernung (Luftlinie) zwischen Frankfurt und Rostock herauszufinden. Linas Lehrerin erklärt ihr eine Möglichkeit, die Entfernung mithilfe der Karte herauszufinden. Lina probiert die Möglichkeit aus und informiert Junis.

M3 Ausschnitt aus einer Karte

Entfernungsbestimmung mithilfe der Maßstabsleiste

1. Schritt: Entfernung messen
Bestimme mit dem Lineal die Entfernung zwischen beiden Orten in Zentimetern auf der Karte.
Lina misst auf der Karte von Frankfurt/Main nach Rostock eine Entfernung von 5 cm (siehe M2).

M2 Messen auf der Karte

2. Schritt: Entfernung ablesen
An der Maßstabsleiste kannst du mit dem Lineal abmessen, welcher Entfernung in Wirklichkeit 1 cm auf der Karte entspricht. Lege dazu das Lineal wie in M4 gezeigt an der Maßstabsleiste an. Lies dann die Entfernung an der Maßstabsleiste ab, die über der Eins bei dem Lineal steht.
Lina liest bei der Zahl Eins auf dem Lineal auf der Maßstabsleiste die Entfernung 100 km ab.

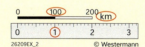

M4 Messen an der Maßstabsleiste

3. Schritt: Entfernung in km umrechnen
Nimm jetzt die Entfernung auf der Maßstabsleiste aus dem 2. Schritt mal die Anzahl der gemessenen Zentimeter auf der Karte aus dem 1. Schritt.
Lina rechnet: 100 km • 5 = 500 km. Dies ist die Entfernung von Frankfurt am Main nach Rostock.

Das Gradnetz der Erde

Wie nützlich GPS-Koordinaten sind

Luka Santini arbeitet in der Erdölförderanlage bei Riedstadt in Südhessen. An einem Mittwoch im Winter ist er mit dem Fahrrad auf dem Heimweg ins 15 km entfernte Darmstadt. Es wird schon dunkel.

Plötzlich fährt er auf einem Feldweg in ein tiefes Loch und stürzt. Seine Brust und seine Schulter schmerzen so sehr, dass er nicht aufstehen kann. Das Atmen fällt ihm auch sehr schwer. Er braucht innerhalb der nächsten Minuten schnelle Hilfe, weil er sonst vielleicht nicht überlebt. Es ist kein anderer Mensch zu sehen. Um ihn herum sind nur Felder.

Er greift nach seinem Smartphone und ruft die Notrufnummer. Doch wie soll er nur beschreiben, wo er sich befindet, damit er schnell gefunden werden kann? In einem Wohnort könnte er einen Straßennamen nennen. Auf einem Feldweg geht das nicht. Es meldet sich eine Frau, die Luka Santini fragt, ob er ihr seine GPS-Daten mitteilen könne. Zum Glück weiß er, wie dies geht: Er öffnet einen Online-Kartendienst auf seinem Smartphone und liest folgende Daten vor: 49,826114 / 8,522890 (M1). Und innerhalb von zehn Minuten ist der Rettungswagen bei ihm. Man sagt ihm später, dass er wohl nicht überlebt hätte, wenn die Hilfe erst einige Minuten später eingetroffen wäre.

GPS-Koordinaten – rätselhafte Zahlen

Die beiden Zahlen 49,826114 und 8,522890 haben Luka Santini das Leben gerettet. Der Fahrer des Krankenwagens hatte diese Zahlen für Längen- und Breitenkreise in sein Navigationssystem eingegeben und so den Verletzten sofort im Dunkeln auf dem Feldweg gefunden. Luka Santini will mehr über die Zahlen wissen, die sein Leben gerettet haben. Er erfährt, dass man sich mit diesen Zahlen in einem Netz von Linien zurechtfinden kann. Stell dir vor, dass dieses Netz über die gesamte Erde verläuft (M2). Es heißt **Gradnetz** der Erde und besteht aus den **Breitenkreisen**, die waagerecht verlaufen, und den **Längenhalbkreisen** (oder **Meridianen**), die senkrecht verlaufen.

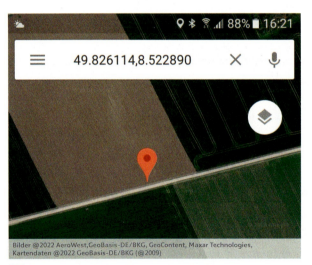

M1 Luka Santinis Position in Google Maps

EXTRA

GPS-Koordinaten

Bei einem Smartphone kann man sich seine aktuellen GPS-Koordinaten anzeigen lassen. GPS-Geräte benötigen die Daten von mindestens vier Satelliten, um ihre eigene Position auf wenige Meter genau errechnen zu können, zum Beispiel 49,826114° N / 8,522890° O.

GPS-Koordinaten können auch in der Form 49.826114,8.522890 angezeigt werden (siehe M1). Hierbei wird, wie in den USA üblich, bei den Zahlen ein Punkt anstelle eines Kommas geschrieben. Der Schrägstrich wird durch ein Komma ersetzt.

M2 Ein unsichtbares Netz über der Erde

Orientierung auf der Erde

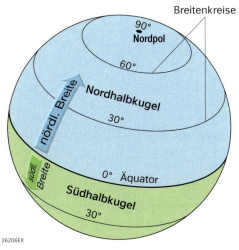

M 3 Breitenkreise, Nord- und Südhalbkugel

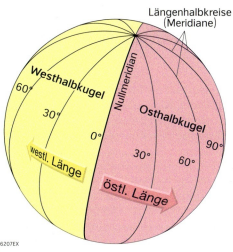

M 6 Längenhalbkreise, West- und Osthalbkugel

- 180 waagerecht angeordnete Kreise
- unterschiedlich lang
- am längsten: Äquator (ca. 40 000 km)
- am kürzesten: Nord- und Südpol (0 km)
- nördlichster Breitenkreis: 90° (Nordpol)
- südlichster Breitenkreis: 90° (Südpol)
- Der Äquator teilt die Erdkugel in eine Nord- und eine Südhalbkugel.

- 360 senkrecht angeordnete Halbkreise
- führen alle vom Nord- zum Südpol
- alle gleich lang (ca. 20 000 km)
- Längenhalbkreis durch London: Nullmeridian
- westlichster und östlichster Längenhalbkreis: 180°
- der Nullmeridian teilt die Erdkugel in eine westliche und östliche Halbkugel

Beispiel:
Die Fensterreihen des Berliner Fernsehturms sind angeordnet wie die Breitenkreise.

M 4 Steckbrief der Breitenkreise

Beispiel:
Die Linien einer aufgeschnittenen Schale einer Mandarine sind angeordnet wie Längenhalbkreise.

M 7 Steckbrief der Längenhalbkreise

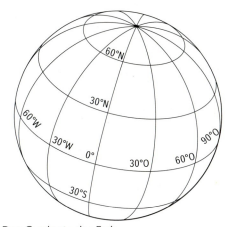

M 5 Das Gradnetz der Erde

AUFGABEN

1. *Die GPS-Daten haben Luka Santini vielleicht das Leben gerettet. Nenne weitere Beispiele, bei denen GPS-Koordinaten nützlich sein können.*
2. *Erkläre, warum die Längenhalbkreise alle gleich lang sind, die Breitenkreise aber unterschiedlich lang sind (M3, M4, M6, M7).*
3. *Bestimme, auf welchen Halbkugeln sich Deutschland befindet (M3, M6, Atlas).*
4. ** Überlege, ob die Abstände zwischen den Längenhalbkreisen und zwischen den Breitenkreisen gleich groß sind (M2–M7). Begründe.*
5. ** Ermittle mithilfe eines Online-Kartendienstes die GPS-Koordinaten deiner Schule.*

Lage eines Ortes im Gradnetz

Der Äquator teilt die Erde in eine Nord- und eine Südhalbkugel. Wie weit man sich an einem Ort im Norden oder Süden befindet, gibt man mit dem Breitengrad an. Am Äquator ist man weder im Norden noch im Süden und deshalb auf dem Breitengrad 0°. Am Nordpol befindet man sich so weit wie möglich im Norden auf dem Breitengrad 90° N. Der Buchstabe N zeigt dabei an, dass sich der Breitengrad nördlich des Äquators befindet. Der Südpol liegt entsprechend auf dem Breitengrad 90° S.

M 1 Breitengrade

Der Nullmeridian teilt die Erde in eine West- und eine Osthalbkugel. Wie weit man sich an einem Ort im Westen oder Osten befindet, gibt man mit dem Längengrad an. Am Nullmeridian ist man weder im Westen noch im Osten und deshalb auf dem Längengrad 0°. Auf einer der Fidschi-Inseln im Pazifischen Ozean befindet man sich so weit wie möglich im Westen und gleichzeitig auch so weit wie möglich im Osten. Dort ist man deshalb gleichzeitig auf dem Längengrad 180° W und auf dem Längengrad 180° O.

M 4 Längengrade

Für jeden Punkt auf der Erde kann man den Breitengrad und den Längengrad angeben, auf dem er liegt. Zusammen ergeben Breiten- und Längengrad in dieser Reihenfolge die Lage des Ortes im Gradnetz oder die GPS-Koordinaten. Die US-amerikanische Stadt New Orleans hat beispielsweise die GPS-Koordinaten 30° N / 90° W.
Man spricht: 30 Grad Nord, 90 Grad West.

M 2 Angabe der Lage eines Ortes im Gradnetz

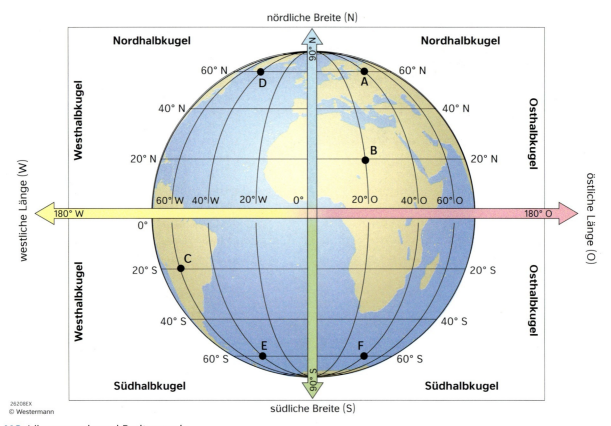

M 3 Längengrade und Breitengrade

Orientierung auf der Erde

METHODE

Mit dem Atlas die Lage eines Ortes im Gradnetz bestimmen

1. Finde eine Atlaskarte mit dem Ort (z. B. New Orleans), für den du die Lage im Gradnetz bestimmen möchtest. Die Breitengrade findest du links und rechts an der Seite, die Längengrade oben und unten.
2. Beginne mit dem Breitengrad. Oft ist am Kartenrand angegeben, ob sich der Breitengrad auf der Nord- oder auf der Südhalbkugel befindet. Wenn nicht, finde z. B. mit einer Weltkarte heraus, ob der Ort nördlich oder südlich des Äquators liegt.
3. Ermittle den Breitengrad, indem du den passenden Breitenkreis auf der Karte von dem Ort bis zum Rand verfolgst. Notiere den entsprechenden Breitengrad und die Halbkugel, z. B. 30° N.
4. Weiter geht es mit dem Längengrad. Ermittle, ob der Ort westlich oder östlich des Nullmeridians liegt.
5. Ermittle den Längengrad, indem du den passenden Längenhalbkreis auf der Karte von dem Ort bis zum Rand verfolgst. Notiere nun den passenden Längengrad hinter dem Breitengrad und die Halbkugel und du erhältst die Lage des Ortes im Gradnetz, z. B. 30° N / 90° W.

M5 Touristen am Nullmeridian in London

M6 Der 50. Grad nördlicher Breite führt durch eine deutsche Stadt.

AUFGABEN

1. Nenne alle Kontinente (Atlas), durch die
   a) der Breitenkreis 60° N, und
   b) der Längenhalbkreis 120° O verläuft.
2. Nenne die acht Länder, durch die der Nullmeridian führt (Atlas).
3. a) Ermittle, welcher der Punkte in M3 die Lage 60° S / 40° O besitzt.
   b) Bestimme die Lage der Punkte B und C im Gradnetz (M3).
4. Ermittle, in welcher Stadt das Foto M6 aufgenommen wurde (Atlas).
5. Ein Schiff in Seenot sendet den Notruf SOS mit der Position 40° N / 10° O. Nenne die Insel, vor der es liegt (Atlas).

ALLES KLAR?

Wie gut kennst du dich in deinem Atlas aus?
1. Nenne 2 Kartentypen und erkläre die Unterschiede zwischen ihnen.
2. Wo schaust du im Atlas nach, wenn dir ein Ort nicht bekannt ist?
3. Erkläre, wie du eine physische Weltkarte am schnellsten finden kannst.
4. Erkläre, was es bedeutet, wenn im Register hinter einem Ort „63 F7" steht.
5. Nimm deinen Atlas und ermittle.
    a) Auf welcher Seite ist die politische Karte Deutschlands?
    b) Finde den Mount Everest.
    c) Suche Delhi.
    d) Wie groß ist die Entfernung zwischen den beiden Orten?

Wortsalat
Bei folgenden Worten sind die Buchstaben durcheinandergeraten. Finde die richtigen Begriffe.

① ZANEO
② GREISTER
③ BUSLOG
④ TENTINNOK

Das Gradnetz
1. Ordne den Buchstaben A – F die richtigen Fachbegriffe zu.
2.* Übernimm den Lückentext in deinen Hefter und fülle die Lücken richtig aus.

Der ① teilt die Erde in eine Nord- und eine ② -halbkugel. Die ③ haben immer den gleichen Abstand zueinander. Insgesamt gibt es ④ Breitenkreise. Die Längenhalbkreise verlaufen vom ⑤ zum ⑥ . Der Nullmeridian teilt die Erde in eine ⑦ und in eine ⑧ . Es gibt insgesamt ⑨ Längenhalbkreise, die alle ⑩ lang sind.

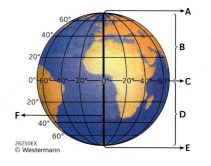

Höhenlinien
Kannst du schon anhand von Höhenlinien die Form eines Berges erkennen?

1. Zeig was du kannst, ...
   a) ... Ordne die Höhenlinien 1 und 2 den entprechenden Profilen A und B zu
   b) ...Zeichne zu den Höhenlinien von Bild 3 selbst das passende Profil in deinen Hefter.

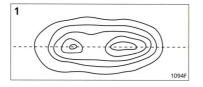
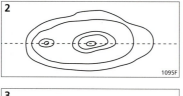

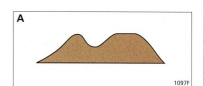
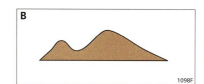

Orientierung auf der Erde

Hier ist etwas durcheinandergeraten!
Benenne die Kontinente.

Lagebeziehungen der Kontinente

Vervollständige die Sätze in deinem Hefter mithilfe der Himmelsrichtungen:

- Nordamerika liegt ... von Europa.
- Australien liegt ... von Asien.
- Die Antarktis liegt im ... der Erde.
- Der Pazifik liegt ... von Nord- und Südamerika.
- Südamerika grenzt im Osten an den ...
- Südlich von Europa befindet sich ...

Akku leer – Smartphone aus! Und nun?

1. Beschreibe den Weg von der Schule neben der Kita zur Post.
2. Beschreibe den Weg von der Kirche (D3) zur Turnhalle.
3. Von der Musikschule möchtest du zum Friedenspark.
4. Du startest am Jugendzentrum (Breite Straße). Gehe zur Kreuzung Detmolder Straße und folge der Straße nach Nordwesten. An der ersten Kreuzung biege nach Südwesten ab und biege kurz darauf nach Westen ab. Du triffst auf eine größere Straße. Folge dieser so lange in nördlicher Richtung bis du vor zwei Gebäuden gelbe bzw. blaue Autos siehst. Wo bist du jetzt?

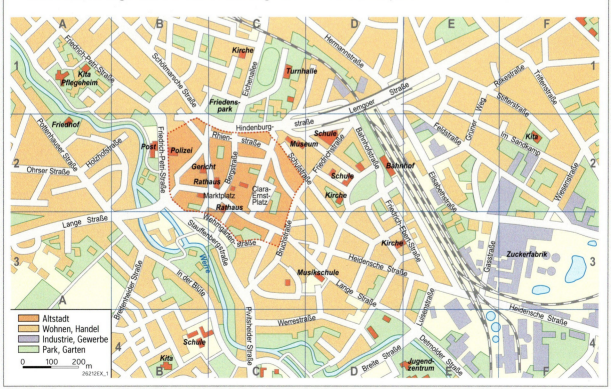

Mensch und Natur

Orientierung in der Geschichte

Zeiteinteilung in der Geschichte

Im Fach Geschichte beschäftigen wir uns mit der Menschheitsgeschichte, also ab dem Zeitpunkt, als es die ersten Menschen gab.

Damit wir uns in unserer Geschichte besser zurechtfinden, unterteilen wir sie in verschiedene Zeitabschnitte. Diese Abschnitte heißen **Epochen** und dauern viele Hundert oder Tausend Jahre.

In unserer Zeitrechnung unterscheiden wir außerdem die Zeit vor der Geburt von Christus (v. Chr.) und nach der Geburt von Christus (n. Chr.).

Epochenumbrüche

Der Übergang von einer Epoche zur nächsten ist fließend und lässt sich nicht genau auf ein bestimmtes Datum oder ein bestimmtes Ereignis festlegen. In der Regel läuten Erfindungen, Ereignisse oder Entwicklungen neue Epochen ein (z. B. 1789 die Französische Revolution). Epochenumbrüche stehen in enger Verbindung mit großen Veränderungen in unterschiedlichen Bereichen (z. B. Erfindung der Dampfmaschine Ende des 18. Jahrhunderts). Es gibt regionale Unterschiede in der Epocheneinteilung, da sich beispielsweise neue Erfindungen erst verbreiten und durchsetzen müssen. Außerdem sind die Abstände zwischen den Epochen immer kürzer, was mitunter an der rasanten Entwicklung und Technisierung von Erfindungen liegt.

Epocheneinteilung

Mehrheitlich wird die folgende Epocheneinteilung vorgenommen:

- Ur- und Frühgeschichte
  (bis circa 3000 v. Chr.)
- Altertum und Antike
  (circa 3000 v. Chr. bis circa 500 n. Chr.)
- Mittelalter
  (circa 500 n. Chr. bis circa 1500 n. Chr.)
- Frühe Neuzeit
  (ab circa 1500 n. Chr. bis circa 1800)
- Neuere Geschichte
  (ab 1789 bis 1914)
- Neueste Geschichte
  (ab 1914 bis heute)

M2 Epochen der Menschheit

AUFGABEN

1. *Kennst du wichtige Ereignisse der Menschheitsgeschichte? Nenne Beispiele.*
2. *Erkläre, warum die Geschichte in Epochen eingeteilt wird.*
3. *Erkläre, warum eine neue Epoche nicht an ein festes Datum oder an ein bestimmtes Ereignis geknüpft werden kann.*

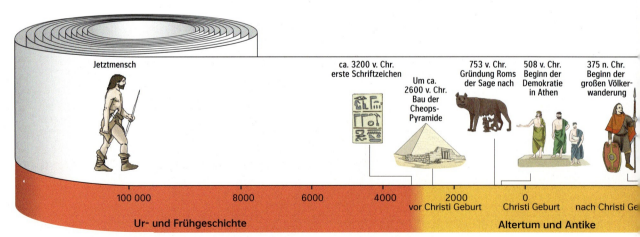

M1 Ein Zeitstrahl über alle Epochen der Menschheit

Mensch und Natur

M 3 So sahen sie vermutlich aus: Rekonstruktionen von Vormensch, Neandertaler und Frühmensch

Die Entwicklung des Menschen

Vor etwa 300 000 Jahren gab es die ersten Altmenschen. Auch sie wurden bis zu 1,60 m groß, hatten aber eine steilere Stirn und ein größeres Gehirn als die Frühmenschen. Überreste dieser Menschen wurden im Neandertal bei Düsseldorf gefunden – daher auch der Name Neandertaler. Auch in anderen Teilen Europas, Afrikas und Asiens waren sie verbreitet. Warum die Neandertaler vor ca. 28 000 Jahren ausstarben, ist bisher nicht bekannt.

Zur gleichen Zeit wie die Neandertaler lebten die Jetztmenschen, die sich vor etwa 200 000 Jahren bis 300 000 Jahren entwickelten. Sie sahen wie die heutigen Menschen aus und kamen vor ca. 40 000 Jahren nach Europa.

Wann gab es die ersten Menschen?

Die Menschen auf der Erde unterscheiden sich in ihrem Aussehen, ihrer Sprache und ihrer Lebensweise. Trotz der großen Unterschiede stammen sie alle von den gleichen Vorfahren ab. Diese Vorfahren entwickelten sich in Afrika.

Die ersten sogenannten Vormenschen lebten dort vor etwa fünf Millionen Jahren. Sie waren nur bis zu 1,40 m groß, konnten aber bereits aufrecht gehen. Ihr Gehirn war größer als das von Menschenaffen, wie zum Beispiel das der Schimpansen.

Vor etwa 2,4 Millionen Jahren entwickelten sich die Frühmenschen. Sie wurden bis zu 1,60 m groß, hatten eine flache Stirn und Wülste (Erhebungen) über den Augen. Ihr Gehirn war größer als das der Vormenschen. Sie benutzten bereits Steinwerkzeuge.

INFO

Eine **Rekonstruktion** ist eine nachgebildete Darstellung einer Situation oder eines Gegenstandes. Die Rekonstruktion macht sichtbar, wie wir uns die Vergangenheit vorstellen, ist aber kein Überrest aus der Geschichte, sondern eine Nachbildung, die in der Gegenwart anhand von Fundstücken erstellt wurde.

AUFGABEN

4* *Erstelle eine Tabelle mit der Überschrift „Vom Vormenschen zum Jetztmenschen".*
5 *Betrachte die Dauer der jeweiligen Epochen auf dem Zeitstrahl. Erkläre, was dir dabei auffällt.*

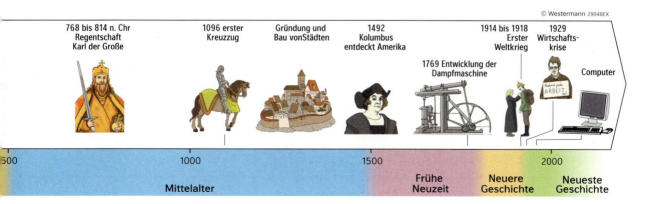

Spuren der Geschichte

Leichenfund bei Bauarbeiten

Bei den Bauarbeiten für die neue Tiefgarage im Stadtzentrum wurde gestern eine schreckliche Entdeckung gemacht. Als Bauarbeiter eine Grube aushoben, stießen sie auf die Knochen eines menschlichen Skeletts. Sofort wurden die Arbeiten eingestellt und die Polizei wurde herbeigerufen. Nach kurzen Untersuchungen gaben die Polizisten jedoch Entwarnung.

Es handle sich nicht um einen Fall für die Polizei, so der Sprecher, sondern um eine Aufgabe für Archäologen. Denn der Fundort, die Fundtiefe und weitere Fundstücke zeigen, dass es sich um die Überreste eines Menschen handelt, der hier vor Tausenden Jahren gelebt hat. Nun untersuchen die Archäologen den Fund. Dies kann lange dauern, denn alle Spuren müssen zunächst geborgen werden.

M1 Fundstelle mit Tiefenangabe

Der Fundort

Die Archäologen müssen nun die Fundstelle genau untersuchen. Dabei gehen sie wie die Polizei bei der Sicherung von Spuren vor: Mit kleinen Pinseln, Spachteln und Ministaubsaugern werden die Funde von Erde und Staub befreit. Dann wird alles vermessen, fotografiert und nummeriert. So weiß man später genau, wo die verschiedenen Fundstücke gelegen haben. Anschließend werden diese Stücke in ein Labor abtransportiert. Die Forscher haben nun die Aufgabe, aus den Fundstücken eine möglichst genaue Rekonstruktion (Nachbildung) herzustellen.

AUFGABEN

1. Erstelle eine schrittweise Anleitung, wie Archäologen bei der Sicherung eines Fundes vorgehen müssen.
2. Erkläre, warum die Archäologen bei ihrer Arbeit vorsichtig sein müssen.
3. Erstelle eine Tabelle zu den Fundstücken (M1):

Tiefe	Fundstücke
...	...

4. Gehören alle Fundstücke zu dem Leichenfund? Begründe deine Meinung.

Mensch und Natur

Fundstücke zum Sprechen bringen

Der Begriff **Archäologie** stammt aus dem Griechischen und bedeutet „die Lehre von dem, was alt ist". Ein Archäologe sucht gezielt nach Fundstücken im Boden, gräbt diese aus, vermisst und beschreibt sie. Mit wissenschaftlichen Methoden finden Archäologen außerdem heraus, wie alt die Funde sind und woher sie stammen. Außerdem vergleichen sie die Fundstücke mit anderen Entdeckungen. Die beiden vorrangigen Ziele der Archäologen sind es, herauszufinden…
… was ist das für ein Fundstück?
… welchen Zweck hatte das Fundstück?

Die Arbeit der Geschichtsforscher

Die Bezeichnung Historiker stammt ebenfalls aus dem Griechischen und bedeutet „Erkundung" oder „Erforschung". Ein Historiker untersucht hauptsächlich geschriebene Überreste aus der Vergangenheit (z. B. alte Briefe, Verträge oder Inschriften) und zieht daraus Erkenntnisse für unser Leben heute.

Denn es gibt immer wieder Situationen, Ereignisse und auch Probleme in der Menschheitsgeschichte, die sich auf ähnliche Weise in der Gegenwart wiederholen. Wenn wir uns gründlich mit unserer Geschichte beschäftigen, können wir also mithilfe von historischen Problemen Lösungen entwickeln und unsere Zukunft entscheidend beeinflussen. Deshalb erforschen Historiker beispielsweise die Entwicklung von Erfindungen oder untersuchen den Umgang mit Naturkatastrophen, um uns auf die Ähnlichkeit von Situationen, Ereignissen und Problemen von damals und heute aufmerksam zu machen.

M 3 Archäologieteam bei der Arbeit

Quellen erzählen uns etwas über die Vergangenheit

Geschichte besteht aus Spuren, die uns die Vergangenheit hinterlässt. Diese Spuren bezeichnen wir als **Quellen.**

Auf der vorhergehenden Seite habt ihr erfahren, wie die Archäologen die Fundstelle genau untersuchen und die Fundstücke (Spuren) freigelegt haben. Diese Fundstücke sind für die Forscher nun die Quellen, mit denen sie versuchen, Genaueres über den Leichenfund herauszufinden. Nur wenn sie diese Quellen gründlich untersuchen, können sie vielleicht mehr über die Zeit und Lebensart des gefundenen Menschen herausfinden.

Es gibt unterschiedliche Arten von Quellen: Wir unterscheiden in
- Sachquellen (Werkzeuge, Töpfe, Münzen usw.)
- Bild- und Tonquellen (Höhlenmalerei, Fotografien, Radioaufzeichnungen usw.)
- Textquellen (Briefe, Bücher, Verträge usw.)

M 2 Vorsichtig wird ein Grab freigelegt.

AUFGABEN

5 Ordne die Fundstücke aus M1 den verschiedenen Quellenarten zu.
6 Erkläre den Unterschied zwischen einem Archäologen und einem Historiker.

M1 Höhlenmalerei aus der Altsteinzeit – Das Bild zeigt die Jagd auf einen Auerochsen.

Die Menschen in der Altsteinzeit

Was ist die Steinzeit?

Die Steinzeit ist der früheste Abschnitt der Menschheitsgeschichte. Sie beginnt mit dem Auftreten der Menschen vor etwa zwei Millionen Jahren und endet ca. 3000 vor Christus.
Der Begriff Steinzeit kommt daher, weil die meisten Funde aus dieser Zeit, die bis heute erhalten geblieben sind, aus Stein bestehen.

Menschen lebten als Jäger und Sammler

In der **Altsteinzeit** lebten die Menschen in Gruppen (sogenannten Horden) von 20 bis 50 Personen. Sie waren als Jäger und Sammler ständig auf Nahrungssuche. Sie jagten mit Lanzen, Holzspeeren und Wurfhölzern. Die Jäger folgten den Wanderrouten der Tiere und zogen oft tagelang ihrer Jagdbeute hinterher. Deshalb war es praktischer, keinen festen Wohnort zu haben: Die Horde errichtete entweder Zelte aus Holz, Zweigen und Fellen an windgeschützten Plätzen oder sie bewohnte eine Höhle, wo sie Schutz vor kalten Winterstürmen fand.
Außer von Fleisch ernährten sich die Menschen der Altsteinzeit auch von Pflanzen. Wenn die Jäger beispielsweise ein Rentier erlegten, pausierte die gesamte Horde, um sich zu erholen. Dann sammelten die einen Beeren, Wurzeln, Pilze, Nüsse, Kräuter, Früchte, Eier und Insekten, während andere Hordenmitglieder das Fleisch verarbeiteten.

M2 Rekonstruktion eines Zeltes

M3 Wie ein Rentier verwendet wurde.

Mensch und Natur

Das Leben in der Gemeinschaft

Das Leben in der Horde erforderte von den Menschen der Altsteinzeit eine gute und ständige Zusammenarbeit. Nur gemeinsam konnten sie beispielsweise größere Tiere jagen und somit das Überleben der gesamten Horde sichern.
Innerhalb der Horde musste deshalb jeder Mensch Aufgaben übernehmen.

Die Nutzung des Feuers

Die Menschen kannten Feuer von Bränden, die durch Blitzeinschläge entstanden waren. Mit der Zeit lernten sie, dieses Feuer zu nutzen: Sie wärmten sich daran und nutzten es als Lichtquelle, kochten damit und hielten wilde Tiere fern.

Anfangs hüteten die Menschen das Feuer sorgsam. Es durfte nicht ausgehen. Sie nahmen die Glut auf ihren Wanderungen mit. Dazu benutzten sie Beutel aus Fellen, die mit Lehm ausgekleidet waren.

Später lernten die Menschen, ein Feuer selbst zu entzünden. Sie schlugen dafür zwei Feuersteine aufeinander oder rieben zwei Holzstöcke aneinander. So konnten sie trockene Zweige und Blätter in Brand setzen.

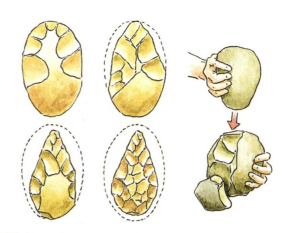

M 5 Herstellen eines Faustkeils

Erste Waffen und Geräte

Die Menschen der Altsteinzeit nutzten Holz und Steine gezielt für bestimmte Zwecke. Das Allzweckgerät war der Faustkeil. Er bestand aus behauenem Feuerstein und hatte scharfe Kanten. Man konnte damit zum Beispiel schneiden, schaben, hacken, stechen oder klopfen. Mit der Zeit entwickelten die Menschen weitere Werkzeuge, Waffen und Geräte aus Stein, Holz, Knochen und Geweihen: Speere, Harpunen, Schaber, Kratzer, Nähnadeln.

M 4 Waffen und Geräte in der Altsteinzeit (Rekonstruktionszeichnungen)

AUFGABEN

1. Nenne Gründe, warum die Menschen in der Altsteinzeit umhergezogen sind.
2. Erkläre, warum das Überleben der Menschen von der Zusammenarbeit in der Horde abhängig war (M1).
3. Begründe, warum für die Menschen die gejagten Tiere so wertvoll waren (M3).
4. „Ein plötzlicher Regenguss konnte eine echte Gefahr für eine Horde werden." Erkläre diese Aussage.
5. Ordne die Buchstaben A bis G in M4 folgenden Geräte zu: Faustkeil aus Stein, Pfeilspitze aus Stein, Stichel aus Stein, Speerspitze aus Stein, Harpune aus Knochen, Messer aus Stein, Haken aus Knochen.

Die Menschen in der Jungsteinzeit

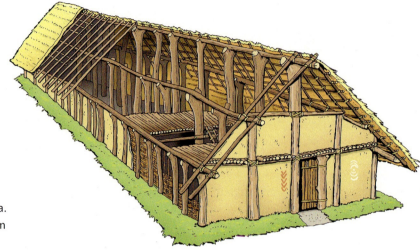

M1 Rekonstruktion eines Langhauses aus der Jungsteinzeit. Diese Häuser waren ca. 30 m lang und 5 bis 7 m breit.

Die Menschen wurden sesshaft

Nach dem Ende der letzten Eiszeit vor etwa 10 000 Jahren änderte sich das Klima. Es wurde wärmer, die Gletscher verschwanden und Wälder breiteten sich aus. Die Menschen fanden mehr Nahrung und bauten die ersten festen Häuser. Das bedeutete auch, dass die Horden nicht mehr umherzogen, sondern an einem Ort blieben, also sesshaft wurden.

Die Menschen fingen außerdem an, Nutzpflanzen gezielt anzubauen und Tiere zu züchten. Mit diesen Veränderungen begann die sogenannte **Jungsteinzeit**.

Ein fester Wohnort

Mit Beginn der **Sesshaftigkeit** waren die Menschen der Jungsteinzeit kaum noch Jäger und Sammler. Sie siedelten an Flüssen, Bächen und Seen. Hier gab es Trinkwasser, Fische und weniger Wald. Die Menschen fällten Bäume, um ihre Häuser zu bauen. Der Boden war durch die Nähe zum Wasser weich. Die Pfosten für das Grundgerüst eines Hauses ließen sich leicht in den Boden rammen. Es entstanden erste Langhäuser, die von Großfamilien (Eltern, Großeltern und Kinder) bewohnt wurden.

Ackerbau

Die Menschen lernten außerdem, Vorräte anzulegen. Sie sammelten mehr Getreidekörner, als sie zum Leben benötigten. Die überschüssigen Körner lagerten sie zunächst in Erdlöchern. Die Vorratshaltung begann. Außerdem konnten die Menschen beobachten, dass weggeschüttete Körner keimten und sich daraus neue Pflanzen entwickelten. Sie legten Felder an und säten Körner aus. Dies war der Beginn des Getreideanbaus. Bald lernten die Menschen, wie sie die Ernte verbessern konnten: Sie bearbeiteten den Boden vor der Aussaat und schützten die Felder vor Wildtieren.

Viehzüchter

Die Menschen lernten außerdem, Tiere zu halten und zu züchten: Schafe, Ziegen, Schweine und Rinder. Zuerst nutzten sie die Tiere nur als Fleischreserve. Später lieferte das Vieh aber auch Milch, Wolle, Eier, Häute und Knochen. Von Wölfen abstammende Hunde wurden zum Hüten und Bewachen der Nutztiere abgerichtet. Außerdem errichteten die Bewohner der Häuser Flechtzäune, die Schutz vor Raubtieren boten und verhinderten, dass Vieh davonlief.

M2 Keramiktopf aus dem Havelland (Brandenburg)

Mensch und Natur

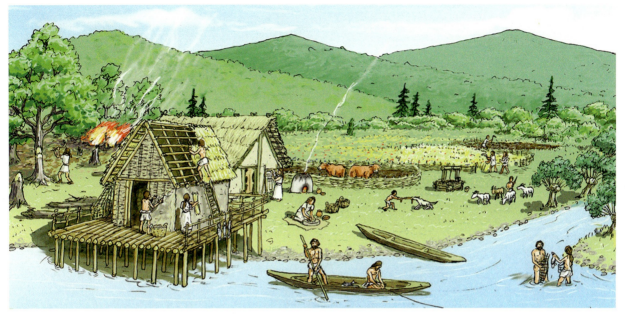

M 3 Rekonstruktionszeichnung eines Dorfes in der Jungsteinzeit

Die Dorfgemeinschaft: Zusammenleben in der Sippe

Das Leben im Dorf verlangte von den Bewohnern enge Zusammenarbeit. Die Bauern mussten Felder und Weideflächen friedlich untereinander aufteilen und miteinander bewirtschaften. Viele Arbeiten konnten sie nur gemeinsam erledigen. Entsprechend musste das Zusammenleben mit den anderen Bewohnern innerhalb der Dorfgemeinschaft geregelt werden, um mögliche Streitigkeiten zu vermeiden.

In den einzelnen Häusern einer Dorfgemeinschaft wohnten Großeltern, Eltern und Kinder als Großfamilie zusammen. Der Vater galt als Familienoberhaupt und besaß nicht nur das Haus, sondern auch alle darin befindlichen Gegenstände sowie die Frau, die Kinder und die **Sklaven**.

Mit der Sesshaftigkeit bekamen Eigentum und Besitz des Einzelnen eine neue Bedeutung. Nahrungsvorräte und Gebrauchsgegenstände wurden von den Bauern gelagert. Das Vieh wurde über Nacht im Haus hinter dem Wohnbereich der Bewohner gehalten. So hatte jeder Hausbesitzer eine enorme Verantwortung für sich und seine Familie. Entsprechend musste ein Hausherr das Zusammenleben mit den anderen Hausbewohnern organisieren und strukturieren, um das Überleben aller zu sichern.

Gefahr drohte den Bauern auch von umherziehenden Jägern, die sich von den Haustieren und Vorräten Beute versprachen und Dorfgemeinschaften überfielen und ausraubten. Eine weitere Gefahr waren Ernteausfälle oder Schädlinge, die die Nahrungsvorräte zunichtemachten.

FACHBEGRIFF

Ein **Sklave** ist ein unfreier Mensch. Er wird wie eine Sache behandelt und hat keine Rechte. Ein Sklave gehört seinem Eigentümer, der über ihn bestimmt.

AUFGABEN

1. Nenne Gründe, warum sich das Leben der Menschen mit dem Ende der Kaltzeit veränderte.
2. Die Menschen teilten sich die Arbeit. Erkläre, warum dies geschah und welche Vorteile sie davon hatten.
3. Benenne Gefahren von innen und von außen für die Dorfgemeinschaft.
4. In der Altsteinzeit hatten die Menschen weniger Besitz als in der Jungsteinzeit. Erkläre, warum die Menschen in der Jungsteinzeit mehr besaßen.
5. Erkläre, warum Regeln innerhalb einer Dorfgemeinschaft eine große Rolle spielten.

Vergleich von Alt- und Jungsteinzeit

M1 So stellen sich Forscher das Leben in der Altsteinzeit vor.

AUFGABEN

1. Nenne Vorteile, die das Leben in einer Horde in der Altsteinzeit mit sich brachte.
2. Betrachte die beiden Bilder M1 und M2 und beschreibe diese nacheinander – achte hierbei auf möglichst viele Details (siehe auch S. 170).
3.* Erstelle eine Tabelle zum Thema „Die Unterschiede zwischen dem Leben in der Alt- und Jungsteinzeit". Gehe dabei ein auf: Lebensweise, Wohnen, Nahrung, wichtige Erfindungen.
4. a) Nenne Probleme, die das Leben als Bauer mit sich brachte.
   b) Notiere weitere, mögliche Schwierigkeiten für die sesshaften Menschen.
5.* „Die neolithische Revolution ist durchweg eine positive Entwicklung in der Menschheitsgeschichte." Beurteile diese Aussage. Berücksichtige dabei die Ergebnisse aus den vorangegangenen Aufgaben.

Mensch und Natur

M2 So stellen sich Forscher das Leben in der Jungsteinzeit vor.

Ist Sesshaftigkeit ein Fortschritt?

Die **neolithische Revolution** wird als tiefgreifender Umbruch in der Menschheitsgeschichte betrachtet. Die Entscheidung für die **Sesshaftigkeit** wird dabei als positive Veränderung wahrgenommen. Allerdings gab es auch negative Aspekte:
Das dauerhafte und enge Beisammenwohnen der Bauern war vergleichsweise ungesund. Jäger und Sammler bewegten sich deutlich mehr und ernährten sich, bedingt durch den ständigen Ortswechsel, vielfältiger und abwechslungsreicher. Die Ernährung bei den Bauern hingegen war oft einseitig und sehr getreidelastig.

Das Zusammenleben mit Tieren auf engerem Raum war ebenfalls ungesund: So waren die Bauern ihren Tieren und deren Exkrementen unausweichlich nah und setzten sich diversen Krankheiten aus.
Zudem war es Bauern meist kaum möglich, auf extreme und plötzliche äußere Veränderungen wie Naturkatastrophen zu reagieren. Bei Überschwemmungen oder Erdbeben konnten die Menschen zwar flüchten, allerdings mussten sie in einem solchen Fall häufig ihre lebensnotwendigen Habseligkeiten zurücklassen.

Erfindungen verändern das Leben in der Jungsteinzeit

M1 Steinbohrer

Ihre neue Lebensweise verlangte von den Menschen andere Werkzeuge. Im Laufe vieler Tausend Jahre erfanden sie neue Techniken zur Arbeitserleichterung.

Werkzeugbearbeitung

Stein und Holz blieben in der Jungsteinzeit die wichtigsten Materialien zur Herstellung von Arbeitsgeräten. Darüber hinaus benötigten die Menschen für die Landwirtschaft und den Hausbau andere Werkzeuge als für die Jagd. Sie lernten, Steine zu schleifen und zu durchbohren. So konnten schärfere und stabilere Werkzeuge hergestellt werden. Außerdem war es nun einfacher, Griffe an den Beilen anzubringen. Steinbeile waren sehr widerstandsfähig. Sie eigneten sich zum Baumfällen und als Hacke bei der Feldbestellung oder als Waffe.

M2 Töpferarbeit

Töpferei

Vermutlich durch Zufall entdeckten die Menschen, dass Lehm oder Ton im Feuer hart wird. Sie formten Gefäße, ließen sie erst einige Zeit trocknen und brannten sie dann im Feuer. Eine weitere Erfindung war die Töpferscheibe. Mit ihr gelang es, gleichmäßigere und dünnwandigere Tongefäße herzustellen. Die Töpferware eignete sich gut, um darin Fleisch und Gemüse zu kochen. Wertvolles Getreide konnte trocken gelagert werden. So blieb es den Winter über genießbar und ließ sich im Frühjahr als Saatgut verwenden. Auch gelangten Mäuse nicht an das Getreide.

M3 Spinnwirtel mit Webstuhl

Spinnen und Weben

Auf eine wichtige Erfindung der sesshaften Bauern deuten Funde von Spinnwirteln und Webgewichten aus Ton hin. Die Menschen hatten herausgefunden, dass man die Tierhaare von Ziegen und Schafen sowie Pflanzenfasern zu Fäden zusammendrehen und zu warmen Stoffen weiterverarbeiten konnte. Gewebte Stoffkleider verdrängten nun die Fell- und Lederkleidung der Altsteinzeit.

Erste Räderwagen

Waren transportierten die Menschen bislang mit Rückentragen zu Fuß, auf einfachen Ziehschlitten oder auf Tieren. Eine wesentliche Erleichterung war die Erfindung des Rades. Große Baumscheiben als Räder wurden durchbohrt und auf Holzachsen gesteckt. Nun konnte man Frachten über weite Strecken transportieren.

Fortschritt durch Arbeitsteilung

Die neuen Herstellungstechniken von Gebrauchsgegenständen wie Werkzeug und Waffen erforderte zunehmend eine **Arbeitsteilung**. Einzelne Menschen entwickelten besondere Fertigkeiten bei der Herstellung von bestimmten Geräten. Sie fertigten ihre Produkte besonders schnell und besonders gut an.
Die Menschen fingen an, diese Waren zu tauschen. Es brachte jedem den Vorteil, dass er gute Gebrauchsgegenstände erhielt. Außerdem musste nicht jeder alles für sich selbst herstellen und sparte dadurch Zeit. So entstanden in der Jungsteinzeit erste Werkstätten und Berufe.

M4 Räderwagen

Entstehung von Handel

Lebensmittel oder Werkzeuge, die die Menschen nicht selbst benötigten, benutzten sie als Tauschmittel. So brauchten Werkzeugmacher Feuerstein, weil er sich gut bearbeiten ließ. Den tauschten sie gegen fertige Klingen oder Bohrer. Der Stein war aber nicht überall zu finden. Geeignete Feuersteine wurden oft über Hunderte von Kilometern von Händlern herangeschafft.

AUFGABEN

1. Nenne einige der neuen Techniken und Erfindungen der Jungsteinzeit.
2. Beschreibe mithilfe eines Beispiels eine technische Veränderung (vorher – nachher).
3.* Erkläre, wie sich durch die Erfindungen das Arbeitsleben und das Zusammenleben der Menschen veränderte.
4. Erkläre, welchen Vorteil die Menschen durch Handel hatten.
5. Die Menschen teilten sich die Arbeit. Erkläre, warum dies geschah und welche Vorteile sie daraus zogen.
6.* Ordne den Gegenständen in M5 Verwendungszwecke zu.

M5 Erfindungen der Jungsteinzeit

M1 Werkzeuge aus Metall

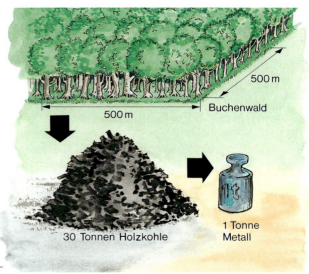

M2 Zum Schmelzen von Erz wird viel Holz verbraucht.

Eisenzeit – Metalle verändern die Welt

In der Steinzeit benutzten die Menschen Tiersehnen, Knochen, Holz und Stein als Rohstoffe zur Herstellung ihrer Werkzeuge, Waffen und Schmuckstücke. Dann wurde entdeckt, dass in Steinen Metalle vorkommen. Diese metallhaltigen Steine nennt man Erz. Die Menschen zerkleinerten die Steine und erhitzten sie. So schmolz das darin vorhandene Metall. Es wurde aufgefangen und konnte nun in Formen gegossen werden. Händler brachten Kenntnisse über die Metallbearbeitung vom östlichen Mittelmeerraum auch zu uns.

Von der Bronze zum Eisen

Zuerst verarbeiteten die Menschen Kupfer. Da es sehr weich ist, verbogen sich aber die Werkstücke leicht. Um 2000 v. Chr. entdeckten Menschen im östlichen Mittelmeerraum, dass Kupfer härter wird, wenn man Zinn zugibt. So entstand Bronze. Aus diesem Metall wurden nun Werkzeuge, Waffen und Schmuck hergestellt. Da Zinn nur an wenigen Orten in Europa zu finden war, war Bronze sehr wertvoll. Die Bronze brachte viele Vorteile:
- Sie schmilzt bei niedrigerer Temperatur als Kupfer.
- Man kann sie in Formen gießen.
- Man kann sie wieder einschmelzen und zu Neuem verarbeiten.

Eisenerz ist häufiger zu finden. Um Eisen zu schmelzen, braucht man aber hohe Temperaturen, die mit einem einfachen Feuer nicht zu erreichen sind. Um 800 v. Chr. gelang es Menschen in Europa, Öfen zu bauen, in denen man Eisen schmelzen konnte. Sie benutzten Holzkohle, um die große Hitze zu erreichen. Jetzt wurde die Bronze durch das härtere und billigere Eisen abgelöst.

AUFGABEN

1. Erstelle eine Tabelle zu den Vor- und Nachteilen der Bronze- und Eisenwerkzeuge (Begriffe, die dir dabei helfen können: Beschaffung, Preis, Haltbarkeit.)
2. Erkläre, welche Vorteile die Metallwerkzeuge der Jungsteinzeit gegenüber den Steinwerkzeugen der Altsteinzeit haben.
3.* Zum Schmelzen von Eisen benötigt man viel Holzkohle (M2). Erkläre, was das für die Umwelt bedeutet.

Mensch und Natur

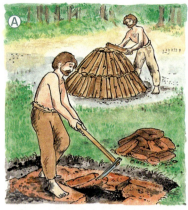  
 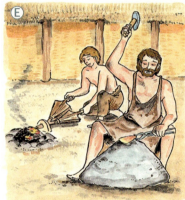 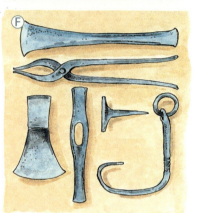

M 3 Metallgewinnung aus Eisenerz

Neue Berufe entstehen

Durch die Entdeckung des Metalls entstanden neue Berufe, wie z. B. des Bergmanns, der das Erz abbaute. Außerdem entwickelten sich spezielle Handwerksberufe. Der Köhler stellte beispielsweise die Holzkohle her und schmolz das Erz zu Metall, der Schmied verarbeitete das Metall wiederum zu Werkzeugen und Schmuck. Händler tauschten Erze, Werkzeuge, Salz und Schmuck. Manche von ihnen legten auf ihren Handelsreisen bereits weite Strecken zurück.

Das Zusammenleben verändert sich

Die Menschen teilten nunmehr die Arbeit unter sich auf. Dies bezeichnet man auch als Arbeitsteilung. Manche Bauern konnten mehr ernten, als sie und ihre Familien verbrauchten. Dadurch konnten die Handwerker ernährt werden, ohne dass sie selbst Ackerbau betrieben.

Durch Funde konnten Forscher feststellen, dass die Menschen in der Metallzeit in größeren Gemeinschaften, die man Völker nennt, zusammenlebten.

AUFGABEN

4 Ordne den Bildern aus M3 die jeweils passende Überschrift zu: Schichtweise Füllung des Ofens – Schmieden des Gemisches – Zerschlagen des Ofens nach dem Schmelzen – Ausgraben von Raseneisenerz und Aufschichtung des Meilers – Fertige Schmiedearbeiten – Hochofenbau aus Ton

5 Erkläre, was auf den Bildern M3 dargestellt ist.
6 Erkläre den Begriff Arbeitsteilung mithilfe von Beispielen aus dem Text.
7 „Durch die Entwicklung von Berufen waren die Menschen in gewisser Weise voneinander abhängig." Erkläre diese Aussage.

Die Landwirtschaft früher und heute 1: Jungsteinzeit bis Mittelalter

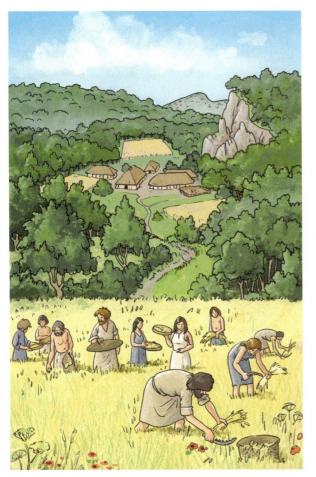

M1 Landwirtschaft in der Jungsteinzeit, Arbeit mit Sicheln

Vor etwa 9000 Jahren, in der Jungsteinzeit, wurden Menschen an verschiedenen Orten der Erde sesshaft. Sie hielten sich immer länger an einem Ort auf. Vorher, in der Altsteinzeit, lebten sie als **Nomaden**, zogen Tierherden hinterher und sammelten Nahrung dort, wo sie auf natürliche Weise wuchs. Nun musste ein Ort die Nahrung für ein ganzes Jahr liefern. Dazu zähmten die Menschen Tiere, mit denen sie meist unter einem Dach lebten. Sie fällten Bäume, entfernten Büsche, um Felder anzulegen und Hütten zu bauen. Auf den Feldern bauten sie Getreide und Hülsenfrüchte an, wie etwa Gerste, Einkorn, Erbsen, Bohnen und Linsen. Alle Mitglieder einer Familie oder Sippe arbeiteten mit, auch die Kinder. Wenn das Getreide reif war, ernteten die Menschen es und zerrieben es auf einem Mahlstein zu Mehl. Das Mehl verarbeiteten sie zu Brot oder Brei.

Im Frühjahr säte man und ritzte dazu den Boden mit einem Hakenpflug aus Holz auf. Der Pflug wurde von Ochsen gezogen. Im Sommer wurde das reife Getreide mit Sicheln geerntet.

Alle halfen mit, um die Gruppe mit Nahrung zu versorgen. Die Menschen lernten, dass der Boden Zeit braucht, um sich zu erholen. Sie teilten daher ihre Felder in zwei Hälften, bearbeiteten nur eine, die andere Hälfte ließen sie brach liegen, das heißt, sie ließen sie ungenutzt. Im darauffolgenden Jahr machten sie es umgekehrt. Diese Anbaumethode nennt man **Zweifelderwirtschaft**.

M3 Sichel

M2 Hakenpflug (Freilichtlabor Lauresham)

AUFGABEN

1. a) Beschreibe die landwirtschaftliche Arbeit während der Jungsteinzeit (Werkzeuge, Anbaumethoden, Arbeitskräfte).
   b) Beschreibe die landwirtschaftliche Arbeit während des Mittelalters.
2. Vergleiche die landwirtschaftliche Arbeit beider Epochen.
3. Während der Epoche des Mittelalters waren die Bauern produktiver als während der Jungsteinzeit. Stimmt diese Aussage? Begründe (M4, M5, M6).

Mensch und Natur

M4 Landwirtschaft im Mittelalter. Sensen ersetzen die Sicheln.

Vor etwa 1 000 Jahren, in der Epoche des **Mittelalters**, hatten sich die Gebäude verändert. Es waren befestigte, aus Stein gebaute Kirchen und Burgen entstanden. Diejenigen, denen die Kirchen und die Burgen gehörten, arbeiteten nicht mehr selbst auf den Feldern, sondern ließen Bauern für sich arbeiten. Es war eine Arbeitsteilung entstanden, die Bauern mussten einen Teil ihrer Ernte abgeben. Dadurch wurde es nötig, dass mit der gleichen Anzahl an Arbeitskräften und bei gleicher Größe der Äcker mehr geerntet werden musste. Die Bauern mussten versuchen, produktiver zu werden.

Um dies zu schaffen, halfen ihnen neue Anbaumethoden und neue Werkzeuge aus Metall. Ihre Äcker teilten die Bauern in drei Teile. Sie bepflanzten ein Drittel des Bodens mit Wintergetreide, das zweite Drittel mit Sommergetreide und den dritten Teil ließen sie brach liegen. Im darauffolgenden Jahr wechselten sie die Reihenfolge. Diese Anbaumethode nennt man **Dreifelderwirtschaft**. So konnte sich immer ein Teil des Bodens erholen. Außerdem konnte man zweimal pro Jahr ernten.

Der Hakenpflug wurde durch den Wendepflug ersetzt. Dieser lockerte den Boden nicht nur auf, sondern wendete ihn.

Die Sense ersetzte die Sichel. Damit war es möglich, im Stehen mit nur einer Bewegung mehr Getreide oder Gras zu ernten. Pferde wurden als Zugtiere eingesetzt. Außerdem rodeten die Menschen mehr Waldgebiete und legten Sümpfe und Moore trocken, um Ackerland zu gewinnen.

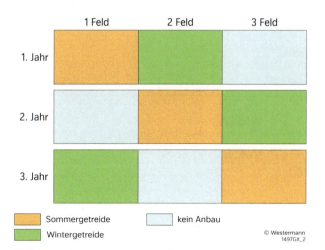

M5 So funktioniert die Dreifelderwirtschaft.

M7 Sense

M6 Wendepflug

107

Die Landwirtschaft früher und heute 2: Industrialisierung bis heute

M1 Landwirtschaft im Zeitalter der Industrialisierung

Um 1800 wohnten und arbeiteten die meisten Menschen in Europa noch auf dem Land. In den deutschen Gebieten waren von 100 Erwerbstätigen 75 in der Landwirtschaft tätig. Nur 100 Jahre später waren es nur noch 33. Aus Kleinstädten wie Dortmund mit 10 000 waren Großstädte mit einer halben Million Einwohnern geworden. Riesige Fabriken und Kohle- und Erzbergwerke waren errichtet worden, Flüsse wurden begradigt, Kanäle und Eisenbahnstrecken gebaut, viele Städte erhielten neue oder größere Häfen und erstmals Bahnhöfe. Zahlreiche Dinge wurden im 19. Jahrhundert erfunden: die Nähmaschine, das Fahrrad, das Auto, der Dynamo, die Straßenbahn, das Telefon, die Glühbirne, Kunstdünger und Plastik. Diese Dinge wurden nach und nach massenhaft von Maschinen in Fabriken hergestellt. Kohle und Wasser lieferten die Energie für die Maschinen, ungelernte Arbeiter und Kinder bedienten die Maschinen.

Immer mehr Menschen lebten in den Städten, die aber darauf angewiesen waren, dass genügend Nahrungsmittel auf dem Land produziert wurden. Zwei Erfindungen halfen hier. Durch den Einsatz von **Mineraldünger** konnte man alle Felder jedes Jahr bestellen und musste Teile nicht mehr brach liegen lassen.

Die zweite Neuerung war der Einsatz von Dampfmaschinen in der Landwirtschaft. Sie ersetzten vor allem die Arbeit des Dreschens, das vorher von Hand erledigt werden musste. Dadurch wurde die **Produktivität** gesteigert: Weniger Bauern produzierten mehr in der gleichen Zeit.

M2 Dreschen mit einer Dreschmaschine (links) und mit der Hand (rechts)

Mensch und Natur

M 3 Landwirtschaft im 21. Jahrhundert

Ein landwirtschaftlicher Betrieb des 21. Jahrhunderts ist viel größer als früher und kommt mit weniger Personal aus. Dafür gibt es mehr Maschinen und Computer. In Laboren werden neue Pflanzen gezüchtet, die höhere Erträge bringen und vor Krankheiten geschützt sind. Die Äcker werden künstlich gedüngt, Gift (Pestizid) wird im Boden und auf Pflanzen verteilt, um diese vor Schädlingsbefall zu schützen. In den Ställen kommen Melkroboter zum Einsatz, es gibt selbstfahrende Erntefahrzeuge. Die Tiere bekommen Medikamente. Kraftfutter bewirkt, dass sie schneller fett werden. Die Kühe geben mehr Milch als früher. 1975 gab eine Kuh 4 900 Liter Milch pro Jahr, heutzutage sind es 8 400 Liter. Die Anschaffung und der Unterhalt der Maschinen sind aber teuer. Ihr Einsatz lohnt sich nur, wenn man viel produziert und viel verkauft. Viele Bauern gaben in den letzten 50 Jahren ihren Hof und ihr Land auf. Andere vergrößerten dafür ihren Betrieb und spezialisierten sich. Sie halten beispielsweise nur Milchkühe, mästen nur Schweine oder bauen ausschließlich Getreide an. Das Ergebnis ist, dass weniger Bauern mit mehr Maschinen auf größeren Flächen arbeiten und immer größere Erträge erzielen. 1975 arbeiteten in Deutschland noch fast sechs Millionen Menschen in der Landwirtschaft, 2020 waren es nur noch 900 000. Ein Landwirt erntete vor 100 Jahren etwa 2 000 kg Weizen auf einer Fläche von einem Hektar (1 Hektar = 10 000 Quadratmeter). Heute kann ein Bauer auf derselben Fläche durchschnittlich fast 8 000 kg Weizen ernten. 1950 ernährte ein Landwirt 10 Menschen, 2019 hingegen schon 140. Die Produktivität der Landwirte, der Tiere und des Bodens hat also weiter stark zugenommen. Dies hat wiederum Folgen für die Umwelt. Die Artenvielfalt bei Pflanzen und Tieren ist stark zurückgegangen, die Böden sind ausgelaugt.

AUFGABEN

1. a) Beschreibe die landwirtschaftliche Arbeit während der Epoche der Industrialisierung.
   b) Beschreibe die landwirtschaftliche Arbeit in unserer Epoche.
2. „Die Landwirtschaft hat sich stark verändert." Erkläre diese Aussage am Beispiel der Milchproduktion.
3. Ein Bauer kann heute viel mehr Menschen ernähren als früher. Erkläre und gehe dabei ein auf die Anbaufläche, die Maschinen und Arbeitskräfte (M4).
4. Die hohe Produktivität in der Landwirtschaft hat einen hohen Preis. Stimmt diese Aussage? Begründe.

M 4 Erwerbstätige in der Landwirtschaft

Woher kommen unsere Nahrungsmittel?

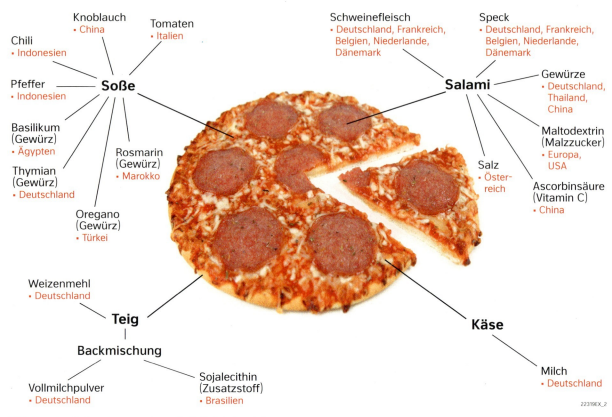

M1 Herkunft der Zutaten einer Tiefkühl-Salamipizza

Salamipizza? Oder doch lieber Fischstäbchen? Und zum Nachtisch Kirschmilchreis? In einem Supermarkt kannst du zwischen 15 000 unterschiedlichen Artikeln wählen. Aber woher kommen diese Artikel und wie wird die Pizza zur Pizza?
Vom Bauernhof bis zum Supermarkt ist es ein weiter Weg. Denn zunächst müssen die Rohprodukte wie Fleisch, Milch oder Getreide in mehreren Stufen verarbeitet, haltbar gemacht und abgepackt werden. Das geschieht in kleinen Handwerksbetrieben, wie zum Beispiel in einer Hofkäserei oder in großen Fabriken der Nahrungsmittelindustrie, wie zum Beispiel in einer Fleisch- und Wurstfabrik. Nicht alles kommt aus Deutschland.

M2 Aus landwirtschaftlichen Erzeugnissen entstehen vielfältige Lebensmittel.

Mensch und Natur

M 3 Der Weg des Getreides vom Feld bis zum Brot auf den Tisch

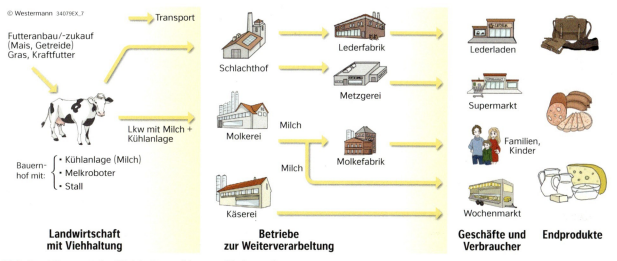

M 4 Der Weg von der Viehhaltung bis zum Verbraucher

AUFGABEN

1. Zeige auf einer Weltkarte die Länder, aus denen die Zutaten einer Tiefkühlpizza kommen (M1, Atlas).
2. Nenne jeweils drei Endprodukte aus dem Supermarkt, die aus den Rohprodukten hergestellt werden (M2).
3. Wo kauft deine Familie ihre Lebensmittel ein?
4. Beschreibe den Weg eines der folgenden Nahrungsmittel vom Produzenten bis zum Endverbraucher: Brot (M3), Käse (M4) oder Wurst (M4).
5. Vergleiche M3 und M4 und stelle Gemeinsamkeiten heraus.

M 5 Mitarbeiterinnen kontrollieren die vollautomatische Herstellung von Fischstäbchen am Fließband.

100387-242
schueler.diercke.de

111

EXTRA

Was ist Landwirtschaft?

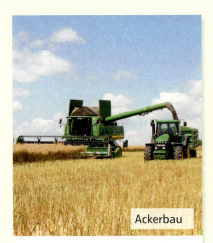

Ackerbau

Viehwirtschaft

Sonderkulturen

Arbeit mit dem Erdboden, dem Acker oder Feld

typische Arbeitsschritte: umgraben, säen, wässern, Unkraut jäten, düngen, ernten

Beispielprodukte: Getreide (Weizen, Roggen, Gerste, Hafer), Mais, Kartoffeln

typische Hilfsmittel: Pflug, Saatgut, Dünger, Mähdrescher

Arbeit mit Tieren als Nahrungsmittel- und Rohstofflieferant

typische Arbeitsschritte: aufziehen, füttern, pflegen, mästen, an den Schlachthof verkaufen, melken, scheren

Beispielprodukte: Fleisch, Milch, Eier, Wolle, Leder

typische Hilfsmittel: Stall, Futteranbau, Futterzukauf, Kraftfutter, Melkroboter

Arbeit mit dem Erdboden und den Pflanzen

typische Arbeitsschritte: Boden untersuchen, Unkraut entfernen, umgraben, düngen, aussäen, wässern, ernten

Beispielprodukte: Erdbeeren, Kirschen, Äpfel, Weintrauben, Wein, Spargel

Einsatzmittel: viel Handarbeit durch Erntehelfer, wenig Maschineneinsatz

M1 Bereiche der Landwirtschaft

Landwirtschaft ist vielfältig

In der **Landwirtschaft** werden pflanzliche Nahrungsmittel, wie Gemüse, tierische Nahrungsmittel, zum Beispiel Eier, sowie Rohstoffe für die Industrie, wie etwa Milch zur Weiterverarbeitung zu Käse, erzeugt.

Zur Landwirtschaft gehören der Ackerbau, die Viehzucht und der Anbau von **Sonderkulturen**.

Zu den Sonderkulturen zählt man Pflanzen, die eine intensive Pflege benötigen und deren Anbau sehr arbeits- und zeitaufwendig ist. Sie stellen besondere Anforderungen an den Boden und ans Klima. Sonderkulturen sind beispielsweise Obst, Gemüse, Spargel, Wein und Hopfen.

Entscheidend für die jeweilige landwirtschaftliche Nutzung sind die in einer Region vorherrschenden natürlichen Bedingungen wie Temperatur, **Niederschlag**, Fruchtbarkeit des **Bodens** und die Oberflächenform der Landschaft. Aber auch gesellschaftliche Faktoren wie die Nachfrage nach bestimmten Produkten, die Preise oder der Stand der Technik beeinflussen die landwirtschaftliche Produktion.

INTERNET

Was ist Landwirtschaft?

Digital+

WES-112452-112

Mensch und Natur

Landwirtschaft in Hessen

Auch in Hessen ist die Landwirtschaft vielfältig. Dabei spielen die natürlichen Bedingungen eine wichtige Rolle. Damit sind vor allem das Klima und der Boden gemeint. Wie wirken diese sich auf die Nutzung aus?
Etwa ein Drittel der Landesfläche Hessens wird landwirtschaftlich genutzt. Insgesamt gibt es 15 000 landwirtschaftliche Betriebe. Manche Landwirte bauen Getreide an, manche halten Vieh und andere wiederum haben sich auf Gemüse- oder Obstsorten spezialisiert. Landwirte, die Ackerbau betreiben, sind besonders vom Wetter und vom Klima abhängig und davon, ob der Boden nährstoffreich ist. Manche Gebiete Hessens haben besonders nährstoffreiche Böden, manche ein mildes Klima. Solche Gebiete nennt man **Gunsträume**. In Gebieten mit weniger günstigem Klima und kargen Böden halten die Bauern oft Rinder auf den Weiden. Die Nähe zu den Verbrauchern spielt für Obst- und Gemüsebauern eine wichtige Rolle, damit die Ware frisch verkauft werden kann. Deren Anbauflächen befinden sich daher häufig in der Nähe von Städten.

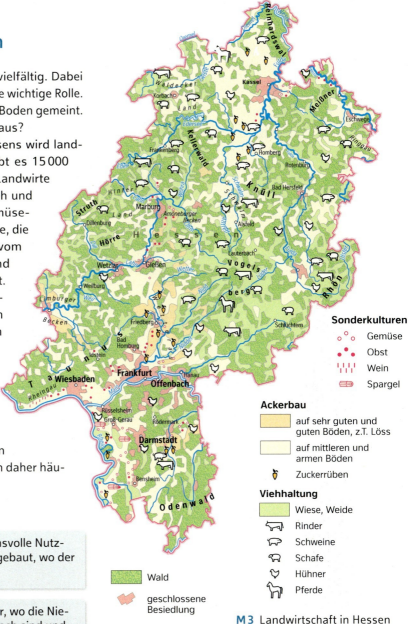

M3 Landwirtschaft in Hessen

Zuckerrüben und Weizen sind anspruchsvolle Nutzpflanzen. Sie werden vor allem dort angebaut, wo der Boden sehr gut bis gut ist.

Viehhaltung herrscht oft in Gebieten vor, wo die Niederschläge für den Getreideanbau zu hoch sind und der Boden wenig Nährstoffe enthält. Dort findet man Weiden, auf denen Rinder grasen. Die Wiesen werden gemäht, Gras und Heu dienen als Viehfutter.

Obst und Gemüse brauchen viel Wärme. Sie sind frostempfindlich und vertragen keine hohen Niederschläge. Landschaften, in denen es warm ist, sind ideal für den Anbau von Sonderkulturen.

Das Halten von sehr vielen Schweinen und Hühnern in großen Ställen ist vom Klima und den Böden weitgehend unabhängig. Das Futter wird oft von weit herantransportiert.

M2 Klima, Boden, Landwirtschaft – was zusammenpasst

AUFGABEN

1. Erkläre, warum die Landwirte von natürlichen Anbaubedingungen wie Klima und Bodenqualität abhängig sein könnten.
2. Beschreibe, wie das Gebiet, in dem du wohnst, landwirtschaftlich genutzt wird (M3, Atlas).
3. a) Beschreibe die Fotos in M1. Ordne dann die Texte in M2 je einem Foto zu.
b) Bestimme, wo die Fotos gemacht worden sein könnten (M2, M3, Atlas).
4. Erkläre die Lage der Verbreitungsgebiete von Sonderkulturen und Viehhaltung in Hessen (M2, M3).

M1 Konventionelle Schweinemast, Schweine bei der Fütterung

Ein konventioneller landwirtschaftlicher Betrieb stellt sich vor

In Deutschland werden jedes Jahr ungefähr 53 Millionen Schweine geschlachtet. Die meisten Tiere kommen aus konventioneller oder herkömmlicher Tierhaltung. Wie sieht die Schweinehaltung auf einem konventionell wirtschaftenden Bauernhof aus?

Geht Bäuerin Weinert in den Stall, quiekt und grunzt es um sie herum aus 4000 Schweineschnauzen. Sie und ihr Mann mästen Schweine. Sie betreiben **intensive Tierhaltung**.
Jeweils 20 Mastschweine sind in einer Mastbox untergebracht. Jede einzelne Box ist fünf mal vier Meter groß. Die Mastschweine stehen nicht mehr wie früher auf Stroh, sondern auf Betonplatten mit Schlitzen. Müssen die Schweine mal, fällt das Gemisch aus Kot und Urin, die Gülle, durch den Spaltenboden in eine Sammelgrube. Somit muss der Stall nicht mehr ausgemistet werden.
Jedes Schwein hat einen kleinen Chip im Ohr. Daran erkennt der Futterautomat jedes einzelne Tier und gibt diesem automatisch genau die richtige Menge Kraftfutter aus. Frischwasser bekommen die Tiere an einer Tränkestation.
Jeden Tag nehmen die Schweine um ungefähr 800 g zu, bis sie das Schlachtgewicht erreicht haben. Da die Schweine energiereiche Nahrung bekommen und sich wenig bewegen, nehmen sie schnell an Gewicht zu.
Diese Intensivtierhaltung hat Vorteile. Frau und Herr Weinert schaffen die Arbeit auf dem Hof fast allein. Zusätzliches Personal ist kaum notwendig. Das spart Geld. Nach sechs Monaten haben die Schweine ihr Schlachtgewicht erreicht und können an den Schlachthof verkauft werden. Dort wird das Fleisch portioniert oder weiterverarbeitet und an die Supermärkte verkauft. So kann uns Endverbrauchern viel Schweinefleisch zu günstigen Preisen angeboten werden. Nach dem Verkauf des Schlachtviehs ist wieder Platz im Stall und die Weinerts kaufen neue Ferkel, die sie wieder mästen.

Mensch und Natur

1. – 21. Tag
Bei Geburt wiegt das Ferkel 1 kg.
Im *Abferkelstall*
erhält es Sauenmilch
und Ferkelfutter.

22. – 73. Tag
Mit 8 kg kommt das Ferkel
in den *Aufzuchtstall*.
Hier bleibt es bis
zu einem Gewicht von 20 kg.

74. – 196. Tag
Das Schwein wechselt
in den *Maststall*.
Bei 100 kg Endgewicht wird
es zum Schlachthof gebracht.

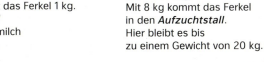

M 2 Lebenslauf eines Mastschweins in der konventionellen Landwirtschaft

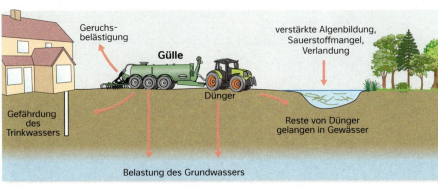

Moderne Güllewagen (wie hier dargestellt) verringern die Geruchsbelästigung, da sie die Gülle direkt in den Boden leiten. Sie sind allerdings teuer. Viele Bauern düngen daher noch mit alten Güllewagen und verstreuen die Gülle auf den Feldern.

M 3 Bei der intensiven Tierhaltung fällt Gülle in großen Mengen an

Mein Mann und ich verdienen nur genug Geld zum Leben, weil wir viele Schweine mästen. Der Verkaufspreis für die Mastschweine muss höher sein als die Kosten, die uns bei der Mast entstehen. Die Kosten für Viehfutter und Strom sind beispielsweise angestiegen. Gleichzeitig wird von uns erwartet, die Schlachttiere günstig zu verkaufen, damit die Supermärkte das Fleisch billig anbieten können.

M 4 Frau Weinert berichtet

INFO

Intensivierung in der Landwirtschaft
Bei der intensiven Tierhaltung hält ein landwirtschaftlicher Betrieb sehr viele Tiere auf engem Raum in sehr großen Ställen. Dadurch produziert ein Betrieb mehr und kann mehr Menschen als früher ernähren.

INFO

Konventionelle Landwirtschaft
Konventionell bedeutet herkömmlich. Ein konventionell wirtschaftender Betrieb hält viele Tiere auf engem Raum. Ein Mastschwein muss laut Gesetz 0,75 Quadratmeter Platz haben. Tiere für die Aufzucht und Tierfutter werden zugekauft. Beim Ackerbau setzt ein solcher Betrieb chemische Pflanzenschutzmittel und chemischen Dünger ein, um den Ertrag zu steigern. Diese Betriebe sind auf die Herstellung weniger Produkte spezialisiert. Auf großen Flächen kommen Maschinen zum Einsatz, die die Arbeit schneller erledigen als Menschen.

AUFGABEN

1. Beschreibe, wie das Ehepaar Weinert seine Schweine mästet (M1, M2).
2. a) Begründe, warum das Ehepaar Weinert so viele Mastschweine hält.
   b) Je weniger Bewegung für das Schwein, desto besser für den Landwirt. Stimmt das?
3. Die Gülle von Mastschweinen kann zum Problem werden. Erkläre.

M1 Ökologische Schweinemast. Tierfütterung. Maximal 550 Schweine: Stall und Auslauf

Ein ökologisch wirtschaftender Betrieb stellt sich vor

Herr Tanner betreibt einen von 3400 ökologischen Bauernhöfen in Hessen.
Er hält Mastschweine und Milchkühe. Die Schweine sind das ganze Jahr über auf der Wiese. Dort hat Herr Tanner Schutzhütten aufgestellt, in die sich die Tiere nachts oder bei schlechtem Wetter zurückziehen können. Die Schweine finden auf der Weide das, was sie von Natur aus gerne fressen: Gras, Würmer und Samen im Boden. Zusätzlich werden sie mit grob gemahlenem Getreide und Ackerbohnen gefüttert. Die Pflanzen baut Herr Tanner auf seinen Feldern an. Pro Jahr verkauft er etwa 80 bis 90 Schweine an einen Metzger in der Nähe des Bauernhofs.
Zwei- bis dreimal pro Jahr kauft Herr Tanner 40 Ferkel dazu, die er dann mästet. Ein Ferkel kostet ihn rund 160 Euro. Das ist mehr als doppelt so viel wie ein Ferkel aus einem konventionellen Ferkelzuchtbetrieb.
Es dauert ungefähr acht bis zehn Monate, bis die Tiere auf der Weide das Schlachtgewicht erreicht haben. Sie legen langsamer an Gewicht zu als konventionell gemästete Tiere, weil sie sich mehrere Stunden am Tag bewegen. Damit ein Schwein ein Kilogramm an Gewicht zunimmt, bekommt es vier Kilogramm Futter.

Zum Vergleich: Bei der intensiven Tierhaltung mit wenig Bewegung erhalten die Tiere nur 2,5 bis 3,0 kg Futter. Herr Tanner baut die Futterpflanzen auf seinen eigenen Feldern an. Das ist sehr zeitaufwendig und er braucht Personal. Dadurch wiederum wird die Mast teurer.
Ohne die finanzielle Unterstützung der **Europäischen Union** könnte Herr Tanner nicht überleben. Trotzdem nimmt die Anzahl der Öko-Bauernhöfe in Hessen seit Jahren zu und die Menge der **Bio-Produkte** in unseren Supermärkten steigt.

> **INFO**
>
> **Ökologische Landwirtschaft**
> Ökologisch bedeutet, auf die Beziehung von Mensch und Natur zu achten. Die Bauern achten darauf, den Boden nicht zu übernutzen, ihn nicht zu vergiften und die Tiere artgerecht zu halten. Der Einsatz von Pflanzenschutzmitteln, gentechnisch veränderten Organismen und künstlichen Düngemitteln ist bei dieser Anbaumethode nicht erlaubt. Produkte aus ökologischer Landwirtschaft sind gekennzeichnet.

Mensch und Natur

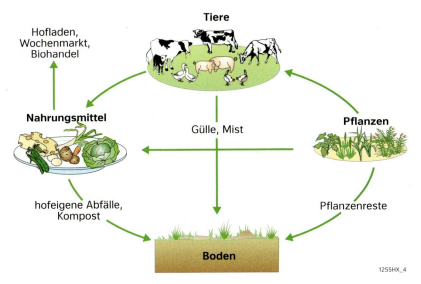

M2 Ökologische Landwirtschaft

EXTRA

Subventionen in der Landwirtschaft
Als Subvention bezeichnet man eine finanzielle Unterstützung des Staates. Im Falle der Landwirtschaft kommt das Geld von der Europäischen Union.

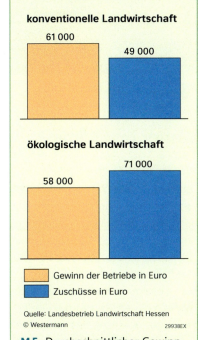

M5 Durchschnittlicher Gewinn eines hessischen Bauern pro Jahr (Stand 2022).

Schweine …
… sind sehr neugierig. Mit ihren Rüsseln wühlen sie im Boden. Sie schieben Äste und Blätter beiseite, nehmen Grasbüschel oder Wurzeln ins Maul und kauen darauf herum.
… verbringen viel Zeit mit der Nahrungssuche.
… fressen alles. Sie ernähren sich von Laub, Gräsern, Samen, Würmern, Insekten und Aas (tote Tiere).
… suhlen sich gerne im Schlamm. Damit kühlen sie sich ab (Schweine können nicht schwitzen.) und entfernen Ungeziefer von der Haut. Später scheuern sie den angetrockneten Schlamm ab und pflegen so ihre Haut.
… sind reinliche Tiere. Sie setzen ihren Urin und Kot nicht dort ab, wo sie schlafen.
… schlafen nachts dicht beieinander.

M3 So leben Schweine artgerecht.

Fleischsorte	Hof Tanner (ökologisch erzeugt)	Supermarkt (konventionell erzeugt)
Kotelett	18,90 €/kg	4,30 – 5,70 €/kg
Schnitzel	22,90 €/kg	3,80 – 6,40 €/kg
Schweinenacken	20,90 €/kg	3,80 – 6,00 €/kg

M4 Was kostet Fleisch im Hofladen bei Familie Tanner und konventionell erzeugtes Fleisch im Supermarkt? (Stand: 2020)

AUFGABEN

1. Beschreibe, wie Herr Tanner Landwirtschaft betreibt.
2. Erläutere, warum Fleisch aus ökologischer Tierhaltung teurer als Fleisch aus konventioneller Haltung ist (M1–M4).
3. „Ich kaufe Bio-Fleisch, weil die Tiere artgerecht gehalten werden." Was meinst du zu der Aussage? (M3)
4. Erkläre die ökologische Landwirtschaft mithilfe von M2.
5. „Ohne Subventionen lohnt sich die Arbeit des Bauern nicht." Stimmt diese Aussage? Begründe (M5).

M1 „Schlechtes" Wetter und ... „schönes" Wetter

Wetter und Klima

Wie ist das Wetter?
Der Verlauf des Wettergeschehens ist für viele Menschen wichtig. Wir hoffen auf schönes **Wetter** mit Sonnenschein und einem blauen Himmel, wenn wir eine Wanderung planen. Landwirte können nur ernten, wenn es trocken ist. Sie brauchen aber auch den Regen, damit ihre Pflanzen wachsen können.

Man spricht vom Wetter, wenn die Sonne scheint, es regnet, schneit, stürmt oder gewittert. Als Wetter wird der augenblickliche Zustand der unteren Lufthülle der Erde bezeichnet. Am Wettergeschehen sind vor allem Sonne, Luft und Wasser beteiligt. Die Sonnenstrahlen erwärmen die Erdoberfläche und die darüberliegenden Luftmassen.

Das Wetter beschreibt das Zusammenwirken der Wetterelemente zu einem bestimmten Zeitpunkt an einem bestimmten Ort.

Wetterbausteine Temperatur und Niederschlag
Beim Wetter ist mit dem Begriff Temperatur die Lufttemperatur gemeint. Sonnenstrahlen erwärmen die Erdoberfläche. Die dort entstandene Wärme wird an die Luft abgegeben.

Es gibt sehr unterschiedliche Formen von Niederschlägen: Regen, Hagel, Schnee, Nebel, Tau und Raureif. Die Wasserteilchen in der Luft sind zunächst unsichtbar. Mit warmer Luft steigen sie nach oben. Warme Luft kann mehr Wasserteilchen aufnehmen als kalte. Da es in der Höhe kälter wird, kann die Luft die Wasserteilchen nicht mehr halten. Es bilden sich sichtbare Wassertröpfchen. Vergrößern sich die Wassertropfen, fallen sie als Niederschlag zur Erde. Es regnet. Im Winter gefrieren die Tropfen zu Eiskristallen und werden zu Schnee.

M2 Wetterhaus mit seinen Bausteinen

AUFGABEN

1. Nenne vier Berufe, die besonders vom Wetter abhängig sind. Begründe.
2. Beschreibe jeweils das Wetter, das sich ein Urlauber am Meer, ein Radfahrer und ein Platzwart eines Stadions, der Rasen angesät hat, wünschen.
3. Beschreibe den Wetterablauf eines Tages dieser Woche.
4. * Erkläre das Wetterhaus (M2).

Mensch und Natur

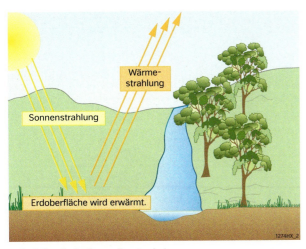

M 3 Wie die Luft erwärmt wird.

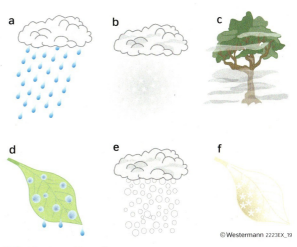

M 4 Niederschlagsformen

INFO

Temperaturmessung

Die Temperatur wird in Grad Celsius (°C) erfasst. Mithilfe eines Thermometers kannst du täglich die Temperatur messen. Du solltest das Thermometer immer im Schatten in etwa einem Meter Höhe aufstellen, um die Temperatur abzulesen. Die Temperaturen misst man stets zur gleichen Zeit (7, 14 und 21 Uhr). Damit die Temperatur in der Nacht nicht gemessen werden muss, wird der Wert für 21 Uhr doppelt gezählt. Für die Tagesdurchschnittstemperatur werden die gemessenen Werte addiert. Abschließend wird die Summe durch vier geteilt.

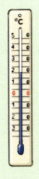

Niederschlagsmessung

Für die Messung des Niederschlags kannst du einen Regenmesser verwenden. Du liest täglich den Wert in Millimetern (mm) ab. 1 mm entspricht einem Liter Regenwasser pro m². Der Tagesniederschlag entspricht der Menge des Niederschlags in Millimetern (mm), der an einem Tag fällt. Der Monatsniederschlag wird ermittelt, indem alle Tagesniederschläge eines Monats addiert werden. Zur Ermittlung des Jahresniederschlags werden alle zwölf Monatssummen eines Jahres addiert.

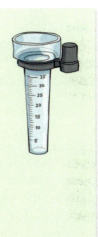

FACHBEGRIFF

Wetter und Klima haben dieselben Einflussfaktoren: das Zusammenwirken der Wetterbausteine Temperatur, Niederschlag, Bewölkung, Wind und Luftdruck.

Das **Wetter** beschreibt dabei den aktuellen Zustand der Erdhülle an einem bestimmten Ort.

Als **Klima** dagegen bezeichnet man das Zusammenwirken der Wetterbausteine über einen Zeitraum von 30 Jahren. Dabei beobachtet und misst man regelmäßig diese Merkmale. Aus den Durchschnittswerten ergibt sich dann das Klima an einem Ort oder in einer Region.

AUFGABEN

5 Benenne und beschreibe die Niederschlagsformen a–f (M4).

6 Entwickle einen Wetterbericht und trage ihn der Klasse vor:
a) für den 24. Dezember.
b) für den 1. Juli.

7* Erkläre die Erwärmung der Luft (M3).

8 Beschreibe, wie die Niederschlagsmenge gemessen wird.

9 Beschreibe, wie die Temperatur gemessen wird.

ALLES KLAR?

Quellenarbeit
Hier siehst du Bilder von verschiedenen geschichtlichen Quellen. Handelt es sich um eine Textquelle, Bild- und Tonquelle oder Sachquelle? Lege eine Tabelle an und ordne die Bilder richtig zu.

Ur- und Frühgeschichte
Setze die Satzteile richtig zusammen und schreibe sie in deinen Hefter.

- ... nach dem zeitlichen Ablauf geordnet.
- In der Jungsteinzeit werden die Menschen schrittweise sesshaft,...
- Am Zeitstrahl werden Ereignisse aus der Menschheitsgeschichte...
- ... dass die meisten Funde aus dieser Zeit aus Stein sind.
- Der Begriff Steinzeit kommt daher, ...
- ... indem sie feste Häuser bauen, Felder anlegen und Tiere züchten.

Mensch und Natur

Landwirtschaft früher und heute

„Die Landwirtschaft hat sich stark verändert." Erkläre diese Aussage, indem du auf mindestens vier Merkmale der Tabelle eingehst.

	früher (um 1975)	heute (2019)
Größe des Hofes	20 Hektar	70 Hektar
Tiere	30 Kühe, 20 Bullen, 70 Schweine, 80 Hühner, 20 Enten	150 Milchkühe, 110 Jungrinder, 30 Kälber, 1 Zuchtbulle
Nutzung der Felder	Grünland, Weizen, Kartoffeln, Gerste, Rüben	Grünland, Mais
Maschinen und Geräte	2 kleine Traktoren, Egge, Sämaschine, Pflug, Miststreuer, Mähdrescher	3 große Traktoren, Melkroboter, Futterroboter, Spaltenroboter, Düngerstreuer, Güllefass mit Schleppschläuchen, Mais-Sämaschine
Arbeitskräfte	Bauer, Bäuerin, Großeltern, Kinder, Knecht	Großvater, Bauer, Bäuerin (Beruf Erzieherin), 3–5 Erntehelfer
Produkte	Milch, Kartoffeln, Eier, Fleisch	Milch, Nebenprodukt: Rindfleisch
zusätzliche Einnahmen		Stromverkauf, Hofladen

Was ist was?

Welche Säulen gehören zu den konventionell, welche zu den ökologisch arbeitenden Betrieben? Begründe.

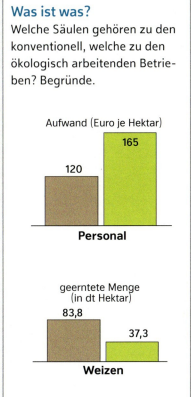

Ökologische und konventionelle Landwirtschaft

1. Vervollständige die Satzanfänge so, dass sie einmal zum ökologischen und einmal zum herkömmlichen Landbau passen.
    a) Im Stall ist es...
    b) Ein Kilogramm Schweinefleisch kostet...
    c) Das Futter für die Tiere...
    d) Der Aufwand für den Landwirt ist...

2. Beschreibe in eigenen Worten die Unterschiede zwischen dem ökologischen und herkömmlichen Landbau. Gehe dabei auf die folgenden Punkte ein:
Tiere, Pflanzen, Aufwand, erzielte Preise, Erntemenge.

Atlasarbeit

Verschiedene Regionen bieten unterschiedliche Voraussetzungen für deren landwirtschaftliche Nutzung.
1. In Deutschland: Notiere mithilfe des Atlas ...
    a) drei Gebiete, in denen Weizen angebaut wird.
    b) drei Flüsse, an deren Ufern viel Wein angebaut wird.
    c) zwei Regionen mit intensiver Viehhaltung.
2. In Europa: Notiere mithilfe des Atlas ...
    a) mindestens drei Länder, in denen Zitrusfrüchte angebaut werden.
    b) drei regionale Besonderheiten und die entsprechenden Länder.
3. Begründe mithilfe des Atlas, warum in Finnland keine Sonderkulturen angebaut werden.

Orientierung in Hessen und

Deutschland

Orientierung in Hessen und Deutschland

Wir planen eine Klassenfahrt. Ziel: Hessen

Jedes Jahr besuchen zahlreiche Gäste aus dem In- und Ausland unser Bundesland Hessen. 2019 kamen fast zwölf Millionen Gäste aus Deutschland und mehr als vier Millionen Gäste aus dem Ausland. Auch für Schulklassen gibt es viel zu entdecken. Für Übernachtungen stehen in Hessen insgesamt 54 Jugendherbergen zur Auswahl, sowohl in den Städten als auch in den ländlichen Regionen.

M2 Jugendherberge Frankfurt am Main

M1 Physische Karte von Hessen

METHODE

Wir beschreiben die Lage eines Ortes
Um die Lage eines Ortes zu beschreiben, verwendest du die Himmelsrichtungen und nennst andere Orte und Objekte. Du beschreibst also das Verhältnis zueinander. Zum Beispiel:
- „Limburg liegt an der Lahn."
- „Kassel liegt im Norden Hessens."
- „Lauterbach liegt am nordöstlichen Rand des Vogelsbergs."
- „Hanau liegt östlich von Frankfurt".

1. Möglichkeit: Lagebeschreibung über Himmelsrichtungen
a) Bestimme die ungefähre Mitte von Hessen anhand der Karte M2. Von dort aus bestimmst du die vier Himmelsrichtungen.
b) Suche Bensheim und Korbach auf der Karte M2 und beschreibe ihre Lage. Beispiellösung: Bensheim liegt im Süden Hessens. Korbach liegt im Norden Hessens.

2. Möglichkeit: Lagebeschreibung anhand der Lage eines Ortes zu Gewässern und Gebirgen
Suche jeweils ein Gewässer und ein Gebirge in der Nähe von Bensheim und Korbach. Von dort aus bestimmst du die Himmelsrichtung Bensheims und Korbachs.
Beispiellösung: Bensheim liegt östlich des Rheins und am westlichen Rand des Odenwalds. Korbach liegt nördlich des Edersees und nördlich des Kellerwalds.

M3 So kannst du eine Lagebeschreibung anfertigen, hier am Beispiel von Bensheim und Korbach

Orientierung in Hessen und Deutschland

R

G Ein echtes „Dschungel-Erlebnis" bietet der Palmengarten in Frankfurt am Main. Im Park und in den Gewächshäusern findet der Besucher Pflanzen aus aller Welt.

E

R Mehr als 10 000 **Fossilien** wurden bislang in der Grube Messel bei Darmstadt gefunden.

H

T Der Hessenpark umfasst mehr als 100 Fachwerkhäuser. Sie wurden an ihrem ursprünglichen Standort abgebaut und bei Neu-Anspach als Freilichtmuseum wieder aufgebaut.

E In Braunfels kann man das Schloss Braunfels, das 1246 erbaut wurde, besichtigen.

I Mit 950 m Höhe ist die Wasserkuppe der höchste Berg Hessens und zugleich der höchste Berg der Rhön.

B

O

A

R Über acht Meter groß ist der Herkules, das Wahrzeichen der Stadt Kassel, im Bergpark Wilhelmshöhe.

A In der Kinderakademie in Fulda, dem ältesten eigenständigen Kindermuseum in Deutschland, ist das begehbare Herz eines der Highlights.

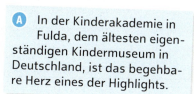

G

AUFGABEN

1* Ordne die Textbausteine den Bildern zu. Verorte sie anschließend in der Karte M1 mithilfe des Atlas. Bei der richtigen Zuordnung erhältst du ein Lösungswort.

2 Fertige zu zwei hessischen Orten deiner Wahl (M1) eine Lagebeschreibung an. Nutze eine der Möglichkeiten in M3.

3 Mit zwei Mitschülern wählst du einen Ort in Hessen aus, der sich als Ziel für eure Klassenfahrt eignen soll. Recherchiert über Sehenswürdigkeiten, Freizeitaktivitäten, Anreise und Übernachtungsmöglichkeiten. Stellt euer Ergebnis anschließend der Klasse vor. Begründet eure Wahl.

M1 Bens Wohnort

M4 Pias Wohnort

Unterschiede zwischen einem Leben in der Stadt und auf dem Land

Ben erzählt

M2 Ben

Ich wohne in einer Wohnung in der Stadtmitte von Marburg. Ich teile mir ein Zimmer mit meiner Schwester. Zur Schule gehe ich immer zu Fuß. Nachmittags treffe ich mich oft mit meinen Freunden auf einem Spielplatz an der Lahn. Das mache ich mit dem Fahrrad. Manchmal helfe ich meiner Familie beim Einkaufen. Es gibt einen Supermarkt bei uns um die Ecke. Einmal in der Woche gehe ich zum Training. Dafür nehme ich den Bus.
Meine Eltern beschweren sich oft über den lauten Verkehr und den Gestank von den Autoabgasen.

Pia erzählt

M5 Pia

Ich wohne in einem kleinen Dorf im Odenwald. Mit meinen Eltern und meinen zwei Brüdern wohne ich in einem großen Haus am Dorfrand. In unserer Straße fahren kaum Autos, sodass ich dort sogar mit meinen Freunden spielen kann. Viel Freizeit verbringe ich aber mit meinem Pferd Sabrina, das nur fünf Minuten von unserem Haus entfernt auf der Koppel steht. Von dort aus kann ich mit Sabrina direkt auf den Wiesen und im Wald ausreiten. Manchmal finde ich es schade, dass ich mit dem Schulbus nach Michelstadt fahren muss. So muss ich morgens früher aufstehen als meine Klassenkameraden und komme auch erst später nach Hause.
In die Stadt fahre ich mit meiner Mutter mit dem Auto. Dort gehe ich gerne mit ihr zusammen bummeln und einkaufen. Meine Freundin kommt dann auch häufig mit. Das macht Spaß und ich würde das schon gerne öfter mal machen.
Die Woche über ist bei uns nicht viel los. Nur am Wochenende trifft man in unserer Gegend viele Menschen aus der Stadt.

- viele Arbeitsplätze
- Wohnen im Grünen
- wenig Autolärm
- Fachgeschäfte
- Fachärzte
- Krankenhaus
- Theater
- gute Luft
- Stau
- Kino

M3 Stadt oder Land?

AUFGABEN

1* Ben und Pia haben von sich berichtet. Jetzt bist du an der Reihe. Berichte von dir.
2 Erstelle eine Tabelle mit den Merkmalen für die Stadt und das Dorf. Verwende dabei auch die Begriffe aus M3 und ergänze sie mit eigenen Angaben.
3 Wo würdest du lieber wohnen, in einer Stadt oder auf dem Land? Begründe deine Entscheidung.

Orientierung in Hessen und Deutschland

EXTRA

Wo leben die Menschen in Hessen heute und in der Zukunft?

Im Jahr 2021 lebten in Hessen insgesamt knapp 6,3 Mio. Menschen. Davon leben knapp vier Millionen Menschen in den über 90 Städten des Bundeslandes, die mehr als 15 000 Einwohner haben. Ab 100 000 Einwohnern spricht man von einer Großstadt. Davon gibt es in Hessen sechs: Frankfurt am Main, Wiesbaden, Kassel, Darmstadt, Offenbach und Hanau.
Die Bevölkerung in Hessen ist aber nicht nur im Hinblick auf das Leben in der Stadt und auf dem Land unterschiedlich verteilt, es gibt auch Unterschiede zwischen den Regionen. So leben im nördlichen Teil Hessens deutlich weniger Menschen als im Rhein-Main-Gebiet.
Auch in Zukunft werden Menschen z. B. vom Dorf in die Stadt ziehen und von einer Region des Bundeslandes in eine andere. Um auf diese Wanderungen reagieren zu können, erstellt man Prognosen zur Bevölkerungsentwicklung, die man auch in thematischen Karten darstellen kann.

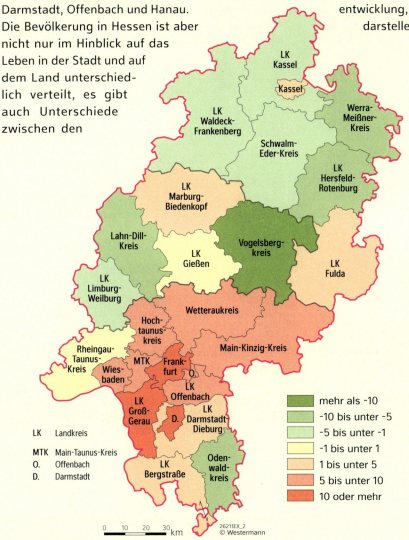

M6 Bevölkerungsentwicklung in Hessen in Prozent (Prognose bis 2030)

AUFGABEN

4 In welcher Stadt bzw. welchem Landkreis lebst du? Ermittle mithilfe der Karte M6, ob es dort in Zukunft zu einer Zunahme oder Abnahme der Bevölkerung kommen wird.

5* Beschreibe, wie sich die Bevölkerung in Hessen voraussichtlich entwickeln wird (M6).

am Verkehr teilnehmen

wohnen

sich bilden

sich versorgen

Aufgaben einer Stadt

Jeder von uns muss regelmäßig essen, schlafen, lernen, arbeiten, sich fortbewegen, mit anderen etwas unternehmen. Diese Tätigkeiten der Menschen sind zwar überall gleich, aber die Städte nicht immer gut dafür ausgestattet.

Damit die Menschen allen Tätigkeiten auch gut nachgehen können, muss eine Stadt oder Gemeinde entsprechend gebaut sein. So muss es beispielsweise Bürgersteige, Ampeln und Bushaltestellen geben, damit du sicher und ohne allzu großen Zeitaufwand zur Schule kommst.

Diese Aufgaben einer Stadt oder einer Gemeinde nennt man in der Geographie **Daseinsgrundfunktionen**. Es gibt sieben solcher Funktionen: Wohnen, Arbeiten, sich versorgen (z. B. mit Nahrung, Wasser, Kleidung, Informationen), sich bilden, sich erholen, entsorgen (von Müll und Abwasser) und am Verkehr teilnehmen.

Orientierung in Hessen und Deutschland

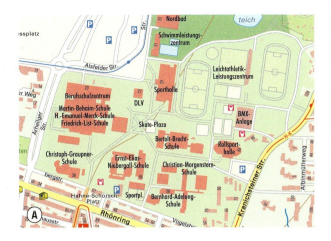

arbeiten

sich erholen

entsorgen

AUFGABEN

1. Ordne jedem Begriff aus der Mitte der Doppelseite ein Foto (1 – 7) und einen Ausschnitt eines Stadtplans (A – G) zu. Begründe deine Zuordnung.
2. Beschreibe den Ablauf eines typischen Tages von dir und deiner Familie. Verwende dabei die sieben Fachbegriffe der Daseinsgrundfunktionen. Gehe dabei auch darauf ein, wo du die Tätigkeiten verrichtest und welche anderen Personen notwendig sind, damit du deine Tätigkeiten verrichten kannst.
3. Wähle jeweils aus den sieben Begriffen die drei Begriffe aus, die a) in deinem Leben am wichtigsten sind und b) im Leben von Erwachsenen am wichtigsten sind. Begründe.
4. Es gibt eine achte Daseinsgrundfunktion: „in Gemeinschaft leben". Berichte, wo du diese Tätigkeit in deinem Wohnort ausüben kannst.

M1 Morgens pendeln 390 000 Menschen nach Frankurt und nachmittags wieder zurück ins Umland

Stadt und Umland ergänzen sich

Fast 760 000 Menschen leben in Frankfurt (Stand 2021). Jeden Morgen pendeln etwa 100 000 Frankfurter aus der Stadt, um im Umland zu arbeiten und fast 400 000 Menschen nach Frankfurt, um dort zu arbeiten oder eine Ausbildung zu machen.

Die Stadt Frankfurt übernimmt für die Menschen in den umliegenden Gemeinden, im **Umland**, wichtige Funktionen. Aber auch abends und am Wochenende kommen die Menschen aus dem Umland, um in der Stadt Konzerte zu besuchen oder ins Theater, in ein Museum, zu einer Sportveranstaltung oder ins Kino zu gehen.

Das Umland übernimmt andere Funktionen. Viele Menschen ziehen dorthin, weil die Mieten und Baugrundstücke günstiger als in der Stadt sind.

Oft ist es auf dem Land ruhiger, die Luft ist sauberer, im Sommer ist es kühler als in der Stadt. Am Wochenende kommen daher gerne die Stadtbewohner ins Umland, um sich dort zu erholen. Sie nutzen das Umland als Naherholungsraum. Eine Stadt muss auch mit Lebensmitteln und Trinkwasser versorgt werden. Diese Funktion übernimmt ebenso das Umland. Dort gibt es ausreichend Platz für landwirtschaftliche Betriebe sowie Brunnen und Quellen.

Diese Verteilung der verschiedenen Funktionen auf Stadt und Umland hat zur Folge, dass die Menschen jeden Tag unterwegs sind. Dadurch entstehen Verkehrsströme. Da viele mit dem eigenen Auto fahren, entstehen auf den Straßen zu den Hauptverkehrszeiten, also morgens und abends, lange Staus.

A So ein Mist 😒! Jetzt habe ich den Lieferwagen des Bäckers verpasst 🥖🚚

B Hallo mein Sohn, kannst du mich morgen zum Arzt 💊 in die Stadt 🚆 fahren? Viele Grüße Mutti 👵

C Boah, jetzt stehe ich schon wieder im Stau 😠! Die müssen endlich mal die Straße ausbauen!

D Mama, vergiss bitte nicht, du musst mich nachher zum Fußballtraining fahren ⚽!

E So, ich geh ins Bett. Um 5 Uhr 🕔 muss ich wieder aufstehen 😴, damit ich den Schulbus 🚌 erreiche.

F Dieser Lärm 😫! Ich vermisse es so sehr, im ruhigen Garten zu sitzen 🏡.

G Am Wochenende müssen wir wieder einen Großeinkauf machen 🛒🥑🥝🍕🚛.

H Hmm 🤔, für den Mietpreis einer Wohnung 🏢 konnten wir uns hier die Kreditraten für ein eigenes Haus 🏠 leisten 😊.

I Hier kann man auf den Straßen ungestört Skateboard fahren 😁🛹.

M2 Aussagen von Menschen in der Stadt und aus dem Umland

Orientierung in Hessen und Deutschland

M 3 Daseinsgrundfunktionen von Stadt und Umland

FACHBEGRIFF

Pendler müssen zwischen ihrer Wohnung und ihrer Arbeitsstelle, der Schule oder zum Einkaufen regelmäßig vom einen zum anderen Ort fahren. Dabei kann die Fahrt einige Minuten, aber auch weit über eine Stunde dauern. Pendler benutzen alle Arten von Verkehrsmitteln, besonders oft den ÖPNV oder Autos.

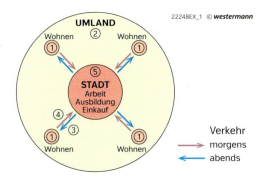

M 4 Pendlermodell

METHODE

Wir arbeiten mit Modellen

Modelle begegnen dir im Alltag häufiger: Modelle von Häusern oder Autos. Es gibt aber auch Modelle, die bestimmte Sachverhalte in einer verallgemeinerten Form darstellen. Ein solches Modell ist ein vereinfachtes Abbild der Wirklichkeit. Es zeigt die typischen Eigenschaften einer Gegebenheit. Mithilfe von Modellen kann man viele komplizierte Sachverhalte übersichtlich darstellen und einfach erklären.

1. Das Thema des Modells erkennen
- Hinweise auf das Thema des Modells findest du in der Bezeichnung oder in der Unterschrift des Modells. Hier bekommst du erste Informationen darüber, welcher Sachverhalt in dem Modell vereinfacht dargestellt wird.

2. Den genauen Inhalt bestimmen
- Betrachte die Zeichen und Beschriftungen genau. Die Verbindungen zwischen den Schriftfeldern geben dir Hinweise auf Beziehungen.
- Stelle fest, welcher Sachverhalt und welche Wechselwirkungen verallgemeinert dargestellt werden.
- Finde Beispiele aus der Realität, die zu dem Modell passen.

3. Die Kernaussage formulieren
- Fasse die Aussage des Modells in zwei bis drei Sätzen zusammen.
- Falls möglich, finde weitere Beispiele, die durch das Modell verallgemeinert dargestellt werden.

AUFGABEN

1 Ordne die Chat-Nachrichten A – I den Ziffern 1 – 5 zu (M2, M4).
2* Beschreibe das Pendlermodell mithilfe der Schrittfolge (M4).
3 Zeichne ein Modell für den Verkehr am Wochenende zwischen Stadt und Land.
4 Überprüfe, inwiefern man Angehörige deiner Familie als Pendler bezeichnen kann.
5 Erläutere Probleme von Pendlern (M1, M2).
6 a) Beschreibe die Aufgaben einer Stadt für ihr Umland (M3).
b) Erkläre, inwiefern auch das Umland für die Stadtbewohner Aufgaben erfüllt (M3).
7 Ordne jeder der in M3 genannten Daseinsgrundfunktionen von Stadt und Umland ein räumliches Beispiel aus deiner Region zu.

Die Bundesrepublik Deutschland

Deutschland ist 357 000 Quadratkilometer groß und setzt sich aus 16 Bundesländern zusammen (M1). Die Bundesländer Berlin, Hamburg und Bremen sind Städte und werden daher Stadtstaaten genannt. Alle anderen Bundesländer bezeichnet man dagegen als Flächenstaaten. Jedes Bundesland hat seine eigene Hauptstadt.

Berlin ist die Hauptstadt Deutschlands und gleichzeitig die Stadt mit der höchsten Einwohnerzahl und sogar die Stadt mit der größten Fläche.

Nicht immer sind die Hauptstädte auch die größten Städte eines Bundeslandes. Wiesbaden als Hauptstadt Hessens ist nur die zweitgrößte Stadt des Bundeslandes.

Bis 1990 war Deutschland zweigeteilt, in die Bundesrepublik Deutschland (BRD) und in die Deutsche Demokratische Republik (DDR). Die BRD, die sich im Westen Deutschlands befand, bestand aus 11 Bundesländern, die DDR war in 15 Bezirke eingeteilt. Beide Staaten hatten ihre eigenen Hauptstädte. Hauptstadt der BRD war Bonn, Hauptstadt der DDR war Ost-Berlin.

M1 Die 16 Bundesländer Deutschlands

M2 Flagge und Wappen der Bundesrepublik Deutschland

AUFGABEN

1 Beantworte mithilfe von Karte M1 und des Atlas:
   a) Welche Bundesländer grenzen an Hessen?
   b) Welche Bundesländer liegen an der Nordsee und welche an der Ostsee?
   c) Welches Bundesland hat die meisten Nachbar-Bundesländer?

2 Stelle fest, welche Bundesländer eine gemeinsame Grenze mit einem oder mehreren europäischen Nachbarländern haben.

3 Innerhalb Europas ist Deutschland das Land mit den meisten Nachbarländern. Nenne diese im Uhrzeigersinn, beginne im Norden.

Baden-Württemberg	Bayern	Berlin	Brandenburg	Bremen	Hamburg	Hessen	Mecklenburg-Vorpommern

Orientierung in Hessen und Deutschland

Bundesland	Fläche in km^2	Einwohner in Mio.
Flächenstaaten		
Baden-Württemberg	35 752	11,1
Bayern	70 552	13,2
Brandenburg	29 480	2,5
Hessen	21 115	6,3
Mecklenburg-Vorpommern	23 182	1,6
Niedersachsen	47 641	8,0
Nordrhein-Westfalen	34 086	17,9
Rheinland-Pfalz	19 853	4,1
Saarland	2 568	0,9
Sachsen	18 417	4,0
Sachsen-Anhalt	20 446	2,2
Schleswig-Holstein	15 800	2,9
Thüringen	16 172	2,1
Stadtstaaten		
Berlin	891	3,7
Bremen	404	0,7
Hamburg	755	1,8
Deutschland	357 114	83

M 3 Die Bundesländer in Zahlen (2021)

AKTIV

Bundesländer-Memory

Um die Bundesländer und ihre Hauptstadt leichter zu lernen, könnt ihr ein Memory basteln. Überlegt euch, wie viele Karten ihr zu den jeweiligen Bundesländern gestalten möchtet.

AUFGABEN

4 Ermittle mithilfe der Tabelle:
   a) das größte und das kleinste Bundesland.
   b) das Bundesland mit den meisten und das mit den wenigsten Einwohnern.
5 Ordne die Bundesländer nach ihrer Einwohnerzahl.
6 Nenne die Bundesländer, die du selbst schon besucht hast. Berichte, was du dort gesehen und was dir besonders gefallen hat.

| Nordrhein-Westfalen | Niedersachsen | Rheinland-Pfalz | Sachsen | Saarland | Sachsen-Anhalt | Schleswig-Holstein | Thüringen |
|---|---|---|---|---|---|---|---|//

📖 100389-030-01
schueler.diercke.de

Ein Flug über Deutschland

Stelle dir vor, du könntest an einem Flug über Deutschland teilnehmen. Du startest ganz im Norden Deutschlands und fliegst bis in den Süden.

Wenn du aus dem Fenster schaust, siehst du unter dir Städte, Flüsse und ganz unterschiedliche Landschaften. Nach ihren Formen werden in Deutschland vier große Landschaften unterschieden. Sie heißen:
- Norddeutsches Tiefland,
- Mittelgebirge,
- Alpenvorland und
- Alpen.

Auf den folgenden Seiten wirst du diese vier Großlandschaften kennenlernen. Für einen guten Überblick ist es sinnvoll, eine Tabelle anzulegen (M2). Zeichne die Tabelle quer auf eine Seite in deinen Hefter. Nutze die ganze Seite, denn es gibt viel einzutragen.
Fülle die Tabelle immer aus, wenn du eine neue Großlandschaft kennengelernt hast. Benutze dabei auch den Atlas.

M1 Unsere Flugroute

Großlandschaft	Lage in Deutschland	Aussehen der Landschaft	große Städte
Norddeutsches Tiefland	von der Nord- und Ostsee bis zu den Mittelgebirgen	flache Landschaft, ...	Hamburg, ...
Mittelgebirge	...	...	...
Alpenvorland	...	...	...
Alpen	...	...	...

M2 Tabelle

Orientierung in Hessen und Deutschland

M 3 Im Norddeutschen Tiefland mit dem Mittellandkanal

Im Norddeutschen Tiefland

Unser Flug startet im nördlichsten Bundesland Deutschlands. Wir sehen das Norddeutsche Tiefland, das sich über 250 km von der Nord- und Ostsee bis zu den Mittelgebirgen erstreckt (M4).

Wir schauen auf eine flache Landschaft. Die wenigen Hügel sind nicht höher als 200 m. Weite Gebiete sind kaum höher als der Meeresspiegel.

Entlang der Küsten sieht man viele Wiesen und Weiden. Am Südrand des Norddeutschen Tieflandes sind die Böden besonders fruchtbar. Hier betreiben die Landwirte Ackerbau mit hohen Erträgen. Diese Landschaften werden Börden genannt.

Die Küsten der Nord- und Ostsee sind beliebte Urlaubsziele. Große Seehäfen, wie zum Beispiel in Hamburg, sind für die Wirtschaft und die Versorgung wichtig. Allein im Hamburger Hafen werden täglich bis zu 80 große Schiffe mit Waren aller Art be- und entladen.

M 4 Lage des Norddeutschen Tieflandes

AUFGABEN

1. Arbeite mit dem Atlas:
   a) Notiere die Bundesländer, die ganz oder zum Teil im Norddeutschen Tiefland liegen.
   b) Welche Inseln in der Nord- und der Ostsee gehören zu Deutschland? Schreibe jeweils 3 auf.
2. Übertrage die Tabelle M2 in deinen Hefter und ergänze die Angaben für das Norddeutsche Tiefland.
3. Auf dem Foto M3 siehst du den Mittellandkanal. Durch welche Bundesländer führt er? Welche zwei Flüsse verbindet er (Atlas)?

INFO

Ein **Kanal** ist eine künstliche Wasserstraße für Schiffe. Kanäle verbinden Flüsse, Seen oder Ozeane und verkürzen Transportwege.

M1 Großlandschaft Mittelgebirge, hier ein Luftbild der Rhön

M2 Lage der Großlandschaft „Mittelgebirge"

Im Mittelgebirge

Unser Flugzeug muss nun höher steigen, da wir die Mittelgebirge erreichen. Als Mittelgebirge bezeichnet man Gebirge mit einer Höhe von etwa 500 m bis 1500 m über dem Meeresspiegel.

Sie erstrecken sich vom Harz und dem Weserbergland über 400 km nach Süden bis an die Donau. Die Mittelgebirge sind der größte Landschaftsraum Deutschlands. Unter uns sehen wir jede Menge Berge mit runden, manchmal bewaldeten, manchmal kahlen Kuppen. Dazwischen erstrecken sich zahlreiche kleine Täler, hier und da auch weite und große Täler mit größeren Flüssen. Viele von ihnen münden in die Ost- oder in die Nordsee. In den Mittelgebirgen entdecken wir auch zahlreiche Dörfer und Städte. Viele von ihnen liegen an Flüssen, zum Beispiel am Main. Er fließt rund 500 km durch Deutschland. Über einen Kanal verbindet er den Rhein mit der Donau und ermöglicht so den Gütertransport über weite Strecken durch Deutschland.

AUFGABEN

1. Arbeite mit dem Atlas:
   a) In welche Gewässer münden die Flüsse Rhein, Weser, Ems, Neckar, Main, Saale, Werra und Fulda?
   b) Zwei hohe Berge in den Mittelgebirgen sind der Brocken im Harz und der Feldberg im Schwarzwald. Wie hoch sind sie?
2. Ergänze in deiner Tabelle die Spalten für die Mittelgebirge (siehe S. 134 M2).
3. Notiere mithilfe des Atlas Großstädte, die im Bereich der Mittelgebirge und gleichzeitig an Flüssen liegen. Bilde Paare: Stuttgart – Neckar, Frankfurt am Main – Main, ...

Orientierung in Hessen und Deutschland

M 3 Großlandschaft Alpenvorland

M 4 Das Alpenvorland und die Alpen im Hintergrund

Im Alpenvorland und in den Alpen

Nachdem wir die Donau überflogen haben, beginnt das Alpenvorland. Es reicht über 150 km bis zur Südgrenze Deutschlands, den Alpen (M5).

Südlich der Donau erstreckt sich eine weite Landschaft mit sanften Hügeln, teils bewaldet, teils mit Weideflächen. Wir erkennen Flüsse, kleinere Städte und viele Dörfer mit Bauernhöfen. Es gibt mehrere große Seen. Sie reichen vom Bodensee im Westen bis zum Chiemsee im Osten. In der Ferne können wir bereits die Alpen erkennen. Die Alpen sind ein Hochgebirge. Nur ein kleiner Teil gehört allerdings zu Deutschland. Dort befindet sich auch die Zugspitze, mit 2 962 m Deutschlands höchster Berg.

Das südliche Alpenvorland und die Alpen sind ein bedeutendes Erholungs- und Feriengebiet, im Sommer wie im Winter. Viele Menschen in dieser Großlandschaft leben vom Tourismus.

M 5 Lage des Alpenvorlandes und der Alpen in Deutschland

AUFGABEN

4 Arbeite mit dem Atlas:
a) Nenne die drei größten Seen im Alpenvorland.
b) Verfolge den Verlauf der Donau. In welches Gewässer mündet der Fluss?

5 Ergänze in deiner Tabelle die Spalten für das Alpenvorland und die Alpen (siehe S. 134 M2).

6 Nenne weitere Staaten, die Anteil an den Alpen haben.

7 Ordne die folgenden Wörter den deutschen Großlandschaften zu: Hochgebirge – Seehäfen – flache Landschaft – Erholung im Gebirge – weite Landschaft mit sanften Hügeln – weite Täler.

ALLES KLAR?

Daseinsgrundfunktionen
Beschreibe anhand der Fotos A – E die Daseinsgrundfunktionen, die eine Stadt für ihre Bewohner zu erfüllen hat.

A

B

C

D

E

Rätsel
Ordne die Orte rechts den Daseinsgrundfunktionen 1 – 7 zu. Die Buchstaben in den Kreisen ergeben ein Lösungswort.

1. wohnen
2. sich versorgen
3. entsorgen
4. arbeiten
5. sich erholen
6. am Verkehr teilnehmen
7. sich bilden

Kläranlage (R)
Büro (K)
Schwimmbad (E)
Straßenbahn (H)
Schule (R)
Bäckerei (E)
Hochhaus (V)

Großlandschaften
Ordne die Fotos jeweils einer der vier Großlandschaften zu. Begründe deine Entscheidung in jeweils mindestens einem Satz.

①

②

③

④

Bundesländer und Nachbarländer
Entscheide, welche Antworten richtig sind.

a) Welche dieser Länder grenzen im Westen an Deutschland?
A Frankreich **B** Polen **C** Dänemark **D** Belgien **E** Österreich **F** Niederlande

b) Welche der Städte ist nicht Hauptstadt eines deutschen Bundeslandes?
A Düsseldorf **B** Jena **C** Köln **D** Mainz **E** Bremen **F** Frankfurt am Main

Orientierung in Hessen und Deutschland

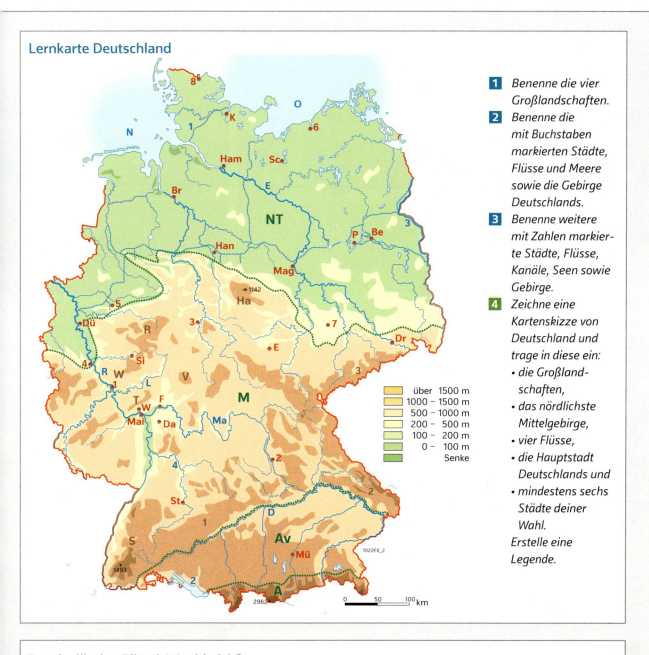

Lernkarte Deutschland

1. Benenne die vier Großlandschaften.
2. Benenne die mit Buchstaben markierten Städte, Flüsse und Meere sowie die Gebirge Deutschlands.
3. Benenne weitere mit Zahlen markierte Städte, Flüsse, Kanäle, Seen sowie Gebirge.
4. Zeichne eine Kartenskizze von Deutschland und trage in diese ein:
   - die Großlandschaften,
   - das nördlichste Mittelgebirge,
   - vier Flüsse,
   - die Hauptstadt Deutschlands und
   - mindestens sechs Städte deiner Wahl.
   Erstelle eine Legende.

Bundesländer-Rätsel: Wer bin ich?

1. Löse die folgenden Rätsel und erstelle weitere Bundesländer-Rätsel für deine Mitschüler.
   a) Durch mich fließt die Donau, ich beheimate den Schwarzwald und den Bodensee.
   b) Ich habe die meisten Nachbarbundesländer.
   c) Ich verfüge als einziges Bundesland über zwei Meere.
   d) In mir leben die meisten Menschen – ich liege in zwei verschiedenen Großlandschaften.
   e) Ich bin das größte Bundesland.
2. Finde mithilfe des Atlas heraus, in welchen Bundesländern die folgenden Städte liegen: Köln, Dessau-Roßlau, Münster, Flensburg, Mainz, Weimar, Heilbronn, Neunkirchen, Ingolstadt, Leipzig.

Leben in Extremräumen

AKTIV

Leben in extremen Räumen

Die Extremräume unserer Erde sind entweder besonders kalt, sehr trocken oder feucht-heiß. Sie liegen weit entfernt und üben eine große Faszination auf uns aus. Obwohl diese Gebiete extreme Bedingungen aufweisen, leben dort Menschen und Tiere.
In diesem Kapitel werdet ihr lernen, wie sich die Lebensweisen der Menschen an diese extremen Räume angepasst haben.

Arbeit mit der Kapitelauftaktseite
1. Beschreibt die Fotos auf den Seiten 140/141.
2. Ordnet die Fotos den jeweiligen Extremräumen zu: tropischer Regenwald, Wüste, kalte Zone.
3.*In den Starthilfen (Seite 306) findet ihr verschiedene Bildunterschriften. Ordnet diese den Fotos 1 – 6 zu.

Ich packe meinen Koffer und nehme mit ...
1. Erstelle eine ABC-Liste zu den Extremräumen. Notiere darin alles, was du über diese Räume schon weißt.
2. Wähle dir einen Extremraum aus und male ein Bild von deiner Vorstellung, wie es dort wohl aussieht.
3. In welchen Extremraum würdest du gerne reisen und welche Gegenstände dürften in deinem Koffer auf gar keinen Fall fehlen?

Tiere in Extremräumen
1. *Benenne die Tiere auf den Bildern 1 – 6.
2. Welche Aussage A – F passt zu welchem Tier?
3. Ordne die Tiere den jeweiligen Extremräumen Wüste, kalte Zone und tropischer Regenwald zu.
4. Wähle ein Tier aus und erstelle einen Steckbrief. Beschreibe dabei auch, wie sich das Tier an die extremen Bedingungen angepasst hat.

A) Damit ich meinen Feinden nicht auffalle, bewege ich mich nur sehr langsam.
B) Ich bin das am weitesten südlich lebende Säugetier.
C) Nicht nur meine Scheren sind gefährlich, mein Stachel ist es auch. Er ist giftig.
D) Im Schnee kann ich mich mit meinem weißen Fell gut verstecken.
E) Wir teilen uns die Arbeit: Während meine Freunde nach Nahrung suchen, halte ich Wache. Droht Gefahr, warne ich sie.
F) Ich lebe in Bäumen und fresse am liebsten deren süße Früchte.

Wir erstellen eine Klassenkarte

Die Extremräume unserer Erde sind faszinierende Räume, die allerdings weit weg liegen. Um diese ins Klassenzimmer zu holen und anschaulicher zu gestalten, bietet es sich an, eine Klassenkarte zu erstellen (M1). Diese könnt ihr gemeinsam gestalten. Zum Beispiel könnt ihr darauf die verschiedenen Extremräume eintragen, aber auch Flüsse und Städte. Ihr könnt Bilder aus Zeitschriften ausschneiden oder selbst malen und aufkleben, sodass diese fernen Räume in eurem Klassenzimmer immer anschaulicher werden.

Materialien
- ein großes Plakat, Tapete oder Packpapier
- eine Folie als Vorlage
- dicke Filzstifte
- Klebeband
- einen Tageslichtprojektor oder Beamer

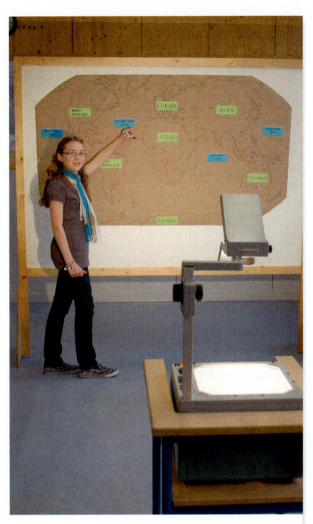

M1 Mit Laptop und Beamer könnt ihr die Umrisse der Kontinente auf das Plakat projizieren.

AUFGABEN

1. *Gestaltet eine Klassenkarte zu den Extremräumen der Erde: Tragt die großen tropischen Regenwälder, die drei größten Wüsten der Erde und die kalten Zonen ein (Atlas).*
2. *Verortet die Tiere von Seite 142 in ihren jeweiligen Lebensräumen auf der Karte.*
3. *Hängt neben die Karte einen Fragespeicher, in den jeder seine Fragen zu den Extremräumen notieren kann.*
4. *Füllt die Klassenkarte im Laufe der nächsten Wochen mit Informationen zu den jeweiligen Lebensräumen.*

Arbeitsschritte zum Erstellen einer Klassenkarte mit dem Tageslichtprojektor:

1. Hängt euer Plakat an einer Wand oder an der Tafel auf.
2. Es ist wichtig, die Folie mit Klebestreifen auf dem Tageslichtprojektor zu befestigen, sodass diese nicht verrutschen kann.
3. Wenn der Projektor eingeschaltet ist, solltet ihr seine genaue Position festlegen. Je größer der Abstand zwischen Projektor und Plakat, desto größer wird die Karte.
4. Mit einem dicken Filzstift zeichnet ihr die Umrisslinien der Karte auf eurem Plakat nach.

Sommerurlaub Juli 2023
Grönland — das ist ja mal was anderes!
6°C mitten im Juli.

Sommerurlaub Juli 2023
Endlich Urlaub. Dieses Mal wieder Sonne, Meer und Strand auf Mallorca bei 30°C.

M1 Abwechslung im Sommerurlaub

Temperaturunterschiede auf der Erde

Licht und Wärme – große Unterschiede

Die Erde hat etwa die Form einer Kugel. Durch die Erdkrümmung treffen die Sonnenstrahlen auf eine unterschiedlich große Fläche auf. Dies führt zu einer unterschiedlichen Erwärmung der Erdoberfläche: In der Nähe des Äquators fallen die Strahlen der Sonne steil ein. Die Sonne verteilt ihre Energie auf eine kleine Fläche (M2 Ⓐ). Die Erdoberfläche wird daher stark erwärmt. An den Polen fallen die Strahlen dagegen flach ein. Ihre Energie verteilt sich dort über eine größere Fläche und erwärmt diese weniger stark (M2 Ⓑ).

Aufgrund der unterschiedlichen Stärke der Sonneneinstrahlung werden verschiedene **Beleuchtungszonen** der Erde unterschieden. Um den Äquator liegt die tropische Beleuchtungszone. Hier ist die Energie der Sonnenstrahlen das ganze Jahr über besonders hoch.

In Richtung der beiden Pole schließen sich die gemäßigten Beleuchtungszonen an, in die die Sonnenstrahlen bereits weniger Energie liefern, da ihr Weg durch die Lufthülle der Erde weiter ist und sie in einem flacheren Winkel auftreffen.

Um den Nord- und Südpol befinden sich die polaren Beleuchtungszonen. In diese liefert die Sonne nur noch wenig Energie.

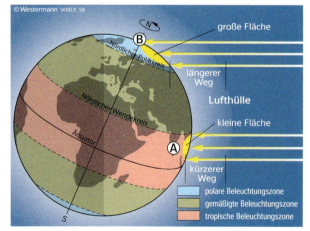

M2 Unterschiedliche Wirkung der Sonnenstrahlen auf der Erde (hier: 21. Juni)

AUFGABEN

1. Erkläre die Entstehung der Beleuchtungszonen.
2. a) Vergleiche die Julitemperaturen der beiden in M1 genannten Orte.
   b) Nenne mithilfe von M2 Gründe für diese Unterschiede.
3. Erkläre, warum es auf der Erde Jahreszeiten gibt.
4. Ermittle, in welcher Beleuchtungszone Tromsø liegt (M2, Atlas).
5. Ordne die Aussagen in M4 dem jeweiligen Datum zu.
6. Erkläre mithilfe einer Skizze, warum während der Polarnacht im nördlichen Polargebiet (Arktis) gleichzeitig Polartag im südlichen Polargebiet (Antarktis) herrscht.

Leben in Extremräumen

EXTRA

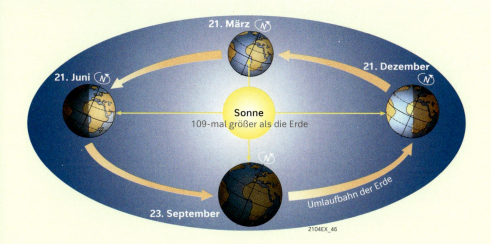

M 3 Bewegung der Erde um die Sonne. Auf ihrem Weg um die Sonne bleibt die Erde immer in dieser schrägen Lage.

Die Entstehung der Jahreszeiten

Im Laufe eines Jahres ändert sich durch die Neigung der Erdachse gegenüber der Erdbahnebene die Fläche, die von der Sonneneinstrahlung beschienen wird.
Im Nordsommer (Beginn 21.06.) ist die Nordhalbkugel mehr der Sonne zugeneigt, im Nordwinter (Beginn 21.12.) ist die Südhalbkugel der Sonne stärker zugeneigt. Dadurch wird im halbjährlichen Wechsel einmal die nördliche und einmal die südliche Halbkugel mehr bestrahlt. Mit der unterschiedlichen Bestrahlung ergeben sich unterschiedliche Temperaturen. Diese führen in der gemäßigten Zone zu den **Jahreszeiten** Frühling, Sommer, Herbst und Winter.

Polartag und Polarnacht

Durch die Neigung der Erdachse und die Bewegung der Erde um die Sonne kommt es in den Polargebieten auf der Nord- und der Südhalbkugel zum Auftreten von **Polartag** und **Polarnacht**. Die Regionen auf der Erde, die sich auf der Nordhalbkugel nördlich des Polarkreises und auf der Südhalbkugel südlich des Polarkreises befinden, werden Polargebiete genannt.
Während des Polartages geht die Sonne nicht unter, während der Polarnacht geht sie nicht auf. Je weiter man sich vom Polarkreis in Richtung Pol entfernt, desto länger dauern Polartag und Polarnacht. Am Polarkreis treten Polartag und -nacht nur an einem Tag pro Jahr auf, an den Polen bis zu einem halben Jahr.

Tromsø am 21.06. – 24 Uhr

① Der Stromverbrauch ist heute ziemlich hoch.

② Wegen der Dunkelheit benötigt man immer eine funktionierende Beleuchtung am Fahrrad.

③ Viele Aktivitäten kann man momentan nicht im Freien durchführen. Da kommt schnell Langeweile auf, denn wer spielt schon Fußball ohne Licht?

④ Wenn es abends so lange hell ist, fällt es mir schwer, einzuschlafen.

Tromsø am 21.12. – 12 Uhr

M 4 Leben mit Polartag und Polarnacht

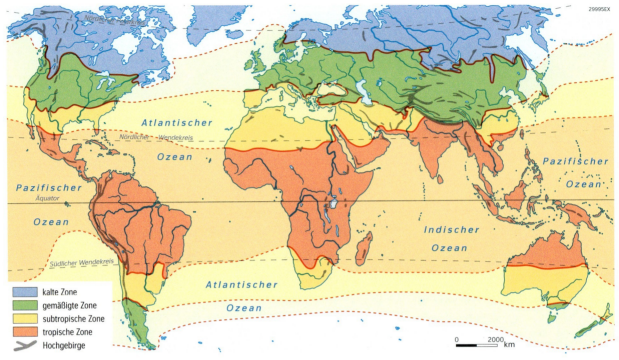

M1 Klimazonen der Erde

Die Klimazonen der Erde

Die unterschiedliche Erwärmung der Erdoberfläche ist der wesentliche Grund dafür, dass das Klima auf der Erde sehr verschieden ist. Neben der Temperatur ist der Niederschlag ein wichtiges Merkmal des Klimas. Gebiete mit ähnlichen Werten können zu **Klimazonen** zusammengefasst werden. Sie verlaufen ungefähr parallel zu den Breitenkreisen der Erde. Man kann aber auch deutliche Abweichungen feststellen, die zeigen, dass das Klima nicht nur von der geographischen Breitenlage, sondern auch von weiteren **Klimafaktoren** abhängig ist. Diese sind beispielsweise
- die Entfernung zum Meer,
- der Einfluss von Meeresströmungen und
- die Höhenlage.

M2 Tiervielfalt der Welt

Leben in Extremräumen

Die kalte Zone
ist durch lange, sehr kalte Winter und kurze, kühle Sommer gekennzeichnet.

Die gemäßigte Zone
verfügt über vier ausgeprägte Jahreszeiten. Es fällt ganzjährig Niederschlag, in den Steppen jedoch weniger.

Die subtropische Zone
zeichnet sich aus durch heiße, trockene Sommer und milde Winter, in denen die meisten Niederschläge fallen.

Die tropische Zone
weist ganzjährig hohe Temperaturen auf. Je weiter man zum Äquator kommt, desto mehr Niederschläge fallen.

AUFGABEN

1. Ordne die Fotos A – F den Klimazonen zu (M1, M3).
2. Schließe dein Buch und nenne deinem Partner die Klimazonen vom Äquator bis zum Nordpol.
3. a) Zeichne eine einfache Skizze der Erde in deinen Hefter und zeichne darin die Klimazonen ein.
   b) Ordne den Klimazonen die richtigen Jahresmitteltemperaturen zu: 0°C, 8°C, 18°C und 25°C.
4. Ordne die Tiere den Klimazonen zu, in denen sie leben (M1, M2).
5. In welchen Klimazonen bist du schon einmal gewesen? Berichte deinen Mitschülern davon.

M3 Einblicke in die Klimazonen

METHODE

Wir zeichnen Klimadiagramme und werten sie aus

Unter Wetter versteht man den augenblicklichen Zustand der Lufthülle an einem bestimmten Ort.
Der Zustand der wichtigsten Bestandteile des Wetters, der Wetterelemente, wird Tag für Tag von Wetterstationen auf der ganzen Welt gemessen. Daraus errechnen Meteorologen Durchschnittswerte.

Den Zustand der Wetterelemente über einen längeren Zeitraum (30 Jahre) bezeichnet man als **Klima**. Mithilfe der gemessenen Durchschnittswerte kann man **Klimadiagramme** zeichnen. Sie informieren z. B. darüber, welches Klima an einem Urlaubsort herrscht oder ob Pflanzen an einem bestimmten Ort gute Wachstumsbedingungen haben.

	Jan	Feb	Mär	Apr	Mai	Juni	Juli	Aug	Sep	Okt	Nov	Dez	Jahr
T (°C)	1	2	5	9	14	17	19	18	15	10	5	2	**10**
N (mm)	44	40	51	52	61	70	63	65	48	51	59	54	**675**

M 1 Klimawerte von Frankfurt (113 m. ü. M., geographische Lage: 50 °N/8 °O)

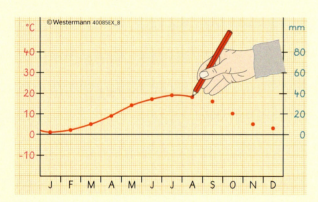

M 2 Zeichnen der Temperaturkurve

Klimadiagramme zeichnen

1. Diagramm vorbereiten
- Monatsachse quer, 12 cm lang, 1 cm entspricht einem Monat.
- Temperaturachse links, 1 cm entspricht 10 °C.
- Eine Einteilung bis 40 °C ist ausreichend.
- Prüfe die Klimadaten: Bei Minustemperaturen muss unter der Jahresachse Platz bleiben.
- Niederschlagsachse rechts, 1 cm entspricht 20 mm Niederschlag.

2. Werte eintragen
Temperaturwerte:
- Werte ablesen und als Punkte genau in die Monatsmitte eintragen (Temperaturachse links beachten)
- Punkte mit Rot verbinden
- die Werte vom Januar zum Dezember verbinden

Niederschlagswerte:
- Werte ablesen und Säulen einzeichnen (Niederschlagsachse rechts beachten)

3. Klimadiagramm vervollständigen
- Notiere abschließend auf einer waagerechten Linie oberhalb des Diagramms den Namen der Station, die Höhe, die Jahresdurchschnittstemperatur (rot) und den Jahresniederschlag (blau).

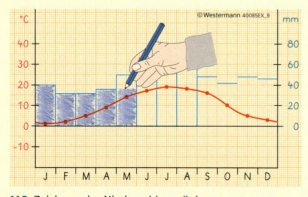

M 3 Zeichnen der Niederschlagssäulen

Leben in Extremräumen

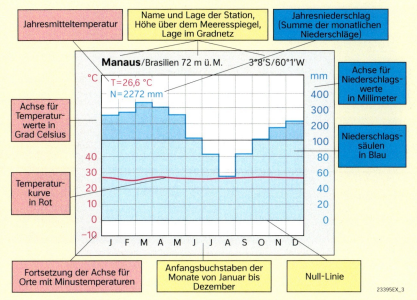

M 4 Ein Klimadiagramm steckt voller Informationen.

INTERNET

 Digital+

WES-112452-149

M 5 Klimadiagramm von Ghat

Klimadiagramme auswerten

1. Klimastation beschreiben
- Suche die Station im Atlas und beschreibe ihre Lage.
- Nenne die Höhe der Station über dem Meeresspiegel.
- Nenne die Jahresmitteltemperatur und die Jahresniederschlagssumme.

2. Inhalte beschreiben
- Beschreibe den Jahresverlauf der Temperaturkurve. Errechne die Jahresschwankung der Temperatur.
- Beschreibe die Verteilung der Niederschlagsmenge im Jahresverlauf.

3. Klimazone bestimmen, Nutzung erläutern
- Nenne mögliche Gründe für den Temperaturverlauf und die Niederschlagsmenge.
- Ordne das Klimadiagramm einer Klimazone zu (siehe S. 146/147).
- Welche Auswirkungen haben der Temperaturverlauf und die Verteilung bzw. die Menge des Niederschlags auf den Menschen? Beschreibe, welche Möglichkeiten bzw. Probleme der Mensch hat, das Gebiet landwirtschaftlich zu nutzen.

EXTRA

Die meisten Kulturpflanzen (z. B. Weizen) wachsen nur, wenn die Durchschnittstemperaturen über 10°C liegen. Dieser Temperaturbereich ist bei der Interpretation von Klimadiagrammen zu beachten, wenn Aussagen über die landwirtschaftlichen Nutzungsmöglichkeiten getroffen werden sollen. Reichen die Niederschlagssäulen nicht bis zur Temperaturkurve, ist es für die meisten Pflanzen zu trocken. Die **Verdunstung** ist höher als der Niederschlag (**arides** Klima). Dieser Bereich zwischen Niederschlagssäule und Temperaturkurve wird mit gelbem Buntstift ausgemalt. Ragen die Niederschlagssäulen über die Temperaturkurve hinaus, bietet der Monat ausreichend Niederschlag für Pflanzenwachstum. Die Niederschläge sind höher als die Verdunstung (**humides** Klima).

AUFGABEN

1. Beschreibe die Bestandteile eines Klimadiagramms (M4).
2. Zeichne ein Klimadiagramm zu den Werten von Frankfurt (M1–M4).
3. Werte das Klimadiagramm von Ghat aus (M5).
4. Vergleiche die beiden Klimastationen Manaus und Ghat miteinander (M4, M5).

M1 Regenwald bei Manaus

M2 Am Amazonas

M3 Die Lage von Manaus

Im tropischen Regenwald

Leon ist vor einigen Jahren mit seiner Familie nach Brasilien ausgewandert. Hier leben sie in Manaus (M3). Das Besondere an Leons neuer Heimatstadt am Amazonas ist, dass sie mitten im tropischen Regenwald liegt. In Manaus betreut die Familie Urlaubsreisende. Neben Übernachtungsmöglichkeiten bietet sie Ausflüge für die Urlauber an. Leon ist vierzehn Jahre alt und darf die Gruppen manchmal mit seinem Papa führen. „Jeder sollte die Tour in den tropischen Regenwald machen. Hier ist es faszinierend. Unsere Besucher sind immer erstaunt und sagen, dass sie so etwas noch nie gesehen haben", erzählt Leon.

AUFGABEN

1. *Beschreibe das Bild M1.*
2. *Nenne Länder in Südamerika, die Anteil am tropischen Regenwald haben (M3, Atlas).*
3. *Ermittle mithilfe des Atlas die Länge der Flugstrecke Deutschland – Manaus. Man erreicht Manaus über folgende Route: Frankfurt am Main – Brasília – Manaus. Nutze die Methode auf S. 83.*
4. *Finde mithilfe des Internets heraus, warum mitten im Regenwald eine so große Stadt wie Manaus entstehen konnte.*

Leben in Extremräumen

Hier kann jeder das Wetter vorhersagen

Abends auf dem Anwesen der Familie erzählt Leons Mutter den Gästen, wie das Wetter am nächsten Tag werden wird. Natürlich denken sie sich, sie hat den Wetterbericht im Fernsehen gesehen. Sie sind sehr verwundert, wie genau ihre Beschreibung ist und wie sicher sie sich ihrer Wettervorhersage ist. Und so verläuft der nächste Tag:

Für die große Regenwaldtour müssen die Urlauber früh aufbrechen. Nach einer kurzen Dämmerung geht morgens gegen 6 Uhr die Sonne auf. Der Himmel ist noch klar. Schon im Laufe des Vormittags wird es richtig heiß. Mit zunehmender Hitze verdunstet immer mehr Feuchtigkeit, die langsam aufsteigt (Foto 1). Gegen Mittag wird es fast unerträglich schwül.

Um 12 Uhr scheint die Sonne senkrecht herab. Zum Glück hat Leon die Gäste vorgewarnt und ihnen gesagt, wie die Ausrüstung für den Tag aussehen muss.

Bald bilden sich mächtige Wolken. Innerhalb der nächsten beiden Stunden ist der Himmel völlig bedeckt (Foto 2).

Gegen 15 Uhr setzt ein Gewitter ein. Windstöße haben es schon angekündigt. Ein heftiger Regen beginnt (Foto 3). Nach zwei Stunden ist alles vorbei. In dichten Nebelschwaden steigt die Feuchtigkeit empor. Es bleibt dunstig und trüb. Nach kurzer Dämmerung geht um 18 Uhr der Tag zu Ende und die zwölfstündige Tropennacht beginnt.

„Und morgen wird das Wetter genauso!", lacht Leon am Abend. Nach ein paar Tagen kann er damit aber niemanden mehr beeindrucken.

Foto 1

Foto 2

Foto 3

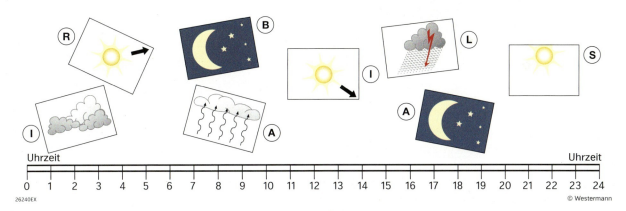

M 4 Das Wetter im Tagesverlauf

AUFGABEN

5 Übernimm die Zeitleiste aus Abbildung M4 in deinen Hefter. Sortiere die Zeichnungen so, dass sie den Ablauf eines Tages im tropischen Regenwald zeigen. Nenne das Lösungswort.

6 Beschreibe dein Schaubild nun in eigenen Worten.

7 Nenne Unterschiede zwischen einem Tag bei uns in Deutschland und einem Tag in Manaus.

8* Das Wetter im tropischen Regenwald ist jeden Tag gleich. Welche Auswirkungen hat das auf das Leben der Menschen und auf die Pflanzen?

Der tropische Regenwald – ein ganz besonderer Wald

Leon ist dieses Mal auf der Regenwaldtour dabei und unterstützt seinen Papa. Auf der Regenwaldtour erklärt Leon, warum der tropische Regenwald ein ganz besonderer Wald ist:

„Im tropischen Regenwald ist es das ganze Jahr über sehr warm und feucht. Deshalb können die Pflanzen ohne Unterbrechung wachsen und der Wald ist immer grün. Da es keine Jahreszeiten gibt, haben die Bäume auch keine Jahresringe. Es kommt vor, dass von Pflanzen derselben Art eine blüht, eine andere schon Früchte trägt und eine dritte vielleicht ohne Laub ist. Den tropischen Regenwald kann man aufgrund seines **Stockwerkbaus** mit einem hohen, mehrstöckigen Haus vergleichen.

Im obersten Stockwerk ist es sonnig und heiß. Hier leben die über 1500 Vogelarten.

Im mittleren Stockwerk greifen die Kronen der Bäume mit ihren laubreichen Ästen ineinander. In den oberen beiden Stockwerken leben die meisten Tiere.

Im untersten Stockwerk ist es feucht und dunkel, weil nur wenig Licht durch das dichte Blätterdach fällt. Hier leben hauptsächlich Insekten."

M2 Sommer und Winter im tropischen Regenwald (oben) und in Deutschland

M1 Stockwerkbau des tropischen Regenwaldes und typische Baumarten

AUFGABEN

1. Beschreibe den tropischen Regenwald (M1). Gehe dabei auf Pflanzen und Tiere ein. Beachte auch die Menge des Lichts.
2. * Erstelle anhand des Textes eine einfache Zeichnung, die den Stockwerkbau des tropischen Regenwaldes verdeutlicht.
3. Benenne für die einzelnen Stockwerke Tiere, die dort leben (M1).

Leben in Extremräumen

M3 Forscher beim Erkunden des Regenwaldes

M5 Urwaldriese mit Brettwurzeln

Der tropische Regenwald – eine Schatzkammer

„In den tropischen Regenwäldern der Erde befindet sich der größte Teil aller bekannten Pflanzen- und Tierarten", erzählt Leon auf der Regenwaldtour weiter. „Viele davon sind noch gar nicht entdeckt. Mit Luftschiffen und speziellen Plattformen unternehmen Forschungsteams Expeditionen, um die reiche Tier- und Pflanzenwelt des obersten Stockwerks zu erforschen. Wie wichtig diese Aufgabe ist, wird deutlich, wenn man bedenkt, dass viele Nutzpflanzen, wie zum Beispiel Mais, und viele Arzneimittel ihren Ursprung im tropischen Regenwald haben."

Leon erklärt seinen Gästen auch, wie gut sich manche Pflanzen an den Regenwald angepasst haben. Da es so eine große **Artenvielfalt** gibt, ist auch die Konkurrenz unter den Pflanzen und Tieren groß.
Die besten Überlebenschancen hat die Pflanze, die sich am besten an ihren Lebensraum angepasst hat. So müssen manche Bäume aufgrund ihrer Größe ihr Gewicht mithilfe von breiten Brettwurzeln auf eine größere Fläche verteilen (M5). Aufsitzerpflanzen sparen Energie, indem sie keinen eigenen Stamm haben, sondern sich von anderen Pflanzen tragen lassen.

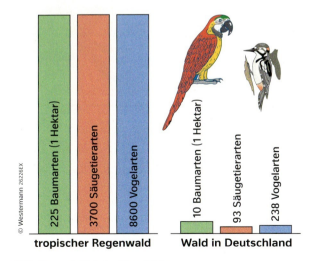

M4 Artenvielfalt im Vergleich

AUFGABEN

4 Erkläre, warum der tropische Regenwald als Schatzkammer bezeichnet wird.
5 Beschreibe, wie sich die Pflanzen an den Regenwald angepasst haben (M5).
6* Vergleiche in einer Tabelle den tropischen Regenwald mit unserem Wald. Verwende dazu auch M2 und M4.

METHODE

Wir stellen Fragen zu einem Thema
Häufig werfen Überschriften und Bilder Fragen zu einem Thema auf. Diese Fragen kann man nutzen, um das Thema zu bearbeiten.

1. Fragen sammeln
Sammelt eure Fragen zur Überschrift auf dieser Seite:

- Was bedeutet der Name Yanomami?
- Wo ...?

2. Fragen beantworten
Beantwortet die Fragen mithilfe des Textes. Vielleicht könnt ihr manche davon auch schon ohne Hilfe beantworten. Für andere braucht ihr noch weitere Informationen, z. B. aus dem Internet.

Leben im und mit dem Regenwald – die Yanomami

In den tropischen Regenwäldern leben auch heute noch zahlreiche Naturvölker. Sie haben ihre Lebensweise den Naturbedingungen gut angepasst. Das Volk der Yanomami lebt mit über 30 000 Bewohnern in kleinen, weit verstreuten Dörfern auf einer Fläche, die halb so groß wie Deutschland ist. Sie nennen sich in ihrer eigenen Sprache „Menschen".

Die Yanomami sind das größte **indigene Volk** Südamerikas, das von der Außenwelt relativ abgeschieden lebt. Den Mittelpunkt eines traditionellen Dorfs bildet der Shapono, das runde Gemeinschaftshaus, in dem bis zu 400 Yanomami gemeinsam leben.

Aufgabenteilung bei den Yanomami

Die Yanomami teilen sich die Arbeiten, die im Laufe eines Tages anfallen:
Männer und Frauen sammeln Früchte, Honig und essbare Insekten. Die Jagd ist alleinige Aufgabe der Männer. Diese jagen im Umkreis von bis zu drei Kilometern um ihr Dorf. Dazu benutzen sie Pfeile, die oft mit dem Gift des Pfeilgiftfrosches bearbeitet wurden. Fischen gehen Männer, Frauen und Kinder oft gemeinsam. Hierzu verwenden sie auch ein Mittel aus einer Lianenart, das die Fische im Fluss betäubt. Die Yanomami müssen diese innerhalb einer kurzen Zeit einfach nur einsammeln.
Sie jagen und fischen nicht auf Vorrat, sondern nehmen sich immer nur so viel, wie sie tatsächlich benötigen. Dadurch sorgen sie dafür, dass immer ausreichend Nahrung vorhanden ist und nicht durch übermäßige Jagd verschiedenste Tierbestände ausgedünnt werden.

M1 Siedlungsgebiet der Yanomami

AUFGABEN

1. Sammle Fragen zur Überschrift und beantworte diese mithilfe des Textes (siehe Methode oben).
2. Beschreibe die Lage des Siedlungsgebiets der Yanomami mithilfe des Atlas und M1.
3. Würdest du gerne in einem Shapono wohnen? Begründe deine Meinung (M2, M5).
4. * „Die Yanomami brauchen keine Schule." Beurteile diese Aussage.
5. „Leben im Einklang mit der Natur". Überprüfe diese Aussage mithilfe des Textes und der Fotos.

Leben in Extremräumen

M 2 Wohnhaus der Yanomami von innen

M 6 Yanomami bei der Jagd

Hallo, mein Name ist Davi. Ich bin 11 Jahre alt und gehöre dem Stamm der Yanomami an. Wie bei uns üblich, lebe ich mit meiner gesamten Großfamilie unter einem Dach. Alles, was wir zum Leben brauchen, kommt direkt aus dem Regenwald. Es gibt eine strenge Arbeitsteilung: Die Frauen unseres Stammes sammeln Früchte, Pilze und Kräuter für Essen und Medizin. Außerdem bestellen sie die Felder. Aus verschiedenen Pflanzenfasern weben sie Körbe und Hängematten. Die Männer dagegen jagen mit Pfeil und Bogen verschiedene Tiere.

Wir Kinder lernen alles über das Leben im Regenwald. Dazu gehören die Pflanzen- und Tierwelt, aber auch bestimmte Feste und Rituale unseres Volkes. Wir Yanomami sprechen eine besondere Sprache, die niemand sonst auf der Erde versteht. Viele von uns leben so abgelegen, dass sie noch nie einen Weißen gesehen haben. Wir leben stets der Natur angepasst und versuchen, dem Regenwald nicht zu schaden. Gibt es an einem Ort nicht genug zum Leben, ziehen wir weiter. Trotzdem hat sich in unserem Leben schon viel geändert. Wir Kinder gehen regelmäßig zur Schule und lernen neben unserer Muttersprache auch Portugiesisch. So können wir später auch einen anderen Lebensweg einschlagen.

M 3 Davi berichtet

M 4 Beim Holzsammeln

M 5 Traditionelles Shapono aus der Luft

155

M1 Brandrodung

M3 Yanomami bearbeiten ein neues Stück Land

Wandern, um zu überleben

Die Jagd und die Fischerei spielen eine wichtige Rolle im Leben der Yanomami. Noch wichtiger ist allerdings der Anbau von mehr als 40 Pflanzenarten in der Umgebung des Dorfes. Diese Aufgabe erledigen die Frauen. Maniok und Bananen sind die wichtigsten Nahrungsmittel der Yanomami. Die Familien bauen nur an, was sie selbst verbrauchen. Zum Anbau muss zunächst eine freie Fläche im Wald geschaffen werden. Dies geschieht durch **Brandrodung**: Zuerst schlagen die Männer Büsche und kleinere Bäume ab. Bei den größeren Bäumen wird die Rinde an den Stämmen entfernt. Dadurch sterben die Bäume ab. Nachdem das Holz getrocknet ist, wird es zusammen mit dem geschlagenen Unterholz angezündet. Tagelang steigen riesige Rauchschwaden auf. Einige größere Bäume lässt man als Schattenspender stehen. Die entstandene Asche wird gleichmäßig verteilt. Sie dient als Dünger für den Boden. Nun kann das neue Feld bestellt werden.

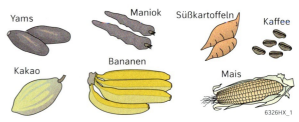

M4 Anbaufrüchte aus den Tropen

INFO

Maniok wird auch als Tropen-Kartoffel bezeichnet. Sie ist gesund und nahrhaft. Ursprünglich stammt sie aus Brasilien, wird aber mittlerweile in großen Teilen der Welt angebaut und verzehrt.

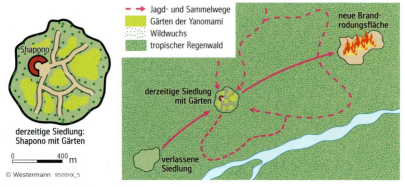

M2 Wanderfeldbau der Yanomami

AUFGABEN

1. Erkläre mithilfe des Textes den Begriff „Brandrodung".
2.* Stelle den Ablauf der Brandrodung in einfachen Zeichnungen dar.

Leben in Extremräumen

EXTRA

Wanderfeldbau

Im Boden des tropischen Regenwaldes sind nur wenige Nährstoffe gespeichert. Dieser hat nur eine sehr dünne fruchtbare Schicht. Die Nährstoffe im Boden werden von den angebauten Pflanzen schnell verbraucht.
Schon im zweiten Jahr sinken die Erträge deutlich. Wenn das Feld nicht mehr genug Ertrag abwirft, wird es aufgegeben. Dies geschieht alle zwei bis drei Jahre. Im Laufe der Zeit verlagern sich die Felder immer weiter weg vom Dorf. Wenn alle Felder um das Dorf aufgegeben werden mussten, verlassen die Familien ihre Siedlung. Dann wird an einem anderen Ort ein neues Dorf gebaut.

Felder werden wieder von dichtem Gestrüpp überwuchert. Der Regenwald wächst nach. Das zuerst bewirtschaftete Feld wird erst nach 10 bis 20 Jahren wieder abgebrannt und bestellt. Diese Lebensweise gibt es in allen Regenwaldgebieten der Erde. Sie wird als **Wanderfeldbau** bezeichnet.
Immer weniger Menschen leben auf diese traditionelle Weise, denn viele wandern in die Städte ab. Dort versuchen sie, eine andere Arbeit zu finden und ein moderneres Leben als ihre Vorfahren zu führen.

Nährstoffkreislauf

Die Pflanzen im Regenwald wachsen das ganze Jahr. Trotzdem ist der Boden nicht fruchtbar, sondern arm an Nährstoffen. Die zu Boden fallenden Pflanzenreste werden schnell wieder zersetzt und von den Pflanzen sofort wieder aufgenommen. Ein **Nährstoffkreislauf** entsteht.

M5 Nährstoffkreislauf im tropischen Regenwald

METHODE

Wir stellen den Ablauf des Wanderfeldbaus vereinfacht dar
Umfangreiche Themen kann man oft vereinfacht darstellen. Das hier vorgestellte Vorgehen kann dir auch beim Lernen gut behilflich sein.

Ackerbau – Fruchtbarkeit lässt nach – Bäume fällen – Flächen abbrennen – altes Feld: 20 Jahre Pause – Regenwald wächst nach – Boden wird fruchtbar – neues Feld wird benötigt

1. Schreibe die Begriffe und Wortgruppen auf jeweils ein Kärtchen.
2. Bringe die Kärtchen in eine sinnvolle Anordnung. Verwende dazu auch Pfeile, die bedeuten, „… daraus folgt …".

3. Vergleicht eure Ergebnisse in der Klasse.

AUFGABEN

3 Beschreibe den Wanderfeldbau (M2).
4 Erkläre, warum der Wanderfeldbau dem tropischen Regenwald kaum schadet.
5* Erkläre, warum man beim tropischen Regenwald von einem Nährstoffkreislauf spricht (M5).

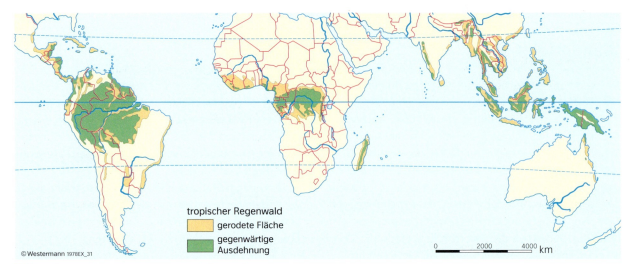

M 1 Verlust des tropischen Regenwaldes weltweit

Zerstörung des tropischen Regenwaldes

Die Yanomami verschaffen sich Siedlungs- und Anbauflächen durch kleinflächige Brandrodung. Ihr Vorgehen fügt dem Regenwald aber dabei keinen dauerhaften Schaden zu. Dennoch nimmt die Fläche des tropischen Regenwaldes dramatisch ab: Alle drei Sekunden verschwindet eine Fläche so groß wie ein Fußballfeld. Dafür gibt es mehrere Ursachen:
- Holzgewinnung: Bäume werden zur Herstellung von Möbeln oder Edelprodukten gefällt.
- Erschließungsprojekte der Regierungen: Es werden Straßen gebaut, Industrieanlagen angesiedelt und Bodenschätze (z. B. Gold) abgebaut.
- Siedler: Auf der Suche nach Land ziehen Menschen in den tropischen Regenwald.
- **Plantagen**: Um Soja (als Viehfutter), Ölpalmen (für Kosmetik und Süßwaren) oder Bananen für die Ausfuhr in andere Regionen der Erde (z. B. Europa) anzubauen, werden große Anbauflächen benötigt.
- Rinderhaltung: Zur Produktion von Rindfleisch für den weltweiten Verkauf werden große Weideflächen angelegt.

Die fortschreitende Zerstörung des Regenwaldes wird vom Menschen verursacht und ist vor allem das Ergebnis wirtschaftlicher Interessen. Man versucht, mit der Nutzung der Flächen und Rohstoffe so viel Geld wie möglich zu verdienen (M2). Dabei finden zunächst kleinflächige Rodungen statt, um die wertvollen Urwaldriesen für die Holzindustrie zu fällen und abtransportieren zu können. Manchmal werden hierfür bereits moderne Straßen angelegt, wenn die weitere Nutzung des Gebietes geplant ist.

Oftmals finden im Anschluss Probebohrungen auf Bodenschätze, wie z. B. Gold, Diamanten, Eisen, statt. Finden sich wertvolle Rohstoffe im Boden, werden diese nach einer Rodung unter Einsatz giftiger Chemikalien abgebaut. Nach dem oftmals jahrelangen Abbau in Minen sind der Boden und das Wasser vergiftet und es entsteht ein nicht nutzbares Gebiet (Brachland).

Stellt sich bei einer Probebohrung heraus, dass sich der Abbau von Bodenschätzen nicht lohnt, kann das Gebiet zur Holzgewinnung genutzt werden. Hierfür wird unter Nutzung von schwerem Gerät abgeholzt und abtransportiert. Entscheidet man sich jedoch, das Gebiet für die Landwirtschaft zu nutzen, werden Viehweiden angelegt. In dem Fall wird ein nährstoffhaltiger Boden benötigt. Hierfür wird der Wald abgebrannt, um durch die Asche dem eigentlich nährstoffarmen Boden Nährstoffe zuzuführen.

Wenn der Boden nach einigen Jahren nicht mehr ausreichend Nährstoffe besitzt, werden oftmals großflächige Plantagen angelegt. Hier werden unter dem Einsatz von Düngemitteln z. B. Ölpalmen oder Soja in **Monokultur** angebaut. Wenn die Fläche jedoch ungenutzt bleibt, entsteht ein neuer Wald. Dieser **Sekundärwald** ist jedoch weniger üppig und vielfältig als der ursprüngliche Regenwald (**Primärwald**).

Leben in Extremräumen

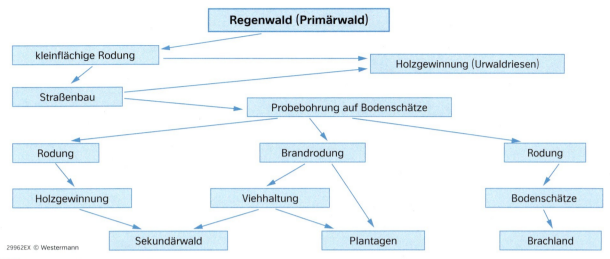

M 2 Nutzung des Regenwaldes

Goldsucher

Freiräumen einer Fläche

Viehweide

Plantage

M 3 Eindrücke aus dem tropischen Regenwald in Südamerika

AUFGABEN

1* *Beschreibe die Karte M1.*
2 *Ordne die Bilder M3 der passenden Stelle im Flussdiagramm M2 zu.*
3 *Erkläre, wie es zu der starken Veränderung des tropischen Regenwaldes gekommen ist (M2, M3).*
4 *Erkläre, welche Folgen die einzelnen Phasen der Nutzung für die Tiere haben, die im Regenwald leben (Internet).*

M1 Bei den Sami im Norden Finnlands

M2 Eisbär

Die Polargebiete

Arktos ist das griechische Wort für Bär. Das Sternbild Großer Bär, das auf der gesamten Nordhalbkugel zu sehen ist, gilt zusammen mit dem Polarstern als Wegweiser und Namensgeber für die Arktis. Arktikòs also bedeutet „Land unter dem Sternbild des Großen Bären".

Die Arktis

Zur Arktis gehören das von Eisschollen und Eisbergen bedeckte Nordpolarmeer sowie dessen angrenzende Landesteile. Auf der riesigen, schwimmenden Eisdecke lebt eines der größten Raubtiere der Welt: der Eisbär. Aber auch Polarfüchse, Moschusochsen, Robben und Wale kommen in dieser eisigen Gegend rund um den **Nordpol** gut zurecht. Im Winter herrscht hier eine Durchschnittstemperatur von –25 °C, im Sommer klettert das Thermometer auf etwa 3 °C. Mehrere Völker haben sich den extremen Bedingungen angepasst und leben seit Jahrtausenden in den Randgebieten der Arktis. Dazu gehören neben den Inuit auch die Sami in Skandinavien und die Dolganen in Sibirien. Im Nordpolarmeer, das die Arktis umgibt, wird Hochseefischerei betrieben. In Teilen der Arktis werden Rohstoffe abgebaut.

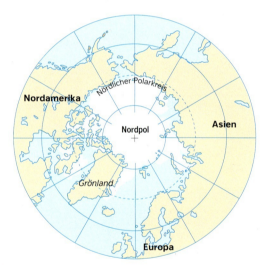
M3 Die Arktis

EXTRA

Der Eisbär

Die Männchen werden durchschnittlich 1,60 m hoch, 2,50 m lang und wiegen etwa 460 kg. Die Weibchen sind kleiner und mit rund 220 kg leichter. Eisbären sind sehr gute Schwimmer und wandern jeden Tag mehrere Kilometer durchs Eis. Der Fleischfresser macht hauptsächlich Jagd auf Robben und kleine Walrosse, verspeist aber auch Fische und Vogeleier. Der einzige Feind des Eisbären war lange Zeit der Mensch. Heute stehen die Eisbären unter Naturschutz und dürfen nur noch von den Inuit zur Erhaltung ihrer Tradition gejagt werden.

AUFGABEN

1 *Tauscht euch aus und vergleicht anschließend Gemeinsamkeiten und Unterschiede zwischen Arktis und Antarktis.*
2 *Ermittle, welche Länder Anteil an der Arktis haben (Atlas).*

Leben in Extremräumen

M4 Kaiserpinguine

M5 Forscherteam in der Antarktis auf Expedition

Die Antarktis am Südpol der Erde ist ein besonderer Kontinent. Die Sonne scheint hier länger als in Kalifornien. Trotzdem ist es sehr kalt. Und obwohl der Kontinent eine mächtige Eisdecke trägt, ist er trockener als eine Sandwüste. Die Antarktis hat Gebirge, die so hoch sind wie die Alpen.

Die Antarktis

Zur Antarktis gehören der Kontinent Antarktika und die angrenzenden Meeresgebiete. Die Antarktis hat keine Ureinwohner. Hier leben aber etwa 4000 Menschen in über 80 Forschungsstationen. Auf dem Kontinent wurden Temperaturen bis zu -89,4 °C gemessen. Selbst im Sommer (Dezember bis Februar) liegen die Durchschnittstemperaturen am **Südpol** bei -29 °C. In den Meeren um die Antarktis leben riesige Krillschwärme und andere Kleinkrebse. Von diesen Kleinstlebewesen leben letztlich unter anderem Wale, Fische, Seeleoparden, Pinguine und Meeresvögel. In der Antarktis leben zwei Pinguinarten: die Kaiserpinguine und die kleineren Adeliepinguine.
Es gibt einen internationalen Vertrag, der festlegt, dass die Antarktis keinem Staat gehört.

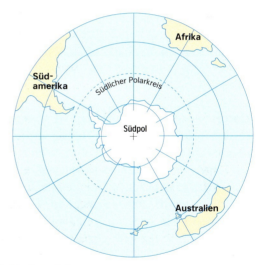

M6 Die Antarktis

EXTRA

Der Kaiserpinguin

Kaiserpinguine werden bis zu 1,30 m groß und wiegen etwa 30 kg. Männchen und Weibchen unterscheiden sich in Größe und Aussehen nicht. Die großen Vögel können nicht fliegen, sind aber hervorragende Schwimmer. Ihre Nahrung (Fische, Tintenfische und Krill) fangen sie im Meer. Um sich zu wärmen, stehen die Tiere bei Sturm und extremer Kälte eng zusammen und wandern dabei von außen nach innen. Die einzigen Feinde der Kaiserpinguine sind Seeleoparden und Orcas.

AUFGABEN

3 *Erkläre, warum Eisbären keine Pinguine fressen können.*
4 *Würdest du lieber die Arktis oder die Antarktis besuchen? Begründe deine Entscheidung.*

M1 Im Iglu früher

Das Leben der Inuit früher

Rund um den Nordpol erstreckt sich das Gebiet der Arktis. Hier liegen fast überall Schnee und Eis. Es gibt kaum Pflanzen und nur wenige Tiere. An den Küsten wachsen im Sommer z. B. einige Gräser, Moose, Beeren und flaches Gehölz. In dieser Gegend am Polarkreis leben die Inuit.

Im Winter

Die meisten Inuit lebten früher in Familiengruppen in Qarmaqs (Behausungen aus Stein, Gras, Treibholz und Walknochen, die mit dem Schnee abgedichtet wurden). Ihre Lebensweise richtete sich nach den Jahreszeiten: Wenn es Winter wurde, zogen sie zur Jagd auf die zugefrorene See. Hatten sie einen geeigneten Lagerplatz gefunden, bauten sie sich Iglus aus Schnee und Eis als Zwischenstation. Anschließend fuhren die Männer mit ihren Hundeschlitten auf die Jagd. Hauptsächlich jagten sie Robben, die ihnen nicht nur Nahrung, sondern auch Kleidung, Waffen, Werkzeuge und Öl für die Lampe lieferten.

Darüber hinaus jagten sie auch Eisbären und angelten Fische. Die Inuit jagten aber immer nur so viele Tiere, wie sie zum Leben brauchten. Die Frauen waren für die Verarbeitung der erlegten Tiere zuständig. Sie hielten sich in den Iglus auf, nähten Kleidung aus den Fellen, versorgten die Kinder und bereiteten das Essen zu. Wenn die Männer nach erfolgreicher Jagd zurückkamen, wurde gefeiert. Es gab frisches Fleisch, Geschichten wurden erzählt und es wurde gemeinsam gespielt und gesungen. Sobald die Umgebung abgejagt war, zogen die Inuit ins nächste Jagdgebiet und bauten sich dort neue Iglus auf.

M2 Ein älterer Inuk zeigt seinem Enkel, wie früher Iglus gebaut wurden.

Leben in Extremräumen

M 3 Wie die Inuit im Sommer lebten.

INFO
Die Inuit wurden in der Vergangenheit oftmals „Eskimo" genannt. In älteren Übersetzungen stammt dieser Begriff vom Wort „Rohfleischfresser" ab. Dies wird von den Inuit als diskriminierend erachtet und abgelehnt.

Im Sommer

In der Arktis ist der Sommer nur kurz: von Juni bis August. Es wird ungefähr 10 °C warm. An den Küsten schmilzt das Eis und die Iglus der Inuit verschwinden. Früher zogen die Inuit Ende Mai von ihren Winterlagern auf dem Meer zurück an die Küsten. Dort lebten sie in Zelten, die aus Robbenfellen und Walknochen oder aus Treibholzstangen bestanden. Sie konnten schnell auf- und wieder abgebaut werden.

Um das wenige, kostbare Holz nicht zu verschwenden, zündeten die Inuit keine Holzfeuer an. Ihre einzige Wärmequelle war die Tranlampe. Das Tranöl wurde aus tierischen Fetten von Walen und Robben hergestellt und erzeugte nicht nur Licht, sondern auch Wärme.

Die Männer fuhren mit selbst gebauten Kajaks auf die Jagd nach Walen, Robben und Walrossen. Auf dem Festland jagten sie Karibus, Moschusochsen, Eisbären, Kaninchen und Vögel. Aus den Flüssen angelten sie Lachs. Die Frauen und Kinder sammelten Kräuter, Wurzeln und Beeren, die jetzt unter dem Eis hervortraten. Diese waren eine willkommene Abwechslung auf dem Speiseplan der Inuit.

M 4 Das liefert die Robbe.

AUFGABEN

1* Beschreibe, welche Aufgaben die Frauen und Männer im Winter zu verrichten hatten.
2 Ordne die folgenden Begriffe der Abbildung M1 zu: Windtunnel – Kältefalle – Tranlampe mit Kochtopf – Vorratslager – Nasenloch – Fenster aus Süßwassereis.
3 „Die Robbe war das wichtigste Beutetier für die Inuit." Begründe diese Aussage.
4* Vergleiche das frühere Leben der Inuit im Sommer (M3) und im Winter (M1). Erstelle dazu eine Tabelle.
5 Die Inuit lebten als Selbstversorger. Erkläre diesen Begriff am Beispiel ihrer Lebensweise.
6* Erläutere, warum die Inuit als Nomaden lebten.

M1 Inuitsiedung Iqaluit heute

Inuit heute – Leben zwischen Tradition und Moderne

M2 Akaluk erzählt

Akaluk, ein alter Inuk, lebt jetzt im Haus seines Sohnes in Iqaluit. Er erzählt, wie sich das Leben der Inuit verändert hat: „Als mein Großvater ein kleiner Junge war, gab es diesen Ort noch gar nicht. 1920 wurde an der Bucht das erste Haus gebaut, das Haus des weißen Händlers. Zum ersten Mal sah mein Großvater ein richtiges Haus und all die Sachen im Laden: Gewehre, Fallen, Laternen, Konserven und viele Nahrungsmittel, die er gar nicht kannte. Mit den Gewehren wurde die Jagd viel einfacher und ungefährlicher. Aber je mehr sie jagten, desto weniger Tiere gab es. 1950 wurde die Schulpflicht eingeführt. Das veränderte das Leben der Inuit sehr, schließlich wollten sie ja bei ihren Kindern sein. Viele Kinder kamen in Internate oder die Eltern mussten sich mit den Kindern in der Nähe einer Schule niederlassen und sesshaft werden. Dadurch entstanden allerdings starke Probleme, die bis heute bestehen. Da es nicht für alle ausreichend Arbeitsplätze gibt, bekommen viele Familien ihr Geld von der Regierung. Nur noch wenige leben von der Jagd. Mein Sohn arbeitet auf einem Fischfangschiff, seine Frau in der Verwaltung. Meine Enkel wollen Bulldozerfahrer werden und im Tourismus arbeiten. Obwohl alles viel moderner geworden ist, wollen viele junge Inuit nicht mehr hierbleiben."

M3 Gebrauchsgegenstände der Inuit früher und heute

Leben in Extremräumen

M4 In der Schule

M6 Im Supermarkt

Siluk erzählt von seinem Alltag:

Morgens nach dem Frühstück gehe ich in die Schule. Wir lernen in einem großen Klassenraum, in einem modernen Gebäude mit Computern und Internetanschluss. In jeder Gemeinde gibt es eine Schule, die man 12 Jahre lang besuchen kann. Mit dem Abschluss darf man sogar studieren.

Mittags nach der Schule gehe ich ins Jugendzentrum. Es ist eines der wenigen Freizeitangebote für uns Kinder und Jugendliche.

Am Nachmittag gehe ich nach Hause. Wir wohnen in festen Häusern, zum Teil sind sie mehrstöckig. Manchmal fahre ich mit meinen Eltern noch in den Supermarkt. Im Winter fahren wir die Strecke mit dem Motorschlitten und nicht mit dem Auto.

Abends zocke ich mit meinen Freunden noch online, schaue Fernsehen oder lese ein Buch.

Am Wochenende und in den Ferien gehen wir oft zum Spaß jagen. Dabei lernen wir auch, wie man ein Iglu baut. Ich höre gerne den Geschichten meiner Großeltern zu. Ich bin aber auch froh, dass ich einen Computer bedienen und später mal studieren kann.

M7 Nunavut (braune Fläche), Territorium der Inuit in Kanada mit der Hauptstadt Iqaluit

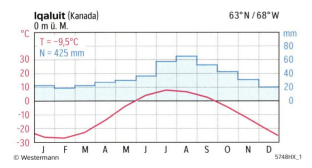

M5 Klimadiagramm von Iqaluit

AUFGABEN

1. Stelle dar, wie sich das Leben der Inuit verändert hat.
2. Ordne die Gebrauchsgegenstände der Inuit (M3) in eine Tabelle früher/heute ein.
3. Erstelle einen Inuit-Einkaufszettel für 1900, 1950 und heute.
4.* Beschreibe die Lage von Nunavut (M7).
5. Untersuche das Klimadiagramm von Iqaluit (M5) auf Freizeitmöglichkeiten für Jugendliche.

M1 Auf Exkursion

Mit dem Geländewagen durch die größte Wüste der Welt

Nach erfolgreichem Abschluss ihrer Lehre beschließen Hanna und Alexander aus Wetzlar, einen Traum in die Tat umzusetzen: Sie möchten mit einem Geländewagen die größte **Wüste** der Erde durchqueren. Natürlich haben sie bereits von den Gefahren der Wüste gehört und wissen, dass sie sich sorgfältig vorbereiten müssen. Endlich ist ihr Geländewagen bis oben voll gepackt: Sandbleche für festgefahrene Autos, Windschutzplanen und ein GPS-Gerät sind nur einige Teile, die zur Grundausrüstung einer Wüstentour gehören.

M2 Die Sahara in Afrika

Auf Steinen Eier braten?

Vor ihrer Reise haben sich Hanna und Alexander über die Wüste informiert. Dabei erfuhren sie, dass die Sonne den Boden tagsüber bis auf 80 °C erhitzen kann. Da könnte man auf Steinen Eier braten! Nachts dagegen sinken die Temperaturen oft auf etwa 10 °C, in Winternächten sogar unter 0 °C.

Die hohen Temperaturen und die trockene Luft machen den Menschen in der Wüste sehr zu schaffen. Um den starken Flüssigkeitsverlust des Körpers auszugleichen, muss jeder sechs bis acht Liter Wasser am Tag trinken und viel Salz zu sich nehmen.

In der Wüste ertrinken?

Besonders erstaunt hat die beiden die folgende Aussage: „In der Wüste sollen mehr Menschen ertrinken als verdursten!" Wie lässt sich das für ein Gebiet, in dem es doch fasst nie regnet, erklären?

Manchmal kann es, besonders in den Bergen, zu heftigen Wolkenbrüchen kommen. Der verkrustete, pflanzenlose Boden kann dann das Wasser nicht aufnehmen. Das ablaufende Wasser sammelt sich in den sonst trockenen Flussläufen, den Wadis, und lässt diese zu reißenden Strömen werden. Das Wasser hält sich aber nicht lange, es versickert rasch oder verdunstet.

Leben in Extremräumen

M 3 Fels-, Kies- und Sandwüste (Die Breite der Bilder entspricht den Anteilen der Wüstenformen in der Sahara.)

Nach der Überquerung des Atlasgebirges liegt nun endlich die Sahara vor uns: Hunderte von Kilometern fast ohne Pflanzen, Tiere und Menschen.
Unser Abenteuer beginnt, als wir die Sandwüste erreichen. Endlose Sanddünen, so weit man sehen kann. Feine Sandmassen bedecken oft die Piste, sodass unser Jeep trotz seiner breiten Reifen einmal stecken bleibt. Da hilft nur schaufeln, schaufeln, schaufeln ... und das bei über 40 °C im Schatten und einem kochend heißen Boden.
Wenn die Sonne untergeht, wird es kühl. Wir schlafen in dicken Schlafsäcken und hüllen uns zusätzlich in Decken ein.
Der feine Sand sitzt überall, in unserer Kleidung, ja am ganzen Körper. Sogar beim Essen knirscht es zwischen den Zähnen!

Nach zwei Tagen erreichen wir den nördlichen Wendekreis und lassen die Sanddünen hinter uns. Die Wüste verändert sich. Vor uns liegen riesige Geröll- und Kiesfelder, wir durchfahren die Kieswüste. Unser Geländewagen wird so sehr durchgeschüttelt, dass uns alle Knochen schmerzen. Wir mussten die Räder auswechseln. Das Thermometer zeigt über 40 °C an!
Die erste Reifenpanne haben wir hinter uns. Kein Wunder bei den umherliegenden scharfkantigen Felsbrocken, die unserem Geländewagen seit gestern schwer zu schaffen machen. Wir befinden uns in der Felswüste.
Der Weg ist zwischen den Felsbrocken kaum noch zu finden, und auch mit Allradantrieb kommen wir nur mühsam mit Schrittgeschwindigkeit voran. Hoffentlich bleiben wir von weiteren Reifenpannen verschont!

M 4 Aus dem Blog von Hanna

AUFGABEN

1* Eine Wüstentour muss sorgfältig geplant werden. Beschreibe mögliche Gefahren auf einer Reise durch die Sahara.
2 Erläutere die besondere Ausstattung der Fahrzeuge und erkläre, in welcher Wüstenform sie notwendig ist (M1, M3).
3 a) Beschreibe die Lage der Sahara (M2).
b) Nenne fünf größere Staaten, die Anteil an der Sahara haben (Atlas).
4* Hannas und Alexanders Freunde haben vor der Reise gesagt, eine Reise in die Sahara sei langweilig. Was haben die beiden nach ihrer Reise wohl geantwortet (M4)?

 Digital+
WES-112452-167

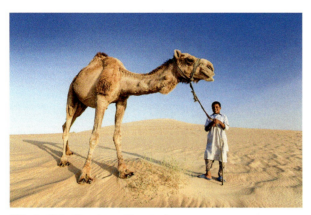

M1 Sadid mit seinem Dromedar

M2 Sadids Bruder in traditioneller Kleidung

Leben in der Wüste

Wüsten gelten als lebensfeindlich, da die natürlichen Bedingungen extrem sind. Trotzdem gibt es einige wenige Tiere, die sich an die Bedingungen angepasst haben. Skorpione, Schlangen, Insekten und Wildkamele sind nur einige Beispiele. In den Wüsten gibt es nur wenige Pflanzen (**Vegetation**), die mit den hohen Temperaturen und der Trockenheit zurechtkommen.

INFO

Das Wort **Oase** bedeutet „Kochkessel" und stellt eine begrenzte Vegetationsfläche in der Wüste dar. Damit hier grüne Pflanzen wachsen, Menschen und ihre Viehherden leben können, ist das Vorhandensein von Wasser nötig. Dabei kann das Wasser von einem nahe gelegenen Fluss kommen oder tief aus dem Boden (**Grundwasser**) entnommen werden. Die Menschen nutzen das Wasser zur Bewässerung ihrer Felder. Da Wasser kostbar ist, wacht ein Wasserwächter über die gerechte Verteilung unter den Bewohnern. Die wichtigste Pflanze in der Oase ist die Dattelpalme. Heute sind viele Oasen an das Straßennetz angeschlossen und Ziel für Urlauber.

Heute Nachmittag sind wir in Ghat angekommen. Hier gibt es Wasser! In der Oase lebt Sadid mit seinen Eltern und vier Geschwistern. Wir haben uns mit ihm unterhalten. Seine Familie gehört zum Volk der Tuareg. Sadids Eltern sind Dromedarzüchter und haben daneben noch eine Ziegenherde. Sie besitzen am Rand dieser Stadt ein kleines Stück Land, auf dem sie Dattelpalmen angepflanzt haben. Sadid geht zur Schule und führt auch sonst ein ähnliches Leben wie wir. Er hat auch ein Haustier: Das ist ein Dromedar, das ihm sein Großvater zum 10. Geburtstag geschenkt hat. Sadids Großvater hat uns erzählt, dass die Tuareg noch vor 50 Jahren mit ihren Dromedaren und Ziegenherden durch die Wüste zogen und in Zelten lebten, die sie schnell auf- und abbauen konnten. Wenn das Futter und die Wasservorräte aufgebraucht waren, mussten sie weiterziehen. Dromedare und Ziegen lieferten alles, was die Tuareg zum Leben brauchten. Sie nutzten das Fleisch und die Milch der Tiere zu Ernährung und stellten Käse her, den sie auf den Märkten gegen Getreide eintauschten. Der Dung der Dromedare wurde getrocknet und diente ihnen als Brennstoff. Aus den Ziegenhäuten bauten sie ihre Zelte.

M3 Aus Hannas Blog

AUFGABEN

1. Erkläre, wie sich die Tuareg an die Trockenheit angepasst haben.
2. Untersuche, warum die Tuareg auf die Oasen angewiesen sind (Klimadiagramm von Ghat auf S. 149 M5).
3. Erläutere, warum die traditionelle Kleidung der Tuareg so aussieht (M2).
4. Vergleiche das Leben von Sadid mit dem früheren Leben seines Opas.
5. Der Reichtum der Tuareg waren ihre Tiere. Erkläre.

Leben in Extremräumen

EXTRA

Überlebenskünstler in der Wüste

M 4 Nutzung der Dattelpalme

M 5 Dromedar, das Kamel mit einem Höcker

Das „Wüstenschiff"

Ohne das Kamel konnten die Nomaden der Sahara ihre Karawanenreisen nicht durchführen.

Dieses Tier ist bestens an das Leben in der Wüste angepasst. Um nicht zu verdursten, kann das Kamel bis zu 100 l auf einmal trinken und große Mengen Wasser bis zu vier Wochen in seinen Mägen speichern. Als Futter genügt ihm nur wenig Heu, seine Fetthöcker speichern Energie für magere Zeiten. Als Schutz vor Sandstürmen hat es verschließbare Nasenlöcher, kleine behaarte Ohrmuscheln und die Augen werden durch lange und dichte Wimpern geschützt.

Das Kamel hat breite Hufe mit einer dicken Hornschicht. Dadurch ist es gegen die Hitze des Sandes geschützt und sinkt nicht ein. Die genaue Bezeichnung des Kamels der Sahara lautet „Dromedar". Es hat im Vergleich zum Trampeltier nur einen Höcker.

Die Königin der Oase

„Ihre Wurzeln in den Fluten des Wassers, ihr Haupt im Feuer der Sonne." So beschreibt ein arabisches Sprichwort die Dattelpalme. Diese bildet seit Jahrhunderten eine Grundlage der Wirtschaft der Oasenbauern.

Die Pflanze ist sehr genügsam und gedeiht dank ihrer bis zu 30 m tief wachsenden Wurzeln selbst in trockenen Gebieten. Dattelpalmen werden vor allem wegen ihrer Früchte angebaut. Doch auch ihre anderen Teile werden genutzt. Neben ihrer Aufgabe als Rohstofflieferant für die Oasenbauern ist sie ein wichtiger Schattenspender in den Oasengärten.

„Technische Daten" des Wüstenschiffes
Tagesleistung: 20 – 30 km
Tragkraft: 150 – 200 kg
Verbrauch: 10 – 15 l Wasser am Tag

AUFGABEN

6 *Erläutere, warum die Dattelpalme für die Oasenbauern von großer Bedeutung ist (M4).*

7 *Erkläre, welche Bedeutung das Kamel für die Nomaden in der Sahara hatte.*

METHODE

Ein Bild beschreiben und auswerten

In Zeitschriften, in Büchern, im Internet – überall sind Bilder zu finden. Sie verraten uns zum Beispiel, wie Naturräume aussehen, vom Menschen genutzt und gestaltet werden. Bei der Auswertung eines Bildes kommt es darauf an, die wichtigsten Inhalte zu erkennen und mit eigenen Worten wiederzugeben.

1. Betrachte, benenne, beschreibe
- Betrachte zunächst das Bild. Was denkst du spontan, wenn du es siehst? Stelle erste Vermutungen an.
- Beschreibe das Bild. Unterscheide z. B. nach Farben, Formen, Größen, Verteilungen und Gruppierungen. Dies fällt dir leichter, wenn du dir zunächst den Vordergrund, dann den Hintergrund und danach die Mitte anschaust.
- Welche Einzelheiten sind besonders auffallend? Gibt es Menschen, die etwas tun, oder besondere Naturerscheinungen?
- Verwende, wenn möglich, bei deiner Beschreibung Fachbegriffe. Zum Beispiel: „Im Vordergrund des Bildes sieht man, dass Landwirtschaft betrieben wird".

2. Verorte und ordne geographisch ein
- Welchen Ort zeigt das Bild? Wo liegt der Ort, der abgebildet ist? Ermittle dessen Lage mithilfe des Atlas.
- Wann wurde das Bild aufgenommen (z. B. zu welcher Tageszeit, zu welcher Jahreszeit)?

3. Erkläre, was auf dem Bild dargestellt wird
- Betrachte alle Einzelheiten im Zusammenhang. Was kannst du über den abgebildeten Ort und das Leben der Menschen sagen? Berücksichtige dabei alles, was du über das Thema weißt.
- Gib dem Bild einen passenden Titel.

Im Vordergrund:
- Dorf/Kleinstadt mit Häusern in bunten Farben
- im Vordergrund größere Häuser, in der Bildmitte kleinere Häuser
- In der Bildmitte ist eine Straße.
- Es wächst Gras, es gibt aber keine Bäume und Sträucher.
- nur wenige Autos

Ab der Bildmitte beziehungsweise im Hintergrund:
- Meer mit Eisschollen
- der Rand eines Gebirges

- Der Name des Ortes ist nicht bekannt.
- Der Ort liegt vermutlich in der kalten Zone (Eisschollen und keine Bäume).
- Das Foto ist vermutlich im Sommer aufgenommen worden, da kaum noch Eis im Wasser schwimmt.

- Der Ort ist eine Kleinstadt in der Arktis, da die Antarktis nicht bewohnt ist. Es ist vermutlich eine Inuitsiedlung, da die Inuit in der Arktis zu Hause sind.
- Titel: Leben in der Arktis

M1 Musterlösung einer Bildbeschreibung und Bildauswertung

AUFGABEN

1 Fertige eine Bildbeschreibung zu M2 an. Nutze dazu die Hinweise auf dieser Seite.

2 Beschreibe eine Wanderung durch die Oase (M2) entlang der Senkrechtlinie.

3* Fertige mit Buntstiften eine Lageskizze von der Oase und ihrer Umgebung an (M2).
Überlege, in welche Bereiche sich deine Skizze aufteilen lässt und markiere sie.

M2 Oase Tinghir, auch Tinerhir (Marokko)

M 1 Eine Flussoase

Ägypten – eine Flussoase

Seit Jahrhunderten ist die Wüste durch Menschen bewohnt. Das Leben in diesen Extremräumen ist nur möglich, weil Oasen in Wüstengebieten existieren. Oasen sind fruchtbare Stellen mit Wasser inmitten einer Wüstenlandschaft. Sie bieten den Wüstenbewohnern Schutz vor Trockenheit, Sand und Wind. Das sichert diesen das Überleben, weil das Wasser der Oasen dort bestimmte Pflanzen gedeihen lässt und den Anbau von Nahrungsmitteln ermöglicht.

Je nachdem, wo das Wasser herkommt, gibt es unterschiedliche Typen von Oasen. So nennt man zum Beispiel eine Oase, die ihr Wasser von einem Fluss gewinnt, eine **Flussoase**.

Der Nil

Mit fast 6 700 km ist der Nil der längste Fluss der Erde. Das Wasser fließt von Süden nach Norden und dabei etwa 1 000 km durch das Land Ägypten. Westlich des Nil erstreckt sich die Libysche Wüste, im Osten befindet sich die Arabische und die Nubische Wüste.

Der Blaue und der Weiße Nil vereinigen sich außerhalb Ägyptens. Der Blaue Nil entspringt im Hochland von Äthiopien. Dort kommt es jedes Jahr in den Sommermonaten, zwischen Juni und September, zu starken Regenfällen. Flussabwärts in Ägypten führt der Nil mehr Wasser. Allerdings dauert es etwa einen Monat, bis das äthiopische Regenwasser in Ägypten ankommt. Ungefähr zwei weitere Wochen dauert es, bis das Regenwasser im Mündungsbereich, dem Nildelta, ankommt.

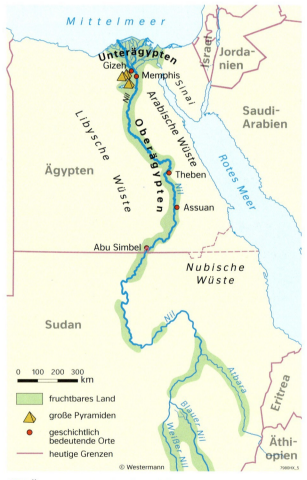

M 2 Ägypten – das Land am Nil

Das Mündungsgebiet des Nil

Das Nildelta ist die Stelle, wo der Nil ins Mittelmeer mündet und stark verästelt ist. Es hat eine Fläche von 24 000 km², das ist in etwa so groß wie das Bundesland Mecklenburg-Vorpommern. Das Nildelta nennt man so, weil die Form an den griechischen Buchstaben Delta Δ erinnert.

Das Nildelta ist wichtig, weil es zu den fruchtbarsten Regionen des Landes gehört. Zwar nimmt das Nildelta einen äußerst kleinen Teil der Gesamtfläche Ägyptens ein, es umfasst allerdings etwa die Hälfte der landwirtschaftlich genutzten Fläche.

Die meisten Einwohner Ägyptens leben heute in der Hauptstadt Kairo sowie in Alexandria. Das sind die größten am Nildelta gelegenen Städte des Landes.

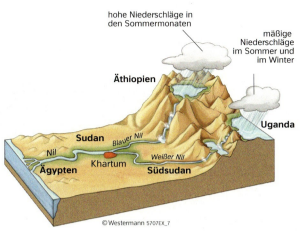

M 3 Wasserverlauf des Nil (Gebirge überhöht dargestellt)

METHODE

Einen Steckbrief für einen Ort oder eine Region erstellen

Ein Steckbrief fasst die wichtigsten Informationen eines Themas mithilfe von Oberbegriffen stichpunktartig zusammen.
Ein Beispiel für einen Steckbrief findest du auf S. 79. Um nicht den Überblick zu verlieren und nur die wichtigsten Informationen zusammenzufassen, wird eine Untersuchung unter einer Fragestellung durchgeführt. Dabei werden nicht alle Informationen berücksichtigt, sondern nur die, die für die Beantwortung der Frage wichtig sind.

Schritt 1: Vorbereitung
- Wähle ein Land, ein Gebirge, einen Fluss etc. aus und beschreibe seine geographische Lage und seine Merkmale.

Schritt 2: Analyse
- Wähle die Merkmale aus, die für deine Bearbeitung wichtig sind und die Fragestellung beantworten. Zum Beispiel kannst du dich auf die Nutzung durch den Menschen konzentrieren.
- Untersuche und ordne dabei die Materialien.

Schritt 3: Ergebnisse formulieren
- Kategorisiere die einzelnen Informationen. Stelle dabei Zusammenhänge zwischen den Merkmalen her, z. B. zwischen Klima, Vegetation und landwirtschaftlicher Nutzung.
- Finde Oberbegriffe für die einzelnen Informationen.

Schritt 4: Ergebnisse darstellen und präsentieren
- Das kann in Form eines Vortrages oder einer Präsentation erfolgen. Du kannst auch ein Plakat, eine Wandzeitung oder eine Collage erstellen. Beispiele hierfür findest du auf S. 16 und 230.

AUFGABEN

1* Erstelle ein Flussdiagramm über den Wasserfluss des Nil.

2* Fertige mithilfe der Anleitung im Methodenkasten einen Steckbrief über den Nil an.

3 Erläutere den Begriff „Flussoase" am Beispiel des Nil.

M1 Das Treiben am Nil

Die Entstehung einer Hochkultur

Vor mehr als 6000 Jahren verschlug es viele Menschen an die Flussoase, sodass das alte Ägypten eine der am dichtesten besiedelten Regionen der Erde gewesen sein muss. Es wird davon ausgegangen, dass im alten Ägypten etwa genauso viele Menschen lebten wie im gesamten mitteleuropäischen Raum. Die Ansiedlung der vielen Menschen führte dazu, dass ganze Siedlungen und Dörfer entstanden.

Die Region, die zum größten Teil aus Wüste besteht und in der es kaum Niederschläge gibt, war anziehend für die Menschen, da sie eine Lebensader hatte: den Fluss Nil.

Sich in der Nähe der Flussoase niederzulassen, sicherte den Menschen das Überleben. Die Menschen nutzten den Fluss auf unterschiedliche Weise, jedoch in erster Linie für die Landwirtschaft.

Die alten Ägypter entwickelten spezielle Bewässerungstechniken, studierten den geographischen Raum genauestens und lernten, Vorräte zu halten sowie Nahrungsmittel zu konservieren. Sie betrieben Handel, Arbeitsteilung, verwalteten und dokumentierten landwirtschaftliche Erzeugnisse.

Die Landwirtschaft wurde so optimiert und damit ausreichend effektiv, dass die Erträge ausreichend waren, um das Reich mit Nahrung zu versorgen.

Es entwickelte sich eine Gesellschaftsschicht, die Privateigentum hatte und in der **Hierarchie** höher war als die arbeitende Bevölkerung. Hierarchie bedeutet Rangordnung. Dabei hat jeder genau festgelegte Rechte, Befugnisse und Zuständigkeiten.

Die Wissenschaft über die Flussoase, die Verwaltung des Reiches und die Nutzung einer Schrift wurden von den Menschen maßgeblich vorangetrieben und geprägt, die in der Hierarchie höher standen.

Zur Demonstration ihrer Macht und Errungenschaften errichteten ägyptische Herrscher prächtige Bauwerke, die uns zum Teil bis heute noch erhalten sind.

Diese fortschrittliche Lebensweise, die aufgrund des Überflusses in der Landwirtschaft entstehen konnte, ermöglichte das Entstehen einer **Hochkultur**, vorangetrieben von einer gesellschaftlichen Elite (Oberschicht) und realisiert durch eine arbeitende Bevölkerung.

EXTRA

Karte zu Hochkulturen
Ägypten war nicht die einzige Hochkultur.

Digital+

WES-112452-174

Leben in Extremräumen

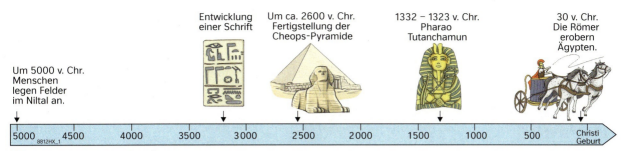

M 2 Wann lebten die alten Ägypter?

Lob auf den Nil

Heil dir, o Nil, der du der Erde entspringst und nach Ägypten kommst, um es am Leben zu erhalten, der die Wüste tränkt und den Ort, der dem Wasser fern ist.

Generationen deiner Kinder jubeln dir zu und entbieten dir Grüße als König, der du beständig bist in Gesetzen zu deiner Zeit hervorkommst und Ober- und Unterägypten füllst.

Wenn dein Wasser über die Ufer tritt, wird dir geopfert, und große Geschenke werden dir dargebracht. Vögel werden für dich gemästet, Löwen werden für dich in der Wüste erlegt, und Feuer werden für dich angezündet.

So ist es, o Nil. Grün bist du, der du es möglich machst, dass Menschen und Rind leben.

Quelle: Adolf Erman: Die Literatur der Ägypter. J. C. Hinrichs. Leipzig 1923, S. 193 f.

M 3 Lobpreisung des Nil

Landwirtschaft wird optimiert durch
- Bewässerungstechniken
- genaues Beobachten und Dokumentieren
- Verwaltung
- Vorratshaltung und Konservierung
- Handel
- Arbeitsteilung

führt zur

Überproduktion in der Landwirtschaft

ermöglicht

Besitz (Privateigentum)

führt zu

Macht
(demonstriert z. B. durch repräsentative Bauten)

Entstehung einer

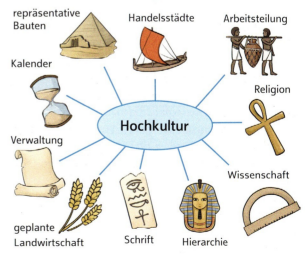

M 4 Merkmale einer Hochkultur

AUFGABEN

1. Stelle dir vor, ein steinzeitlicher Bewohner aus Europa kommt ins alte Ägypten wie in M1 dargestellt. Was denkt er sich?
2. Beschreibe mithilfe von M2, wann die alten Ägypter lebten.
3. Erläutere die Entstehung der ägyptischen Hochkultur inmitten einer Wüstenlandschaft (M4).
4. * Ist Deutschland heute eine Hochkultur?
   a) Stelle mithilfe einer Tabelle dar, inwieweit die Merkmale einer Hochkultur zutreffen (M4).
   b) Belege die einzelnen Merkmale anhand eines Beispiels aus der Gegenwart.
5. Erläutere anhand der Textquelle M3, auf welche Weise die Ägypter den Nil verehrten.

Nutzbarmachung des Nil durch Bewässerungstechnik

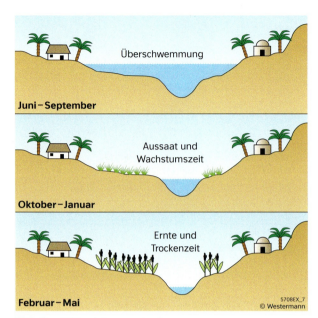

M1 Der Nil im Jahresverlauf

Die unterschiedlichen Wasserstände des Nil

Das Wasser des Flusses war wichtig, um damit die Felder in der regenarmen Region zu bewässern. Die Ägypter schöpften nicht nur das Wasser vom Fluss, auch der fruchtbare Schlamm am Flussufer war bedeutsam. Die Menschen wussten damals nicht, woher das Wasser kam. Wenn es in Äthiopien viel regnete, stieg einige Zeit später das Wasser um mehrere Meter in Ägypten an. Das Ufer des Flusses wurde überschwemmt und wirkte wie ein lang gestreckter See.
Nach einigen Wochen und Monaten floss das Hochwasser wieder ab und es blieb ein schwarzer Schlamm am Flussufer zurück.

Der Nil und seine Tiere

Den Nil benutzten die Ägypter auch zum Fischen, da der Fluss reich an Flussbewohnern war.
Zweimal im Jahr landeten im Nil riesige Vogelschwärme, um dort Rast zu machen. Die Vögel wurden mit Schlingen und Netzen gefangen und verzehrt.

Ansiedlung an die Flussoase

Die Menschen im alten Ägypten wussten zudem schon, wie sie Vorräte anlegen und Nahrungsmittel konservieren, also haltbar machen, konnten. Somit herrschte kein Mangel an Nahrung und immer mehr Menschen lebten am Nil.
Es entstanden Dörfer, die sich wie Perlen an einer Schnur am Ufer des Nil reihten. Die Siedlungen konnten jedoch nicht unmittelbar am Flussufer gebaut werden, da zum einen der Boden zu weich und zum anderen zu kostbar war, um darauf Häuser zu platzieren.
Weil der Nil auch als Wasserstraße genutzt wurde, kamen Kaufleute von weit her, um Waren zu tauschen. Geld kannten die alten Ägypter noch nicht.

Der Nil war für die Menschen im alten Ägypten sehr bedeutsam, da sie den Fluss für unterschiedliche Dinge nutzen konnten.

Der Nil sichert die Grundnahrungsmittel

Die schlammige Erde am Flussufer war so fruchtbar, dass die Bauern Getreide anbauen konnten. Ein Saatkorn keimte dort schnell und brauchte keinen weiteren Dünger. Aus dem Getreide konnten die Bauern Mehl gewinnen und so zum Beispiel Brot backen. Das gewonnene Getreide wurde aber auch für ein nahrhaftes, schwach alkoholisiertes Bier verwendet, ein Grundnahrungsmittel der Ägypter.
Im alten Ägypten wuchs jedoch nicht nur Getreide, auch die Dattelpalme war eine wichtige Quelle, die die Ägypter auf unterschiedliche Weise nutzten: Die Frucht aßen sie, den Baumstamm verwendeten sie als Bauholz, den dichten Baumwedel als Dächer für ihre Häuser und für Körbe.
Die Dattelpalme war vermutlich auch deshalb so bedeutsam, weil die Frucht nicht zur gleichen Zeit geerntet wurde wie das Getreide und sie lange haltbar war. Beide Grundnahrungsmittel konnten so gegenseitig bei Missernten ausgeglichen werden.

M2 Ein Bauer schöpft Wasser vom Nil (Wandmalerei)

176

M3 Querschnitt durch das Niltal bei Luxor mit seinem Bewässerungssystem zur Pharaonenzeit

Der Nil brachte nicht nur Segen

Das Leben am Nil stellte die Menschen im alten Ägypten jedoch auch vor Herausforderungen, denn die Regenfälle und damit der Wasserstand im Fluss waren nicht vorhersehbar.

In manchen Jahren regnete es so stark, dass die Dörfer überflutet wurden. Der Nil konnte ganze Siedlungen mit sich reißen und das Leben der Menschen zerstören. In anderen Jahren regnete es nicht genug und der Wasserstand war so niedrig, dass die Bauern ihre Felder nicht ausreichend bewässern konnten.

Die Bewässerungstechnik der Ägypter

Die Menschen im alten Ägypten mussten also ein System finden, wie sie mit der unkalkulierbaren Wettersituation und dem Wasserstand des Flusses umgehen konnten: Sie erkannten, dass Dämme die Menschen und ihre Häuser vor den Fluten schützten. Außerdem legten sie Schöpfwerke und Kanäle an, sodass das Wasser gleichmäßig auf die Felder verteilt werden konnte.

In höher gelegenen Staubecken wurde überschüssiges Wasser gesammelt, auf das während der Trockenzeit zurückgegriffen wurde.

AUFGABEN

1. Erkläre, warum der Nil in verschiedenen Lebensbereichen als Lebensader der Ägypter gesehen wurde. Warum war er zugleich eine Last?
2. Beschreibe anhand von M1 die Wasserstände des Nil im Jahresverlauf.
3.* Erkläre anhand von M3, wie es den Ägyptern gelang, trockenen Wüstensand in fruchtbares Ackerland zu verwandeln.
4. Du gehörst zu den Kaufleuten im alten Ägypten und überlegst mit deiner Familie, dich in der Nähe des Nil anzusiedeln. Erläutere die Vorteile, die sich für dich daraus ergeben.
5. „Ich wohne am Nil und trotzdem inmitten der Wüste." Erkläre diese Aussage.
6. Erkläre anhand von M2 und M3 die Folgen der Errungenschaften der alten Ägypter für heute.

Entwicklung einer Gesellschaft

Nur gemeinsam ist man stark

Die ägyptischen Bauern mussten harte körperliche Arbeit leisten. Dabei wurde ihnen die wichtigste Aufgabe zuteil: die Versorgung des ägyptischen Volkes. Trotz ihrer bedeutenden Arbeit hatten sie jedoch kaum Mitspracherecht und arbeiteten unter schlechten Bedingungen. Die Aufgaben und Probleme, die der Nil mit sich brachte, konnten nicht alleine durch die Bauern bewerkstelligt werden. Es war unmöglich, dass eine Person alleine die Bewässerungskanäle errichtete und sich um die Felder kümmerte. Diese aufwendigen Arbeiten konnten nur gemeinsam durchgeführt werden. Der Nil zwang somit die Menschen zur Zusammenarbeit und zur Arbeitsteilung. Dadurch bildeten sich nach und nach Spezialisten für bestimmte Aufgabenbereiche heraus.

Handwerker stellten Geschirr, Stoffe, Schmuck und Werkzeuge her. Kaufleute reisten in die Nachbarländer und tauschten Stoffe, Getreide und Papyrus (eine Art Papier) gegen Gold, Holz und Weihrauch ein.

Weil Landwirtschaft im alten Ägypten so wichtig war, musste genau dokumentiert werden, welche Lebensmittel wann angebaut und produziert werden.

Die Macht der Beamten

Ägypten war ein großer Beamtenstaat: Es gab rund 1 600 verschiedene Berufe und Titel innerhalb des Beamtentums.

Das Reich war in Verwaltungsbezirke aufgeteilt. Jeder Verwaltungsbezirk hatte einen Beamten, der für die Kontrolle der Arbeiten verantwortlich war und dafür sorgte, dass die Arbeit pflichtgemäß verrichtet wurde. War das Getreide reif, kam der Schreiber. Er dokumentierte die gewonnene Erntemenge und legte Steuern für die Abgaben beim Pharao fest.

Der oberste Scheunenverwalter, ein Beamter, koordinierte die Versorgung der ägyptischen Bevölkerung. Für schlechte Erntejahre wurde das Getreide in große Kammern gebracht, es diente der staatlichen Vorratshaltung.

Nach dem Besuch im Niltal schrieb der griechische Geschichtsschreiber Herodot im 5. Jahrhundert v. Chr. über die ägyptische Landwirtschaft:

Es gibt kein Volk auf der Erde, auch keinen Landstrich in Ägypten, wo die Früchte des Bodens so mühelos gewonnen werden wie hier.

Sie haben es nicht nötig, mit dem Pflug Furchen in den Boden zu ziehen, ihn umzugraben und die anderen Feldarbeiten zu machen, mit denen die übrigen Menschen sich abmühen.

Sie warten einfach ab, bis der Fluss kommt, die Äcker bewässert und wieder abfließt.

Dann besät jeder sein Feld und treibt Schweine darauf, um die Saat einzustampfen, wartet ruhig die Erntezeit ab, drischt das Korn mithilfe der Schweine aus und speichert es.

Quelle: Herodot: Historien II. 4, 5, 18. Übersetzer: Josef Feix (2. durchges. Aufl.). Ernst Heimeran Verlag. München 1977, S. 203 ff.

M1 Landwirtschaft im alten Ägypten

M2 Aufbau der ägyptischen Gesellschaft

Leben in Extremräumen

Die Spitze der Gesellschaftsordnung: der Pharao

Die Gesellschaftsordnung im alten Ägypten war streng hierarchisch gegliedert. Jede Gesellschaftsschicht hatte unterschiedliche Rechte und Pflichten.

Die Spitze der ägyptischen Gesellschaft stellte der Pharao dar. Die Ägypter glaubten, der Pharao sei kein normaler Mensch, sondern der Sohn des Sonnengottes Amun-Re. Daher verehrten und vergötterten die Ägypter ihr Oberhaupt. Im Dienste ihres Königs zu stehen und Befehle zu befolgen war für die Bevölkerung im alten Ägypten selbstverständlich. Gleichzeitig übte der Pharao durch seine strengen Kontrollverfahren starken Druck auf seine Untertanen aus. Daher trugen Pharaonen anfangs Tiernamen (Löwe, Kobra, Skorpion). Diese Tiernamen verdeutlichten, wie stark, kampfbereit und aggressiv die Könige waren.

Die Menschen hatten Angst davor, dass sich die Dinge anders abspielen könnten, als in der gewohnten Ordnung. In solcher „Ordnungswidrigkeit" lag für sie die Gefahr chaotischer Zustände und damit die drohende Ausbreitung von schlechten Dingen („Isfet") in der Welt, z. B. Tod, Krankheit, Nahrungsmittelknappheit, Unrecht, Lüge, Raub, Gewalt, Krieg, Feindschaft.

Im Glauben der Ägypter konnte nur ihr König diese negativen Erscheinungen des Lebens verhindern und eine erfüllte Ordnung garantieren.

Aber auch der Pharao war auf die Mithilfe seiner Gefolgsleute angewiesen. Das große, dicht besiedelte Land der Ägypter konnte er unmöglich alleine regieren.

Sein engster Vertrauter und Stellvertreter, der Wesir, war sein wichtigster Helfer und seine rechte Hand.

Dem Wesir waren die Beamten und Schreiber untergeordnet, die wiederum die Arbeiten in den einzelnen Verwaltungsbezirken und Regionen koordinierten.

Das System der alten Ägypter konnte nur funktionieren, weil jeder eine bestimmte Aufgabe hatte, die er zuverlässig und pflichtgemäß verrichtete.

Das wiederum führte dazu, dass die ägyptische Landwirtschaft immer produktiver und effektiver wurde.

M 3 Der Pharao und seine Untertarnen

EXTRA

Eine weibliche Herrscherin

Im alten Ägypten gab es nicht nur männliche Pharaonen, auch Frauen konnten an der Spitze der ägyptischen Gesellschaft stehen.

Die wohl bekannteste Pharaonin war Kleopatra. Zudem war sie die Geliebte des römischen Herrschers Julius Caesar.

AUFGABEN

1. Stelle Vermutungen darüber an, ob Herodot in seinen Äußerungen über das Leben und Arbeiten im alten Ägypten Recht hatte (M1).
2. Betrachte das Schaubild M2. Wer ist wer? Notiere die richtigen Begriffe.
3. * Liste alle im Text genannten Berufe tabellarisch auf. Notiere die entsprechenden Tätigkeiten und Zuständigkeiten.
4. Nenne die Aufgaben und Pflichten des Pharao.
5. Beschreibe mithilfe des Schaubildes M2 den Aufbau der ägyptischen Gesellschaft.
6. Bewerte, inwiefern die Gesellschaftsordnung aus heutiger Sicht gerecht war. Berücksichtige dabei auch die Abbildung M3.

Gruppenarbeit: Beamte, Bauern und Handwerker

Der Wesir

Mein Name ist Akhenaten und ich bin der Wesir am Hofe des Pharao.

Da der Pharao nicht überall gleichzeitig sein kann, ist er auf meine Unterstützung angewiesen. Ich achte darauf, dass alle Menschen die Befehle des Pharao ausführen.

Gemeinsam mit dem Schreiber kümmere ich mich darum, dass die Arbeiter des Pharao ihre Aufgaben ordentlich erledigen und ich treibe die Abgaben für ihn ein. Den Pharao informiere ich darüber, was in seinem Land geschieht. Ich berate ihn, wenn wichtige Entscheidungen getroffen werden müssen.

Da ich die arbeitende Bevölkerung kontrollieren, den Pharao informieren und beraten muss, reise ich viel herum. Dabei darf ich in luxuriösen Häusern wohnen, teuren Schmuck tragen und exotische Speisen essen.

Ich bin ein geachteter und wohlhabender Mann in unserem Land.

M1 Die Wohnanlage einer wohlhabenden Familie (heutige Zeichnung)

Der Handwerker

Ich heiße Zuberi und ich bin ein stolzer Handwerker – ein Steinmetz. Bei dem Bau der Pyramiden helfe ich mit, indem ich die Steine in Form bringe. Somit passt jeder Stein am Ende genau dorthin, wo er hingehört.

Ich arbeite die meiste Zeit auf Baustellen, wobei ich dort nicht alleine bin, sondern gemeinsam mit Maurern, Malern und Zimmerleuten zusammenarbeite. Diese Arbeit macht mich gewissermaßen stolz, denn ich weiß, dass ich einen wichtigen Beitrag für mein Land leiste. Es erfüllt mich auch mit Stolz, für den Pharao Pyramiden und Tempel zu errichten. Der Pharao bezahlt uns mit Lebensmitteln, Gegenständen und Kleidung.

Ich stelle jedoch auch eigene Produkte her, die ich anschließend auf dem Dorfmarkt eintausche.

M2 Handwerkerdorf – die Dächer waren begehbar. Dort schliefen die Menschen (heutige Zeichnung).

Wir Handwerker sind eine geachtete Berufsgruppe, da wir einem vom Pharao ausgewählten Beamten untergeordnet sind. Trotzdem ist das Leben als Handwerker nicht einfach. Wir leben in der Nähe der Baustellen in Handwerkerdörfern. Unsere Häuser sind auf Anhöhen gebaut und zusätzlich durch Dämme geschützt.

Leben in Extremräumen

Der Bauer

Ich heiße Geb und arbeite als Bauer.
Ich kümmere mich um die Felder des Pharao, was sehr hart ist. Wir arbeiten sehr lange und meistens unter schlechten Wetterbedingungen. Unsere Fehl- und Ausfallzeiten werden streng protokolliert und wir müssen diese nacharbeiten.

Auch wenn diese Tätigkeit mich und meine Familie sehr belastet, ertrage ich es. Die Arbeit als Bauer ist sehr grundlegend in unserem Land. Ich bin nicht nur für die Versorgung meiner eigenen Familie, sondern die der gesamten ägyptischen Bevölkerung zuständig. Den Großteil der Ernte muss ich an den Beamten des Pharao abgeben. Dabei wird anhand des Wasserstandes des Nil berechnet, wie viel Abgaben wir leisten müssen. Wenn das Wasser des Nil hoch ist, bedeutet das, dass wir eine gute Ernte haben werden. In diesem Fall müssen wir mit mehr Abgaben rechnen.

Wenn der Nil die Felder überschwemmt, können wir nicht mehr darauf arbeiten. In dieser Zeit sind wir für rund drei Monate auf einer der vielen Baustellen tätig. Die Nilschwemme bedeutet für uns jedoch auch, dass wir in dieser Phase keine Ernte haben und auf unsere Vorräte zurückgreifen müssen. Der Pharao unterstützt uns zusätzlich, indem er uns Getreide aus den staatlichen Reserven gibt. Das sichert uns das Überleben.

Hat sich das Wasser des Nil wieder zurückgezogen, können wir die Felder bewirtschaften. Wenn der Nil jedoch wieder einmal die Felder zerstört hat, müssen wir Reparaturarbeiten leisten und die Bewässerungskanäle wiederherstellen.

Der Schreiber

Ich bin Radamas und bin ein Schreiber.
Bereits mein Urgroßvater, Großvater und Vater waren Schreiber. Um diese Familientradition fortzuführen, musste ich zwölf Jahre die Schule besuchen. Die Schulzeit war sehr hart: Ich musste viel lesen, Diktate schreiben, rechnen und Schönschrift üben. Auch wenn die Ausbildung zum Schreiber sehr anstrengend war, hat es sich gelohnt. Meine Arbeit ist angesehen und in der ägyptischen Gesellschaft sehr geachtet. Ich gehöre zu den wenigen Menschen im Land, die lesen und schreiben können.

Ich sorge dafür, dass die vom Pharao gewollte Ordnung eingehalten wird. Dem Pharao stehe ich ohnehin sehr nah. Nur der Wesir befindet sich zwischen uns. Der Wesir sagt mir, was ich zu tun habe. Ich stelle sicher, dass die Bauern ihre Aufgabe richtig erledigen. Außerdem unterstütze ich die Beamten darin, die Viehbestände und Getreidevorräte zu kontrollieren und die Ergebnisse genau zu dokumentieren.

Ein weiterer wichtiger Bestandteil meiner Arbeit ist es, dass ich die Arbeit an Bauwerken, wie den der Pyramiden, überwache. Ich trage all diese wichtigen Informationen zusammen und gebe sie an meinen Vorgesetzten, den Wesir, weiter, der wiederum dem Pharao über die Lage im Land berichtet.

M 3 Die Feldarbeit (heutige Zeichnung)

AUFGABEN

1. Lest arbeitsteilig in einer Vierergruppe die fiktiven Erzählungen.
2. Erstelle einen Steckbrief über die Person. Gehe dabei auf den Beruf, die damit verbundenen Aufgabenbereiche, Pflichten, Rechte, Lebens- und Wohnsituation ein.
3.* Stellt eure Person einander vor und haltet die Informationen tabellarisch fest.
4. Begründe, welchen Beruf du gerne im alten Ägypten ausgeübt hättest.

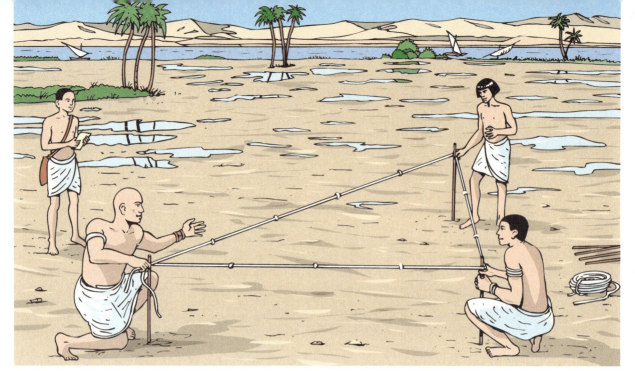

M1 Feldvermesser bei ihrer Arbeit

Wissenschaft im alten Ägypten

Die Nutzung des Flusses erforderte ein genaues Beobachten und eine aufmerksame Auseinandersetzung mit natürlichen Gegebenheiten.

Die Feldvermesser mussten die durch die Nilüberschwemmungen weggespülten Markierungen der Felder wiederherstellen. Die Ägypter entwickelten hierfür ein kluges Vorgehen: Sie berechneten die Abstände gleichmäßig, indem sie an einem festen Punkt eine Schnur installierten. Immer wieder kontrollierten sie den Abstand zur Orientierungslinie, denn die Wärme und die Luft sowie unterschiedliche Spannungen konnten die Länge der Schnüre verändern und zu großen Fehlern führen.

 Die Ägypter erfanden auf diese Weise die Geometrie und waren fortgeschrittene Mathematiker.

Sie maßen nicht nur Felder und Räume, sondern auch die Zeit, indem sie den Tag in Stunden einteilten. Der Tag hatte zwölf Stunden, die Nacht ebenfalls. Im Sommer waren die Tagesstunden länger, im Winter kürzer. Sie erfanden die Sonnenuhr zur Bestimmung der Tagesstrukturen. Mit einer Wasserauslaufuhr konnten sie unabhängig von Sonne und Sternen die Zeit messen.
Die ägyptischen Priester beobachteten den Verlauf der Sonne und der Sterne. Sie erkannten dabei, dass die Nilschwemme immer dann eintraf, wenn zuvor der Stern Sirius am Abendhimmel zu sehen war. Auf dieser Grundlage erfanden die Ägypter den Kalender mit 365 Tagen. Anders als heute bestand das Jahr der Ägypter aus drei Jahreszeiten, die jeweils vier Monate dauerten.
(Dies erklärt den Monatsverlauf auf S. 176 M1.)
Somit wurden die Überschwemmungen des Nil kalkulierbarer und planbarer für die ägyptischen Bauern, Feldvermesser, Beamten und Schreiber und nicht zuletzt für den Pharao, denn es ermöglichte die Berechnung der Zeitdauer zwischen den Überschwemmungen.
Zusätzlich ermöglichte der Nilometer die Messung des Wasserstandes im Fluss und die damit verbundene Steuerlast für die arbeitende Bevölkerung.

EXTRA

Zeitmessung
Wie genau funktionieren die Sonnenuhr und die Wasserauslaufuhr? Hier eine Darstellung dazu:

 Digital+

WES-112452-182

Die Schrift sichert die Herrschaft

Die Beamten des Pharao entwickelten um 3300 v. Chr. eine Bilderschrift, die Hieroglyphen. Dadurch konnten sie die Herkunft und Qualität von Produkten in den königlichen Vorratskammern dokumentieren.

Insgesamt gab es mehr als 700 solcher Piktogramme, also Schriftzeichen.

Das System wurde im Laufe der Zeit jedoch zu kompliziert, da jedes Piktogramm genau eine Bedeutung hatte, z. B. bedeuteten Wellenlinien „Wasser", zwei Bausteine „gehen".

Vielleicht hatte der Pharao den Beamten selbst befohlen, die Buchführung über die Landwirtschaft zu verbessern, denn der Pharao war genau über die Erzeugnisse in seinem Land informiert.

Die Buchführung wurde also immer komplizierter und die Schreiber des Pharao mussten einen neuen Weg finden, wie sie die Piktogramme allgemeiner einsetzen konnten. Damit die Schreiber ihre täglichen Aufzeichnungen rascher und leichter verfassen konnten, wurden mit der Zeit die Hieroglyphen nicht mehr so genau gezeichnet, sondern vereinfacht.

Ihre Idee: Wenn sich mehrere Bilder sowie Laute, für die sie standen, zu neuen Bedeutungen verknüpfen ließen, ergäbe das eine größere Zahl von Wörtern.

Hieroglyphe	Bildbedeutung	ägyptologische Bedeutung
	Geier	a
	zwei Schilfblätter	i, j, y
	Haarlocke	u und o
	Bein	b
	Strick	ch
	Arm	e
	Hand	d
	Viper	f
	Krugständer	g
	Hof	h
	Kobra	dj wie in „Journal"
	Sandböschung	k
	Löwe	l
	Eule	m
	Wasser	n
	Hocker	p
	Mund	r
	Türriegel	weiches s
	gefalteter Stoff	scharfes s
	Teich (Grundriss)	sch
	Brotlaib	t
	Wachtelküken	w

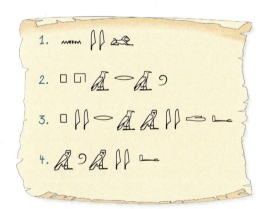

M2 Hieroglyphen-Rätsel

M3 Hieroglyphen und ihre Bedeutung

AUFGABEN

1. Betrachte die Rekonstruktionszeichnung M1. Wer ist wer? Nutze ggf. die Informationen auf S. 178. Erläutere deinem Partner mündlich.
2. Was steht dort? Löse mithilfe von M3 die Hieroglyphen im Rätsel (M2). Notiere die Begriffe.
3. Schreibe mit dem Hieroglyphen-Alphabet deinen eigenen Namen. Fehlt in M3 ein Buchstabe, musst du ihn weglassen oder durch eine ähnlich klingende Hieroglyphe ersetzen.
4. Recherchiere, wie es möglich war, die Hieroglyphen zu entschlüsseln (Internet).

M1 Pyramiden von Gizeh

Pyramiden als Grabstätte der Pharaonen

Die Ägypter glaubten, dass das Totenreich im Westen des Landes lag, weil dort der Sonnengott Amun-Re jeden Abend mittels des Sonnenuntergangs hinabsteigt. Daher wurden alle Gräber nur westlich des Nil errichtet. Die Pyramiden wurden in der Nähe des Nil gebaut, jedoch nie unmittelbar am Flussufer.

Eine Pyramide hatte die Funktion, als Grabstätte des Pharao zu dienen. Der Pharao Cheops gab etwa zu Beginn seiner Regierungszeit folgenden Befehl:

„Ich will mir ein riesiges Grabmal errichten, hoch und fest wie die Felsen im Süden meines Landes. Es soll meinen Leib schützen vor Räubern und Feinden. In dem Grabmal will ich weiterleben bis in alle Ewigkeiten. Das Denkmal soll den Ruhm meiner Herrschaft verkünden Jahrtausende lang."

Die Pyramide des Pharao Cheops ist die älteste und zugleich größte der drei Pyramiden in der Stadt Gizeh. Daher wird sie auch „Große Pyramide" genannt. In ganz Ägypten existieren noch rund 80 Pyramiden.

Der genaue Ablauf des Baus ist bis heute unklar, da es keine schriftlichen Berichte, Zeichnungen und Beschreibungen gibt. Man weiß jedoch, dass Cheops die Pyramide zwischen 2600 und 2500 v. Chr. bauen ließ. Die quadratische Grundfläche ist 230 m × 230 m und hat demnach eine Fläche von 52 000 m² (im Vergleich: ein Fußballfeld ist 100 m × 60 m groß).

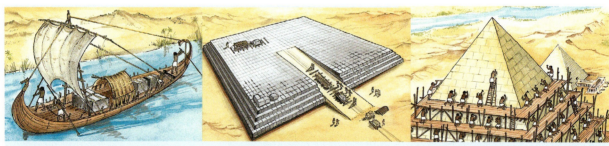

In Steinbrüchen schlugen die Arbeiter mit Hämmern, Bohrern und Meißeln aus Kupfer die Steinblöcke aus den Felsen. Sie wurden mühevoll auf Schlitten zum Nil gezogen, auf Schiffe verladen und dann zur Baustelle gebracht.

Nun wurden Rampen aus Schutt und Ziegeln gebaut, auf denen die Blöcke mit Tauen hochgezogen wurden.

Außenflächen des Bauwerks wurden mit Kalksteinplatten verhängt. Die Pyramide bekam so eine glatte Oberfläche.

M2 Möglicher Ablauf beim Bau der Pyramiden

Leben in Extremräumen

Viele waren beteiligt

Der Bau der Pyramide war bis dahin die größte Baustelle in der Geschichte der Menschheit. An ihr arbeiteten täglich schätzungsweise 20000 Arbeiter, 20 Jahre lang. Es waren Maurer, Steinmetze, Zimmerleute, Schmiede, Mathematiker und Kunsthandwerker an dem Bauwerk tätig. Rund Zehntausende Bauern halfen während der Nilüberschwemmungen auf der Baustelle mit.

Die schweren Steinblöcke bestanden aus Kalkstein, der von der 15 km entfernten Stadt über den Fluss verschifft wurde. Steine waren dabei im alten Ägypten ein seltener Baustoff.

Um die Pyramiden herum entstanden Tempelanlagen zum Schutz des königlichen Grabmals. Die bekannteste Tempelanlage ist die Sphinx von Gizeh. Sie diente zur Abschreckung von Grabräubern.

Im Inneren der Pyramide befand sich ein Sarkophag, ein Steinsarg, des Pharao Cheops. Der Sarkophag wurde bereits während des Baus der Pyramide in die Grabkammer gebracht, weil sonst der Sarg zu groß gewesen wäre, um durch die fertigen Gänge der Pyramide zu passen. Die Grabkammer des Pharao wurde mit Wandbemalungen verziert. Diese verdeutlichten die Taten des Pharao.

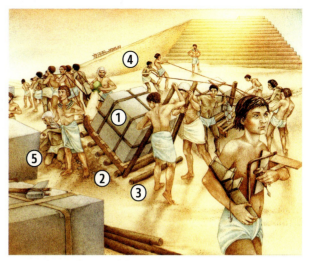

M3 Bauarbeiten an der Pyramide – das Bild zeigt eine Möglichkeit:
(1) Steinblöcke (etwa 2,5 t); (2) Holzschlitten zum Transport; (3) runde Holzbohlen erleichtern das Ziehen; (4) Rampen aus Ziegeln und Schutt (wurden nach dem Bau wieder abgetragen); (5) jeder Stein erhielt eine Nummer und wurde an einer bestimmten Stelle eingesetzt.

AUFGABEN

1 Fasse die Informationen zur Cheops-Pyramide in einem Steckbrief zusammen.

2 a) Du bist ein Touristenführer in Ägypten und stellst einer Gruppe Touristen die Cheops-Pyramide vor. Beschreibe die Besonderheiten der Cheops-Pyramide und gehe auf den Grund für den Bau ein. Nutze auch M4.
b) Erläutere deine Vermutungen darüber, warum Pyramiden immer in der Nähe des Nil gebaut wurden, aber warum sie nie unmittelbar am Flussufer errichtet wurden.

3 Baue mithilfe der Anleitung im Webcode das Modell einer Pyramide nach.

4 Es gibt noch weitere Theorien über die Bauweise der Pyramiden. Prüfe mithilfe des Webcodes, ob die in der Rekonstruktionszeichnung abgebildete Bauweise in M2 realistisch ist. Welche weiteren Theorien über die Bauweise der Pyramiden existieren in der Forschung?

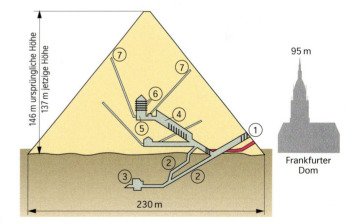

(1) Eingang (mit Steinblöcken zum Schutz gegen Grabräuber)
(2) Gang
(3) unvollendete Grabkammer
(4) große Halle
(5) Grabkammer
(6) Steindecken
(7) sogenannter Luftschacht
— Schacht der Grabräuber

M4 Schnitt durch die Cheopspyramide und Höhenvergleich mit dem Frankfurter Dom

M 1 Gottheiten im alten Ägypten

Glaube im alten Ägypten

Anders als heute verehrten die Menschen im alten Ägypten nicht nur einen Gott, sondern mehrere. Den Glauben an verschiedene Götter nennt man **Polytheismus**. Im alten Ägypten glaubten die Menschen an etwa 1 500 unterschiedliche Götter.

Während in monotheistischen Religionen (Glaube an einen Gott) ein heiliges Buch vorhanden ist, existiert im Polytheismus keine heilige Schrift.

Ein weiterer Unterschied zwischen polytheistischen und monotheistischen Religionen ist die Bildhaftigkeit. Die Menschen im alten Ägypten stellten in Zeichnungen ihre Götter bildhaft dar. Entsprechend den Eigenschaften eines Gottes wurde nach Tieren oder Pflanzen gesucht, die diese Eigenschaften widerspiegelten. Um 3 000 v. Chr. vermischten sich dann Tier- und Menschenformen zu einer Göttergestalt. Der oberste ägyptische Gott Amun-Re wird zum Beispiel mit einem Falkenkopf und einer Sonnenscheibe auf dem Kopf dargestellt. Amun-Re gilt als der Schöpfer aller anderen Götter.

Die Ägypter verehrten ihre Götter, weil sie im Glauben waren, dass alle Naturerscheinungen von den Göttern abhängig waren. So gab es Götter, die den Menschen Glück (Nilschwemme) oder welche, die den Menschen Unglück („Isfet": Überschwemmungen durch den Nil) bescherten.

Auch glaubten die Menschen im alten Ägypten an das Leben nach dem Tod. Sie richteten ihr ganzes Leben auf die Zeit nach dem Tod aus. Dafür begannen sie unter anderem, schon früh für ihr Begräbnis zu sparen.

Der Bau gewaltiger Grabstätten in Form von Pyramiden war sehr teuer und daher nur dem Pharao bzw. seinen wichtigsten Beamten vorbehalten. Ein sehr kleiner Kreis von Personen, die dem Pharao sehr nahestanden, hätte sich ein solches Begräbnis leisten können.

Der Großteil der ägyptischen Leichen wurde im Wüstensand begraben.

Der Glaube an ein Leben nach dem Tod verleitete die Menschen zur Annahme, sie seien unsterblich und lebten im Jenseits weiter. Allerdings brauchte man dafür einen unversehrten Körper. Daher erfanden die alten Ägypter einen Weg, die toten Körper zu konservieren. Sie mumifizierten die Leichen.

M 2 Merkmale von Religionen

M3 Howard Carter und seine Mitarbeiter untersuchen den Sarkophag von Tutanchamun.

M4 Grabkammer im Tal der Könige

Grabbeigaben und Grabräuber

Damit es dem Toten im Jenseits an nichts fehlte, gaben die Ägypter den Verstorbenen Beigaben mit. Solche sogenannten Grabbeigaben waren z. B. Nahrungsmittel, teurer Schmuck, Möbel, Tiere und Waffen. Den meisten Toten wurden sogenannte Uschebtis beigegeben. Uschebtis sind Figuren, meist in Gestalt einer Mumie, die zum Schutz des Toten im Jenseits dienten. Je nach gesellschaftlichem Rang und Vermögen des Toten wurden dem Verstorbenen wenige oder viele Uschebtis beigegeben.

Im Laufe der Zeit fielen diese Grabbeigaben immer wieder Grabräubern zum Opfer. Auch der Schmuck aus Gold, die wertvollen Kleider und Möbel wurden von Räubern entwendet.

Doch Archäologen waren überzeugt davon, dass es auch unberührte Gräber geben muss, die noch aus der Zeit der alten Ägypter erhalten geblieben sind.

So fand der Archäologe Howard Carter im Jahr 1922 nach einer sechsjährigen Suche im Tal der Könige die Grabstätte des Pharao Tutanchamun.

M5 Grabbeigaben; oben: Uschebtis eines Pristers; rechts: Totenmaske des Pharaos Tutanchamun

AUFGABEN

1. Stelle die Informationen über den Glauben der alten Ägypter in der Mindmap mithilfe von M1 dar.
2. Vergleiche die Religionen im alten Ägypten mit einer anderen dir bekannten Religion. Beschreibe dabei Gemeinsamkeiten und Unterschiede.
3. Recherchiere, wofür die einzelnen ägyptischen Götter in M1 zuständig waren (Internet).
4. Beschreibe, wie Menschen heute mit Toten umgehen.

EXTRA

Archäologie
Auch heute noch machen Archäologinnen und Archäologen glückliche Funde.

 Digital+

WES-112452-187

ALLES KLAR?

Rückblick
Blättere zurück zur Einstiegsseite zu diesem Kapitel (S. 140/141) und betrachte die Bilder.
a) Vergleiche die Extremräume miteinander.
b) Stelle die wesentlichen Merkmale der Extremräume dar.
c) Mache bei deinem Partner Werbung für einen Urlaub in einem der Extremräume. Gehe dabei auf die Besonderheiten ein und nutze die Ergebnisse von a) und b).

Rätselhafte Wüste – was ist gemeint?
a) Die größte Wüste der Erde
b) Ohne Wasser gäbe es diese Orte nicht.
c) Es kann lange laufen, ohne zu saufen.
d) Fließt wie ein Fremdling durch die Wüste

Außenseiter
a) Welcher der Begriffe passt nicht in die Reihe? Begründe.
1. Regenwald – Maniok – Skorpion – Yanomami
2. Tuareg – Dromedar – Wasserwächter – Inuit
3. Robbe – Jagd – Iglu – Motorschlitten
4. Herbst – Manaus – 12-Stunden-Tag – Bananen

b) Erfinde selbst zwei Außenseiter-Reihen zu den Themen dieses Kapitels. Gib diese deinem Partner zum Rätseln.

Stimmst du zu? Begründe deine Meinung.
1. Der tropische Regenwald stellt einen einzigartigen Naturraum der Erde dar.
2. Die Zerstörung des tropischen Regenwaldes geht uns nichts an.
3. Völker wie die Yanomami sollten versuchen, ihre traditionelle Lebensweise zu bewahren.

Leben in der kalten Zone
Erstelle aus den nachfolgend aufgeführten Begriffen eine Tabelle, mit der du die Verwertung einer Robbe ordnest und darstellst.

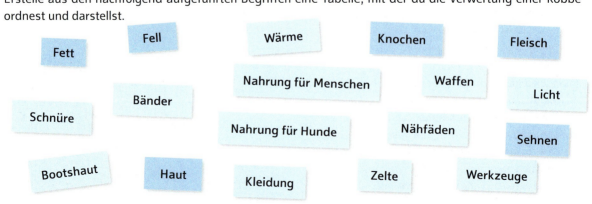

Extremraum Ägypten

a) Stelle dar, inwieweit Ägypten als ein Extremraum bezeichnet werden kann.
b) Erstelle eine Kartenskizze zum alten Ägypten. Zeichne dafür den Umriss des Landes auf ein Blatt Papier. Verwende für die Städte rote Punkte. Zeichne Gewässer blau ein und kennzeichne die Wüstengebiete mit Gelb.
c) Erläutere anhand der Skizze den Begriff „Flussoase".

Gesellschaftsordnung im alten Ägypten

a) Benenne die einzelnen Personengruppen.
b) Erläutere die Bedeutung des Nil für die einzelnen Personen.

Epochenvergleich

Vergleiche die Epoche der Jungsteinzeit mit dem alten Ägypten. Übertrage dazu die Tabelle in deinen Hefter und fülle sie aus.

	Jungsteinzeit		Altes Ägypten	
	ja / nein?	Beschreibung	ja / nein?	Beschreibung
Schrift				
Arbeitsteilung	…	…	…	…
Hierarchie	…	…	…	…
Verwaltung und Gesetze	…	…	…	…
Vorratswirtschaft	…	…	…	…
Wissenschaft	…	…	…	…
repräsentative Bauten	…	…	…	…
Praktizierung von Religion	..	…	…	…

Rätsel

Finde die gesuchten Begriffe zu den Aussagen 1 – 10. Die Buchstaben hinter den Begriffen ergeben in der Reihenfolge der Aussagen das Lösungswort.

1. Grabbauten der Könige
2. Schreibmaterial der Ägypter
3. Bewässerungsanlagen
4. Gesellschaftsordnung
5. Was geschah mit der Leiche?
6. die rechte Hand des Königs
7. König der Ägypter
8. zeitliche Darstellung eines Jahres
9. Schriftzeichen der Ägypter
10. Name einer berühmten Königin

Pharao Ⓛ   Mumifizierung Ⓚ
Kanäle Ⓒ   Wesir Ⓤ   Kleopatra Ⓡ
Papyrus Ⓞ   Kalender Ⓣ   Pyramiden Ⓗ
Hierarchie Ⓗ   Hieroglyphen Ⓤ

Antikes Griechenland

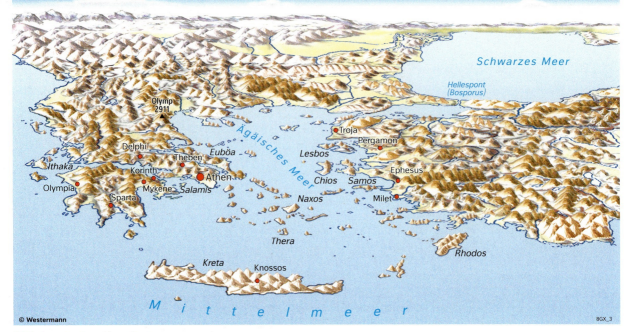

M1 Griechenland im Altertum

Die Hellenen besiedeln Griechenland

Als **Antike** bezeichnet man die Geschichte der Hochkulturen, die von ca. 800 v. Chr. bis ca. 500 n. Chr. im Mittelmeerraum lebten. Hauptsächlich sind damit die alten Römer und Griechen gemeint, weil sie einen wichtigen Einfluss auf die europäische Geschichte und Kultur hatten. Für die Betrachtung der griechischen Antike ist besonders die Zeit von ca. 500–336 v. Chr. (klassische Epoche) wichtig.

Das Leben im Griechenland der Antike dürfen wir uns nicht so vorstellen wie im heutigen Griechenland. Das Land ist durch schwer zugängliche Gebirge, viele Meeresbuchten und kleine Inseln geteilt. Benachbarte Städte waren oftmals leichter mit dem Schiff als zu Fuß zu erreichen. Deshalb entwickelte sich in der Antike kein zusammenhängender Staat, wie wir das heute kennen, sondern es entstanden viele kleine eigenständige Staaten – die sogenannten Stadtstaaten.

Trotzdem verstanden sich die Menschen als Griechen. Sie verspürten ein Zusammengehörigkeitsgefühl, weil sie alle dieselbe Sprache sprachen und an dieselben Götter glaubten, zu deren Ehren sie z. B. sportliche Wettkämpfe wie die Olympischen Spiele veranstalteten. Menschen, die kein Griechisch sprachen, nannten die Griechen Barbaren. Sich selbst bezeichneten sie als **Hellenen**. Der Begriff Grieche taucht erst Jahre später bei den Römern auf.

AUFGABEN

1. Beschreibe die Karte M1: Wo siedelten die Griechen? Welche geographischen Besonderheiten fallen dir auf?
2. Erkläre mithilfe der Karte M1 und des Textes, warum im antiken Griechenland kein einheitlicher Flächenstaat entstand, wie das z. B. in Ägypten der Fall war.
3. „Die Griechen saßen um das Mittelmeer wie die Frösche um den Teich." Äußere Vermutungen, was mit diesem Satz gemeint sein könnte. Nutze dazu auch die Karte M2.
4. Ermittle, welche heutigen Staaten im Gebiet der damaligen griechischen Stadtstaaten lagen (M2, Atlas).

FACHBEGRIFF

Eine Stadt entstand in der Regel um eine Burg, in deren Schutz sich Handwerker und Kaufleute ansiedelten. Zusammen mit den Bauern des Umlands, die sie mit Getreide usw. versorgten, bildeten die Bewohner der Stadt einen Stadtstaat. Diese griechischen Stadtstaaten heißen **Polis** (Mehrzahl: Poleis).

Antikes Griechenland

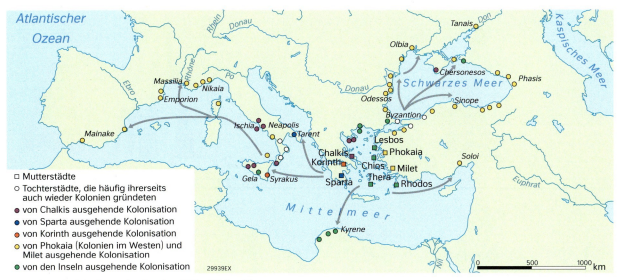

M 2 Die griechische Kolonisation 750 – 550 v. Chr.

Neue Städte in fernen Regionen – die griechische Kolonisation

Um 800 v. Chr. verschlechterten sich die Lebensbedingungen in den griechischen Poleis. Die wachsenden Einwohnerzahlen führten zusammen mit Missernten dazu, dass die Lebensmittel nicht mehr ausreichten, um alle Menschen zu ernähren. Oftmals entstand auch bei der Vererbung der Höfe ein Problem: Hatte ein Bauer mehr als einen Sohn, wurde das Land unter den Söhnen aufgeteilt. Hatten seine Erben ebenfalls mehrere Söhne, wurde das Land wieder aufgeteilt. Über mehrere Generationen wurde deshalb das Land, das ein Bauer zur Verfügung hatte, immer kleiner und die zersplitterten kleinen Flächen reichten nicht aus, um eine ganze Familie zu versorgen.

Deshalb machten sich junge Männer einer Polis gemeinsam auf, um auszuwandern und an den Küsten der Iberischen Halbinsel, an der Adria, in Nordafrika oder am Schwarzen Meer neue Siedlungen zu gründen.

In den so entstehenden **Kolonien** lebten sie nach dem Vorbild der griechischen Herkunftsstadt (= Mutterstadt), obwohl sich die Kolonien zu eigenständigen Stadtstaaten entwickelten. Für ihren Lebensunterhalt betrieben die Menschen auch hier Ackerbau und Viehzucht. Es entstand ein reger Handel zwischen der Mutterstadt und der Kolonie. Meist lebten die Auswanderer friedlich mit den einheimischen Bewohnern des Umlandes zusammen. Dies war jedoch nicht immer der Fall. So zwangen manche Neuankömmlinge die Bewohner auch, für sie als Sklaven in der Landwirtschaft zu arbeiten.

Die Bewohner trieben mit den Neuankömmlingen aus Griechenland Handel und übernahmen sogar deren Schrift. Zudem heirateten die Griechen einheimische Frauen. Dadurch verbreitete sich die griechische Kultur im gesamten Mittelmeerraum.

AUFGABEN

5 Nenne Gründe, warum junge Griechen auswanderten.
6 Beschreibe das Verhältnis der Kolonien zur Mutterstadt.
7 Ermittle die Entfernung zwischen zwei Mutterstädten und jeweils einer ihrer benannten Kolonien deiner Wahl (M2).
8 Erkläre mithilfe von M2 die Aussage: „Die Griechen saßen um das Mittelmeer wie die Frösche um den Teich." Haben sich deine Vermutungen aus Aufgabe 3 bestätigt?

FACHBEGRIFF

Die Neu-Siedlungen, die entstanden, wenn Menschen ihre Heimat verließen und sich in einem anderen Land niederließen, heißen **Kolonien**.
Mit dem Begriff **Kolonisation** ist also das Entstehen vieler solcher Kolonien gemeint.

M1 Die wichtigsten Götter der Griechen

Glauben im alten Griechenland

Die Griechen glaubten nicht nur an einen Gott. Sie glaubten daran, dass es viele Götter gab, die von Gaia (der Erde) und Uranos (dem Himmel) abstammten.

Die Götter lebten nach Vorstellung der alten Griechen als Familie zusammen auf dem Olymp, einem fast 3 000 m hohen Berg in Nordgriechenland, der immer von Wolken umgeben war. Die Griechen stellten sich die Götter mit menschlichem Aussehen, Eigenschaften und Gefühlen wie Liebe und Eifersucht vor. Was sie von den Menschen unterschied, waren ihre Unsterblichkeit und ihre Kräfte.

Im alten Griechenland wurden zwölf Hauptgötter und zahllose Neben- und Halbgötter verehrt. Man glaubte, dass Naturereignisse (z. B. Erdbeben) von den Göttern gemachte Katastrophen seien und das persönliche Schicksal der Menschen von den Göttern gelenkt werde, weshalb die Menschen sich vor den Göttern fürchteten und bemüht waren, ihr Leben so zu leben, wie es die Götter verlangten.

Die Seelen der Verstorbenen wohnten im Glauben der Griechen in der Unterwelt. Hier unterschied man zwischen dem Tartaros, einer Art Hölle, in der die Seelen böser Menschen bestraft wurden, und dem Elysium, einer Art Himmel für die guten Menschen.

Anders als in den heutigen großen Weltreligion hatten die Griechen der Antike keinen einheitlichen religiösen Text. Es gab kein heiliges Buch, in dem Glaubensregeln (wie z. B. die 10 Gebote) festgeschrieben waren.

Aber sie hatten alte Schriften, die z. B. von den Heldentaten der Halbgötter erzählten. Bis heute kennen wir zahlreiche Geschichten über die Macht der Götter und die Heldentaten der Halbgötter, mit denen sich die Griechen Naturphänomene oder menschliches Verhalten erklärten, das sie nicht verstanden.

Diese **Sagen** gaben allgemeine Werte weiter, die den Griechen wichtig waren, z. B. Tapferkeit und Mut oder auch Intelligenz. Außerdem lehrten die Sagen die jungen Griechen z. B., dass es wichtig war, den Eltern zu gehorchen. Aber den verschiedenen Stadtstaaten waren unterschiedliche Werte wichtig. Den Kriegern der Stadt Sparta war z. B. der Mut sehr wichtig.

Ein wichtiger Bestandteil der religiösen Praxis im Griechenland der Antike waren die Opfergaben: Um die Götter gnädig zu stimmen, opferten die Griechen ihnen Tiere oder Lebensmittel.

Antikes Griechenland

Ausübung der Religion

Die religiösen Rituale wurden meist an einem Altar abgehalten, der einem oder mehreren Göttern geweiht war und an dem eine Statue dieser Gottheit stand. Diese Altäre und Statuen, aber auch Tempel errichteten die Griechen zu Ehren der Götter als Zeichen der Achtung und Verehrung.

Eine wichtige Rolle im Glauben der Griechen spielten die **Orakel**. Hier holten die Menschen von den Priestern gegen Bezahlung Ratschläge der Götter ein. Diese waren jedoch oft als Rätsel und sehr zweideutig formuliert. Das bekannteste Orakel ist sicherlich das im Heiligtum des Apollon auf Delphi.

A ·−		
B −···		
C −·−·	O −−−	
D −··	P ·−−·	
E ·	Q −−·−	
F ··−·	R ·−·	
G −−·	S ···	
H ····	T −	
I ··	U ··−	
J ·−−−	V ···−	
K −·−	W ·−−	
L ·−··	X −··−	
M −−	Y −·−−	
N −·	Z −−··	

−− ·−−· ··· = Göttervater, Herrscher über den Himmel, Blitze und Donner
···· ·−· ·− = Göttermutter, Göttin der Ehe und Familie
·−· −·− −−− ··· ·−·· −·· −·· −· · = Gott des Meeres
·− ·−·· −−− ·−·· ·−·· −−− −· = Gott der Künste (z. B. Musik), des Lichtes und der Weissagung
·− ·−· − · −− ··· = Göttin des Mondes, der Jagd und der Natur
·− − ···· · −· · = Göttin der Weisheit, der Strategie und des Kampfes
·− ·−· · ··· = Gott des Krieges
·− ·−·· ·−· −−− −·· ·· − · = Göttin der Liebe und der Schönheit
···· · ·−· −− · ··· = Gott der Reisenden und geflügelter Götterbote
−·· ·· −−− −· −·−− ··· −−− ··· = Gott des Weins und der Freude
···· ·− ·−· −·· · ··· = Gott der Unterwelt und König über die Toten
···· ·−−· ···· ·− ·· ··· − −−− ··· = Gott der Schmiedekunst

M 2 Morse-Code: Rätsel zu den Namen der Götter

INFO

Auch die Kinder der Götter spielen eine wichtige Rolle im Glauben der alten Griechen: Wenn sich ein Gott in einen Menschen verliebte und sie gemeinsam Kinder bekamen, nannte man diese Kinder **Halbgötter** oder **Heroen**. Häufig mussten die Halbgötter große Gefahren meistern. Die alten Schriften der Griechen überliefern uns noch heute ihre Abenteuer und Heldentaten. Diese Geschichten nennt man Sagen. Bekannte Sagen der griechischen Antike sind die Odyssee oder die Heldentaten des Herakles (auch bekannt als Herkules).

FACHBEGRIFF

Als **Orakel** bezeichneten die Griechen eine göttliche Weissagung, die von einer Priesterin oder einem Priester verkündet wurde. Die Priester lasen eine Entscheidung z. B. am Flug eines Adlers ab. Auch die Person, die die Prophezeiung verkündete, oder der Ort, an dem sie verkündet wurde, wurden als Orakel bezeichnet. Auch heute gibt es Tierorakel – auch wenn wir ihre Weissagung nicht mehr so ernst nehmen. Während der Fußball-WM 2006 in Deutschland sagte z. B. der Krake Paul das Ergebnis der Spiele voraus.

AUFGABEN

1. Löse den Morse-Code M2 und ordne die Götter ihrem Aufgabengebiet zu.
2. Beschreibe die Götter in M1 und die Dinge, die sie mit sich tragen.
3. Ordne nun mit deinem Lernpartner die Bilder aus M1 den Götternamen aus M2 zu. Die Beschreibung der mitgeführten Gegenstände kann dir helfen, das Aufgabengebiet der Götter zu erkennen.
4. Erstelle einen Steckbrief mit Bild zu einer Gottheit und stelle diese der Klasse vor (Internet).
5. Beschreibe, wie die Menschen versuchten, die Götter freundlich zu stimmen.
6. Erkläre, welche Rolle ihr Glaube für die Griechen spielte.
7. Erstelle eine Mindmap zum Thema „Religion der alten Griechen".
8. Vergleiche die Götterwelt der Griechen mit der der Ägypter.

Olympia liegt in der griechischen Landschaft Elis auf der Halbinsel Peloponnes.

1 Zeus-Tempel
2 Aschenaltar
3 Stadion
4 Schatzhäuser für Opfergaben an Zeus
5 Brunnenanlage
6 Tempel für Hera
7 Sitz der Spielleitung
8 Übungsplatz
9 Palästra, wo die Ringkämpfe stattfinden
10 Bäder
11 Gästehaus
12 Rathaus

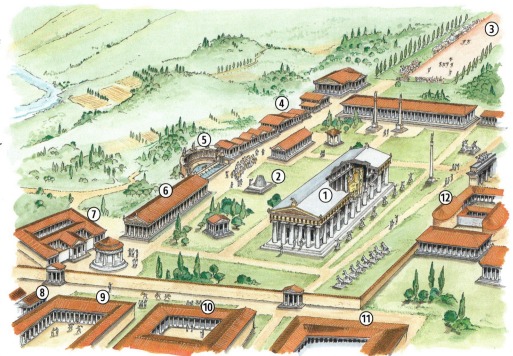

M1 Modell des antiken olympischen Geländes (Rekonstruktionszeichnung)

Die Olympischen Spiele

Vor über 100 Jahren hatte der Franzose Pierre de Coubertin eine Idee: Jugendliche aus allen Ländern sollten sich friedlich im sportlichen Wettkampf messen. Die so geknüpften Freundschaften sollten helfen, Kriege zu verhindern. Aber die Idee war nicht neu. Das Vorbild waren die Olympischen Spiele der Antike.

Die Griechen hatten große Freude an Wettkämpfen. Die Olympischen Spiele waren dabei die bekanntesten und wurden zu Ehren des Göttervaters Zeus ausgetragen. Sie fanden alle vier Jahre statt. Während der Spiele durfte kein Krieg geführt werden (Olympischer Friede). Die ersten Olympischen Spiele sind für das Jahr 776 v. Chr. belegt. Im Jahr 393 n. Chr. wurden sie dann verboten, weil sie nicht christlich waren.

Die Teilnehmer reisten 30 Tage vor Beginn der Wettkämpfe nach Olympia, um dort unter den strengen Augen der Kampfrichter zu trainieren. Teilnehmen durfte schlussendlich nur der, den die Kampfrichter für geeignet hielten.

Die eigentlichen Spiele dauerten fünf Tage und begannen mit Opfergaben für Zeus und Gebeten. Anschließend leisteten die Sportler den Olympischen Eid, mit dem sie schworen, alle Wettkampfregeln einzuhalten. Die sportlichen Wettkämpfe begannen am zweiten Tag mit einem Fünfkampf (Speerwurf, Sprung, Diskuswerfen, Laufen und Ringen) sowie dem Wagenrennen. Die Wettläufe, aber auch Gesänge und weitere Opfergaben fanden am dritten Wettkampftag statt. Der vierte Tag war den Kampfsportarten und dem Waffenlauf vorbehalten. Am fünften Tag wurden die Sieger geehrt und ein Dankopfer wurde dargebracht. Den Abschluss bildete ein Festmahl.

Alle Sportarten, mit Ausnahme des Pferdesports, wurden nackt ausgeführt. Frauen waren als Teilnehmerinnen und Zuschauerinnen nicht zugelassen.

Ziel der Wettkämpfer war es, besser als alle anderen zu sein. Der Sieger bekam einen Kranz vom heiligen Ölbaum. Die Zweit- und Drittplatzierten bekamen nichts. Ein Sieg bedeutete, von den Göttern besonders begünstigt zu sein und brachte auch der Heimat des Sportlers großen Ruhm. Deshalb erhielten die Sieger oft lebenslang freie Verpflegung und wurden von Steuern befreit.

Antikes Griechenland

Philostratos – Über das Training

Flavius Philostratos (um 170 – 250 n. Chr.) stammte aus einer angesehenen Familie in Athen. Er war Redner, Lehrer und Schriftsteller. Am Kaiserhof in Rom unterrichtete er die Prinzen. In seinem Werk „Über das Training" beschrieb er den Sport in der Antike: die Sportarten, das Training, die Trainer und Sportler.

Das Training: Abhärtung

Unter Training verstanden die Alten eben eine [...] körperliche Übung. Es übten sich aber die einen durch das Tragen schwerer Lasten, die anderen, indem sie in der Schnelligkeit mit Pferden oder Hasen wetteiferten, dicke Eisenplatten gerade oder krumm bogen [...], schließlich Stiere bändigten oder gar Löwen. [...] Den Boxer Tisandros aus Naxos, der um die Vorsprünge der Insel herumschwamm, trugen seine Arme weit ins Meer hinaus, womit er sich selbst und seinen Körper übte. Man badete in Flüssen und Quellen und war gewohnt, auf der Erde zu schlafen, teils auf Häuten hingestreckt, teils auf Lagerstätten aus Heu von Wiesen. Als Speise dienten ungesäuertes Gerstenbrot und [...] Weizenbrot, und das Fleisch, das sie genossen, war vom Rind, Stier, Ziegenbock und Reh [...]. Sie ölten sich mit Öl vom wilden Ölbaum und vom Oleaster ein. Daher blieben sie bei den Übungen gesund und alterten meist erst spät. [...] Krieg betrachteten sie als Vorübung für das Training und das Training als Vorübung für den Krieg.

Quelle: Kai Brodersen: Philostratos: Sport in der Antike. Marix Verlag, Wiesbaden 2015, S. 95

M 2 Methodentraining: Eine Textquelle analysieren

METHODE

Eine Textquelle analysieren

Schritt 1: Textquelle einordnen
- Wer ist der Autor?
  Philostratos war ein ...
- Wann und wo wurde der Text geschrieben?
  Der Text wurde zwischen ... geschrieben und zwar vermutlich in ... .

Schritt 2: Inhalt erfassen
- Lies den Text zweimal durch.
- Notiere Wörter, die du nicht verstehst. Kläre sie mithilfe eines Lexikons.
  „Ungesäuert" bedeutet, dass... .
  Oleaster ist eine Pflanze, die ... .
- Welche Überschrift hat der Text?
  Der Text trägt die Überschrift ... .
- Worum geht es in dem Text?
  Der Text handelt von... .
- Welche Einzelheiten erfährst du?
  Der Autor beschreibt genau, wie die Sportler ... .
  Zum Beispiel mussten sie folgende Übungen ... .
  Ihre Lebensweise war auch besonders ... .
  Die Sportler sahen in ihrem Training ... .

Schritt 3: Textquelle bewerten
- Gibt der Autor ein Urteil ab?
  Daher erkennt man, dass Sport eine besondere Bedeutung hat. Er ... .
  Den Krieg sahen sie als ... .
- Ergreift er Partei für jemanden?
  Der Autor stellt die ... in ein gutes Licht, weil... .
  Der Text zeigt die negativen Seiten von ... .

AUFGABEN

1. * Erstelle eine Collage zum Thema „Olympische Spiele".
2. Ihr seid Reiseführer für den Reiseveranstalter „Sommer – Sonne – Sonnenschein" und sollt eine Führung für Touristen auf dem Gelände der antiken Olympischen Spiele organisieren. Dabei erklärt ihr den Besuchern, wie das olympische Gelände ausgesehen haben könnte: Welche Aufgaben bzw. welchen Zweck hatten die einzelnen Gebäude? Wo liegt welches Gebäude? Warum gibt es so viele Gebäude mit unterschiedlichem Zweck? Welche Gemeinsamkeiten und Unterschiede zu den heutigen Spielstätten bei Olympischen Spielen gibt es? Hilfestellung bietet euch die Rekonstruktionszeichnung M1.
3. Spielt eure Szene in der Klasse vor.
4. * Erstellt mithilfe des Videos eine Tabelle zum Thema „Olympische Spiele damals und heute", die Gemeinsamkeiten und Unterschiede zeigt.
5. Analysiere die Textquelle M2 mithilfe der Schrittfolge.

INFO

Heute kennst du den **Ölbaum** wahrscheinlich eher unter dem Namen Olivenbaum. Heilig war dieser Baum den Griechen, weil sie ihn der Sage nach von den Göttern erhalten hatten.

 Digital+
WES-112452-197

Die Gesellschaft der Polis Athen

Zur Blütezeit (um 500 v. Chr.) lebten ca. 250 000 bis 300 000 Menschen in Athen (zum Vergleich: In Frankfurt am Main lebten 2021 ca. 760 000 Menschen.) Damit war sie die mächtigste Polis Griechenlands und auch der Handelsmittelpunkt der antiken Welt, da attische Produkte sehr beliebt waren. Auf ihren Rückreisen brachten die Händler wichtige Produkte mit nach Athen.

Im antiken Athen hatten nicht alle dieselben Rechte: In Athen geborene Männer durften in der Politik mitbestimmen, Frauen hatten diese politischen Rechte nicht. Fremde, die sogenannten Metöken (= Mitbewohner), waren ebenfalls von der politischen Teilhabe ausgeschlossen. Sie durften zwar in der Stadt leben und arbeiten, mussten dafür aber Schutzgeld bezahlen.

Auch Sklaven hatten keinerlei Rechte. Sie wurden als Gegenstände betrachtet, die man kaufen oder mieten konnte. Sklaven arbeiteten im Haushalt der Stadtbewohner, in den Werkstätten der Handwerker, auf den Höfen der Bauern oder auf den Schiffen der Kaufleute. Das schwierigste Leben hatten aber die Staatssklaven, die in den Bergwerken arbeiten mussten.

Jeder dritte Bewohner Athens war ein Sklave. Meist waren sie in Kriegsgefangenschaft geraten oder von Seeräubern erbeutet worden. Sie waren das Eigentum ihres Herrn. Kinder von Sklaven waren ebenfalls unfrei, also Sklaven. Allerdings konnte ein Sklave von seinem Herrn die Freiheit geschenkt bekommen.

> **INFO**
>
> Menschen und Dinge, die aus der Region **Attika** im Süden Griechenlands stammen, beschreibt man mit dem Adjektiv attisch. Das Zentrum dieser Region ist die Stadt Athen.

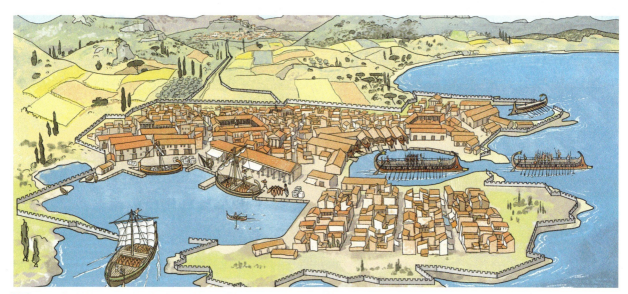

M1 Händler lebten am Hafen von Piräus (heutige Zeichnung).

Die Händler im Hafen von Piräus

Der Hafen von Athen heißt Piräus. Hier lagen die Handelsschiffe der Seefahrer, die seltene Waren brachten: Sklaven, Thunfisch, Weizenmehl, Segeltuch, Papyrusrollen, Elfenbein, Edelsteine, Kupfer, Teppiche, Holz, Tierhäute, Daunen, Bernstein, Eisenerz und vieles mehr. Im Gegenzug verkauften Händler die in Athen produzierten Waren in andere Poleis oder Kolonien. Die Waren wurden in fest verschlossenen Tongefäßen transportiert, damit der Inhalt trocken blieb und nicht an Wert verlor. Häufig waren die Händler sehr wohlhabend und konnten die Stadt beim Bau von Kriegsschiffen unterstützen. Zur Verteidigung besaß Athen neben dem Handelshafen daher auch einen Kriegshafen in Piräus. Dort lagerte in angrenzenden Hallen auch die Ausrüstung der Krieger.

Antikes Griechenland

M 2 Handwerker in der Stadt Athen (heutige Zeichnung)

M 3 Bauern im Umland von Athen (heutige Zeichnung)

Die Handwerker in der Stadt

In der Stadt selbst lebten Handwerker mit ihren Familien, Arbeitern und Sklaven in einem großen Haus. Das Haus war gleichzeitig Wohnhaus, Werkstatt und Verkaufsladen. Die Handwerker spezialisierten sich auf einen bestimmten Bereich, z. B. das Töpferhandwerk. Die Spezialisierung der Menschen in Attika führte dazu, dass sie aufeinander angewiesen waren. Allerdings gab es auch gemeinsame Aufgaben wie den Bau der Verteidigungsanlagen und der Tempelanlagen für die Götter, aber auch die Bezahlung der Kriegsschiffe durch die Steuern der Bürger.

Das Leben der Bauern im Umland

Bauern lebten auf Bauernhöfen im Umland von Athen und betrieben dort Ackerbau und Viehzucht. Sie hielten Ziegen und Schafe, aber auch Hühner. Die Tiere versorgten die Menschen mit Fleisch, Milch und Wolle. Aus der Wolle stellten die Frauen Kleidung und Teppiche her. Die Lebensmittel wurden in Tongefäßen gelagert. Meist produzierten die Bauern mehr, als sie selbst brauchten, weshalb sie ihre Waren auf dem Markt in Athen verkauften.

AUFGABEN

1. Nenne die Bevölkerungsgruppen, die in Athen lebten.
2. Recherchiere im Internet nach den Waren, die von den Seefahrern nach Athen gebracht wurden. Suche dazu nach Bildern von diesen und erkläre deren Verwendung in Athen.
3. Gruppenarbeit „Leben in Athen":
a) Erarbeitet in Kleingruppen arbeitsteilig die Lebensumstände verschiedener Bevölkerungsgruppen.
BAUERN:
- Beschreibe, wie die attischen Bauern und ihre Familien lebten (M3).
- Erkläre, warum die Bauern mehr produzierten, als sie zum Leben brauchten. Wozu brauchte ein Bauer Tongefäße?

HÄNDLER:
- Beschreibe den Aufbau des Hafens von Piräus (M1). Wie trugen die Händler zum Schutz der Polis bei?
- Nenne die Waren, die attische Händler verkauften.
HANDWERKER:
- Beschreibe die Werkstatt (M2).
- Nenne die Gegenstände, die in dieser Werkstatt produziert wurden. Welche Funktion hatten sie?
b) Bildet Dreiergruppen, in denen jedes Thema einmal vertreten ist, und stellt euch die drei Berufsgruppen gegenseitig vor.
c) Erstellt in eurer Dreiergruppe ein Plakat zum Leben in Athen.
d) Besprecht die Ergebnisse. Erklärt, inwiefern die Menschen in Athen aufeinander angewiesen waren.

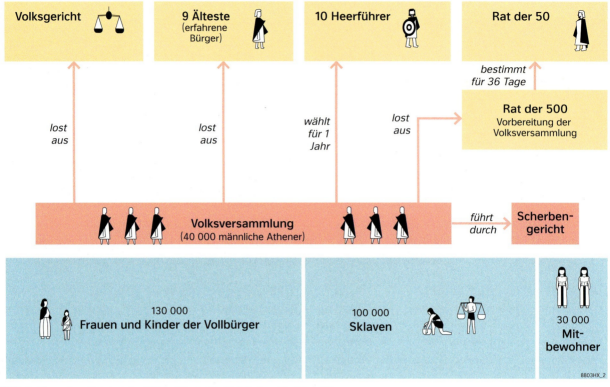

M1 Aufbau des Staates in Athen Mitte des 5. Jahrhunderts v. Chr.

Athens Weg zur Demokratie

Ab dem 7. Jahrhundert v. Chr. wurde Athen von einer Oberschicht, den Adligen, regiert. Diese bestand aus einer Gruppe reicher Familien, die über die Mittel verfügte, Pferde und Rüstung zur Verteidigung der Stadt zu bezahlen. Sie nannten sich selbst Aristokraten (= die Besten). Weil sie viel Geld hatten, glaubten sie, über andere bestimmen zu können.

Etwa 100 Jahre später wurden die Armen immer ärmer und die Reichen immer reicher. Dies führte dazu, dass eine Großzahl der Bauern ihre Schulden nicht zurückzahlen konnte. Sie gerieten in **Schuldknechtschaft**. Es kam immer wieder zu blutigen Aufständen, weil sich die Bevölkerung nicht mehr unterdrücken lassen wollte. Handwerker forderten politisches Mitspracherecht, weil sie durch ihre Arbeit wesentlich zum Wohlstand der Stadt beigetragen hatten. Außerdem stieg der Unmut der einfachen Leute stark, weil sie im Kriegsfall die Polis verteidigen mussten, aber die teure Ausrüstung dafür selbst kaufen sollten.

Die Verfassung Athens wurde deshalb überarbeitet und das Volk stärker an der Macht beteiligt: Alle männlichen Athener durften an der Volksversammlung teilnehmen und die wichtigen Ämter im Staat wählen. Aber nur, wer genügend Geld besaß, durfte sich in ein Amt wählen lassen.

Die Macht der Aristokraten wurde immer weiter eingeschränkt und das Volk noch stärker an der Politik beteiligt. Nun durften nicht mehr nur die Reichen ein politisches Amt ausüben. In der Mitte des 5. Jahrhunderts wurde zusätzlich für alle Ämter, außer dem der Heerführer, das Losverfahren eingeführt. So entstand im 5. Jahrhundert v. Chr. die erste Demokratie (M1).

> **INFO**
>
> Schuldete ein Mensch einem anderen Geld, konnte es aber nicht zurückbezahlen, geriet er in **Schuldknechtschaft**. Das bedeutete, dass er die Schulden abarbeiten musste. Das Gehalt war aber so niedrig, dass er kaum davon leben und seine Schulden nie abbezahlen konnte.

Antikes Griechenland

① Wir werden aus einer Gruppe von freiwilligen Vollbürgern ausgelost. Unsere Aufgabe ist es, die Beschlüsse der Volksversammlung vorzubereiten, d. h. wir bestimmen die Themen, die in der Volksversammlung besprochen und entschieden werden. Wir haben auch eine Aufsichtsfunktion bei Abstimmungen.

② Wir werden per Losverfahren bestimmt. Unsere Aufgabe ist es, zu entscheiden, ob ein Angeklagter etwas Unrechtes getan hat.

③ Wir Vollbürger beschließen hier Gesetze und treffen politische Entscheidungen.

④ Wir sind vom politischen Mitspracherecht ausgeschlossen und dürfen nicht mitreden.

⑤ Wir werden auf ein Jahr gewählt. Unsere Aufgabe ist es, das Heer zu befehligen.

⑥ Aufgrund unserer Erfahrung bekleiden wir die höchsten Ämter, d. h. wir überwachen die staatliche Organisation. Außerdem kümmern wir uns um kulturelle Angelegenheiten.

⑦ Wir bilden die Regierung und schlagen z. B. Gesetze vor.

M2 Aussagen zum Verfassungsschaubild M1: Wer sagt was?

FACHBEGRIFF

Verfassung
In einem Staat leben viele Menschen zusammen. Damit dieses Zusammenleben funktioniert, muss es Regeln geben – die Gesetze. Ein ganz besonderes Gesetzesbuch ist die Verfassung. Dort ist festgehalten, wie der Staat funktionieren soll: Sie klärt, wer welche Aufgaben hat, wer was tun soll oder darf und welche Rechte die Menschen haben.

INFO

Um eine Alleinherrschaft zu verhindern und die Demokratie zu sichern, führten die Athener das **Scherbengericht** ein. Das Recht dazu lag bei der Volksversammlung. Jeder Bürger schrieb den Namen eines Mannes auf eine Tonscherbe, von dem er glaubte, dass von ihm eine Gefahr für Athen ausgehe. Derjenige mit den meisten Stimmen (mindestens 6 000) wurde für zehn Jahre aus der Stadt verbannt.

AUFGABEN

1 Ihr lebt im Athen des 6. Jahrhunderts v. Chr. – also vor der Verfassungsänderung – und seid arme attische Bauern. Ihr schließt euch zusammen, um euren Forderungen Nachdruck zu verleihen. Erstellt in Partnerarbeit einen Flyer, den ihr in der Stadt verteilen wollt, um Gleichgesinnte zu finden.

2 Lies die Aussagen in M2 durch und kläre, falls nötig, unklare Begriffe (Lexikon, Internet).

3 Ordnet die Aussagen aus M2 in Partnerarbeit oder Gruppenarbeit einer Personengruppe im Verfassungsschaubild M1 zu.

4* Beschreibe das Verfassungsschaubild M1.

5 Erkläre die Funktion des Scherbengerichts. Hältst du es für sinnvoll?

6* Erkläre, warum politische Ämter heute nicht mehr ausgelost werden.

M1 Ein Redner auf der Volksversammlung (Rekonstruktionszeichnung)

Die Volksversammlung der Polis Athen

Der Begriff Volksversammlung bezeichnet die Zusammenkunft aller freien männlichen Bürger, die älter als 18 Jahre alt waren (= Vollbürger). Diese fand in der Regel alle zehn Tage statt.

Zu Beginn der Versammlung wurde ein Antrag (z. B. „Wir müssen die Steuern erhöhen!" oder „Wir müssen gegen die Perser in den Krieg ziehen!") gestellt, der im Anschluss ausführlich diskutiert wurde. Jedes Mitglied der Volksversammlung durfte Anträge stellen und hatte Rederecht. Aber meistens sprachen immer wieder dieselben bekannten Redner. Beschlüsse konnten gefasst werden, wenn mindestens 6000 Bürger anwesend waren. Wer zu spät zur Volksversammlung kam, musste eine Strafe zahlen und wurde mit roter Farbe markiert.

Am Ende der Volksversammlung wurde über den Antrag abgestimmt – entweder per Handzeichen, oder – wenn es auf jede Stimme ankam – mit roten und schwarzen Steinen.

Der Rat der 500 wurde ausgelost und hatte die Aufgabe, die Volksversammlung vorzubereiten. Er war also für die Verwaltung und die Organisation der Volksversammlung zuständig. Die Leitung der Volksversammlung übernahmen 50 Mitglieder für 36 Tage, dann wurden sie ausgetauscht. Der Vorsitzende wurde täglich neu gewählt, weshalb es theoretisch möglich war, dass jeder Bürger einen Tag über Athen herrschte. Das Volk entschied über alle politischen Fragen. Wie das genau aussah, erklärt der Athener Perikles seinem Freund Lysander.

FACHBEGRIFF

Demokratie
Demokratie bedeutet Herrschaft des Volkes, d. h. dass das Volk alle politischen Entscheidungen trifft bzw. daran beteiligt wird. Früher im antiken Athen galt das nur für die Vollbürger der Polis.
Heute bedeutet der Begriff auch, dass alle Menschen dieselben Freiheitsrechte besitzen. Jeder darf z. B. seine Meinung äußern und sagen, wenn ihm etwas nicht gefällt.

Antikes Griechenland

Lysander: Sei gegrüßt, Perikles! Du hast es aber eilig. Wohin willst du denn so schnell?

Perikles: Sei gegrüßt, Lysander, ich bin auf dem Weg zur Volksversammlung.

Lysander: Oh, davon habe ich schon einiges gehört. Aber ich habe nie genau verstanden, wie das in Athen abläuft. Was ist denn die Aufgabe eurer Volksversammlung?

Perikles: Die Volksversammlung ist sehr wichtig für Athen. Hier kommen alle Vollbürger der Polis zusammen, um sich mit wichtigen politischen Entscheidungen zu beschäftigen.

Lysander: Stimmt, Athen ist eine Demokratie. Da ist es nur logisch, dass die Bürger die politischen Entscheidungen treffen. Und welche Entscheidungen sind das genau?

Perikles: Sie entscheidet z. B. über Krieg und Frieden! Mein Großvater hat mir vom Krieg gegen die Perser erzählt. Damals haben die Athener in der Volksversammlung darüber beraten, ob und wie sie Krieg gegen die Perser führen möchten: Soll ein Seekrieg vorbereitet werden oder will man den Persern lieber an Land entgegentreten?

Lysander: Das sind sehr verantwortungsvolle Entscheidungen. Dann ist die Volksversammlung aber eine sehr wichtige Versammlung!

Perikles: Ja, durch sie haben wir Athener die Möglichkeit, die Politik in unserer Polis mitzubestimmen. Hier werden auch unsere Gesetze überprüft. Wir stellen uns hier also jedes Jahr die Frage, ob die Gesetze noch gut sind oder ob wir sie anpassen, verändern oder abschaffen müssen. Wenn ein Gesetz z. B. veraltet ist oder für Ungerechtigkeit sorgt, kann die Volksversammlung beschließen, das Gesetz abzuschaffen. Das betrifft z. B. die Nahrungsmittelversorgung oder die Steuern.

Lysander: Interessant, also macht eure Volksversammlung die Gesetze? Kann dann jeder Vollbürger über die Gesetze mitbestimmen?

Perikles: Genau! Neue Gesetze werden vom Rat der 50 vorgeschlagen und in der Volksversammlung wird dann darüber abgestimmt.

Lysander: Und was passiert, wenn sich die Bürger einmal nicht an Gesetze halten?

Perikles: Das ist dann die Aufgabe des Volksgerichtes, für das jedes Jahr 6 000 Richter ausgelost werden. Diese müssen allerdings schon über 30 Jahre alt sein.

M 2 Der Athener Perikles trifft auf dem Weg zur Volksversammlung den Spartaner Lysander.

AUFGABEN

1. *Beschreibe das Bild der Volksversammlung M1 und überlege, welche Themen besprochen werden könnten. Notiere dazu für jede Sprechblase ein bis zwei Sätze in deinem Hefter.*
2. *Lies das Gespräch zwischen Perikles und Lysander (M2). Notiere, wer welche Aufgaben in Athen hat.*
3. *Ermittle die von Perikles genannten Personen bzw. Personengruppen im Verfassungsschaubild M1 auf S. 200. Erkläre, wer die Macht ausübt und wie Machtmissbrauch verhindert werden soll (M2).*
4. *Erkläre, warum die antiken Athener alle Ämter, außer das der Heerführer, auslosten.*
5.* *a) Diskutiert in der Klasse, ob ihr die attische Verfassung aus heutiger Sicht für gerecht haltet. Beachtet auch, wer politische Rechte hatte und wer nicht. Einen Anhaltspunkt bieten der Fachbegriff-Kasten auf S. 202 und das Schaubild auf S. 200.*
   b) Vergleicht die Verfassung Athens mit dem Staatsaufbau in Ägypten.

EXTRA

M 1 Volksversammlung in Athen (Rekonstruktionszeichnung)

Die erste Demokratie der Welt – wie lief eine Volksversammlung ab?

Ein Rollenspiel durchführen
Bei einem Rollenspiel musst du dich in eine andere Person hineinversetzen. Du spielst dann diese Person in einer bestimmten Situation. Vorher musst du dich über die zu spielende Person informieren und dir überlegen, wie sich die Person in der Situation verhalten wird.

Schritte zur Durchführung eines Rollenspiels

1. Vorbereitung
- Öffne den QR-Code bzw. Webcode für die Rollenkarten des Rollenspiels.
- Verteilt die Rollen in der Klasse. Die Rollen dürfen mehrfach besetzt werden.

 Digital+
WES-112452-204

2. Das Spiel durchführen
- Mache dich mit deiner Rolle vertraut.
- Lies die Rollenkarte mehrfach durch und überlege, wie diese Person sich verhalten wird. Nutze dazu die Erzählung auf S. 205.
  Tipp: Wenn die Rollen mehrfach besetzt sind, könnt ihr euch natürlich in den entsprechenden Gruppen besprechen.
- Spielt die euch zugedachten Rollen in der folgenden Situation: In Athen wurde eine Volksversammlung wegen der Bedrohung durch die Perser einberufen.

3. Auswertung
- Bewertet das Spiel und die einzelnen Spielerinnen und Spieler:
  Wie haben die Spielerinnen und Spieler gesprochen? Waren sie überzeugend? Warum oder warum nicht? Konnten sie ihren Standpunkt gut vertreten?

Antikes Griechenland

Krieg gegen die Perser – Entscheidungen in der Volksversammlung

Im Jahr 508 v. Chr. bereitete der persische Könige Xerxes I. einen Feldzug gegen die Griechen vor. Zwar konnte ein Bündnis der griechischen Stadtstaaten die Perser abwehren, aber in Athen befürchtet man einen neuen Angriff, weshalb eine Volksversammlung einberufen wird. Hier kommt es zu Auseinandersetzungen darüber, wie man dieser Bedrohung am besten begegnen sollte:

Große Mengen von Bürgern drängen sich zum Versammlungsort. Jeder will einen guten Platz bekommen, um die Redner gut zu hören und zu sehen. Nachdem Ruhe eingekehrt ist, eröffnet der Vorsitzende mit den Worten „Wer wünscht das Wort?" die Versammlung. Als Erster tritt **Aristides** ans Rednerpult. Ihm folgt **Themistokles**. Gebannt lauschen die Menschen den Rednern. Aber es regt sich auch Widerstand: **Dimitrios** lehnt die Kriegspläne ab, er möchte lieber Friedensverhandlungen mit den Persern aufnehmen.

Bei der Abstimmung stimmt die Mehrheit der Volksversammlung allerdings dem Antrag des Themistokles zu. Sofort ergreift der reiche Geschäftsmann **Filippos** das Wort und zeigt mit dem Finger auf Dimitrios: „Mit der Ablehnung eines Kriegs will Dimitrios verhindern, dass Athen größer und mächtiger wird. Er hat viele gegen die Oberen der Stadt aufgehetzt und fügt so unserer Stadt großen Schaden zu. Ich fordere die Verbannung des Verräters." Einen Monat später kommen die Bürger zu einem Scherbengericht zusammen und jeder ritzt einen Namen auf eine Tonscherbe.

Du bist **Ernestos**, ein Teilnehmer der Volksversammlung. Du bist ein Anhänger von Aristides und vertraust seinen Fähigkeiten. Er hat Griechenland schon einmal gegen die Perser verteidigt und die attische Demokratie gerettet.

Du bist **Filippos**, ein Teilnehmer der Volksversammlung. Die Argumente von Themistokles überzeugen dich. Du willst für den Aufbau einer Flotte spenden. Seinen Finanzierungsvorschlag findest du gut. Du beantragst ein Scherbengericht gegen Dimitrios.

Du bist **Dimitrios**, du bist wütend auf die reichen Athener und lehnst die Kriegspläne ab, denn ein Krieg wäre für die Polis sehr teuer, weil die Bauern dann ihr Feld nicht bestellen können und Athen deshalb nicht versorgt werden kann. Du möchtest dein Leben nicht riskieren, um den Reichtum der Reichen noch zu vergrößern. Du möchtest Friedensverhandlungen führen und den Persern Zugeständnisse machen, damit es nicht zu einem Krieg kommt.

Du bist **Aristides** und bist um Athen besorgt, das von den Persern bedroht wird. Schon einmal hast du erfolgreich gegen die Perser gekämpft. Du warst damals ein Feldherr und hattest die Befehlsgewalt über ein Heer. Feldherr konnte man nur werden, wenn man sehr gutes Wissen über die Kriegsführung hatte. Heute willst du die Volksversammlung überzeugen, dass du nur dann mit einem Heer die Perser erfolgreich abwehren kannst, wenn die Kräfte zu Land gebündelt werden und Athen ein großes Heer aufstellt.

Du bist der Aristokrat **Themistokles** und bekleidest ein Staatsamt. Dein Ziel ist es, die Seemacht Griechenlands zu stärken, um die Perser besiegen zu können. Du befürchtest, dass eine Streitmacht zu Land nicht ausreichen wird, da Xerxes mit einem großen Landheer und vielen Kriegsschiffen in den Krieg zieht. Deshalb willst du Kriegsschiffe bauen lassen, die du durch Spenden reicher Bürger und die Gewinne aus den Silberbergwerken bezahlen möchtest. Die Gewinne gingen dann nicht mehr an die Bürger, sondern an den Staat.

M1 Die Spartaner in der Schlacht von Platää 479 v. Chr. (Rekonstruktion von 1890)

Sparta – ein Staat der Krieger

Die Einwohner der Stadt Sparta nennt man Spartaner. Sie eroberten durch Kriege ihr Umland und versklavten die dort lebenden Bauern. Diese Heloten (= Eroberte, Gefangene) mussten das Land für die Spartaner bearbeiten und die Hälfte der Ernte abtreten. Sie waren Staatssklaven und hatten keine politischen Rechte. Die Handwerker und Händler der eroberten Städte blieben zwar frei, hatten aber keine politischen Mitspracherechte.

Nach und nach wanderten weitere Menschen ins Umland ein, weil das Land dort fruchtbar war. Hier durften sie siedeln. Sie blieben zwar freie Bauern, mussten aber für die Spartaner die Grenzen bewachen und im Krieg als Soldaten kämpfen. Dafür standen sie unter dem Schutz der Spartaner. Diese Personengruppe nennt man Periöken (= Nachbar, Umwohner). Auch sie hatten keine politischen Rechte – ebenso wenig wie Frauen.

Man kann sich Sparta als großes Heerlager vorstellen. Dort war das Leben einfach und hart. Die Männer aßen und schliefen zusammen in Gemeinschaftsunterkünften – ein Familienleben führten sie nicht. Denn für die Spartaner stand nicht die einzelne Person im Vordergrund. Für sie zählte die Gleichheit und damit die Unterordnung der einzelnen Menschen unter die Gemeinschaft.

Die Spartaner fühlten sich ständig bedroht. Es gab ca. 9 000 Bürger, ungefähr ebenso viele Frauen, ca. 30 000 Periöken und etwa 150 000 versklavte Bauern, weshalb sich die Spartaner ständig auf Krieg vorbereiteten. Alle männlichen Vollbürger waren daher Berufssoldaten. Die spartanische Armee war also bestens ausgerüstet und ausgebildet. Sie blieb über 300 Jahre unbesiegt und war über Griechenland hinaus bekannt und gefürchtet.

INFO

Sparta war eigentlich eine **Monarchie**: Die obersten Heerführer waren zwei Könige. Aber die politischen Entscheidungen traf die sogenannte Volks- oder Heeresversammlung, an der alle waffenfähigen Männer mit Bürgerrechten teilnahmen. Außerdem wählte sie den Rat der Alten und die fünf Ephoren. Das waren Aufseher des Staates. Diese kontrollierten alle Spartaner – auch die Könige.

Die Schlacht bei den Thermopylen

Der Spartaner Lysander erzählt vom Kampf der Spartaner gegen die Perser:

Im Jahr 480 v. Chr. machten sich die Perser zur Eroberung Griechenlands auf. Um unsere Heimat zu verteidigen, schlossen sich auch mutige Soldaten aus Sparta wie mein Vater dem griechischen Bündnis gegen die Perser an. Aber es gab ein Problem: Zu dieser Zeit fand in Sparta ein sehr wichtiges religiöses Fest statt. Weil unsere weisen Ältesten die Götter nicht verärgern wollten, beschlossen sie, das Fest nicht ausfallen zu lassen. Deshalb schickten unsere Könige erst einmal nur die 300 stärksten und tapfersten Männer unter der Führung des Königs Leonidas in den Krieg.

Auf dem Weg nach Athen mussten die Perser eine Küstenstraße im Norden Griechenlands passieren. Diese war an der breitesten Stelle gerade einmal 15 m breit. Die Perser konnten an dieser Stelle keinen Vorteil aus ihrer zahlenmäßigen Überlegenheit ziehen. Deshalb beschloss der schlaue Leonidas, dass dies ein guter Ort sei, um sich den Persern entgegenzustellen. Er wusste, dass er mit seinen Männern die Perser so lange aufhalten musste, bis Unterstützung kommen würde. Währenddessen zogen sich die restlichen griechischen Soldaten zurück, um die weitere Verteidigung zu organisieren.

Sechs Tage kämpften die tapferen Spartaner gegen die persische Übermacht. Sie hätten gewinnen können, aber der Grieche Ephialtes hatte die kühnen Männer für Geld verraten. Den furchtlos kämpfenden Soldaten um Leonidas half auch ihre herausragende Ausbildung nichts. Sie wurden umzingelt und von den Persern angegriffen.

Alle Spartaner, auch mein Vater, starben in diesem Kampf. Aber sie starben nicht umsonst. Die Griechen gewannen wertvolle Zeit, um Athen zu evakuieren und sich neu zu organisieren. In den folgenden Schlachten wurden die Perser endgültig besiegt.

Das ist die Geschichte der 300! Eine Handvoll Spartaner verhinderte durch ihren Mut die Eroberung Griechenlands. Um ihre Tapferkeit zu ehren, wurde ein steinerner Löwe als Ehrenmal errichtet.

M 2 Spartas legendärer Kampf gegen die Perser

AUFGABEN

1 a) Nenne die Bevölkerungsgruppen, die in Sparta lebten und beschreibe ihr Verhältnis zueinander.
b) Erstelle ein Schaubild, das die Größenverhältnisse der Bevölkerungsgruppen in Sparta darstellt. (1 cm = 10 000 Menschen)

2 Diskutiert in der Klasse, ob Sparta ein „Staat der Krieger" war, indem ihr die Bedeutung des Militärs für den spartanischen Staat erklärt (M1).

3 a) Erklärt das Selbstbild der Spartaner. Welche Rolle spielt das Militär? Formuliert ein bis zwei Sätze in euren Hefter.
b) *Erörtert in der Klasse, inwiefern die Geschichte vom Kampf der 300 das Selbstverständnis der Spartaner zeigt. Warum war das Denkmal ein Löwe? (M2)

4 Erkläre, welche Rolle das Militär heute in Deutschland spielt.

5 Arbeite mit dem digitalen Zusatzmaterial: Erkläre das beschriebene Verhalten der Spartaner gegenüber den Heloten.

 Digital+

WES-112452-207

EXTRA

Das Militär heute – die deutsche Bundeswehr

In der Bundeswehr (Streitkräfte der Bundesrepublik Deutschland) leisten rund 180 000 Soldatinnen und Soldaten Dienst (Stand 2022), also nicht einmal jeder Hundertste Bürger des Landes. Zurzeit gibt es in Deutschland keine Wehrpflicht. Das heißt, dass niemand dazu verpflichtet ist, als Soldatin oder Soldat zu kämpfen. Die Bundeswehr ist also eine Berufsarmee.

Sie ist nicht nur Arbeitgeber von Soldatinnen und Soldaten, sondern bietet auch die Möglichkeit einer Ausbildung oder eines Studiums in einem nicht militärischen Beruf. Das sind dann Bereiche, die für die Unterstützung der Soldatinnen und Soldaten wichtig sind. Fluggerätemechanikerinnen und -mechaniker z. B. sorgen dafür, dass die Flugzeuge der Bundeswehr einsatzbereit sind. Und Ärztinnen und Ärzte versorgen verletzte oder kranke Soldatinnen und Soldaten. Seit 2001 stehen alle Berufe bei der Bundeswehr auch Frauen offen – auch der Beruf der Soldatin.

Ob es eine Wehrpflicht gibt, wie lange diese dauert bzw. welche Personen sie betrifft, regelt jedes Land. Zurzeit gibt es weniger als 30 Länder, in denen es eine allgemeine Wehrpflicht gibt, also wirklich fast alle Dienst leisten müssen, Männer und Frauen.

M 1 Die Ausbildung spartanischer Jungen

Erziehung in Sparta

Die Erziehung der Jungen in Sparta

In Sparta begann die Ausbildung zum Krieger schon in der Kindheit. Die Jungen lebten in Gruppen zusammen. Mit sieben Jahren wurden sie einem Erwachsenen zugeteilt, der ihr Training leitete und ihre Ausbildung zum Krieger übernahm. Ihm mussten sie unter allen Umständen gehorchen. Lesen und Schreiben spielte in der Ausbildung der jungen Spartaner eine eher untergeordnete Rolle. Wichtig waren unbedingter Gehorsam und militärische Tüchtigkeit.

Der Ältestenrat traf die Entscheidung, welcher Junge kräftig genug für den Heeresdienst war. Die anderen wurden in der Wildnis ausgesetzt und zum Sterben zurückgelassen.

Die gesamte Erziehung der spartanischen Jungen war darauf ausgerichtet, gut ausgebildete und gehorsame Krieger für den Staat zu gewinnen. Die Jungen übten die Überwindung von Hunger, Durst und körperlichen Schmerzen. Wichtig für ihre Ausbildung waren deshalb auch Ausdauer und sportliche Übungen sowie Disziplin. Mit 18 Jahren wurden ihre Fähigkeiten getestet: Sie wurden nackt auf feindlichem Gebiet ausgesetzt und mussten sich bis nach Sparta zurück durchkämpfen. Wenn sie den Test bestanden, wurden sie mit 20 Jahren vollwertige Soldaten.

Die Erziehung der Mädchen in Sparta

Auch die Erziehung der Mädchen war auf die Wehrhaftigkeit des Staates ausgerichtet. Diese trainierten ihre Körper (z. B. durch Ringen, Diskus- und Speerwurf), um stark und gesund zu bleiben und gesunde und kräftige Kinder gebären zu können. Eine Frau, die bei der Geburt starb, bekam einen Grabstein mit ihrem Namen darauf. Das war eine Ehre, die sonst nur einem im Kampf gefallenen Krieger zuteil wurde. Alle anderen Verstorbenen bekamen Grabsteine ohne Namen.

Die Mädchen wurden in Sparta also dazu erzogen, Mütter zu sein, die dem Staat viele zukünftige Soldaten schenken sollten.

Die häufige Abwesenheit der Männer führte außerdem dazu, dass die Frauen sich verstärkt um die Alltagsdinge kümmern mussten. Auf diese Aufgabe wurden die Mädchen von ihren Müttern vorbereitet.

Die Erziehung in Sparta hatte folglich eine sehr wichtige Funktion für den Staat, der seine militärische Stärke aufrechterhalten musste, um weiter zu bestehen.

Erziehung in Athen

Die Erziehung der Jungen in Athen

In Athen sahen das Leben und auch die Erziehung anders aus: Arme Männer mussten hart arbeiten, während reiche ein freies Leben genossen. Sie vertrieben sich die Zeit als Zuschauer bei Sportveranstaltungen, spielten mit Freunden, trieben selbst Sport, führten Gespräche über Politik. Abends trafen sich die Männer zu einem sogenannten Symposion, einem gemeinsamen Essen.

Ihre Erziehung bereitete die Jungen auf dieses Leben und die Pflichten als Vollbürger, der an der Gestaltung der Politik der Polis teilhat, vor. Deshalb wurden diese von Privatlehrern unterrichtet und besuchten später das Gymnasion. Neben den Fächern Schreiben, Lesen, Rechnen und Musik wurden sie auch in Sport unterrichtet. Ein angesehener Bürger musste körperlich fit sein, um mit der Waffe kämpfen zu können, wenn es erforderlich ist. Er sollte sich für öffentliche Angelegenheiten interessieren und seine Meinung dem Volk verständlich machen können. Außerdem musste er die Fähigkeiten haben, eines der Ämter zu übernehmen, die es in der Polis gab, sowie Sinn für das Gute und Schöne im Leben haben.

Die Erziehung der Mädchen in Athen

Die Frauen kümmerten sich um den Haushalt, d. h. die Ehefrauen überwachten die Arbeit der Sklaven, sorgten für das Essen und achteten auf die Vorräte.
Außerdem kümmerten sie sich um die Kindererziehung und stellten Stoffe und Kleidungsstücke her. Sie bewohnten ein separates Zimmer, zu dem kein Mann Zugang hatte, und verließen das Haus nur zum Einkaufen oder zum Besuch bei Verwandten – stets in Begleitung einer Dienerin.

Frauen hatten kein eigenes Vermögen, keine umfassende Schulbildung und keine politischen Rechte. All dies wirkte sich auch auf die Erziehung aus:
Die Mädchen lernten bis zum 15. Lebensjahr von ihrer Mutter die häuslichen Arbeiten: mit Wolle umzugehen, ein Gewand anzufertigen, aber auch das Kochen. Dann wurden sie mit einem wesentlich älteren Mann verheiratet, den der Vater auswählte. Dazu musste das Mädchen einen tadellosen Ruf haben. Deshalb waren sie häufig zu Hause, damit sie keine jungen Männer treffen oder sich verlieben konnten.

AUFGABEN

1. Erstelle eine Collage zum Thema „Kindheit".
2. Sammelt eure Eindrücke zur Erziehung in Sparta und Athen.
3. Beschreibe das Bild M1 und überlege, wer was sagen könnte. Notiere dazu für jede Sprechblase ein bis zwei Sätze in deinen Hefter.
4. * Arbeite anhand des Textes heraus, wie die Erziehung der Jungen und Mädchen in Sparta und Athen aussah. Erstelle eine Tabelle.
5. Ergänze deine Tabelle mithilfe einer Internetrecherche.
6. Erkläre das Ziel der Erziehung in Sparta und Athen für den Staat.
7. Diskutiert in der Klasse: Hättet ihr lieber in Athen oder Sparta gelebt? Begründet eure Meinung.

INFO

Ein **Gymnasion** war im antiken Griechenland ein Ort, an dem die Jungen erzogen wurden und Schulbildung erhielten. Außerdem fand dort auch das körperliche Training statt. Das englische Wort Gym (= Turnhalle) leitet sich heute noch von dieser Tatsache ab. Auch unser Wort Gymnasium stammt von diesem griechischen Wort ab.

EXTRA

M1 Das griechische Heer von Alexander (1) kämpft gegen die Truppen des Perserkönigs Dareios (2) in der Schlacht von Issos 333 v. Chr. (römisches Mosaik in Pompeji, um 100 v. Chr.)

Alexander der Große – bis ans Ende der Welt?

Die Streitigkeiten der Poleis untereinander schwächten die Stadtstaaten und so konnte Philipp II., der König von Makedonien, ganz Griechenland erobern. Nach Philipps Ermordung wurde sein Sohn Alexander König von Makedonien.

Alexander zog mit 5 500 Reitern, 30 000 makedonischen und 7 000 griechischen Fußsoldaten Richtung Persien und besiegte das Heer des persischen Königs Dareios III. in drei großen Schlachten (am Granikos, bei Issos und bei Gaugamela). Dareios Truppen waren zwar zahlenmäßig überlegen, waren aber auch aus allen Teilen des Reiches bunt zusammengewürfelt und verfügten über unterschiedliche Ausrüstung und Ausbildung.

Dareios wurde auf der Flucht ermordet. Alexander ließ ihn bestatten, seine Mörder hinrichten und ernannte sich selbst zu seinem Nachfolger. In der Massenhochzeit von Susa verheiratete Alexander viele seiner adligen Mitstreiter mit persischen Ehefrauen. Er selbst heiratete zwei Perserinnen, darunter auch die Tochter des Dareios, um seine Herrschaft als König zu sichern.

Nachdem Alexander Persien erobert hatte, setzt er seinen Eroberungszug Richtung Indien, dem Ende der damals bekannten Welt, fort. Er zog zunächst nach Ägypten, wo er sich zum Pharao krönen ließ. Auch hier griff Alexander die religiösen und politischen Vorstellungen der eroberten Völker auf, um seine Herrschaft zu sichern.

Alexander starb im Jahr 323 v. Chr. im Alter von 33 Jahren. Auf ihn gehen über 70 Stadtgründungen zurück, in denen er Griechen ansiedelte, um seine Macht zu sichern.

Aufgrund seiner militärischen Erfolge bekam Alexander von den Römern den Beinamen „der Große".

Zwar zerbrach das Alexanderreich nach seinem Tod in mehrere Königreiche, aber Griechisch blieb in allen Nachfolgereichen Amtssprache und die griechische Kultur verbreitete sich im gesamten Mittelmeerraum und in Teilen Asiens. Diese Zeit nennt man daher auch **Hellenismus**.

Antikes Griechenland

INFO

Der griechische Begriff Mythos beschreibt eine erfundene und sagenumwobene Geschichte. Alexander der Große ließ bewusst Mythen über seine Person erzählen, z. B. er sei der Sohn des Amun-Re. So betonte er die Rechtmäßigkeit seiner Herrschaft durch die Abstammung von den Göttern. Der Mythos, dass Alexander durch einen Trick ein uraltes Rätsel gelöst habe, schreibt ihm Eigenschaften wie Intelligenz und List zu. Seinen Mut und seine Tatkraft betont die Geschichte, er habe ein unzähmbares Pferd zugeritten.

Es gibt über Alexander den Großen viele solcher Erzählungen. Aber über die historische Person wissen die Forscher wenig.

Es ist also immer wichtig, Quellen kritisch zu hinterfragen: Hat Alexander das alles wirklich getan? Warum sind diese Taten überliefert worden? Wer hat sie überliefert?

Es war einmal ein großer König mit Namen Alexander, der mit seinem Heer auszog, um ganz Asien zu erobern. Während seiner Eroberungsfeldzüge wurde er von Wissenschaftlern begleitet, die die neuen Entdeckungen untersuchen und erklären sollten. Der Wissensdurst des Königs war kaum zu stillen und er wollte die Menschen in seinem wachsenden Reich an seinen Erkenntnissen und neuen Errungenschaften teilhaben lassen.

Seine Neugierde und der Drang nach neuen Erkenntnissen waren so groß, dass er auch vor der Erkundung des Meeres nicht zurückschreckte. In einer gläsernen Glocke machte er sich an den Abstieg und erreichte sogar den Grund des Meeres. Siebzig Tage saß der große König in seinem gläsernen Boot tief drunten im Meer und betrachtete die Wunder und Ungeheuer der Tiefe. Unter anderem entdeckte er dort einen Fisch, der so groß war, dass es drei Tage dauerte, bis er vorbeigeschwommen war.

M 2 Mythos über Alexanders Unterwasserfahrt

M 3 Alexanders Feldzüge und die Ausdehnung seines Reiches.

AUFGABEN

1. Beschreibe das Alexandermosaik M1 und erkläre, wer deiner Meinung nach den Kampf gewinnen wird.
2. Arbeite aus M2 und dem Info-Kasten heraus, welche Taten Alexander angeblich vollbracht hat.
3. Benennt in Partnerarbeit die Eigenschaften, die Alexander gehabt haben musste, um diese Taten vollbringen zu können.
4. Ermittle mithilfe des Atlas, welche heutigen Staaten auf dem Gebiet des Alexanderreichs liegen (M3).
5. Alexander hat als junger Mann ein ganzes Weltreich erobert.
   a) Erstelle mithilfe des Textes und einer Internetrecherche einen Zeitstrahl zu Alexanders Taten.
   b) Vergleiche diese Fakten mit euren Ergebnissen aus den Aufgaben 2 und 3.
   c) Erkläre, warum Alexander solche Mythen über seine Person verbreiten ließ.
6. Beurteile, ob Alexander den Beinamen „der Große" verdient hat.

M1 Zeusstatue von Olympia

M3 Olympische Spiele – Diskuswurf

M5 Die olympische Flagge

Spuren der Griechen heute

Ob Wissenschaft oder Kultur, Sport oder Politik: Die europäische Kultur wurde und wird stark von den alten Griechen beeinflusst. Einige Menschen gehen sogar so weit, das antike Griechenland als Wiege der europäischen Kultur zu bezeichnen. Aber was meinen sie damit?

Die alten Griechen und die heutigen Wissenschaften

Ein wichtiger Wissenschaftler war Archimedes, der mit der archimedischen Schraube (M6) die erste Wasserpumpe erfand. Man nennt sie wegen ihrer Form auch Schneckenpumpe. Es handelt sich um eine Förderanlage, die auch noch in heutigen Maschinen zur Anwendung kommt.

Er entdeckte die Auftriebskraft, mit der Chemiker verschiedene Metalle unterscheiden. Das kennen wir aus unserem Alltag: Andere Leute können uns leichter hochheben, wenn wir im Wasser sind. Wenn wir Nudeln in einen mit Wasser gefüllten Topf geben, läuft das Wasser über.

Weitere bekannte Persönlichkeiten sind Pythagoras und Euklid, zwei berühmte Mathematiker, deren Namen ihr sicherlich im Matheunterricht noch hören werdet.

Der griechische Mediziner Hippokrates hat festgestellt, dass Krankheiten keine göttliche Bestrafung sind, sondern, dass jede Krankheit eine Ursache hat und dass man eine Krankheit heilen kann, wenn man diese Ursache erkennt. Eine Vorstellung, die damals revolutionär war, auch wenn sie für uns heute selbstverständlich ist. In der griechischen Antike wurden die ersten Weltkarten mit Längen- und Breitengraden gezeichnet. Außerdem haben die alten Griechen festgestellt, dass die Erde eine Kugel ist. Ptolemäus hat sogar berechnet, wie sich die Planeten um die Erde bewegen.

M2 Ruinen eines griechischen Theaters

M4 Alte Oper in Frankfurt am Main

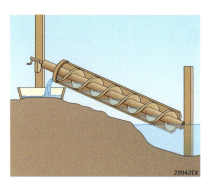
M6 Archimedische Schraube

Antikes Griechenland

M 7 Plenarsaal des Deutschen Bundestags

M 8 Eine Tonscherbe eines Scherbengerichts als Stimmzettel

M 9 Filmplakat zu „300"

Die alten Griechen und die europäische Kultur

Aber auch kulturell haben wir einiges von den Griechen gelernt: Die Baukunst des 18. und 19. Jahrhunderts ahmt die Architektur griechischer Tempel nach. Griechische Theater (M2) und Theaterstücke waren das Vorbild vieler heutiger Schauspiele und Theaterhäuser. Das sieht man z. B. bei den typischen griechischen Säulen der Alten Oper in Frankfurt (M4).

Die alten Griechen werden euch also wahrscheinlich später auch im Deutschunterricht begegnen. Ganz bekannte Texte sind griechische Fabeln.

Platon und Aristoteles sind uns heute ebenfalls noch bekannt. Sie waren zwei der bedeutendsten Philosophen der Antike und stellten Fragen, die die Menschen auch heute noch bewegen: Wie sollte ein idealer Staat aufgebaut sein? Was ist richtig und falsch? Was ist der Sinn des Lebens? Von diesen beiden berühmten Griechen werdet ihr in Religion bzw. Ethik noch einmal hören. Auch unsere demokratische Ordnung (M7, M8) hat ihre Wurzeln in der griechischen Antike.

Die griechischen Mythen faszinieren die Menschen noch heute, wie zahlreiche Romane, Comic-Hefte oder Filme (M9) beweisen.

Auch die Olympischen Spiele der Neuzeit (M5) gehen auf die griechische Antike zurück (M3), auch wenn die heutige Sportveranstaltung keine religiösen Aspekte beinhaltet (M1).

Selbst unsere Sprache ist von der griechischen Antike beeinflusst worden, denn wir benutzen täglich zahlreiche Wörter, die aus dem Griechischen stammen, oder verwenden Sprichwörter, die auf diese Zeit zurückgehen. Der Paketversandservice „Hermes" hat seinen Namen z. B. vom gleichnamigen griechischen Götterboten.

INFO

Der Begriff **Philosophie** bedeutet übersetzt „Liebe zur Weisheit". Philosophen sind also Menschen, die nach immer neuem Wissen streben und versuchen, wichtige, allgemeine Fragen zu beantworten.

AUFGABEN

1. *Small Talk: Bewegt euch langsam durch die Klasse und sucht euch auf das Signal der Lehrperson hin einen Gesprächspartner. Unterhaltet euch nun über das Thema „Antikes Griechenland". Auf ein erneutes Signal hin beendet ihr das Gespräch und bewegt euch wieder durch den Raum. Den Vorgang wiederholt ihr einige Male.*
2. *Wähle auf dieser Doppelseite ein Bild aus, das du persönlich mit dem Thema „Antikes Griechenland" verbindest. Stelle dein Bild in der Klasse vor und begründe deine Auswahl.*
3. *Stelle mithilfe des Textes die wichtigsten Aspekte zum Thema „Das Erbe der Griechen" dar.*
4. *Erstellt eine Wandzeitung zum Thema „Griechenland". Bringt dazu Bildmaterial aus Reiseprospekten, Fotos von Gebäuden, Statuen, Wandbildern etc. mit. Stellt eure Materialien in der Klasse vor.*
5. *Recherchiere im Internet: Wo lassen sich auch heute noch Spuren der alten Griechen finden? Nenne Beispiele.*
6. *Erkläre, warum die griechische Antike als Wiege der europäischen Kultur bezeichnet wird.*

ALLES KLAR?

Griechische Stadtstaaten
Schreibe den Text in deinen Hefter und fülle die Lücken mit den passenden Wörtern aus dem Wortspeicher unter dem Lückentext:

Die Landschaft der Griechen ist geprägt von ① , kargen Ebenen, vielen ② und Buchten. Dies führte dazu, dass sich kein geschlossener ③ mit einer eigenen ④ entwickeln konnte. Stattdessen entstanden viele Stadtstaaten, die sogenannten Poleis. Eine ⑤ ist ein Staat, zu dem nur die Stadt und die nähere Umgebung gehören. Jeder dieser Stadtstaaten war ⑥ und ⑦ selbstständig. Der bedeutendste Stadtstaat Athen lebte vor allem vom ⑧ und vom ⑨ . Weitere berühmte Stadtstaaten waren ⑩ , ⑪ oder ⑫ .

– POLIS – HAUPTSTADT – HANDEL – POLITISCH – THEBEN – HANDWERK – SPARTA – GEBIRGEN – WIRTSCHAFTLICH – INSELN – KORINTH – STAAT –

Richtig oder falsch?
Korrigiere die falschen Antworten:
a) Wenn griechische Männer ihre Polis verließen und an einer anderen Stelle eine neue Kolonie gründeten, lebten sie immer friedlich mit den Bewohnern des Umlandes zusammen.
b) Junge Griechen wanderten aus, weil wachsende Einwohnerzahlen und Missernten dazu führten, dass die Lebensmittel nicht mehr ausreichten, um alle Menschen zu ernähren.
c) Die alten Griechen glaubten nur an einen Gott (Monotheismus).
d) Obwohl es viele kleine griechische Stadtstaaten gab, verstanden sich die Menschen als Griechen. Das liegt unter anderem daran, dass sie denselben Glauben hatten.
e) Die Griechen brachten den Göttern Menschenopfer, um sie gnädig zu stimmen.
f) Während der Olympischen Spiele durfte kein Krieg geführt werden.
g) Die erste Demokratie entstand in Sparta.
h) Die Erziehung in Athen war darauf ausgerichtet, möglichst viele gut ausgebildete und gehorsame Soldaten hervorzubringen.
i) Sparta war ein Kriegerstaat.
j) Mythen sollten helfen, die Herrschaft Alexanders des Großen zu sichern.

Herrschaftsformen – Athens Weg zur Demokratie
Finde zu den Begriffen (1–3) die Erklärung (a–c) und schreibe sie in deinen Hefter.

1) Demokratie

a) … ist die Herrschaft eines Königs.

b) … ist die Herrschaft einer Oberschicht (zum Beispiel Adlige und reiche Kaufleute).

c) … ist die Herrschaft des Volkes. Alle Bürger haben die gleichen Rechte und Pflichten und wählen ihre politischen Vertreter. Die gewählten Vertreter müssen sich an die Gesetze halten.

3) Aristokratie

2) Monarchie

Antikes Griechenland

Arbeitsteilung in Athen
Vervollständige die Aussagen.

"Wenn die Geschäfte heute in meiner Töpferei gut laufen, dann kann ich noch auf den Markt gehen und ..."

"Bevor ich zurück zu meinem Bauernhof fahre, muss ich unbedingt noch zum Töpfer in den Laden. Ich brauche noch..."

"Die Frauen in Ägypten lieben meine Waren. Das macht mich zu einem erfolgreichen Händler. Wie gut, dass..."

Was bleibt von den Griechen?
a) Jeweils zwei Bilder gehören zusammen. Ordne sie zu.
b) Formuliere für jedes der sechs Bilder eine passende Überschrift in deinen Hefter.
c) Nenne weitere Entwicklungen der alten Griechen, die wir bis heute nutzen.

Konsum und Nachhaltigkeit

M1 Bedürfnisse können sehr unterschiedlich sein.

Ich will das! Und das! Und das!

Tagtäglich hast du immer und immer wieder das Gefühl, etwas haben zu wollen. Wenn du z. B. Hunger bekommst, möchtest du etwas essen. Aber sicherlich möchtest du noch viel mehr. Du möchtest gerne bestimmte Dinge besitzen: ein Smartphone, ein Kleidungsstück, ein Fahrrad, ... Du hast **Bedürfnisse**. Man kann auch sagen, du hast das Verlangen oder den Wunsch nach etwas. Ein Bedürfnis ist also das Gefühl eines Mangels, verbunden mit dem Wunsch, diesen Mangel zu beseitigen. Du möchtest also etwas haben, über das du gerade nicht verfügst. Wobei man unterscheiden muss, wie dringlich diese Bedürfnisse sind.

Der amerikanische Psychologe Abraham Maslow hat nach zahlreichen Befragungen eine Hierarchie, das heißt, eine Rangfolge der Bedürfnisse erstellt. Er zeigt damit, welche Bedürfnisse zuerst erfüllt werden müssen und welche erst später folgen. In seiner Pyramide finden sich sowohl **materielle** als auch **immaterielle Bedürfnisse**. Das eine sind Dinge, die du kaufen kannst, das andere sind nicht käufliche Dinge wie soziale Kontakte, Liebe und Geborgenheit.

Welche Bedürfnisse wir konkret haben, ist von Mensch zu Mensch unterschiedlich. Dabei spielen verschiedene Faktoren, wie z. B. das Alter, eine Rolle. So haben junge Menschen andere Bedürfnisse als alte. Die einen wollen z. B. Party mit lauter Musik, die anderen sehnen sich nach Ruhe.

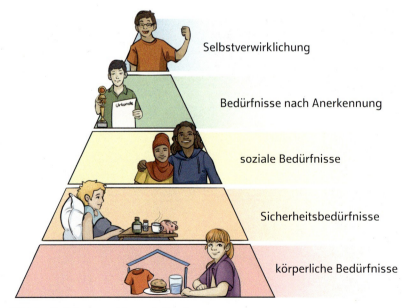

M2 Bedürfnispyramide nach Maslow

Zu welcher Stufe gehören die Bedürfnisse?

Partner | Wärme | Einfluss | Trinken | Freunde | Karriere | Arbeit und festes Einkommen | Hygiene | Recht und Ordnung | Familie | Essen | Macht | Schutz vor Gefahren | Schlafen | Kleidung | Talententfaltung | saubere Luft | Gesundheit | Unabhängigkeit | Ansehen | Liebe | körperliche Stärke | Freiheit | Respekt | Verwirklichung der eigenen Wünsche und Ziele | Doktor-Titel | Krankenversicherung | Lob | Wohnung | Kommunikation

Konsum und Nachhaltigkeit

Welche Güter lassen sich unterscheiden?

Bedürfnisse können mithilfe von Gütern befriedigt werden. Unser Bedürfnis nach frischer Luft oder Sonnenlicht lässt sich kostenlos befriedigen, denn die Natur stellt uns diese freien Güter unbegrenzt zur Verfügung. Die meisten Güter stehen uns aber nur begrenzt zur Verfügung. Es gibt also nicht unendlich viel von ihnen. Diese Güter heißen knappe Güter. Diese können wir in zwei Arten unterscheiden: Sachgüter (Dinge, die wir anfassen können) und immaterielle Güter (Dinge, die wir nicht anfassen können).

Sachgüter können wieder in zwei Arten unterteilt werden. Zum einen gibt es Konsumgüter. Sie dienen dem eigenen Bedarf. Zum anderen gibt es Produktionsgüter. Sie werden dazu verwendet, neue Güter herzustellen, also zu produzieren.

Sowohl die Konsumgüter als auch die Produktionsgüter können Gebrauchs- oder Verbrauchsgüter sein. Gebrauchsgüter sind langlebig. Sie können eine gewisse Zeit in Anspruch genommen werden. Sie sind also mehrfach verwendbar und nutzen sich früher oder später ab. Verbrauchsgüter sind kurzlebig. Sie werden nur einmal verwendet und dabei aufgebraucht oder umgewandelt.

M3 Unterscheidung von Gütern

Arbeit mit Baumdiagrammen

Baumdiagramme dienen zur Darstellung von Zusammenhängen. Das Diagramm heißt so, weil es mehrere Äste hat, die sich nach unten immer weiter verzweigen. Ein Beispiel für ein Baumdiagramm ist ein Familien-Stammbaum. Auf diese Weise können manche Themen veranschaulicht werden, sodass sie besser verständlich sind.

In M3 geht es um die Arten von Gütern. Notiere dir zuerst die Überschrift in einem Kasten. Güter lassen sich in zwei Güterarten unterteilen. Zeichne also zwei Äste an den Kasten und notiere in diese die beiden Unterarten. Auch eine dieser Unterarten lässt sich wiederum unterteilen. Und so weiter. So entsteht ein Baumdiagramm.

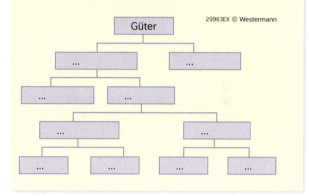

M5 Baumdiagramm erstellen

M4 Blick in eine Bäckerei

FACHBEGRIFF

Konsum bedeutet Verbrauch. Ein Konsument ist also ein Verbraucher. Wenn wir z.B. in einem Geschäft Lebensmittel kaufen und diese essen, dann konsumieren wir.

AUFGABEN

1. *Bedürfnisse sind von Mensch zu Mensch verschieden. Nenne Faktoren, die Bedürfnisse beeinflussen.*
2. *Ordne die Bedürfnisse den einzelnen Stufen der Bedürfnispyramide zu (M2).*
3. *Übertrage die Skizze M5 und vervollständige sie mithilfe von M3. Tipp: Achte auf die Unterstreichungen.*
4. *Erkläre am Beispiel der Bäckerei, was Konsum-, Produktions-, Gebrauchs- und Verbrauchsgüter sind (M3, M4).*

M1 Am Times Square in New York City – Werbung überall

Werbung überall

Durch den Kauf von Gütern werden Bedürfnisse erfüllt, doch viele Bedürfnisse werden erst durch **Werbung** künstlich geweckt. Wie schafft die Werbung das?
- Werbung wird oft als Information getarnt. Dies geschieht in Zeitschriften und Zeitungen, wenn Werbeanzeigen wie Artikel aussehen, bei Dauerwerbesendungen im Fernsehen, aber auch bei Clips auf Youtube oder TikTok. So gelingt es, unbemerkt Kaufwünsche zu wecken.
- Ein Trick ist die ständige Wiederholung. Werbesprüche oder bestimmte Bilder finden sich an ganz vielen Orten. Sehr wirkungsvoll ist Werbung mit einprägsamen Slogans, also Werbesprüchen, oder Jingles. Das sind kurze Musikstücke und Erkennungsmelodien.
- Stars aus Musik, Film und Sport unterschreiben Werbeverträge mit großen Unternehmen. Sie werben z. B. direkt für Mode, Kosmetik oder Parfüms. Sportler tragen das Markenlogo auf dem Trikot und nutzen die von diesen Sponsoren produzierte Kleidung.
- Dein Surfverhalten im Internet hinterlässt Spuren, sogenannte Cookies. Wenn du dich über ein paar Schuhe im Internet informierst, taucht Werbung für dieses Paar Schuhe noch Tage später auf unterschiedlichen Webseiten auf, die du anschließend besuchst. Werbung wird zielgenau auf dich angepasst.
- In Filmen und Serien werden uns häufig z. B. Autos oder technische Geräte bestimmter Marken gezeigt. Dies nennt man Produktplatzierung („product placement"). Kritiker sprechen gerne von Schleichwerbung. Laut Gesetz muss darauf aber heutzutage hingewiesen werden.

FACHBEGRIFF

Werbung ist eine Form der Beeinflussung von Menschen. Dies geschieht durch den Einsatz von Werbemitteln wie Anzeigen, Werbespots, Warenproben. Werbung wird über verschiedene Wege verbreitet, vor allem durch Medien (Zeitung, Radio, Fernsehen, Internet). Ziel ist es, den Verkauf von Waren zu fördern und Kunden zu gewinnen oder die Bekanntheit oder das Image (= Ansehen) eines Unternehmens zu verbessern.

Konsum und Nachhaltigkeit

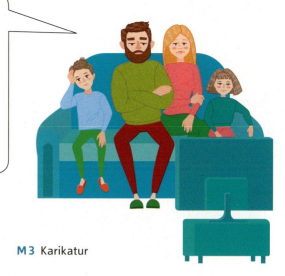

Nein, er kann nicht wirklich fliegen.

Nein, nicht alle Menschen sind jung, hübsch und erfolgreich.

Nein, es ist nicht gesund, Süßigkeiten zu essen, nur weil Vitamine drin sind.

Nein, ...

Nein, ...

Nein, ...

M 3 Karikatur

Wenn einer die gleiche Markenkleidung wie ein Superstar trägt, ist er ein bisschen wie er, nämlich cool und angesagt.

Durch Bilder von Dingen, die es in Wirklichkeit so nicht gibt, wie zum Beispiel sprechende Tiere, wird unsere Aufmerksamkeit geweckt.

Großflächige Werbebotschaften sichern in der Regel besondere Aufmerksamkeit. Sie machen eine Anzeige unübersehbar. Je größer die Anzeige, desto länger betrachten wir sie.

Positive Gefühle bleiben uns länger im Gedächtnis. Produkte werden daher häufig mit attraktiven Personen beworben. Auch Tiere, insbesondere Tierbabys, lösen positive Emotionen aus.

M 2 Wie Werbung wirkt

AUFGABEN

1. *Erkläre den Sinn und Zweck von Werbung.*
2. *Nenne konkrete Beispiele für Werbung, die nach den genannten Mechanismen und Tricks funktionieren (M2).*
3. *Ergänze weitere Aussagen wie in M3 in deinen Hefter.*
4. *Nenne Orte in deinem Alltag, an denen dir Werbung begegnet.*
5. *Welche Werbung spricht dich an? Überprüfe, welche Tricks darin verwendet werden.*
6. *„Werbung: Alles Lüge?" Nimm Stellung zu dieser Frage (M2, M3).*
7. *Schildere deine Erfahrungen mit Werbung. Bist du schon einmal zum Kauf verführt worden?*
8. *Einkaufsfalle Supermarkt – wie wirst du im Supermarkt zum Einkaufen verführt? Notiere deine Ergebnisse.*

EXTRA

Einkaufsfalle Supermarkt?

Neben der Werbung gibt es noch einige andere Methoden, um die Kunden dazu zu bringen, möglichst viel einzukaufen. Besonders geschickt sind die Methoden im Lebensmittel-Einzelhandel, also z. B. im Supermarkt. Ein Gang durch den digitalen Supermarkt zeigt dir, mit welchen Tricks hier gearbeitet wird.

 Digital+

WES-112452-221

M1 Viele Influencer präsentieren ihre Ausbeute vom Shopping.

M3 Welche Eigenschaften muss ein Influencer haben, damit du ihm vertraust?

Wie viel Einfluss haben Influencer?

Vor allem große Unternehmen beschäftigen sich intensiv mit der Frage, wie sie die Bedürfnisse der Konsumenten wecken können. Dafür gibt es sogenannte **Marketing**-Abteilungen. Dort arbeiten Werbeexperten, die die Kunst beherrschen, uns zum Kaufen zu bewegen, ohne dass wir das immer bewusst wahrnehmen. Sie handeln dabei nach dem AIDA-Prinzip (M2).

Eine Zielgruppe haben viele Werbeexperten dabei besonders im Blick: Jugendliche. Teenager haben im Durchschnitt rund 200 Euro pro Monat zur Verfügung und sind damit mögliche Käufer. Je älter die Teenager sind, desto mehr Geld haben sie. Die meisten bekommen Taschengeld, viele verdienen sich mit einem Nebenjob noch etwas dazu.

Da Jugendliche viel Zeit mit YouTube, Instagram oder TikTok verbringen, haben Werbeexperten natürlich auch Social-Media-Stars als Werbebotschafter entdeckt. Diese gelten vielen als Vorbilder. Sie werden zu sogenannten **Influencern**. Der Begriff kommt aus dem Englischen: „to influence", was „beeinflussen" bedeutet. Je mehr Follower die Influencer haben, desto besser erreichen die Unternehmen damit mögliche Kunden. Und der Einfluss wirkt: 20 von 100 Jugendlichen geben zu, auch schon einmal ein Produkt gekauft zu haben, was ein Influencer vorgestellt hat. Daher geben Unternehmen immer mehr Geld für Werbung in diesem Bereich aus. 2021 waren es weltweit über 13 Milliarden Euro – Tendenz stark steigend.

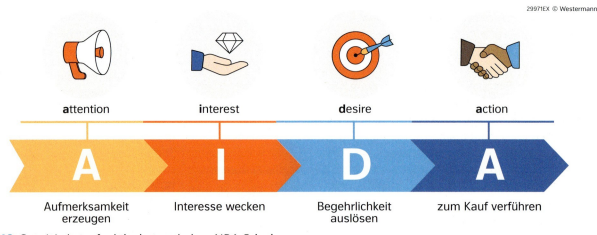

M2 Gute Werbung funktioniert nach dem AIDA-Prinzip.

Konsum und Nachhaltigkeit

Kritik an Influencer-Werbung bei Kindern

Die Instagram-Seiten von Viktoria und Sarina sind eine [...] Traumwelt für Kinder: zwei Mädchen mit langen Haaren, immer lachend, mit Pferden, Plastikeinhörnern und Hundewelpen. Jeweils eine Million Fans folgen den beiden und wissen auch ganz genau: Viktoria und Sarina lieben Süßigkeiten. Das wird auf den Fotos klar: Sarina vor einem fünfstöckigem Regal mit bunten Cornflakes-Packungen, Viktoria neben mehreren Eimern voller roter, grüner, gelber Gummitiere. Und immer wieder ist diese rosa Torte zu sehen. Sie passt perfekt in dieses virtuelle Kinderparadies. Doch natürlich ist die Torte neben dem Beitrag "Was richtig toll zu eurem nächsten Geburtstag passen würde" nicht zufällig dort gelandet. Es ist Werbung, bezahlt von Coppenrath & Wiese. [...] Seit Jahren sind die Tiefkühltorten der Firma im Fernsehen zu sehen – und mittlerweile auch auf Social Media. „Das Influencer-Marketing ist eine neue Art des Marketings. Sie [...] schaltet die elterliche Kontrolle ganz erfolgreich aus", kritisiert Luise Molling von der Verbraucherschutz-Organisation Foodwatch. So würden Fehlernährung und Fettleibigkeit bei jungen Menschen gefördert.

Bei ihrer Recherche hat sich Molling die Social-Media-Kanäle der beliebtesten Kinder-Influencer angesehen: [...]. Das Prinzip ist überall das gleiche. Wie bei Viktoria und Sarina verdienen hier junge Menschen Geld mit einer Mischung aus Entertainment und Werbung. Neben witzigen Videos und süßen Selfies werden immer wieder Produkte gezeigt, unter anderem ungesunde Lebensmittel. Coca-Cola, McDonald's, Haribo – viele Marken platzieren hier ganz selbstverständlich ihre Produkte. Die seien dann zwar als Werbung gekennzeichnet; doch Kinder könnten meist gar nicht unterscheiden zwischen normalen Postings und einem bezahlten Bild, sagt Molling.

M 5 Werbung für Lebensmittel bei Influencern garantiert keine Seltenheit

Man wolle gar keine Kinder unter 12 Jahren erreichen, argumentiert dagegen Haribo. Allerdings könne man nicht ausschließen, dass Jüngere auf die Marketing-Maßnahmen stoßen [...]: „Soziale Medien wie TikTok und Instagram [haben] in ihren Nutzungsbedingungen allerdings ein Mindestalter für die Nutzung [...]. Hier setzen wir auch auf die Verantwortung der Eltern, die auf das Online-Verhalten ihrer Kinder achten und Sorge dafür tragen, welche Medien ihre Kinder nutzen."

Foodwatch fordert ein generelles Verbot von Kindermarketing für ungesunde Lebensmittel [...]. „Es gibt etliche Länder weltweit, die solche [...] Gesetzgebungen umgesetzt haben. Zum Beispiel Chile: Da sehen Sie keine Cartoonfiguren mehr auf zuckrigen Frühstücksflocken, und auch im Internet und Fernsehen dürfen bei Kindern und Jugendlichen beliebte Stars nicht mehr für ungesunde Lebensmittel werben." [...]

Quelle: Robert Holm, RBB: Kritik an Influencer-Werbung bei Kindern. Norddeutscher Rundfunk, Hamburg, tagesschau.de, 17.02.2021

M 4 Ein kritischer Blick auf Influencer

AUFGABEN

1. Erkläre das AIDA-Prinzip (M2).
2. Tragt in der Klasse zusammen, welchen Influencern, Channels und Accounts ihr folgt und warum. Über welche Themen wird dort gesprochen?
3. Nenne mögliche Gründe, warum jemand Influencer wird.
4. * Arbeite aus dem Schaubild heraus, welchen Einfluss Influencer auf Jugendliche haben (M3).
5. Arbeite die Kritik heraus, die im Artikel deutlich wird (M4).
6. Beurteile, ob die Kritik berechtigt ist.
7. Scanne den QR-Code und erkläre, welchen Einfluss Influencer haben können.

 Digital+

WES-112452-223

Ich habe von meiner Mutter 30 Euro bekommen und möchte mir davon möglichst viele T-Shirts kaufen. (A)

Ich möchte mir ein schwarzes T-Shirt kaufen und dafür möglichst wenig Geld ausgeben. (B)

M1 Minimal- oder Maximalprinzip?

Güter sind begrenzt

Warst du schon einmal wunschlos glücklich? Gab es einen Moment, in dem du keinerlei Bedürfnisse hattest? Keine Wünsche und Träume? Diesen Zustand kennen wohl nur die wenigsten. Die meisten Menschen haben ein Problem: Ihre Bedürfnisse sind nahezu unendlich. Kaum haben wir ein Bedürfnis erfüllt, überkommt uns ein neues. Und durch die Werbung entwickeln wir immer neue Bedürfnisse.

Doch die meisten Güter sind nur begrenzt verfügbar und vor allem sind unsere Mittel zum Erwerb dieser Güter begrenzt. Einfach gesagt: Wir haben zu wenig Geld, um uns alles leisten zu können, was wir gerne hätten. Daher müssen wir wirtschaften: Wir müssen die uns zur Verfügung stehenden Mittel möglichst effizient einsetzen, also so, dass wir das bestmögliche Ergebnis erzielen. Daher handeln wir nach dem **ökonomischen Prinzip**, welches wiederum zwei verschiedene Ausprägungen hat.

Fall 1: Frau Bayer hat sich für eine bestimmte Digitalkamera entschieden. Diese möchte sie nun möglichst günstig kaufen. Daher vergleicht sie verschiedene Angebote und kauft beim günstigsten Anbieter.

Fall 2: Eine Fabrik benötigt bei der Produktion viel Strom. Die Ursache hierfür sind die relativ alten Maschinen. Die Unternehmensleitung beschließt, neue zu kaufen, die bei gleicher Leistung weniger Strom benötigen.

Fall 3: Familie Bauer hat einen Heizölvorrat von 7000 l in ihrem Tank. Damit versucht sie, so lange wie möglich auszukommen und dreht die Heizung runter, wenn es nicht zu kalt ist.

Fall 4: In einer Jeans-Firma wird versucht, möglichst viele Jeansteile aus den Stofflagen auszuschneiden. Die verschiedenen Teile und Größen werden daher mithilfe eines Computers zu einem optimalen Schnittbild zusammengestellt, sodass es kaum Verschnitt gibt.

M3 Beispiele

AUFGABEN

1. Ordne die Beispiele dem Minimal- und dem Maximalprinzip zu (M1–M3).
2. Erkläre, welchen Vorteil der Handel mit Geld gegenüber dem Tauschhandel hat.
3. Ordne die Beispiele in M5 und M6 den Funktionen des Geldes zu (M4).
4.* Meistens können wir unsere Bedürfnisse befriedigen, indem wir etwas kaufen. Erstelle eine Mindmap mit Kriterien, die bei einer Kaufentscheidung eine Rolle spielen können.

ökonomisches Prinzip

- **Minimalprinzip**: ein Ziel mit möglichst geringem Einsatz von Mitteln (z. B. Geld, Zeit) erreichen
- **Maximalprinzip**: mit den gegebenen Mitteln (z. B. Geld, Zeit) möglichst viel erreichen

M2 Ökonomisches Prinzip

Konsum und Nachhaltigkeit

Wertaufbewahrung
Geld wird nicht schlecht. Man kann es aufheben, auf dem Konto speichern oder anlegen. Wenn man es benötigt, kann man es jederzeit abheben oder überweisen.

Zahlungsmittel
Als Bargeld oder in virtueller Form ist es jederzeit gültig und kann zum Kauf von Waren und Dienstleistungen eingesetzt werden.

Recheneinheit und Wertmaßstab
Als Recheneinheit und Wertmaß dient Geld dazu, Waren und Dienstleistungen zu vergleichen.

M 4 Funktionen des Geldes

Ohne Moos nix los – das Geld

Geld ermöglicht die Versorgung mit Waren, ohne dass zeitgleich eine andere Ware zum Tausch angeboten werden muss. Der Bäcker kann ein Fahrrad erwerben, ohne dass er dem Fahrradhändler eine bestimmte Anzahl von Broten gibt. Er hat nämlich vorher an andere seine Brote verkauft und dafür Geld bekommen. Damit kann er nun ein Fahrrad kaufen. Geld ist also ein Tausch- und Zahlungsmittel.

Doch nicht jedes Geschäft wird mit **Bargeld** abgewickelt. Schon in der Antike wurden Geschäfte mit sogenanntem **Buchgeld** geführt. Auf Schriftrollen wurden Kosten berechnet und Zahlungen aufgeschrieben. Die Beträge wurden im Buch ein- und ausgetragen.

Heutzutage funktioniert das digital. Arbeitnehmer bekommen ihren Lohn per Überweisung auf ihr Bankkonto und nicht in einer Lohntüte wie früher. Die Bank verbucht dieses Geld als Einnahme. Computer-Datenbanken ersetzen also die Bücher von damals.

Auch das Bezahlen unterwegs erfolgt heute häufig bargeldlos. Viele Käufer benutzen eine Debitkarte (meist EC- oder Girokarte genannt) oder Kreditkarte oder das Smartphone. Die Beträge werden vom Konto des Käufers auf das Konto des Verkäufers gebucht.

Um seine Ausgaben immer im Blick zu behalten, kann das eigene Konto im Internet verwaltet werden (**Online-Banking**).

Oma Marlies hat ihr Geld unter der Matratze versteckt.

Sören möchte in den Freizeitpark und rechnet sich aus, wie oft er dafür Zeitung austragen muss.

Hakan bekommt fürs Rasenmähen beim Nachbarn 10 Euro.

Melia bestellt sich neue Schuhe im Internet und überweist das Geld.

M 5 Funktionen des Geldes

M 6 Geld ins Sparschwein

auf einem Markt um 1500

im Tante-Emma-Laden

M1 Einkaufen früher …

Auf dem Markt entsteht der Preis

Wer Dinge des alltäglichen Bedarfs kaufen möchte, geht heute meist in den Supermarkt (M2). Jedoch gibt es in zahlreichen Orten auch Wochenmärkte, auf denen regionale Anbieter ihre Waren verkaufen. Diese Märkte auf zentralen Plätzen gab es schon vor einigen Hundert Jahren (M1). Sie prägen heute das Stadtbild vieler Städte. In großen Städten gab es sogar Plätze, auf denen ganz bestimmte Waren gehandelt wurden, z. B. den Heumarkt in Hanau. Teilweise hatten die Käufer und Verkäufer weite Anreisen.

Ab dem 19. Jahrhundert entstanden kleine Läden, in denen man vom Ladenbesitzer hinter der Theke bedient wurde (M1). Diese Geschäfte wurden liebevoll Tante-Emma-Laden genannt. Ab den 1950er-Jahren verbreiteten sich Supermärkte, in denen der Kunde die Ware selbst aus dem Regal nimmt (Selbstbedienung) und an der Kasse bezahlt.

Mit der Erfindung des Internets entstehen ab den 1990er-Jahren Online-Shops (M2). Der Käufer bestellt und bezahlt per Online-Banking, der Händler kümmert sich um den Versand.

All diese Märkte sind also Treffpunkte von Käufern (**Nachfragern**) und Verkäufern (**Anbietern**). Natürlich möchte der Verkäufer seine Ware zu einem möglichst hohen Preis verkaufen und der Käufer zu einem möglichst niedrigen Preis kaufen. Damit beide bereit sind, das Geschäft abzuschließen, müssen sie sich also auf einen Preis einigen. Unter anderem in arabischen Ländern oder der Türkei ist es noch weit verbreitet, dass auf dem Markt (Basar) verhandelt wird. Aber auch auf einem deutschen Flohmarkt wird gefeilscht. Im Supermarkt ist das jedoch unüblich. In jedem Fall gilt: Ist das Produkt den Nachfragern zu teuer, kaufen sie nicht. Und ist der Preis den Anbietern zu niedrig, verkaufen sie nicht.

im Supermarkt

im Internet

M2 … und heute

Konsum und Nachhaltigkeit

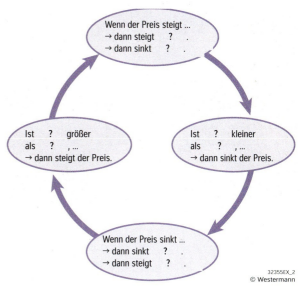

M4 Preisbildungsmodell

Der Preis eines Produktes ist abhängig davon, wie hoch die **Nachfrage** ist und wie groß das **Angebot**. Ein Beispiel: Eric ist Obstbauer. Seine Apfelernte lief gar nicht gut. Zuerst war es zu trocken, dann zu nass. Viele Äpfel sind verfault. Bauer Eric kann also nicht viele Äpfel anbieten. Die Nachfrage nach Äpfeln ist aber gleich geblieben. Die Verbraucher wollen weiterhin ihren Apfelsaft. Die Kelterei, in der Apfelsaft hergestellt wird, braucht also mehr Äpfel, als Eric verkaufen kann. Da die Nachfrage also größer ist als das Angebot, steigt der Preis für Erics Äpfel. Im nächsten Jahr fällt die Ernte sehr gut aus. Die Nachfrage ist genauso hoch wie letztes Jahr. Da nun aber das Angebot höher liegt als die Nachfrage, sinkt der Preis.
Durch die Veränderung der Angebotsmenge hat sich also auch der Preis verändert. Das gleiche passiert, wenn die Nachfragemenge sich verändert.
Ein Jahr später erntet Bauer Eric genau so viel wie im Vorjahr. Aber der Sommer wird sehr heiß, sodass die Verbraucher viel mehr Apfelschorle trinken. Die Nachfrage nach Apfelsaft steigt also. Die Nachfrage ist höher als das Angebot an Äpfeln: Der Preis steigt.
Ein Jahr später liegt plötzlich Orangensaft im Trend. Die Nachfrage nach Äpfeln geht zurück. Die Kelterei kauft weniger Äpfel. Da Bauer Eric seine Äpfel sonst nicht loswird, muss er den Preis senken.

M3 Der Preis für Bauer Erics Äpfel ändert sich.

- Immer mehr Menschen wollen in die dicht besiedelten Innenstädte ziehen.
- Während der Corona-Pandemie brauchen plötzlich sehr viele Menschen Masken.
- Aufgrund von Lieferproblemen kommen immer weniger Computer in Europa an.
- Fidget-Spinner sind im Trend. Fast jeder Schüler will einen haben.
- Die Herstellung von Fidget-Spinnern wird ausgeweitet. Der Trend geht aber schnell vorbei.

M5 Beispiele

AUFGABEN

1. Betrachte die vier Bilder (M1, M2) und beschreibe, was sich verändert hat.
2. Nenne mögliche Vor- und Nachteile der verschiedenen Märkte (M1, M2).
3. * Stelle dar, warum das Internet der „größte Marktplatz der Welt" ist.
4. Übertrage das Schaubild M4 in deinen Hefter und vervollständige es mithilfe von M3.
5. Dinge, die besonders selten und begehrt sind (z. B. Schuhe in Limited Edition), haben auch einen hohen Preis. Erkläre warum.
6. Erkläre, wie sich der Preis in den Beispielen M5 verändert.
7. Nenne selbst Beispiele, wann Preise steigen und wann sie fallen.

M1 Fleischtomaten mit deutschem Bio-Siegel

M2 Eier mit EU-Bio-Siegel

Wer die Wahl hat, hat die Qual

Wer hat nicht schon einmal vor einem Regal im Supermarkt gestanden und Produkte miteinander verglichen? Doch worauf sollte ich beim Kauf von Lebensmitteln achten? Auf eine schöne Verpackung? Das wird meist nicht der ausschlaggebende Grund sein. Aber die Verpackung ist nicht unwichtig, denn sie verrät uns so einiges über das Produkt und erleichtert uns vielleicht die Entscheidung. Hersteller von Lebensmitteln sind gesetzlich dazu verpflichtet, gewisse Informationen auf die Verpackung zu drucken. Viele weitere Informationen sind freiwillig, können uns aber teilweise bei der Kaufentscheidung helfen. Doch was ist wichtig beim Kauf von Lebensmitteln?

> **INFO**
>
> **Gütesiegel**
> Gütesiegel sind Symbole, die wir auf vielen Produkten finden. Sie sollen uns Hinweise auf eine bestimmte Qualität eines Produkts geben. Um ein solches Siegel zu erhalten, müssen die Produkte gewisse Kriterien erfüllen.

Immer mehr Menschen achten zum Beispiel beim Kauf von Obst und Gemüse darauf, ob sie ökologisch angebaut wurden und ein Bio-**Siegel** tragen. Es kann aber sein, dass diese Produkte einen weiten Transportweg hinter sich haben, wie z. B. Trauben aus Israel, Südafrika oder Chile. Damit die Ware immer noch frisch ist, wenn sie bei uns ankommt, wird sie besonders behandelt und früher geerntet, sodass sie während des Transports nachreift. Auf diesen Transporten per Lkw, Containerschiff oder Flugzeug werden Schadstoffe ausgestoßen. Anders ist es bei regionalen und saisonalen Produkten, das sind Produkte aus der Nähe, die frisch geerntet werden.

In Deutschland gibt es rund 1 000 Siegel, deren Aussagekraft mal höher und mal niedriger ist. Einige Hersteller erfinden z. B. ihre eigenen Siegel und vergeben sie an sich selbst. Viele Siegel sind aber hilfreich, um die Qualität eines Produktes zu bewerten. Welche Kriterien erfüllt sein müssen, damit die Anbieter ihre Produkte mit solchen Siegeln schmücken dürfen, erfährst du auf siegelklarheit.de (auch als App). Dort kannst du überprüfen, welche Siegel vertrauenswürdig sind.

M3 Welche Siegel sind gut?

AUFGABEN

1. Sammelt in der Klasse Punkte, die beim Kauf von Lebensmitteln wichtig sein könnten.
2. Recherchiere auf der Website www.siegelklarheit.de nach dem DLG-Siegel und beurteile dessen Aussagekraft (M3).
3. „Bio ist nicht immer besser." Beurteile, ob diese Aussage stimmt. Wiederhole dazu noch einmal die wichtigsten Aspekte zu der ökologischen Landwirtschaft (Seite 116).

Konsum und Nachhaltigkeit

M 4 So könnte ein Etikett deines Lieblingsjoghurts aussehen

Name und Anschrift des Herstellers: Eine Kontaktaufnahme muss möglich sein. Bei Produkten tierischer Herkunft muss zusätzlich der Ort, an dem das Produkt zuletzt verarbeitet und verpackt wurde, gekennzeichnet werden. Dafür gibt es einen Code in einem Oval. Damit lässt sich im Internet z. B. der Bauernhof ermitteln.

Nährwerttabelle: Zeigt z. B. an, wie viele Kalorien, Eiweiß, Fett, Kohlenhydrate oder Vitamine ein Produkt hat.

Bezeichnung des Lebensmittels: Benennt den eigentlichen Inhalt statt den Marken- oder Fantasienamen (Beispiel: Erdbeer-Joghurt statt „Früchtetraum").

Füllmenge: Sie darf gesetzlich geregelt in geringen Maßen abweichen (Das Symbol dahinter bedeutet estimated = geschätzt).

Nutri-Score: Zeigt, wie gesund ein Lebensmittel ist (basierend auf Zucker-, Fett- und Salzgehalt).

Mindesthaltbarkeitsdatum (MHD): Der Hersteller garantiert bis zu diesem Zeitpunkt optimale Qualität.

Auszeichnungen: Unabhängige Institute testen die Produkte. Fällt das Ergebnis positiv aus, steht das auch häufig auf der Ware. Schlechte Ergebnisse werden verschwiegen.

Zutatenverzeichnis: Sortiert nach Mengenanteilen; E-Nummern kennzeichnen Zusatzstoffe: z. B. Geschmacksverstärker, Farbstoffe, Konservierungsmittel (für längere Haltbarkeit).

Entsorgungshinweise: Das Kreislauf-Symbol zeigt, dass die Verpackung wiederverwertet wird. Plastik gehört dazu z. B. in den Gelben Sack. Flaschen und Dosen mit Pfandsymbol wandern zurück in den Supermarkt. Andere Symbole verweisen auf den Glascontainer.

Allergene: Sie lösen Allergien aus und müssen daher besonders hervorgehoben werden, z. B. durch Fettdruck in den Zutaten. Gilt z. B. für Milcheiweiß (Laktose), Gluten, Nüsse, Eier, ...

M 5 Erklärungen zu den Lebensmittelkennzeichnungen

AUFGABEN

4 a) Nicht alle Obst- und Gemüsesorten können regional bezogen werden. Recherchiere im Internet, welche Sorten in Deutschland wachsen und welche nicht (je zehn). Erstelle dazu eine Liste.
b) Sortiere deine Liste danach, in welchen Monaten die Sorten geerntet werden.

5 Ordne zu, welche Symbole und Beschreibungen zueinander passen (M4, M5).

6 Finde mithilfe des Verfassertextes heraus, warum einige Kästchen lila und andere gelb sind.

AKTIV

Wir erstellen Wandzeitungen oder Lapbooks

Auf den folgenden Seiten werdet ihr verschiedene Lebensmittel besser kennenlernen, indem ihr etwas über ihre Herkunft und die Anbaumethoden erfahrt. Ziel ist es, dass ihr Experten für ein landwirtschaftliches Produkt werdet und eure Kenntnisse auf einer Wandzeitung (siehe S. 16) oder in einem Lapbook darstellt und diese vorstellt.

Inhalt
Eure Wandzeitung bzw. euer Lapbook soll verschiedene Informationen enthalten. Eine wichtige Rolle spielen dabei:

- Steckbrief des Produkts
- geographische Lage des Beispiels
- Entfernung zu deiner Schule (Luftweg)
- Anbaubedingungen (benötigtes Klima, besondere Ansprüche an den Boden ...)
- Informationen über den Anbau, den Ablauf der Ernte und den Transportweg bis zu uns in den Supermarkt
- mögliche Umweltprobleme beim Anbau und Transport
- Arbeitsbedingungen beim Anbau

Schritt für Schritt
1. **Schritt:** Lest die jeweiligen Buchseiten durch. Die Aufgaben auf den jeweiligen Seiten können euch dabei helfen, den Inhalt des Themas besser zu verstehen.
2. **Schritt:** Teilt euch die Arbeit innerhalb der Gruppe gerecht auf.
3. **Schritt:** Überlegt euch eine sinnvolle Struktur für euer Plakat. Legt eure Materialien auf das Plakat und probiert dabei verschiedene Varianten aus, um die beste Aufteilung zu finden, bevor ihr diese aufklebt.
4. **Schritt:** Berücksichtigt die Methodenkästen auf der nächsten Seite.
5. **Schritt:** Recherchiert im Internet nach Fotos und ergänzenden Informationen.

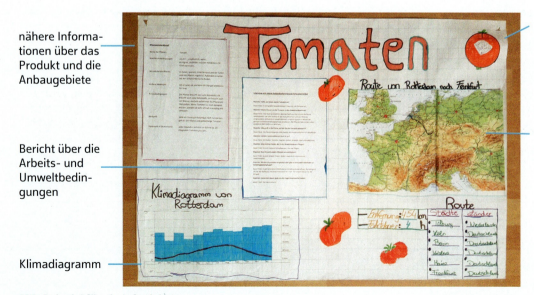

- nähere Informationen über das Produkt und die Anbaugebiete
- Bericht über die Arbeits- und Umweltbedingungen
- Klimadiagramm
- Bilder des landwirtschaftlichen Produkts und Fotos der Anbaugebiete
- Karte mit einer Route, die den Weg des Produkts vom Anbauort bis zum Verbraucher darstellt

M1 Beispiel für ein Infoplakat

Lapbooks gestalten

Lapbook bedeutet übersetzt Falt- oder Klappbuch. Diese lassen sich mit Plakaten und Wandzeitungen kombinieren, die dadurch interaktiv gestaltet werden können. Das bedeutet, dass der Betrachter sich aktiv damit beschäftigen kann, indem er z. B. Klappkarten aufdeckt. Es enthält verschiedene Klappelemente wie Faltbüchlein, Minibücher oder Taschen, die mit Inhalten zum Thema gefüllt werden können. Hier ein paar Beispiele zur Gestaltung:
- Karten können so aufgeklebt werden, dass sie nach oben oder seitlich wie eine Tür aufgeklappt werden.
- Briefumschläge mit Infokarten aufkleben. Diese können auch auf der Rückseite befestigt werden, sodass sie seitlich herausgezogen werden können.
- Mit Reißzwecken können Materialien befestigt werden, die man zur Seite schieben oder drehen kann.

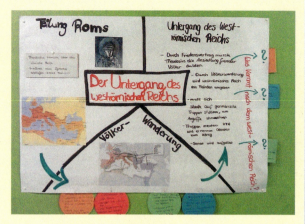

Zahlreiche Vorlagen und Beispiele findest du hier: **Digital+** WES-112452-231

Präsentieren

Es gibt verschiedene Möglichkeiten, eure Plakate zu präsentieren.

Vortrag
- Notiere dir für jeden Teil deines Kurzvortrages Stichpunkte auf eine Karteikarte.
- Probe deinen Vortrag mehrmals zu Hause.
- Halte Blickkontakt zu deinen Zuhörern.
- Dreh deinem Publikum nicht den Rücken zu.
- Sprich frei und lies nicht nur ab.
- Sprich langsam und mach kurze Pausen, um den Zuhörern Zeit zu geben, dir zu folgen.
- Sprich laut und deutlich und achte auf eine abwechslungsreiche Betonung.
- Zeig Begeisterung für dein Thema, denn das ist ansteckend.
- Ermögliche deinen Zuhörern, Fragen zu stellen. Plane enstprechend ein paar Minuten von deiner Vortragszeit dafür ein.

Galeriegang
Hängt eure Plakate im Klassenraum auf. Jede Gruppe geht zu einem Plakat einer anderen Gruppe. Nachdem ihr das Plakat geprüft habt, begebt ihr euch in einer festgelegten Reihenfolge zum nächsten Plakat.

Mögliche Kriterien zur Bewertung von Plakaten sind zum Beispiel:
- Wie ist das Plakat aufgebaut?
- Wie ist das Infoplakat äußerlich gestaltet?
- Sind die Inhalte gut zu verstehen?

M2 Wie in einem Museum

M1 Verkauf von reifen Erdbeeren auf dem Wochenmarkt

M2 Erdbeerernte in Kriftel

Woher kommen unsere Erdbeeren?

Erdbeeren aus dem Vordertaunus

Jedes Jahr im Frühling hat eine kleine rote Frucht ihren großen Auftritt auf den Feldern in unserem Land. In Deutschland beginnt die Erdbeerernte. Auch in Hessen gibt es einige Anbaugebiete, zum Beispiel im Vordertaunus (M3). Von Norden her schützt der Taunus vor kalten Winden und von Südwesten her prägt das milde Klima des Rheingaus die Region. Die Erdbeerpflanze gedeiht am besten an sehr sonnigen Standorten. Je mehr Sonne die jungen Pflanzen bekommen, umso süßer werden die Früchte. Nicht geeignet sind Standorte, an denen es im Frühjahr noch regelmäßig Frost gibt. Dann erfrieren die Blüten leicht und die Pflanze trägt keine Früchte. Erdbeeren benötigen regelmäßige Niederschläge, nicht zu heftig, sodass sich keine Staunässe bildet. Die Erdbeerpflanze benötigt einen lockeren, wasserdurchlässigen, nährstoffreichen Boden. In der Reifezeit werden die Pflanzen mit Planen vor zu viel Feuchtigkeit und Kälte geschützt. Da die Erdbeere innerhalb von 48 Stunden reift, werden während der Erntezeit viele Arbeitskräfte benötigt. Es kommen deshalb auch viele Erntehelfer aus anderen Ländern zu uns, wie zum Beispiel aus Polen oder Rumänien. Die geernteten Früchte müssen rasch verkauft werden, da sie bereits drei Tage nach dem Pflücken verderben können. Deswegen ist die Nähe zum Verbraucher wichtig, damit ihn die Ware frisch erreicht. Eine Pflanze, die wie die Erdbeere hohe Ansprüche an Boden und Klima stellt und intensive Pflege benötigt, wird auch als **Sonderkultur** bezeichnet.

M3 Die Lage des Vordertaunus in Hessen

> **FACHBEGRIFF**
>
> **Sonderkulturen** sind landwirtschaftliche Nutzpflanzen. Ihr Anbau ist sehr arbeits- und kostenintensiv. Für die Ernte werden viele Saisonarbeitskräfte benötigt. Beispiele sind: viele Obst- und Gemüsesorten, aber auch Hopfen und Wein.

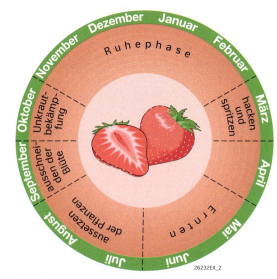

M4 Traditioneller Arbeitskalender für den Erdbeeranbau

Konsum und Nachhaltigkeit

Erdbeeren aus aller Welt

Erdbeeren wachsen nicht nur in Deutschland. Die Frucht wird mittlerweile fast überall in der gemäßigten Zone unseres Planeten angebaut. In der Erntezeit von April bis mindestens Anfang August können die deutschen Landwirte den Bedarf an Erdbeeren aufgrund vieler neuer Züchtungen von Erdbeersorten noch alleine decken. Im Rest des Jahres werden die Früchte aus dem Ausland (z. B. Ägypten, Marokko, Spanien, Italien) eingeführt. Die meisten gefrorenen Erdbeeren kommen mittlerweile aus China zu uns. Sie werden dort schockgefrostet, verpackt und dann per Schiff über den Hamburger Hafen nach Deutschland transportiert. Frische Erdbeeren wurden in den Wintermonaten eine Zeit lang sogar aus Neuseeland zu uns eingeflogen. Für die Umwelt ist besser, auf Erdbeeren aus dem Ausland zu verzichten und nur Obst zu essen, das gerade bei uns Saison hat.

M7 Erdbeeren werden für den Export verpackt (Neuseeland).

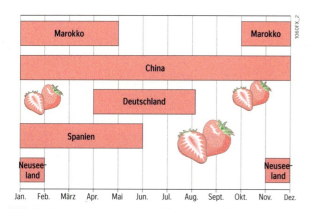

M5 Erdbeerproduzenten im Jahresverlauf

EXTRA

Regionalität aus Hessen
Produkte mit diesem Siegel müssen gänzlich aus Hessen stammen. Das gilt auch für verarbeitete Produkte. Wenn aus den Erdbeeren also Fruchtaufstriche hergestellt werden, muss dies auch in Hessen geschehen. Ansonsten dürften die Produkte nicht das Siegel tragen. Vergeben wird das Siegel vom Land Hessen. Dafür wird das Produkt vom Landwirt bis zur Ladentheke kontrolliert. Es wird dabei auf hohe Qualität und eine regionale Erzeugung geachtet.

	Jan	Feb	Mär	Apr	Mai	Juni	Juli	Aug	Sep	Okt	Nov	Dez
Monatsmitteltemperatur (°C)	2	2	6	10	14	18	20	19	16	11	6	3
minimale Temperatur (°C)	-1	-1	2	5	9	13	15	15	11	7	3	0
maximale Temperatur (°C)	4	6	10	15	19	22	24	24	20	14	9	4
Niederschlag (mm)	60	52	58	53	70	67	71	65	61	61	66	72

M6 Klimatabelle von Kriftel

AUFGABEN

1. Finde weitere Beispiele für Sonderkulturen und ermittle deren Anbaugebiete (Atlas, Internet).
2. Erstelle mithilfe der Klimatabelle ein Klimadiagramm von Kriftel (M6).
3. Stelle mithilfe von M6 und dem Text dar, warum Erdbeeren in Kriftel so gut wachsen.
4. Nenne Aufgaben, die für einen Landwirt im Laufe eines Jahres anfallen (M4).
5. a) Beschreibe das Diagramm M5.
   b) Ermittle, aus welchen Ländern die zurzeit angebotenen Erdbeeren wahrscheinlich kommen.

Fischfang und Fischzucht

Woher kommen unsere Fischstäbchen?

Bei vielen Kindern sind Fischstäbchen sehr beliebt. Vor allem folgende Fischarten werden für die Herstellung von Fischstäbchen verwendet: Kabeljau, Seelachs, Seehecht. Diese Fische werden meistens im Nordatlantik gefangen. Riesige Fischereischiffe (M1) fangen die Fische mit sogenannten Schleppnetzen. Auf dem Schiff wird der Fang gleich verarbeitet. Die Fische werden sortiert und geschlachtet. Der Fisch, der für die Fischstäbchen verwendet werden soll, wird in grätenfreie Filets zerteilt und eingefroren.

Im Fischereihafen wird der Fisch an Großhändler verkauft. Große Fischereihäfen in Deutschland sind Bremerhaven, Cuxhaven und Rostock. Die Fische werden von dort mit Kühltransportern zur Weiterverarbeitung gebracht.

In unserem Fall wird der Fisch in Lebensmittelfabriken zu Fischstäbchen weiterverarbeitet. Hier werden die tiefgefrorenen Filets in passende Platten zersägt und mit einer nassen Panierung umgeben, die aus Mehl, Kartoffelstärke, Salz und Gewürzen besteht. Anschließend werden die Fischstäbchen für wenige Sekunden frittiert. Dann werden sie verpackt und an die Lebensmittelhändler geliefert.

Die Fischabfälle, die bei der Weiterverarbeitung von Fischen entstehen, werden nur selten weggeworfen. Sie werden häufig zu Tierfutter weiterverarbeitet.

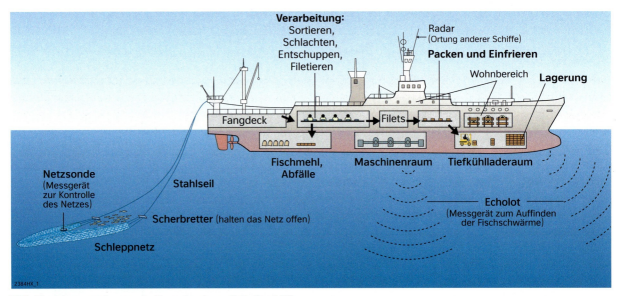

M1 Fischfang und -verarbeitung in einem Fabrikschiff

EXTRA

MSC-Siegel

Das Siegel wird ausschließlich an Fischereien vergeben, die Wildfisch fangen (nicht für Fisch aus Aquakulturen). Um die Nachhaltigkeit zu gewährleisten, müssen die Fischer nachweisen, dass der Fischbestand in einem guten Zustand ist, dass der Lebensraum Meer geschont wird. Kritik gibt es teilweise an den als zu schwach eingeschätzten Auflagen, wie z. B. für die erlaubten Fangmethoden.

AUFGABE

1* Erstelle anhand des Textes und M1 eine Tabelle, in der du die einzelnen Arbeitsschritte des Fischfangs und der Weiterverarbeitung einem Ort zuordnest.

2 Beschreibe in eigenen Worten anhand der Tabelle den Weg des Fischs vom Fang bis zum Verbraucher.

3 Nimm Stellung zu folgender Aussage: „In Fischstäbchen werden doch ohnehin nur Fischreste verarbeitet!"

Konsum und Nachhaltigkeit

M2 Aquakulturen vor der norwegischen Küste

M3 Folgen der Fischzucht in Aquakulturen

Fischfang in Aquakultur

Der Fischfang kann alleine den weltweiten Fischbedarf nicht mehr decken. Der größte Teil der wichtigen Fischbestände im Meer ist überfischt oder davon bedroht. Deshalb entstanden in den letzten Jahren immer mehr Fischfarmen, sogenannte **Aquakulturen**. In diesen werden unter anderem Lachse, Muscheln und Meeresforellen gehalten. In Norwegen sind es vor allem Lachse. Die zahlreichen Buchten und **Fjorde** entlang der norwegischen Atlantikküste sind ideal für die Fischzucht. Sie haben ganzjährig eine gleichbleibende Wassertemperatur von etwa 14 °C. Die geschützte Lage in den Buchten sorgt dafür, dass keine schweren Stürme die Aquakulturen zerstören können.
Es gibt mittlerweile über 1 000 Fischfarmen. Die Gehege sind 30 m tief und bieten Platz für bis zu 200 000 Fische. Die Fütterung der Lachse geschieht vollautomatisch. Zwei Jahre lang werden die Junglachse gemästet, bevor sie gefangen und verarbeitet werden. Per Flugzeug gelangen sie frisch in kurzer Zeit in ihre Zielländer.

Lachs steht durch die Aquakulturen ganzjährig zur Verfügung und kann vergleichsweise günstig angeboten werden. Es gibt jedoch auch Risiken: Durch die beengte Haltung drohen Seuchen. Daher werden die Fische vorbeugend mit Medikamenten gefüttert. Die Gewässer werden zudem mit Kot und überschüssigem Futter belastet.

M4 Fischereierträge weltweit

AUFGABEN

4 a) Vergleiche die Entwicklung des weltweiten Fischfangs mit der Entwicklung der Zucht in Aquakulturen (M4).
b) Erkläre, weshalb in den letzten Jahren so viele Aquakulturen entstanden sind.

5 Begründe, weshalb gerade in Norwegen so viele Lachsfarmen entstanden sind (M2).

6 Erläutere Vor- und Nachteile der Aufzucht von Lachsen in Aquakulturen (M2, M3).

235

Schokolade aus Westafrika

Jeder Deutsche isst im Jahr ungefähr neun Kilogramm Schokolade. Aber hast du dich schon mal gefragt, wo Schokolade eigentlich herkommt?
Schokolade besteht je nach Sorte aus unterschiedlichen Mengen Kakaobohnen, Zucker und Kakaobutter. Häufig wird auch Milch darin verarbeitet. Produziert wird die Schokolade meist in Europa. Der Rohstoff Kakao wird jedoch in den Tropen angebaut, zum Beispiel in Kamerun.

- gute, fruchtbare Böden, schattige Lage
- monatliche Durchschnittstemperatur: ≥ 20 °C
- mindestens 1500 mm Niederschlag / Jahr
- mindestens 100 mm Niederschlag / Monat
- in 700 – 1000 m Höhe

M 4 Ansprüche des Kakaobaums

	J	F	M	A	M	J	J	A	S	O	N	D
T	24,5	24,5	24,6	24,3	24,1	23,3	22,8	22,6	23,1	23	23,6	23,9
mm	22	53	143	181	215	163	79	98	253	298	114	24

M 1 Klimatabelle von Jaunde (Kamerun)

Mathis von der Elfenbeinküste berichtet über seine Arbeit:

Das Geld hat nicht gereicht, dann hat mich mein Vater hierher geschickt, damit ich arbeite. Jetzt bin ich hier und versuche, irgendwie zu überleben. [...] Ich habe oft schlimme Rückenschmerzen, von den schweren Säcken. Wir arbeiten hier immer von sieben Uhr morgens bis sieben Uhr abends. Pausen gibt es keine. Entweder ich schleppe Säcke mit Kakaobohnen, oder ich bin im Wald, dann helfe ich beim Spritzen der Bäume, oder bei der Ernte – dann sammle ich Kakaofrüchte auf und trage sie in Säcken aus dem Wald. [...]

Quelle: Alexander Göbel: Wie Kinder für unsere Schokolade schuften. Deutschlandradio, Köln, 18.12.2014

M 2 Kinderarbeit auf der Kakaoplantage

EXTRA

Fairtrade-Siegel

Bei Schokolade mit diesem Siegel müssen zahlreiche Kriterien erfüllt sein, die die Menschen und die Umwelt schützen sollen. Es soll garantieren, dass es keine Kinderarbeit gibt, auf das Spritzen von Giften zur Schädlingsbekämpfung verzichtet wird und keine Wälder gerodet werden.

Rang	Land	Tonnen
1	Elfenbeinküste	2 200 000
2	Ghana	800 000
3	Indonesien	739 483
4	Nigeria	340 163
5	Ecuador	327 903
6	Kamerun	290 000
7	Brasilien	269 731
8	Sierra Leone	193 156

M 3 Kakaoerntemengen 2021

AUFGABEN

1. Ordne die führenden Anbauländer für Kakaobohnen dem jeweiligen Kontinent zu (M3, Atlas).
2.* Vergleiche Mathis Leben mit deinem (M2).
3. Zeichne ein Klimadiagramm von Jaunde (M1).
4. Begründe, weshalb in Deutschland keine Kakaopflanzen wachsen (M4).
5. Bringe die Texte auf Seite 237 in die richtige Reihenfolge und ordne danach die entsprechenden Bilder zu. Formuliere zu jedem Kasten eine Überschrift und zu jedem Bild eine Unterzeile.

Konsum und Nachhaltigkeit

Der Weg des Kakaos

E Es gibt zwei Ernten im Jahr, die erste reicht von Oktober bis Januar, die zweite (die Nebenernte) ist in den Monaten Juni und Juli.
Die direkt am Stamm wachsenden Früchte werden mit Äxten abgeschlagen.
Da die Ernte nur vom Boden aus erfolgen kann, werden die normalerweise 15 m hohen Bäume auf 5 m gestutzt.

B Für den Anbau von Kakao kommen nur tropische Gebiete beiderseits des Äquators infrage. Da der Kakaobaum keine direkte Sonneneinstrahlung verträgt, wird er zwischen andere Pflanzen, zum Beispiel Bananen, gepflanzt, die ihn beschatten.

F Nach der Ernte werden die Kakaofrüchte auf einen Sammelplatz gebracht und geöffnet. Eine Frucht enthält 25–50 Samenkerne, eingebettet in ein weißes, weiches Fruchtfleisch. Dieses Fruchtfleisch wird beim Herausnehmen der Kerne weitgehend entfernt.

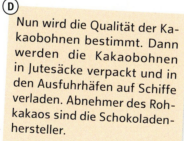

D Nun wird die Qualität der Kakaobohnen bestimmt. Dann werden die Kakaobohnen in Jutesäcke verpackt und in den Ausfuhrhäfen auf Schiffe verladen. Abnehmer des Rohkakaos sind die Schokoladenhersteller.

C Nach dem Fermentieren werden die Bohnen gewaschen, auf Trockenböden ausgebreitet und in der Sonne schonend getrocknet. Dabei bildet sich das Aroma weiter aus.

A Um das restliche Fruchtfleisch zu entfernen, werden die Kakaobohnen auf Bananenblätter gelegt und zugedeckt. Durch die dabei entstehende Wärme beginnt das Fruchtfleisch zu gären. Man nennt diesen Vorgang auch Fermentierung. Die Bohnen erhalten dabei ihre braune Farbe; es bilden sich die ersten Ansätze des Kakaoaromas.

M1 Glashauslandschaft im Westland zwischen Den Haag und Rotterdam (Niederlande)

Hightech-Landwirtschaft unter Glas

Typische Produkte aus den Niederlanden bei uns in Deutschland sind Tomaten und Paprika sowie Schnittblumen wie Tulpen oder Nelken. Etwa drei Viertel der niederländischen Produkte werden in andere Länder ausgeführt, der größte Teil nach Deutschland.

Bei der geringen Größe der Niederlande ist das nur möglich, weil die Landwirtschaft hoch technisiert und sehr produktiv ist. Die Betriebe haben sich in den letzten Jahren alle spezialisiert, fast jeder zehnte auf Gemüse- und Blumenanbau in Gewächshäusern. In Gewächshäusern sorgen computergesteuerte Anlagen das ganze Jahr über für ideale Wachstumsbedingungen für die **Gewächshauskulturen**. Sie steuern die Temperatur, die Feuchtigkeit, die Frischluftzufuhr sowie die Dünger- und Wassermenge und schaffen sogar die ganze Nacht über eine optimale Beleuchtung. Das verbraucht große Mengen an Energie. Diese ist vergleichsweise preiswert, weil die Gärtner einheimisches Erdgas aus dem Norden des Landes und Energie aus Windkraft verwenden können. Auch ist das Klima sehr mild, sodass man weniger heizen muss.

AUFGABEN

1. Beschreibe die Glashauslandschaft bei Den Haag (M1).
2.* Lokalisiere Westland in den Niederlanden und beschreibe seine Lage (M5).
3. Erkläre, warum in Gewächshäusern ganzjährig Gemüse angebaut werden kann (M1, M2, Info).

INFO

Erwärmung in einem Gewächshaus

Das Sonnenlicht durchdringt das Glas oder die Folie eines Gewächshauses zunächst, ohne die Luft zu erwärmen. Am Boden oder auf den Pflanzen wird es in Wärmestrahlung umgewandelt und erwärmt die Luft im Gewächshaus. Diese Erscheinung wird auch Treibhauseffekt genannt.

eindringendes Sonnenlicht
Wärmestrahlung

Konsum und Nachhaltigkeit

M 2 Tomatenernte im Gewächshaus

M 5 Die Lage der Gewächshäuser in den Niederlanden

Ich trete in das Gewächshaus der Tomatenfarm und bin überrascht. Es gleicht einer riesigen gläsernen Fabrikhalle: neun Hektar groß, das heißt, die Hallenfläche misst zwölf Fußballfelder. Durch das Glasdach scheint die Sonne. Es ist sommerlich warm – im Frühjahr. In den Gängen wachsen vier Meter hohe Tomatenpflanzen, die oberen Früchte erreicht man nur mit einem Hubwagen. Auf dem Boden sind Schienen verlegt, auf denen einige Tomatenpflücker kleine Wagen mit Tomatenkartons füllen und dann weiterschieben. „Bloß die Rispen vorsichtig ablegen, die Käufer wollen eine schöne, glatte Tomate!", sagt der Betriebsleiter. Sechs Wochen etwa dauert es, bis eine junge Tomatenpflanze die ersten Früchte trägt. Dann kann man 50 Wochen lang ernten. Für die Befruchtung der Blüten sorgen Hummeln. Wie in einer Fabrik stehen die Pflanzen in Reih und Glied, sie wachsen auf pflegeleichtem Nährboden und über Röhrchen bekommt jede Pflanze Wasser und Nährstoffe. Gegen Schädlinge wird die Schlupfwespe eingesetzt, weil sie Schädlinge frisst.

M 3 Eine Besucherin erzählt von der Betriebsbesichtigung im Gewächshaus.

M 4 Tomaten wurzeln auf Steinwolle.

AUFGABEN

4* Nenne Vor- und Nachteile für den Anbau in Gewächshäusern.
5 Erkläre, mit welchen Mitteln die hohen Erträge in Gewächshäusern erzielt werden (M2–M4).

M1 Ein Fall für den Müll?

M2 Wohin mit den Essensresten, wenn der Magen voll ist?

Essen im Eimer

Knapp elf Millionen Tonnen Lebensmittel werden in Deutschland jedes Jahr weggeworfen. Das sind rund 130 kg pro Person! Die Gründe dafür sind sehr vielfältig. Bereits auf dem Feld wird Gemüse und Obst, das nicht die richtige Größe, Form oder Farbe hat, liegen gelassen oder entsorgt. Zu kleine Kartoffeln, krumme Karotten, unförmige Äpfel oder Tomaten mit einem falschen Rotton haben kaum eine Chance. Die Verbraucher erwarten häufig ein perfektes Aussehen und der Handel orientiert sich daran. Im Supermarkt werden vor allem Lebensmittel entsorgt, die nicht rechtzeitig verkauft wurden. Das Problem: Der Verbraucher erwartet auch kurz vor Ladenschluss noch die volle Auswahl. Das gilt auch für Bäckereien, bei denen besonders viel übrig bleibt.

Die Hälfte der weggeworfenen Lebensmittel landet aber in den privaten Haushalten, also bei uns zu Hause, im Müll. Das sind ca. 78 kg pro Person pro Jahr. Etwa die Hälfte davon wäre sogar noch essbar gewesen.

Mindesthaltbarkeitsdatum als Problem?

Laut einem Gesetz muss auf allen verpackten Lebensmitteln ein Mindesthaltbarkeitsdatum (MHD) abgedruckt werden. Ausnahmen gibt es für Lebensmittel, die gar nicht schlecht werden wie Salz, Zucker oder Essig. Trotzdem drucken manche Hersteller ein MHD auf das Etikett. Im Handel wird meist alles entsorgt, bei dem das MHD überschritten wurde. Wie der Begriff aber schon sagt, sind die Produkte mindestens so lange haltbar. Sie können auch danach noch genießbar sein, was wir mit unseren Sinnen feststellen können. Wenn Schimmel zu sehen ist, etwas seltsam riecht oder säuerlich schmeckt, ist das Lebensmittel verdorben. Doch fest verschlossene Lebensmittel sind häufig noch Wochen oder Monate später essbar. Anders sieht es bei Fleisch aus. Hier gibt es ein Verbrauchsdatum, bis zu dem die Ware konsumiert werden sollte.

M3 Das Mindesthaltbarkeitsdatum richtig einschätzen

INFO

Gurkenkrümmungsverordnung

Lange Zeit gab es in der Europäischen Union sogar eine Gurkenkrümmungsverordnung, in der vorgeschrieben war, dass Gurken möglichst gerade sein müssen. Der Hintergrund: Gerade Gurken lassen sich besser verpacken und lagern. Diese Verordnung gibt es zwar nicht mehr, aber die geraden Gurken schon.

INTERNET

Die Bundesregierung hat eine eigene Website zum Thema Lebensmittelverschwendung.

 Digital+

WES-112452-240

Konsum und Nachhaltigkeit

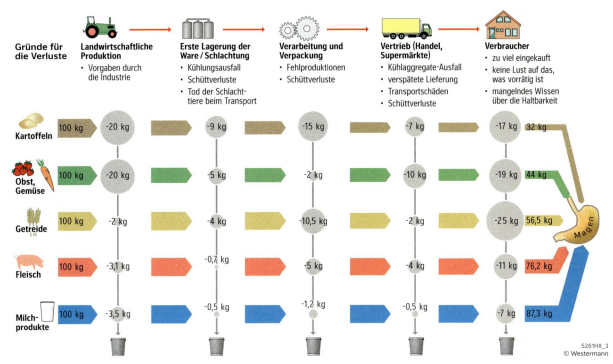

M 4 Welcher Anteil der Lebensmittel landet zum Schluss im Magen der Verbraucher?

---

*78 kg pro Person
wandern jährlich in den Eimer.*

*Oft geerntet zu niedrigem Lohn,
diese Menge muss werden kleiner.*

*500 000 Tonnen im Jahr
schmeißen wir weg an Brot.*

*Diese ganzen Zahlen sind wahr,
andere Menschen leben dafür in Not.*

Lebensmittel wegwerfen, das muss doch nicht sein.

*Nimm die braune Banane, schneide sie klein
und schütt sie in den Mixer hinein.*

Mach einen Smoothie draus und trink ihn aus.

*Auch nach dem Erreichen des MHD
tut das Wegwerfen häufig weh.*

*Statt neu zu kaufen und Geld zu verprassen,
sollte man sich auf seine Sinne verlassen.*

*Sehen, riechen, schmecken,
statt Lebensmittel im Müll zu verstecken.*

M 5 Gedicht von Schülern der 7. Klasse der Eichendorffschule Kelkheim

AUFGABEN

1 Nenne die verschiedenen Gründe zur Vernichtung von Lebensmitteln (M4). Wo gibt es die größten Verluste?

2 Beurteile, wie sinnvoll das Mindesthaltbarkeitsdatum auf Verpackungen ist (M3).

3 a) Führe ein „Wegwerf-Tagebuch", in dem du alle Lebensmittel notierst, die in eurem Haushalt im Laufe einer Woche im Müll landen. Erstelle dazu eine Tabelle mit den Spalten: Was?; Wie viel? Und warum?
b) Vergleicht die Ergebnisse anschließend in der Klasse.

4 a) Arbeite aus dem Gedicht heraus, wie du Lebensmittelverschwendung vermeiden kannst (M5).
b) Sammelt in der Klasse weitere Maßnahmen gegen Lebensmittelverschwendung.

5 Gestaltet Flyer zum Verteilen oder Plakate für eine Ausstellung mit Strategien zur Vermeidung von Lebensmittelverschwendung.

M 1 Mülldeponie mit Verbrennungsanlage

Unser Abfallberg

Wie oft gehst du tagtäglich zum Mülleimer? Hast du schon einmal darauf geachtet, was du alles wegwirfst? Es ist wohl mehr, als du denkst. Alle privaten Haushalte in Deutschland zusammen verursachen fast 40 Mio. t Abfall pro Jahr. Pro Haushalt sind das mehr als 475 kg. Das ist das Gewicht von über 50 Sixpacks mit vollen Wasserflaschen oder das Gewicht eines Pferdes. Im Vergleich zu den Vorjahren wurde deutlich mehr Müll in den privaten Haushalten verursacht, was vor allem an der Corona-Pandemie liegt.

Fast der gesamte Haushaltsabfall kann verwertet werden, das heißt, dass er noch einmal anderweitig genutzt werden kann, z. B. zur Energiegewinnung durch Verbrennung (M1). Der größte Teil aber wird recycelt. **Recycling** bedeutet, dass der Müll wiederverwertet wird. Aus Altpapier kann z. B. neues Papier hergestellt werden, das gleiche gilt für Glas. Auch Verpackungsmüll, vor allem Kunststoffe mit einem Grünen Punkt, lassen sich gut weiterverarbeiten. Am wenigstens recycelbar ist der Restmüll.

Durch die Einführung der Mülltrennung ging die Restmüllmenge der privaten Haushalte stark zurück. Wichtig ist jedoch die richtige Mülltrennung, denn von 10 kg Müll in Gelben Säcken und Tonnen sind bis zu 4 kg Abfälle, die nicht dort hineingehören. Kennst du die Regeln der Mülltrennung?

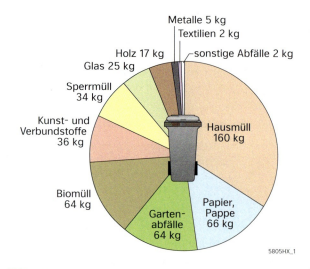

M 2 2020 verursachten die privaten Haushalte im Durchschnitt 475 kg Abfall.

INTERNET

Wie gut bist du im Mülltrennen? Teste dein Wissen in einem Quiz.

Digital+

WES-112452-242

Konsum und Nachhaltigkeit

M 3 Plastikmüll in einem Fluss in Kambodscha

Müll in der Natur

Global gesehen ist das Thema Müll noch ein viel größeres Problem. In vielen Ländern gibt es keine funktionierende Abfallentsorgung. Ein Großteil des Mülls landet in der Natur und wird dort auch zur Gefahr für viele Tiere. Vor allem Plastik ist ein Problem. Auf den Weltmeeren schwimmen bereits riesige Inseln aus Tausenden Plastikverpackungen. Tiere können sich darin verfangen oder fressen das Plastik. Dadurch kann sich deren Magen verstopfen, weshalb sie keine andere Nahrung mehr zu sich nehmen können und sterben.

Das Problem illegaler Müllentsorgung kennen wir aber auch in Deutschland. Jugendliche hinterlassen Flaschen und Verpackungen nach dem Feiern im Park. Autofahrer werfen ihre Dosen und Kaffeebecher aus dem Auto. Und einige fahren sogar ihren Sperrmüll oder alte Autoreifen in den Wald. Besonders schlimm sind auch die Millionen von Zigaretten, die Raucher tagtäglich auf den Boden schnippen. Diese enthalten Giftstoffe, die in den Boden sickern. Im Sommer besteht zudem Waldbrandgefahr.

M 4 Jedes Jahr treffen sich Tausende Freiwillige zum Rhine Clean Up und sammeln den Müll entlang des Flussufers. Auch in zahlreichen Städten gibt es Dreck-weg-Tage, an denen die Bevölkerung aktiv wird. Könntest du dir vorstellen, daran teilzunehmen?

AUFGABEN

1. Sammelt Beispiele aus eurem Alltag für die einzelnen Abfallgruppen (M2).
2. Erkläre, was mit unserem Müll passiert.
3. Nenne mögliche Gründe, warum während der Corona-Pandemie mehr Müll produziert wurde.
4. Erkläre, warum Mülltrennung sinnvoll ist.
5. Erkläre, warum es problematisch ist, seinen Müll in der Natur zu entsorgen.
6. Nimm Stellung zu M5.

Ich räum doch nicht den Müll von anderen Leuten weg!

M 5 Wie siehst du das?

Erneuerbare und nicht erneuerbare Energieträger nebeneinander. Im Tagebau Garzweiler in Nordrhein-Westfalen wird mit riesigen Schaufelradbaggern Braunkohle gefördert. Der Abbau von Steinkohle unter Tage wurde Ende 2018 in Deutschland eingestellt. Im Hintergrund: Windkraftanlagen.

M1 Der Tagebau Garzweiler

Wie wird unser Energiehunger gestillt?

Strom, das heißt elektrische **Energie** bestimmt unseren Alltag. Könntest du dir ein Leben ohne Strom vorstellen? Ohne künstliches Licht? Ohne Elektrogeräte, Smartphone und Internet? Ohne Kühlschränke? Mit dem Beginn des Ausbaus elektrischer Netze ab Ende des 19. Jahrhunderts hat sich das Leben der Menschen revolutioniert, das heißt, es hat sich innerhalb kurzer Zeit sehr stark verändert. Doch wie kommt der Strom in die Steckdose?

Viel Energie verbrauchen wir beim Heizen. Die Hälfte der Heizenergie stammt aus der Verbrennung von Erdgas, das wir aus verschiedenen Ländern bekommen. Außerdem brauchen wir Energie zur Fortbewegung. Die Kraftstoffe (Benzin und Diesel) werden aus Erdöl gewonnen. Es steigen zwar immer mehr Menschen auf Elektro-Autos um, doch dafür wird wieder Strom benötigt.

Strom kann auf verschiedene Weisen erzeugt werden. Dazu werden Energieträger benötigt, wie z. B. Braun- und Steinkohle oder Erdgas (**fossile Energieträger**), die in Kraftwerken verbrannt werden. Diese lagern unter der Erdoberfläche, sind dabei nur begrenzt verfügbar und entstehen nicht neu. Es handelt sich also um nicht erneuerbare Energieträger.
Durch das Verbrennen werden die Umwelt und das Klima dauerhaft geschädigt. Daher sollen bis 2030 alle Kohlekraftwerke in Deutschland abgeschaltet werden.

Eine weitere Form ist die **Atom- bzw. Kernenergie**. Dazu wird radioaktives Material wie Uran benötigt. Bei der Erzeugung der Energie werden zwar keine Schadstoffe freigesetzt, jedoch dürfen Mensch und Natur nicht mit der gefährlichen Strahlung in Kontakt kommen. Ein Problem stellt auch der Atommüll dar, der noch Jahrtausende lang strahlt. Deutschland hat beschlossen, alle Kernkraftwerke abzuschalten. In Europa gibt es aber viele Länder, die weiterhin auf Atomkraftwerke setzen, wie z. B. Frankreich.

Alternativ zu den nicht erneuerbaren Energieträgern gibt es die **erneuerbaren Energieträger** wie Sonnenstrahlung, Wind oder Wasser. Diese stehen unbegrenzt zur Verfügung. Um diese Energie in Strom umzuwandeln, werden z. B. Solaranlagen, die es bereits auf vielen Hausdächern gibt, installiert. Zur Gewinnung von Windkraft gibt es Windräder – sowohl an Land als auch auf dem Wasser. Mittlerweile decken wir in Deutschland etwa die Hälfte unseres Stromverbrauchs durch erneuerbare Energien (2020).

M2 Energieträger

Konsum und Nachhaltigkeit

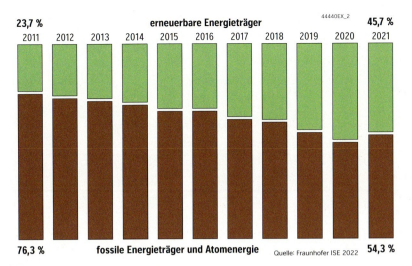

INFO

Strommix in Deutschland. Seit einigen Jahren steigt der Anteil der erneuerbaren Energien an der Stromgewinnung. Der Umstieg von fossilen Brennstoffen auf erneuerbare Energien wird als **Energiewende** bezeichnet.

M 3 Strommix in Deutschland

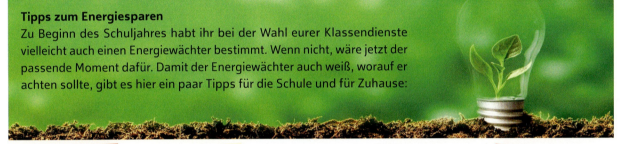

Tipps zum Energiesparen
Zu Beginn des Schuljahres habt ihr bei der Wahl eurer Klassendienste vielleicht auch einen Energiewächter bestimmt. Wenn nicht, wäre jetzt der passende Moment dafür. Damit der Energiewächter auch weiß, worauf er achten sollte, gibt es hier ein paar Tipps für die Schule und für Zuhause:

- Elektrogeräte nicht im Standby laufen lassen
- Heizkörper nicht zustellen oder abdecken
- Licht beim Verlassen des Raumes ausschalten
- Stoßlüften statt Fenster lange auf Kipp
- nachts Heizungen runterdrehen
- wenn möglich kaltes statt warmes Wasser benutzen
- LED-Lampen statt normaler Glühlampen benutzen
- stromsparende Geräte benutzen
- Restwärme von abgestellten Kochplatten nutzen
- Beim Kochen den Deckel auf den Topf

M 4 Energiespartipps

AUFGABEN

1. Erkläre den Unterschied zwischen fossilen und erneuerbaren Energieträgern.
2. Beschreibe die Grafik M3.
3. Beschreibe, wo in Deutschland besonders viel Energie aus Kohle und Wind gewonnen wird (Atlas).
4. Begründe, warum wir Energie sparen sollten.
5.* Nenne mögliche Probleme, die bei der Nutzung von erneuerbaren Energien entstehen können.
6. Sammelt gemeinsam weitere Energiespartipps (M4, M5).

M 5 Hast du noch Ideen?

M1 Waldrodung

M3 Fischfang

Auf Kosten des Planeten

Wir Verbraucher konsumieren tagtäglich ganz schön viele **Ressourcen** – mehr als wir merken. Doch wenn wir der Erde dauerhaft zu viel wegnehmen, gehen uns die Ressourcen irgendwann aus. Ein solches Verhalten ist nicht nachhaltig.

Der Begriff **Nachhaltigkeit** stammt ursprünglich aus der **Forstwirtschaft**: Im Wald sollen nur so viele Bäume gefällt werden, wie nachwachsen können. Werden mehr Bäume abgeholzt, hat das negative Folgen. Die Entwaldung führt z. B. in Gebirgen zu erhöhter Gefahr für den Menschen. Bäume nehmen viel Regenwasser auf und speichern es. Dort, wo zu viele Bäume gefällt wurden, steigt das Risiko für Flutkatastrophen. Gleichzeitig fällt Regen auf entwaldeten Flächen ungehindert auf den Boden und spült die obersten Schichten weg. Bei starken Niederschlägen können so Schlammlawinen entstehen. Ohne Wald fehlt im Winter zudem der Schutz vor Schneelawinen.

Auch andere Ressourcen sind gefährdet. Wenn z. B. mehr Fische aus den Meeren geholt werden, als neue geboren werden, sinkt der Fischbestand immer weiter (Überfischung).

Nachhaltigkeit bedeutet also, dass wir unsere Bedürfnisse so befriedigen, dass wir der Erde nicht mehr wegnehmen, als sie selbst wieder produzieren kann. Eine nachhaltige Lebensweise hilft, dass auch die kommenden Generationen genug Ressourcen wie Holz und Nahrung für ihren Bedarf zur Verfügung haben.

Viele Menschen in Europa und Nordamerika leben im Überfluss. Wie aber sieht ein nachhaltiges Leben aus?

M2 Rohstoffe, wie z. B. Braunkohle, werden in riesigen Minen bzw. im Tagebau gewonnen. Zurück bleibt eine karge Mondlandschaft.

EXTRA

Einige Ressourcen auf der Erde sind im Laufe von Millionen von Jahren entstanden. Sie entstehen also nicht so einfach neu. Wenn wir Menschen diese Rohstoffe aufgebraucht haben, sind sie erst einmal weg und die Menschen nach uns müssen darauf verzichten. Das betrifft z. B. das Erdöl, das wir für Benzin oder zur Herstellung von Plastik benötigen. Plastik finden wir in sehr vielen Produkten, die wir tagtäglich verwenden. Wahrscheinlich wird noch in diesem Jahrhundert das Erdöl aufgebraucht sein. Daher wird fieberhaft nach Alternativen gesucht. Gleichzeitig werden durch die Nutzung von Erdöl und anderen fossilen Energieträgern Schadstoffe freigesetzt, die für das Klima gefährlich sind.

Konsum und Nachhaltigkeit

Der ökologische Fußabdruck

Die Ökologie ist ein Wissenschaftsbereich, der die Beziehung zwischen Lebewesen und Umwelt erforscht und erklärt. Der ökologische Fußabdruck zeigt uns, wie groß die Fläche auf der Erde ist, die wir benötigen, um all das herzustellen, was wir verbrauchen. Da die Fläche auf der Erde aber begrenzt ist, stehen pro Person maximal 1,8 Hektar zur Verfügung. Benötigen wir mehr, leben wir nicht mehr nachhaltig. Der durchschnittliche Fußabdruck eines Deutschen ist jedoch fast dreimal so groß! In die Berechnung des ökologischen Fußabdrucks eines Menschen fließen die Auswirkungen vier verschiedener Bereiche ein:

M 4 Teste, wie groß dein ökologischer Fußabdruck ist auf www.fussabdruck.de

Ernährung: Hier wird geguckt, was du gewöhnlich isst und trinkst – beispielsweise wie oft du Fleisch oder Fisch zu dir nimmst und ob du eher Leitungswasser oder exotische Säfte trinkst. Außerdem zählt auch, woher deine Lebensmittel kommen. Stammen sie aus deiner Region, aus deinem Land oder von einem anderen Kontinent? Auch ob du frische, tiefgekühlte oder Lebensmittel aus der Dose kaufst, hat Auswirkungen. Der Bereich Ernährung bildet den größten Teil des durchschnittlichen ökologischen Fußabdrucks von Menschen in Deutschland.

Wohnen & Energie: Hier wird betrachtet, in was für einem Haus oder einer Wohnung du lebst. Also: Wie viele Quadratmeter hast du zur Verfügung? Mit wie vielen Leuten lebst du zusammen? Es geht auch darum, welche Art von Strom du benutzt und ob ihr zu Hause Energiesparlampen verwendet oder nicht. Auch wie oft und lange du elektronische Geräte benutzt und ob du die Geräte richtig ausmachst oder sie nur auf Standby stellst, hat eine Auswirkung auf deinen ökologischen Fußabdruck. Ebenso wird deine Duschzeit mitberechnet.

Verkehr & Mobilität: In diesem Bereich zählt, wie viele Kilometer du in der Woche mit dem Auto, mit dem Bus oder mit dem Fahrrad fährst. Auch, wie weit entfernt das letzte Reiseziel war und wie man dorthin gekommen ist, hat einen Einfluss auf die Größe des eigenen ökologischen Fußabdrucks.

Konsum & Freizeit: In diesem Bereich wird beispielsweise berechnet, wie viel Geld du für Freizeitaktivitäten, Süßes, Hygieneartikel oder Möbel ausgibst. Zudem wird geschaut, wie oft du shoppen gehst und ob du dann Second-Hand-Kleidung kaufst oder nur Neues. Außerdem geht es darum, ob du Ökopapier benutzt oder nicht, wie viel Müll du produzierst und ob du diesen Müll trennst.

Quelle: Dein ökologischer Fußabdruck. Deutsches Kinderhilfswerk e.V., Berlin, www.kindersache.de, 12.06.2018

INFO

Der Begriff „**Ressource**" (gesprochen wie „Ressursse") stammt aus dem Französischen. Zu den natürlichen Ressourcen zählen unter anderem unsere Flüsse, Seen, Böden und Wälder, die alle für das Klima und das Produzieren von Sauerstoff wichtig sind. Ressourcen sind auch Rohstoffe, wie etwa Öl und Erdgas, Eisenerz und andere Bodenschätze.

AUFGABEN

1. *Erkläre den Begriff Nachhaltigkeit.*
2. *a) Erkläre, was der ökologische Fußabdruck bedeutet.*
   b) Überprüfe, wie groß dein ökologischer Fußabdruck ist (M4).
3. * *Projektarbeit: Sammelt mithilfe der vorherigen Seiten des Kapitels Ideen, wie wir Menschen nachhaltiger leben könnten. Erstellt dazu Plakate oder Flyer.*

ALLES KLAR?

Kriterien einer Kaufentscheidung
Die Qual der Wahl. Nenne fünf Kriterien, die helfen, eine Entscheidung zu treffen.

Was kannst du tun?
Gibt es Dinge, die du nach diesem Kapitel an deinem Verhalten ändern möchtest? Begründe!

Richtig oder falsch?
Überprüfe die Aussagen, erkläre sie und korrigiere sie, wenn nötig.

① Nachhaltigkeit bedeutet, kaputte Geräte wegzuwerfen, statt zu reparieren.

② Verbraucher nennt man auch Produzenten.

③ Werbung kann dick machen.

④ Ein Großteil der verkauften Fische stammt aus Aquakulturen.

⑤ Werbung beeinflusst uns auch dann, wenn wir es nicht merken.

⑥ Frische Erdbeeren aus Deutschland gibt es nur im Herbst.

⑦ Mit wenigen Ausnahmen sind alle Güter nur begrenzt verfügbar.

⑧ Wer beim Kauf auf den Preis achtet, handelt nach dem Maximalprinzip.

⑨ Geld hat das Handeln viel schwieriger gemacht. Tauschwirtschaft war einfacher.

Preisbildung
Erläutere, wie sich Angebot und Nachfrage in den Beispielen verändern und welche Auswirkungen dies auf den Preis hat.

A. Kurz nach Weihnachten kaufen die Verbraucher so gut wie keine Weihnachtsdeko mehr.

B. Eine Dürre zerstört große Teile der Weizenernte.

C. Zur Ferienzeit buchen mehr Menschen Urlaubsreisen.

D. Die Erdöl-Fördermengen werden erhöht, sodass mehr Benzin hergestellt wird.

Konsum und Nachhaltigkeit

Karikatur-Analyse
Interpretiere die Karikatur von Paolo Calleri (2011).

Rätsel
Finde die gesuchten Begriffe zu den Aussagen 1–14. Die Buchstaben hinter den Begriffen ergeben in der Reihenfolge der Aussagen das Lösungswort.

1. Wiederverwertung von Abfällen
2. Hier entsteht der Preis.
3. in ihnen wachsen z. B. Tomaten
4. Gegenteil von Angebot
5. bis dahin garantieren Hersteller optimale Qualität der Lebensmittel
6. Nach diesem Prinzip funktioniert Werbung.
7. Sie versuchen ihre Zuschauer zu beeinflussen.
8. ein Siegel für Lebensmittel, die ohne Kinderarbeit hergestellt werden
9. Lebensmittel, die aus ökologischer Landwirtschaft kommen, erhalten es.
10. Produkte, die keinen weiten Weg hinter sich haben, sondern aus der Nähe kommen, sind …
11. Fachbegriff für Verbrauch
12. Lebensmittel dienen der Befriedigung der ….
13. Hauptanbauland für Kakao
14. eine Art Ampel, an der man sehen kann, wie gesund oder ungesund Lebensmittel sind

Bio-Siegel Ⓘ
Konsum Ⓚ
Fair-Trade Ⓣ
AIDA Ⓐ
Treibhäuser Ⓒ
Elfenbeinküste Ⓘ
Mindesthaltbarkeitsdatum Ⓗ
Influencer Ⓛ
Nachfrage Ⓗ
Grundbedürfnisse Ⓔ
Markt Ⓐ
Nutri-Score Ⓣ
Recycling Ⓝ
regional Ⓖ

Rom – Weltmacht der Antike

M1 Rom heute – die Hauptstadt von Italien

Rom – Vom Dorf zur Großmacht

Vor über 2000 Jahren war Rom ein kleines Dorf am Tiber in Mittelitalien, das später zu einem großen Reich wurde. Heute ist Rom die Hauptstadt Italiens und mit etwa 2,8 Millionen Einwohnern die bevölkerungsreichste Stadt des Landes. Doch wie wurde aus einem Dorf eine Supermacht?

753 – Rom schlüpft aus dem Ei!

Der Sage nach wurde die Stadt Rom 753 v. Chr. von Zwillingsbrüdern gegründet:
Es waren einmal zwei Brüder, Romulus und Remus, die einer alten Königsfamilie entstammten. Ihr Vater war der Kriegsgott Mars.
Weil er selbst Anspruch auf den Königsthron erhob, wollte ihr Onkel sie schon als Säuglinge töten. Er ließ sie in einem Korb auf dem Fluss Tiber aussetzen.
Der Korb wurde jedoch ans Ufer getrieben und eine Wölfin fand die beiden Jungen. Sie säugte sie, bis ein Hirte sie bei sich aufnahm und zu kräftigen jungen Männern heranzog.
Als Romulus und Remus von ihrer Herkunft erfuhren, gingen sie zurück zu der Stelle, an der sie einst ausgesetzt worden waren. Sie verjagten ihren grausamen Onkel und beschlossen, am Tiber eine neue Stadt zu gründen – an genau der Stelle, wo sie von der Wölfin gerettet worden waren.

Aber wer sollte der Namensgeber sein? Sie beschlossen, ein Adlerflug-Orakel einzuholen: Remus sah sechs Adler, Romulus aber zwölf. Somit war entschieden, dass Romulus zum Namensgeber der neuen Stadt werden sollte.
Er begann sofort mit dem Bau der Stadtmauer. Notdürftig errichtete er eine Mauer aus Steinen um die neue Siedlung. Remus sah ihm dabei spöttisch zu und sprang über das niedrige Mäuerchen, um sich über seinen Bruder lustig zu machen. Darauf erschlug Romulus aus Zorn seinen Bruder mit den Worten. „So möge es jedem ergehen, der über meine Mauer springt." Romulus wurde der erste König der neuen Stadt und sie wurde Rom genannt.

AUFGABEN

1. *Die Wölfin ist auch heute noch das Wahrzeichen der Stadt Rom und des Fußballvereins AS Rom. Welche Eigenschaften verbindest du mit diesem Tier?*
2. *a) Gestalte einen Comic mit 6 Bildern zur Sage von der Gründung Roms.*
   b) Präsentiert eure Ergebnisse in einem Galeriegang.
3. *Welches Bild von sich selbst vermitteln die Römer durch die Sage von Remus und Romulus? Erkläre.*

M 2 Rom als kleines Dorf (900 v. Chr.)

M 4 So könnte das Leben im Dorf Rom ausgesehen haben.

Die Entstehung Roms – wissenschaftliche Erkenntnisse

Heute wissen wir mehr über die Entstehung Roms. Historiker und Archäologen können uns zuverlässige Erkenntnisse darüber liefern.

Rom wurde um das Jahr 1000 v. Chr. von den Volksstämmen der Etrusker und Latiner gegründet.

Archäologen fanden Überreste von einfachen Hütten auf einem der sieben Hügel Roms, umgeben von einem Sumpfgebiet. Unterhalb dieses Dorfes floss der Tiber, der damals eine wichtige Handelsstraße war, da auf ihm kleine Schiffe fahren konnten.

Außerdem befand sich dort die Tiberinsel, eine flache Stelle im Fluss, über die sich der Tiber leicht überqueren ließ. Des Weiteren führte ein Handelsweg an den Siedlungen vorbei.

Die Menschen lebten vor allem als Bauern und Hirten. Rom war ein Dorf wie viele andere. Denn auch auf den anderen sechs Hügeln siedelten sich Menschen an, mit denen sich Rom im 8. Jahrhundert v. Chr. zu einer Stadt zusammenschloss, die mit einer großen Steinmauer umbaut wurde. Gemeinsam baute man Kanäle, um die Sümpfe trockenzulegen. Außerdem wurden Häuser aus Stein, die ersten Tempel und eine Burg gebaut. Regiert wurde die Stadt von einem König.

Die Römer wollten ihr Machtgebiet ständig erweitern. Mit einigen ihrer Nachbarn verbündeten sie sich auf friedliche Weise. Andere Völker wurden in Kriegen besiegt. So wurde innerhalb von wenigen Hundert Jahren aus einem kleinen Dorf eine riesige Stadt, von der aus ein Weltreich regiert wurde.

M 3 Auch heute ist die Wölfin das Wahrzeichen der Stadt Rom und steht auf einem Hügel namens Kapitol.

AUFGABEN

4 Nenne Gründe, warum sich Menschen am Fluss Tiber niederließen.

5* Stelle die Sage den wissenschaftlichen Erkenntnissen gegenüber. Nenne dabei Gemeinsamkeiten und Unterschiede.

METHODE

Auswerten von Geschichtskarten

Karten finden wir nicht nur bei geographischen, sondern auch zu geschichtlichen Themen. Jedoch unterscheiden sich historische von geographischen Karten, denn sie behandeln ein bestimmtes historisches Thema innerhalb eines bestimmten geographischen Raumes. Aus ihnen kann man viele Informationen herauslesen, wenn man weiß, wie man sie richtig auswertet.

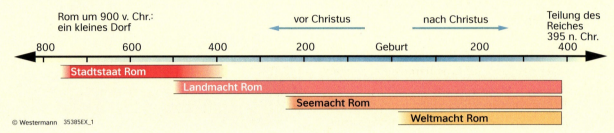

M1 Zeitleiste zur Entwicklung des Römischen Reiches

M2 Die Entwicklung des Römischen Reiches: vom Stadtstaat zum Weltreich

... Sevilla

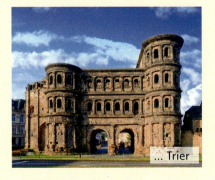
... Trier

... Karthago

M3 Spuren der Römer in ...

Rom – Weltmacht der Antike

Die Entwicklung des Römischen Reiches

Geschichtskarten gehören zu den thematischen Karten. In der Karte M2 wird die Ausdehnung des Römischen Reiches über einen Zeitraum von mehr als 600 Jahren dargestellt. M4 zeigt dasselbe Thema. Hier wurde die Entwicklung des Römischen Reiches in vier einzelne Karten aufgegliedert. Jede Karte zeigt dasselbe Gebiet zu einer anderen Zeit.

1. Schritt: Kartenausschnitt einordnen
- Nicht immer ist die ganze Erde dargestellt, sondern nur ein Teil, zum Beispiel ein Land oder ein Kontinent.
- Ist das Gebiet nicht im Titel oder in der Legende genannt, nutze deinen Atlas, um die Lage des Kartenausschnitts auf der Erde genau zu bestimmen.

2. Schritt: Karteninhalt verstehen
- Um welches Thema es geht, sagt dir der Titel der Karte oder die Bildunterschrift.
- Verwendete Farben, Linien, Zeichen und Abkürzungen werden in der Legende erklärt, sofern sie zum Verständnis notwendig sind.
- Der Maßstab oder die Maßstabsleiste helfen dir, Entfernungen zu bestimmen, die Länge von Grenzen, Handelsstrecken, Kriegszügen usw. zu erfassen.

3. Schritt: Karte auswerten
- Suche nach Zusammenhängen und ziehe Schlussfolgerungen aus deiner Kartenarbeit. Beispiele:
  – Es dauerte etwa 400 Jahre (M1), bis Rom eine Landmacht in Italien war.
  – Das Römische Reich wurde zur Weltmacht, als es den ganzen Mittelmeerraum beherrschte (M4).
- Stelle alle Informationen in einem Auswertungstext zusammen. Tipp: Mit der Auswertung lassen sich oft weitere Fragen, zum Beispiel über Ursachen und Gründe bestimmter Entwicklungen, ableiten.

AUFGABE

1. Nenne heutige Länder, die im Gebiet des Römischen Reiches liegen (M2, Atlas).
2. Ermittle mithilfe von M2, zu welcher Zeit die Römer an den abgebildeten Orten waren (M3).
3. Arbeite heraus, wie weit der Machtbereich Roms zur Zeit von Kaiser Augustus (14 n.Chr.) reichte.

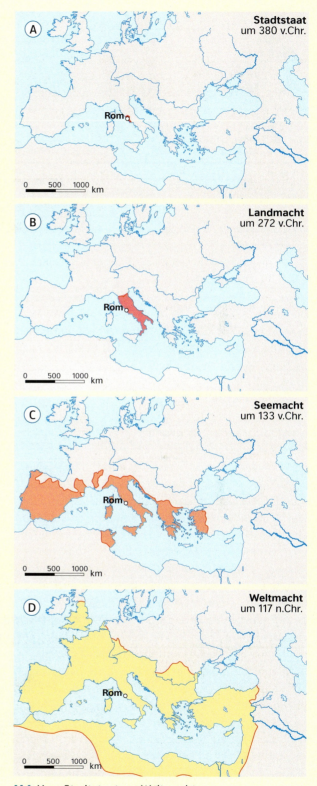

M4 Vom Stadtstaat zur Weltmacht

Ausrüstung
③ Holzpfähle
④ Spaten
⑤ Spitzhacke
⑥ Korb für Erdarbeiten

Bewaffnung
① Wurfspeer
② Schild
Kurzschwert, Helm, Kettenpanzer

Alltagsgegenstände
⑦ Kochgeschirr (Kessel und Pfanne)
⑧ Sichel zum Schneiden von Getreide
⑨ Rucksack mit Verpflegung für 3 Tage
⑩ Wolldecke

M1 Römischer Berufssoldat (Legionär) mit Marschgepäck (Rekonstruktionszeichnung)

Das römische Heer

Die Römer versuchten stets, ihr Herrschaftsgebiet zu erweitern. Die Soldaten besiegten fremde Völker und nahmen neuen Gebiete in Besitz. Dabei war es auch wichtig, die Grenzen des Reiches zu sichern sowie die Häfen und Militärlager zu bewachen. Hierfür waren die römischen Legionäre verantwortlich.

Sie errichteten **Kastelle**, befestigten Lager zur Sicherung der Grenzen. Hier waren sie stationiert, um im Kriegsfall sofort einsatzbereit zu sein.

Seit dem Jahr 107 v. Chr. gab es in Rom ein Berufsheer, unter Kaiser Augustus gab es rund 300 000 Berufssoldaten. Die Soldaten waren gut ausgebildet und ihre Waffen leicht und modern. Ihre Kampftechnik, ihr Mut und ihre Kriegstaktik waren bei den Gegnern gefürchtet. Sie galten als schwer besiegbar.

Besonders bekannt war die Schildkrötentaktik. Hierbei benutzten die Soldaten die Schilde als Schutzpanzer, um vor den Gegnern gut geschützt zu sein.

Ihre gesamte Ausrüstung wog ungefähr 40 kg. Diese mussten sie über weite Strecken selbst tragen. Alle trugen die gleiche Ausrüstung: Als Schutz hatten sie Kettenpanzer, Helm und einen großen, rechteckigen Schild. Bewaffnet waren sie mit Wurflanzen und Kurzschwertern. Des Weiteren gehörten Holzpfähle, Spitzhacke, Spaten und Tragekorb für den Lagerbau sowie Kleidung und ein Rucksack mit Marschverpflegung für mehrere Tage und ein Kochgeschirr mit Kessel und Pfanne zur Standardausstattung eines Legionärs.

Der Beruf des Soldaten war sehr beliebt, auch wenn viele im Kampf ihr Leben ließen.

Legionäre dienten 25 Jahre. Im Anschluss erhielten sie Geld und ein Stück Land, auf dem sie einen Landsitz erbauen und weiterhin von der Landwirtschaft leben konnten.

EXTRA

Die Legion

Das römische Herr war in Legionen eingeteilt. Eine Legion bestand aus zehn Kohorten, die jeweils in sechs Zenturien zu je 80 Mann eingeteilt waren. So konnte eine Legion mit Hilfstruppen etwa 6100 Mann Fußvolk und 700 Reiter umfassen. Hilfstruppen bestanden meist aus Germanen oder anderen Völkern. Ein Zenturion bildete die Soldaten aus und sorgte für Disziplin. Er erhielt seine Anweisungen vom Tribun. Die Legion wurde von einem Legaten angeführt.

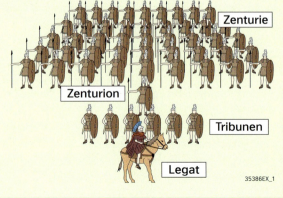

Das Heer wird zur Seemacht

Im Zuge vieler Kriege hatten sich die Römer den Bau von Schiffen bei ihren Feinden abgeschaut. Sie entwickelten eine schlagkräftige Flotte, um auf Flüssen und Meeren schnell Soldaten und Material bewegen zu können. Es wurden auch Seeschlachten geführt. So übernahmen die Römer die Herrschaft über die Gebiete am Mittelmeer.

Jedes Kriegsschiff besaß am Bug einen Rammsporn (M2 Ⓐ) und eine bewegliche Enterbrücke (M2 Ⓑ) an der Längsseite. So konnten sie die feindlichen Schiffe versenken oder erstürmen. Die Besatzung einer Kriegsflotte bestand aus 120 Mann und 300 Ruderern. Die Ruderer waren Sklaven oder Sträflinge. Durch seine Kriegsflotte wurde Rom von einer Landmacht zu einer Seemacht.

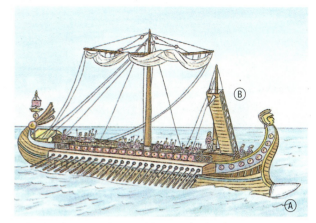

M2 Römisches Kriegsschiff

Alle Wege führen nach Rom

In Friedenszeiten wurden die römischen Soldaten für den Ausbau des Straßennetzes eingesetzt. Die Straßen bestanden aus mehreren Schichten und waren teilweise bis zu sieben Meter breit. Die Grundlage bestand aus flachen Steinen und Mörtel, gefolgt von einer Schicht groben Steinschotters und einer Schicht flachen Steinschotters. Der Straßenbelag bestand dann aus Pflastersteinen. Von der leicht gewölbten Straße konnte das Regenwasser in die Seitenrinnen fließen, wodurch diese auch nach dem Regen sofort weiter genutzt werden konnte.

Das Straßennetz der Römer verband die Kastelle und Städte miteinander. Auf den Straßen konnten auch Waren quer durch die **Provinz** transportiert werden. Daher gab es für Händler Rasthäuser, in die sie während ihrer Reise einkehren konnten.

Die Straßen waren für die Römer besonders wichtig, um ihr Reich zu sichern. So dienten sie dazu, Boten nach Rom zu schicken oder auch von Rom zu den Kastellen, um Befehle zu erhalten. Zudem konnten die römischen Truppen schnell mit Waffen und Lebensmitteln versorgt werden.

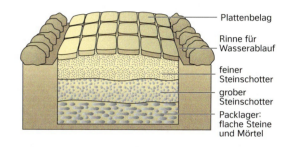

M3 Zeichnung eines Querschnittes einer gepflasterten römischen Straße

M4 Die Taktik der Schildkröte – nachgestellt auf einem Römer-Festival in Frankreich

AUFGABEN

1. Beschreibe die Ausrüstung eines römischen Legionärs. Erkläre, wozu die Gegenstände benutzt wurden (M1).
2. Erläutere, warum die römische Armee so erfolgreich war. Beschreibe hierfür Aufbau und Stationierung des römisches Heeres.
3. Erkläre die Vorteile eines Berufsheeres.
4. Erkläre die Schildkrötentaktik mithilfe des Textes und M4.
5. Erkläre, warum Straßen für die Römer wichtig waren. Wie ist das heute bei uns?
6.* Beurteile, ob es erstrebenswert war, Soldat zu werden.

Die Punischen Kriege

Phönizier, Karthager, Punier

An der Küste des Mittelmeeres, ungefähr im Bereich der heutigen Staaten Syrien, Libanon und Israel, lebte ein Volk von Seefahrern. Wegen ihrer oft rot gefärbten Kleidung wurde es von seinen griechischen Nachbarn Phönizier, das bedeutet: die purpurrot Gefärbten, genannt. Die Phönizier lebten, ähnlich wie die Griechen, in Stadtstaaten und deren Tochterstädten. Sie erfanden die Buchstabenschrift, die später von den Griechen weiterentwickelt wurde. Der Seehandel mit Zedernholz, Metallen, Olivenöl, Wein und dem aus der Purpurschnecke gewonnenen roten Farbstoff machte sie reich. Ihre Seereisen führten sie auch an die afrikanische Küste und bis nach Britannien. Die Römer nannten die Phönizier Punier. Das bedeutete: Küstenbewohner. Die erfolgreichste phönizische Kaufmannssiedlung war die Stadt Karthago, die zur Handelsmacht im westlichen Mittelmeerraum aufstieg. Die Karthager gründeten Lagerplätze und Häfen auf den Balearen, auf Sardinien, Sizilien und an der spanischen Küste.

M1 Marmorbüste des punischen Feldherren Hannibal; Im Zweiten Punischen Krieg (218 – 202 v. Chr.) überfiel der erst 29 Jahre alte Hannibal mit seinem Heer Italien und besiegte die Römer in vielen Schlachten.

Krieg um die Vorherrschaft

Ursprünglich hatten die Römer und die Karthager ihre Einflussgebiete vertraglich geregelt. Aber als die Römer anfingen, das Mittelmeer als „ihr" Meer zu beanspruchen, kam es zu einem Streit um die Vorherrschaft, der in drei Kriegen ausgetragen wurde. Der Erste Punische Krieg zwischen 264 und 241 v. Chr. war größtenteils ein Seekrieg. Die Römer hatten jedoch zunächst keine Kriegsschiffe. Erst mit Unterstützung der griechischen Stadtstaaten konnten sie eine Flotte aufbauen. Die Schiffe wurden mit Enterbrücken ausgerüstet, über die die Legionäre auf feindliche Schiffe stürmen konnten, um diese zu erobern. Am Ende dieses Krieges konnten die Römer einen Teil der Insel Sizilien besetzt halten. Die Spannungen zwischen Karthago und Rom bestanden jedoch weiter.

M2 Römisches Kriegsschiff mit Enterbrücke aus der Zeit des Ersten Punischen Krieges (Rekonstruktionszeichnung)

Rom – Weltmacht der Antike

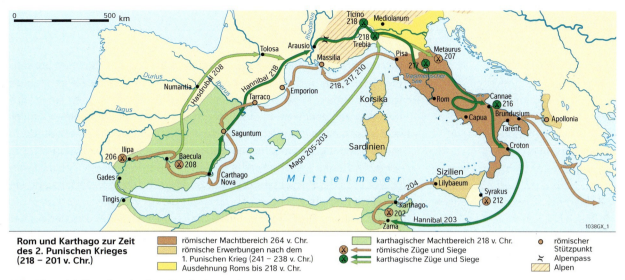

M 3 Die Feldzüge des Zweiten Punischen Krieges

Weitere Kriege mit Karthago

Im Zweiten Punischen Krieg zwischen 218 und 201 v. Chr. überraschte der karthagische Feldherr Hannibal die Römer: Er überschritt mit einem großen Heer die Alpen. Hannibal führte anfänglich etwa 50 000 Soldaten, 9 000 Reiter und 37 Kriegselefanten mit sich. Bei den Elefanten handelte es sich um kleinere nordafrikanische Waldelefanten. Vermutlich zog er über das Tal der Rhône weiter in die Alpen. Von der Rhône an dauerte der gesamte Aufstieg neun Tage. Die Römer erlitten 216 v. Chr. bei Cannae eine schwere Niederlage. Die Eroberung Roms schien unmittelbar bevorzustehen. Doch sechs Jahre später konnten die Römer den Krieg mit einem neu aufgestellten Heer für sich entscheiden.

Im Dritten Punischen Krieg zwischen 149 und 146 v. Chr. wollten die Römer die Karthager endgültig vernichten. Dieser unbedingte Wille ging sogar soweit, dass man dem Politiker Cato nachsagt, er habe jede seiner Reden mit dem Satz: „Übrigens bin ich der Meinung, Karthago sollte zerstört werden", beendet. Schließlich griffen die Römer Karthago tatsächlich unter einem Vorwand an und zerstörten die Stadt vollständig. Nach dem Willen der Römer sollte von dort aus nie wieder eine Bedrohung ausgehen. Die überlebenden Bewohner wurden versklavt, das ehemalige Gebiet Karthagos wurde eine römische Provinz.

M 4 Zum großen Schrecken der Römer setzte Hannibal im Kampf auch Kriegselefanten ein (Teller aus dem 3. Jahrhundert v. Chr.).

AUFGABEN

1. Benenne die Zeiträume der Punischen Kriege und deren jeweiligen Ergebnisse.
2. Erkläre die Begriffe „Phönizier", „Karthager" und „Punier".
3. Begründe den Konflikt zwischen Puniern und Römern.
4. Beschreibe das römische Kriegsschiff in M2.
5.* Analysiere die Karte in M3 (Atlas).
6. Bewerte das Verhalten der Römer nach dem Dritten Punischen Krieg.

Herrschaft im antiken Rom

Wer hat die Macht? – Die Römische Republik verändert sich

509 v. Chr. vertrieben die Römer den letzten König. Wichtige Angelegenheiten der Stadt sollten von nun an gemeinsam von allen römischen Bürgern entschieden werden (lateinisch: res publica = öffentliche Sache). Noch heute nennen wir einen Staat ohne Königsherrschaft **Republik**.

Jedoch besaßen nicht alle Bürger den gleichen Einfluss. In der Römischen Republik gab es zwei große Gruppen: die **Patrizier** (die Oberschicht) und die **Plebejer** (die Unterschicht).

Die Patrizier waren adlige Familien, die viel Geld und Land besaßen. Sie bildeten die Ratsversammlung, den **Senat**. Hier wurden die meisten politischen Entscheidungen getroffen. Die Senatoren waren ehemalige Beamte, die sich bereits in Staatsämtern bewährt hatten. Die Patrizier teilten die Macht auf verschiedene Regierungsbeamte auf: die Magistrate. Die wichtigsten Magistrate waren die beiden Konsuln, die für ein Jahr den Senat leiteten und das Heer befehligten.

Politische Fragen, wie z. B. Gesetzesentscheidungen oder Kriegsfragen, wurden in der Volksversammlung abgestimmt. Allerdings hatten die Patrizier dort die Mehrheit und überstimmten alle anderen Teilnehmer. Außerdem zählte die Stimme reicher Personen mehr als die Stimme ärmerer Personen. Frauen und Sklaven hatten ohnehin kein politisches Mitspracherecht.

Zu den Plebejern (lateinisch: plebs = das Volk) gehörten Handwerker, Bauern und Kaufleute. Sie stellten die Mehrheit der römischen Bürger dar.

Viele Plebejer mussten hart arbeiten, um ihre Familien zu ernähren. In der Politik hatten sie kaum ein Mitspracherecht. Die Plebejer fanden es ungerecht, dass sie so wenig Rechte hatten, obwohl sie sich eben auch für die Stadt einsetzten und sogar im Krieg ihr Leben verlieren konnten.

Die Patrizier verachteten die Plebejer und hielten sie von politischen Ämtern fern.

Nach und nach erkämpften sich die Plebejer aber mehr Rechte. Diese Kämpfe werden auch Ständekämpfe genannt, weil zwei Stände – Patrizier (Oberschicht) und Plebejer (Unterschicht) – gegeneinander kämpften. Dabei drohten die Plebejer auch damit, keinen Heeresdienst mehr zu leisten, wenn sie nicht mehr Beachtung bekommen würden. Daraufhin gaben die Patrizier nach. Und die Plebejer durften endlich eigene Vertreter als **Volkstribunen** wählen.

Diese Volktribunen hatten das Recht, Einspruch gegen Entscheidungen zu erheben (**Vetorecht**). Zum Beispiel konnten sie gegen eine Verhaftung oder eine Verurteilung eines Bürgers Einspruch erheben.

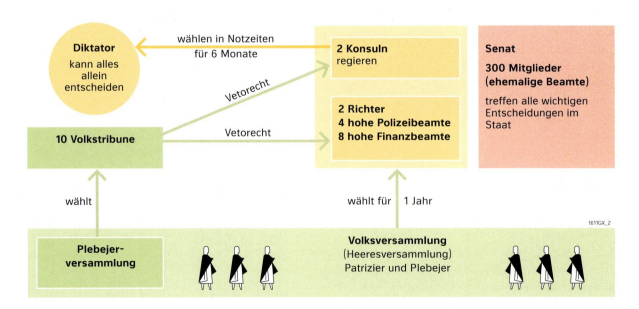

M 1 Die Verfassung der Römischen Republik

Das Ende der Römischen Republik – Beginn der Kaiserzeit

Gaius Julius Caesar

Die Römische Republik geriet immer mehr in die Krise. Zum einen bedrohten feindliche Völker die Grenzen von außen, zum anderen gab es Aufstände in den Provinzen und Sklavenaufstände in Rom. Mächtige Senatoren kämpften auch mit militärischen Mitteln um die Macht im Staat. Zu dieser Zeit kam es auch zu Veränderungen im römischen Heer, da die Legionäre nicht mehr vom Staat, sondern von ihren jeweiligen Feldherren bezahlt und mit besonderen Geschenken belohnt wurden. Dadurch wuchs die Verbundenheit mit ihren militärischen Führern, die so zu mehr politischem Einfluss und mehr Macht im zerstrittenen römischen Staat gelangten.

Ein besonders erfolgreicher Feldherr war Gaius Julius Caesar, der von 58 bis 51 v. Chr. weite Teile des heutigen Frankreichs (Gallien) eroberte. Dann zog er weiter nach Italien und besiegte das vom Senat aufgestellte Heer. Der Senat, in den Caesar anschließend 400 politische Freunde neu aufgenommen hatte, ernannte ihn zum **Diktator** auf Lebenszeit.

Jedoch hatte er vor allem in den alten Adelsfamilien viele Feinde, da diese Angst hatten, dass er zum König werden und die alten politischen Ämter und damit ihre Macht ganz abschaffen wolle.

Aus diesem Grund wurde Caesar 44 v. Chr. von seinen politischen Gegnern ermordet.

Kaiser Augustus

Nach Caesars Tod folgten jahrelange Bürgerkriege, die sein Neffe und Adoptivsohn Gaius Octavius im Jahr 31 v. Chr. beenden konnte. Er besiegte seine politischen Gegner und wurde so zum mächtigsten Mann im Römischen Reich.

Auch er wurde zum Alleinherrscher auf Lebenszeit, ließ aber daneben die Ämter der Republik bestehen. Vom Senat wurde ihm der Ehrentitel Augustus (der Erhabene) verliehen. Daneben führte er auch den Beinamen Caesar, der an seinen Vorgänger erinnerte. Mit Augustus begann die Kaiserzeit.

An der Spitze des Weltreiches stand nun ein einzelner, machtvoller Herrscher. Die Senatoren wurden von Augustus ernannt. Sie hatten ihre Macht verloren und waren nur noch Berater des **Kaisers**.

M3 Marmorstatue des Augustus, entstanden um 20 n. Chr., auf dem Brustpanzer sind seine Heldentaten dargestellt (Rom, Vatikanische Museen).

M2 Caesars Ermordung (Gemälde von Vincenzo Camuccini, 1804)

AUFGABEN

1. Verfasse eine Rede aus Sicht eines Plebejers, in der er mehr Rechte einfordert. Begründe darin, weshalb die Verteilung der Ämter ungerecht ist.
2. Suche die im Text genannten politischen Ämter im Schaubild M1. Erkläre mit eigenen Worten, welche Ämter die Patrizier hatten und welche Ämter die Plebejer später bekamen.
3. * Wer hatte ein politisches Mitspracherecht? Bewerte, ob die Staatsordnung gerecht ist (M1).
4. Erläutere den Aufstieg Caesars zum Alleinherrscher.
5. Recherchiere im Internet und erstelle einen Steckbrief zu Kaiser Augustus (M3).

M1 Wohnblock in Rom (Rekonstruktionszeichnung)

Wohnen im antiken Rom

Leben im Mietshaus

Die Mehrheit der Römer gehörte zur ärmeren Bevölkerung. Diese lebte im Stadtzentrum von Rom. Dort war der Wohnraum knapp, die Straßen waren eng und verdreckt, und es herrschte Gedränge und Lärm. Geschäftsleute verdienten viel Geld, indem sie schnell und billig riesige Mietshäuser bauen ließen und die Wohnungen teuer vermieteten. In diesen lebten die meisten Einwohner Roms. Die Häuser hatten bis zu fünf Stockwerke.

Im Erdgeschoss befanden sich Läden, kleine Werkstätten oder auch Kneipen. Hier konnten die Römer Lebensmittel kaufen, sich die Haare schneiden lassen und vieles mehr. Die Wohnungen in den Stockwerken darüber waren sehr unterschiedlich ausgestattet. In den oberen Stockwerken gab es weder Toiletten noch Wasserleitungen. Weil die Häuser nachlässig und aus schlechtem Material gebaut waren, stürzten sie manchmal ein.

Mehrere Hundert Menschen wohnten in einem Haus. Familien hatten oft nur einen einzigen Raum, in dem alle wohnen, essen und schlafen mussten. Die Mieter nutzten Gemeinschaftstoiletten, die Latrinen, und holten Wasser aus dem Straßenbrunnen. Zum Waschen suchten sie öffentliche Badehäuser (Thermen) auf.

Manche warfen ihren Abfall einfach aus dem Fenster. Im Sommer stank es daher fürchterlich. Durch offenes Feuer kam es nicht selten zu verheerenden Bränden in der Stadt, die ganze Stadtviertel zerstörten.

> Wir traten ein. „Je höher die Treppe, desto niedriger die Miete", erklärte ich ihr [...]. Ich wohnte zwischen Himmel und Erde. Das Mädchen war hingerissen. Sie kannte nur die erfreulichen Wohnlagen zu ebener Erde, mit eigenem Garten und Anschluss an die Aquädukte [...]. Ich lebte in ständiger Angst, die Fundamente des Hauses könnten nachgeben und sechs Schichten Wohnraum in einer Wolke aus Mörtelstaub in sich zusammenstürzen, oder ich könnte in einer Brandnacht den Alarm der Feuerwache verschlafen [...]. „So würde ich auch gerne wohnen." Sie musste meinen Gesichtsausdruck bemerkt haben. „Sie halten mich für eine verhätschelte Göre. Sie glauben, ich hätte nicht bemerkt, dass Sie kein Wasser haben und keine Heizung für den Winter und keinen richtigen Backofen und dass Sie Ihre Mahlzeiten aus der Garküche mitbringen müssen."
>
> Quelle: Lindsey Davis: Silberschweine. Übersetzer: Reinhard Kaiser. Droemer Knaur, München 1996, S. 28f.

M2 Auszug aus dem Roman „Silberschweine"

Rom – Weltmacht der Antike

① Eingang
② Ladengeschäft
③ Atrium
④ Regenbecken
⑤ Hausaltar
⑥ Küche
⑦ Empfangsraum
⑧ Wohn- und Schlafräume
⑨ Speiseraum
⑩ Garten und Säulenhalle

M 3 Wohnblock in Rom (Rekonstruktionszeichnung)

Leben in der Villa

Wohlhabende und vornehme Römer wohnten mit ihren Familien gewöhnlich in großen Villen. Diese lagen fernab von Lärm und Gestank der Stadt und waren von großen Gärten umgeben.
Die an der Straßenseite gelegenen Räume wurden als Läden an Handwerker und Kaufleute vermietet.
Überall im Haus befanden sich kunstvolle Wandmalereien und wertvolle Möbel. Es gab fließendes Wasser, eigene Toiletten und eine Heizung. Mittelpunkt des Hauses war der Innenhof, das Atrium. Das Dach war offen, sodass Licht und Luft in den Innenhof gelangen konnten. Ein darunter liegendes Regenbecken sorgte im Sommer für angenehme Temperaturen.
Um das Atrium herum waren die Räume für das Personal angeordnet.
Im hinteren Hausteil befanden sich Ess-, Wohn-, Empfangs- und Schlafräume der Familie.
Besonders luxuriöse Villen waren sogar mit einer Wand- und Fußbodenheizung ausgestattet.

AUFGABEN

1 Beschreibe mithilfe des Textes, M1 und M2 die Wohnverhältnisse in einem römischen Mietshaus. Beginne im Erdgeschoss. Nutze die Methode auf Seite 197, um M2 auszuwerten.

2 Du bist Immobilienmakler im alten Rom und deine Aufgabe ist es, die Villa eines reichen Römers zu verkaufen. Erstelle hierfür eine Verkaufsanzeige. Nutze die Informationen aus dem Text und der Rekonstruktionszeichnung M3.

3* Vergleiche die Wohnverhältnisse in Rom vor 2000 Jahren mit denen von heute (M1 – M3).

INTERNET

Weitere Infos zum Leben im alten Rom

Digital+
WES-112452-263

M1 Wagenrennen im Circus Maximus

Freizeit und Vergnügen

Brot und Spiele

Wer in Rom Veranstaltungen besuchte, musste in der Regel keinen Eintritt bezahlen. Die Kosten hierfür wurden meist von Politikern getragen, die sich dadurch beim Volk einschmeicheln wollten. Vor allem die Kaiser wollten sich mit dem Unterhaltungsprogramm bei ihren Untertanen beliebt machen, um so ihre Herrschaft zu sichern. Deshalb wurde während der Veranstaltungen auch schon mal Geld in die Menge geworfen oder es wurden Getreide und Essenspakete verteilt. Der Kaiser sicherte sich so mit Brot und Spielen (lat. „panem et circenses") die Gunst seines Volkes.

Auch Theateraufführungen waren bei den Bewohnern Roms sehr beliebt, vor allem lustige Schauspiele waren gut besucht.

Wagenrennen und Gladiatorenkämpfe

Die Leidenschaft der Römer für die Wagenrennen war sehr groß, sodass längst nicht alle in den Circus Maximus mit seinen 250 000 Plätzen Einlass fanden.

Auf kleinen Wagen standen die Wagenlenker in der farbenprächtigen Kleidung ihres Rennstalles. Vier Pferde liefen vor den Wagen. Spektakuläre Stürze waren nicht selten, weil die Fahrer ihre Gegner anfahren und behindern durften. Immer wieder gab es dadurch auch Todesfälle. Die Zuschauer konnten Wetten auf den Ausgang der Rennen abschließen. Dem Wagenlenker winkten hohe Siegpreise. Mancher Römer verdienten so gutes Geld durch die Wagenrennen und die Rennpferdezucht.

Ein weiteres Spektakel, das den römischen Bewohnern geboten wurde, waren die Gladiatorenkämpfe. Hierbei handelte es sich um Kämpfe auf Leben und Tod.

Die Kämpfer wurden **Gladiatoren** genannt. Häufig waren es **Sklaven**. Als Belohnung bekamen sie Geld und Berühmtheit. Es gab daher auch Gladiatoren, die sich freiwillig dafür entschieden und keine Sklaven waren. Das Risiko, bei einem Gladiatorenkampf schwer verletzt zu werden oder zu sterben, war sehr hoch.

> **INFO**
>
> Beim Circus Maximus handelt es sich um den größten Circus (Rennbahn) von Rom. Das **Colosseum** ist das größte Amphitheater Roms. Es ist sich um ein Rundtheater, typischerweise ohne Dach.

M2 Kampfspiele im Colosseum

Sklaverei in Rom

Menschen ohne Rechte

Mehr als ein Viertel aller Menschen im Römischen Reich waren Sklaven. Sie erhielten keinen Lohn. Sklaven waren Eigentum römischer Bürger und konnten wie Gegenstände oder Tiere gekauft und verkauft werden. Auch ihre Kinder waren von Geburt an Sklaven.

Sklaven bauten den Römern ihre öffentlichen Gebäude, ihre Villen und Paläste und wurden beim Straßenbau eingesetzt. Sklavinnen arbeiteten als Dienerinnen im Haushalt ihrer Herrinnen. Die Männer wurden für harte Arbeiten auf Baustellen oder als Ruderslaven eingesetzt. Viele arbeiteten auf den Landgütern der Großgrundbesitzer.

Gebildete Sklaven genossen viele Vorteile. Sie arbeiteten als Lehrer, Ärzte, Ratgeber oder Verwalter für römische Bürger. Wegen ihrer Fähigkeiten und ihrer Zuverlässigkeit waren sie oft angesehen und wurden später freigelassen.

Der Aufstand des Spartacus

Mehrfach wehrten sich die Sklaven gegen schlechte Lebensbedingungen und grausame Behandlung. 73 v. Chr. führte der zum Gladiator ausgebildete Sklave Spartacus den wohl bekanntesten Aufstand an. Er war aus der Gladiatorenschule in Capua geflohen. Unter den Sklaven und Teilen der armen Bevölkerung fand er viele Anhänger.

Er besiegte mit seinen Gefolgsleuten mehrere römische Legionen und bedrohte sogar die Hauptstadt Rom. Erst nach zwei Jahren wurden die Aufständischen von einem römischen Heer besiegt. Spartacus verlor sein Leben im Kampf. 6000 überlebende Sklaven wurden öffentlich ans Kreuz genagelt und hingerichtet.

M4 Auf einem Sklavenmarkt

> Der griechische Geschichtsschreiber Plutarch über den römischen Politiker Cato:
> *Cato hielt eine große Menge Sklaven, die er aus den Kriegsgefangenen kaufte, am liebsten solche, die noch klein waren und sich wie junge Hunde oder Fohlen nach seiner Art bilden und ziehen ließen [...]. Wenn er seinen Freunden und Amtsgenossen ein Gastmahl gab, ließ er gleich nach dem Essen die Sklaven, die beim Auftragen oder Zubereiten der Speisen nachlässig gewesen waren, auspeitschen. Diejenigen, die ein todeswürdiges Verbrechen begangen zu haben schienen, ließ er dann, wenn sie von sämtlichen Sklaven in einem Gericht für schuldig befunden worden waren, hinrichten.*
>
> Quelle: Plutarch, Marcus Cato der Ältere, 21 Zit. nach Konrat Ziegler (Hg.), Große Griechen und Römer. Bd. 1. Artemis. München 1954

M5 Plutarch: Marcus Cato der Ältere

AUFGABEN

1. Nenne Freizeitvergnügungen, die bei den Römern beliebt waren (M1, M2).
2. Welche Absicht verfolgten die Kaiser mit ihrem Unterhaltungsprogramm für alle? Erkläre die Bedeutung von „Brot und Spielen".
3. Stelle Vermutungen auf, wie Menschen in die Sklaverei gerieten.
4.* Beschreibe die Lebensbedingungen und Aufgaben der Sklaven.
5. Schreibe einen Social-Media-Beitrag, in dem du dazu aufrufst, sich am Sklavenaufstand zu beteiligen.
6. Was bedeutet Sklaverei heute? Informiere dich hierzu im Internet.

M3 Sklavenmarke mit der Inschrift: „Ich bin geflohen, halte mich. Wenn du mich meinem Herrn Zoninus zurückgebracht hast, erhältst du einen Solidus [Goldmünze] Belohnung." (4. Jahrhundert)

Die „familia"

„pater familias"

Die Römer lebten in Gemeinschaften zusammen, die sie **„familia"** nannten. Diese waren jedoch anders als Familien heute; oft umfassten sie mehr als zwanzig Personen. Zur römischen „familia" gehörten auch die Ehefrauen und Kinder der Söhne, Sklaven und wirtschaftlich abhängige Bauern, sogenannte Klienten.

Nach römischem Recht hatte der Hausvater, der „pater familias", die unumschränkte Macht, er war Herr und Beschützer der Familie. Er verfügte über das Geld und allen anderen Besitz. Gegenüber allen Mitgliedern der Familie hatte er das Sagen. Er hatte das Recht, jedes Familienmitglied zu strafen, zu verkaufen, ja sogar zu töten. Zudem bestimmte er darüber, ob und wen seine Kinder und Sklaven heiraten durften.

Der Hausvater sorgte für die Erziehung der älteren Jungen. Er entschied auch darüber, welche Ausbildung seine Kinder erhalten sollten.

Eine Gesellschaft, in der der Vater eine solch herausragende Stellung hat, wird als **Patriachat** bezeichnet.

M1 Die römische „familia" vor der Kaiserzeit (Schaubild)

Frauen in der „familia"

Frauen waren für den Haushalt sowie die Erziehung der Kleinkinder und der heranwachsenden Mädchen zuständig. Ebenso leiteten sie die Sklaven zur Arbeit an. Nur selten konnten sie das Haus verlassen, um Freundinnen zu treffen oder das Theater zu besuchen.

Der Vater hingegen war tagsüber selten zu Hause. Er ging seinen Geschäften nach und traf Freunde. Erst zum gemeinsamen Abendessen war er wieder zu Hause.

EXTRA

Verehrung der Vorfahren

Für die Familien war die Verehrung der Vorfahren besonders wichtig. Auf Hausaltären standen deren Totenmasken oder Büsten. Sie sollten die Nachkommen an die Leistungen der Verstorbenen erinnern und sie ermuntern, den Vorfahren nachzueifern. Auch dienten Masken als Sinnbilder für bewährte römische Sitten.

Alte Werte, wie zum Beispiel Sparsamkeit, Tapferkeit und die Fürsorge für die Familie, sollten sich durch die Ahnenverehrung einprägen.

M2 Römische Totenmaske

AUFGABEN

1. Nenne alle Mitglieder, die zu einer römischen Familie gehörten.
2. Betrachte M1 und erkläre, warum die Mitglieder auf unterschiedlichen Stufen stehen.
3. a) Erkläre den Begriff Patriachat. Welche besonderen Rechte hat der Hausvater?
   b) *Begründe, warum das Verhalten des „pater familias" heute in Deutschland rechtlich nicht mehr erlaubt ist.
4. Erkläre, wie sich die Familienverhältnisse von damals zu heute verändert haben.

Schule im Alten Rom

Im Alter von sieben Jahren gingen viele Kinder zur Schule. Da die Eltern die Lehrer bezahlen mussten, konnten sich nicht alle die Schule leisten. Um Geld zu sparen, schickten ärmere Eltern ihre Kinder oft zu schlecht ausgebildeten Lehrern. Andere Kinder besuchten die Schule gar nicht, da sie zum Beispiel im elterlichen Betrieb gebraucht wurden.

Öffentliche Schulen gab es nicht. Kinder reicher Familien wurden in teuren Privatschulen oder zu Hause von einem Sklaven unterrichtet.

M 4 Leseunterricht für zwei Schüler (Relief, 2. Jahrhundert v. Chr.)

---

*Salve,
mein Name ist Claudius, ich bin 13 Jahre alt. Mein Schultag beginnt frühmorgens. Nach dem Aufstehen suche ich noch schnell meine Wachstafel und meinen Griffel. Dann mache ich mich, in Begleitung meines Sklaven Syrus, auf den Weg zur Schule. Wir laufen durch den Säulengang, der zur Schule führt.
Auf der linken Seite befindet sich eine hässliche Bude. Das ist die Elementarschule. Dort können alle Kinder hingehen, wenn die Eltern den Lehrer bezahlen können.
Meist unterrichten dort Sklaven, sie behandeln die Kinder sehr streng und schlagen sie oft.
In der Elementarschule lernen die Schüler ab dem 6. Lebensjahr lesen, schreiben und rechnen. Mit zwölf Jahren ist ihre Schulzeit zu Ende. Oft werden sie Handwerker oder Händler.
Ich besuche seit meinem 13. Geburtstag die Grammatikschule. Es ist eine schöne kleine Halle. Sie ist sauber und mit Wandmalereien verziert. Dort sitzen wir auf Schemeln. Unser Grammatikus, wie der Lehrer genannt wird, ist freundlich. Er wird von unseren Eltern gut bezahlt.*

*Aber auch hier ist der Unterricht streng. Wenn wir etwas falsch machen, müssen wir die Finger auf den Tisch legen und der Lehrer schlägt uns mit der Rute darauf.
In der Schule muss ich mich dann sehr viel mit griechischen und lateinischen Schriften befassen. Außerdem haben wir auch noch Fächer wie Geometrie und Musik. Unterricht haben wir auch nachmittags. Dann gibt es aber auch noch eine Rhetorikschule. Hier lernt man, wie man eine Rede hält. Das muss man nämlich können, wenn man später in der Politik arbeitet.
Mädchen besuchen nur die Elementarschule und auch nur dann, wenn die Eltern sich das finanziell leisten können. Einen schönen*

*Gruß aus Rom,
Euer Claudius*

M 3 Brief des römischen Schülers Claudius

AUFGABEN

5 Beschreibe die Unterrichtsbedingungen von Kindern aus armen und reichen Familien.

6 Vergleiche den Schultag von Claudius mit deinem Schultag heute. Verfasse einen Brief an Claudius, in dem du die Gemeinsamkeiten und Unterschiede beschreibst.

7 a) Nimm Stellung zu der Aussage: „Alle Kinder hatten gleiche Bildungschancen."
b) Haben heute alle Kinder die gleichen Chancen auf Bildung? Begründe deine Antwort.

Die Germanen: viele Stämme – eine Kultur

Vor ungefähr 2000 Jahren waren auch große Teile Nordeuropas besiedelt. Ursprünglich lebten die Menschen im heutigen Südschweden, Dänemark und Norddeutschland.
Im Laufe der Zeit dehnten sie ihr Siedlungsgebiet immer weiter nach Ost- und Mitteleuropa aus. Die Römer nannten das Gebiet zwischen Rhein, Donau und Weichsel Germanien und die dort lebenden Menschen **Germanen**.
Die Germanen glaubten an verschiedene Götter, wie den Gottervater Odin als höchsten Gott oder an den Donnergott Thor.

Woher wissen wir etwas über die Germanen?

Die Historiker wissen heute weniger über die Germanen als über die Römer, denn die Germanen haben keine Schriftstücke hinterlassen. Einiges kann aber aus archäologischen Funden erschlossen werden. Außerdem fand man römische Quellen, die das Germanenbild bis heute prägen.
Die Römer stießen bei ihren Eroberungszügen auf die Germanen. Daher liefern uns römische Geschichtsschreiber wichtige Informationen über diese Menschen. Einer von ihnen war der berühmte Schriftsteller Tacitus mit seiner Schrift „Germania" aus dem Jahr 98 n. Chr.

Die äußere Erscheinung ist bei allen dieselbe. Wild blickende blaue Augen, rötliches Haar und große Gestalten, die allerdings nur zum Angriff taugen [...]. In jedem Haus wachsen Kinder, nackt und schmutzig zu diesem Körperbau, zu dieser erstaunlichen Größe heran.

Quelle: Tacitus, übersetzt in Wolfgang Lautemann, Manfred Schlenke (Hrsg.): Geschichte in Quellen. Altertum. Bayerischer Schulbuch-Verlag. München 1989, S. 877

M2 Der römische Geschichtsschreiber Tacitus über die Germanen (um 98 n. Chr.)

M3 Germanisches Dorf (Rekonstruktionszeichnung)

Frauen trugen ein Untergewand aus Leinen mit einem Gürtel. Der Überwurf wurde von kostbaren Broschen, den Fibeln, zusammengehalten. Je wertvoller die Fibel war, desto angesehener war auch die Frau.

Männer trugen überwiegend lange Hose und darüber einen Kittel, der mit einem Gürtel zusammengehalten wurde. Daran wurde auch das Schwert befestigt. Gegen Kälte schützte eine große Decke als Umhang

Aus der Sicht eines Römers waren die Germanen sehr groß: Die meisten Männer erreichten 1,70 – 1,80 m, die Frauen 1,60 – 1,65 m. Manche hatten blondes, einige rötliches Haar.

M1 Germanen (Rekonstruktionszeichnung nach archäologischen Funden)

Rom – Weltmacht der Antike

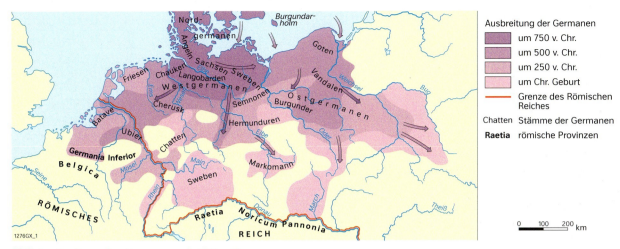

M 4 Ausbreitung der Germanen ab 750 v. Chr.

Wer sind die Germanen?

Das heutige Bild von den Germanen ist stark von den römischen Quellen geprägt. Die Germanen waren kein einheitliches Volk, denn es gab viele Stämme mit unterschiedlichen Bräuchen. Jeder Stamm hatte seinen eigenen Namen, wie zum Beispiel Sachsen, die Friesen oder die Sueben. Jeder Stamm herrschte über ein bestimmtes Gebiet.

Die Germanen waren Ackerbauern und Viehzüchter. Sie lebten abgeschieden auf ihren Höfen und in kleinen Dörfern.

Die Germanen lebten in **Sippen** zusammen. Das sind mehrere verwandte Familien. Zum Schutz vor Feinden schlossen sie sich mit anderen zu einem **Stamm** zusammen. Angeführt wurden die Stämme von adligen Stammesführern. Unter ihnen standen die Freien, ihre langen Haare und das Recht, Waffen zu tragen, unterschieden sie von den Unfreien. Diese waren meist Kriegsgefangene anderer Stämme. Sie waren Eigentum ihres Herrn, der sie zum Beispiel verkaufen, verheiraten, oder hart arbeiten lassen konnte.

Wenn die Germanen nicht auf einem Kriegszug sind, verbringen sie ihre Zeit mit der Jagd oder sie tun überhaupt nichts außer essen und trinken [...]. Die Speisen sind einfach [...]. Ohne feinere Zubereitung, ohne Gewürze stillen sie ihren Hunger. Die Sorge für Hof, Heim und Äcker überlassen die Germanen den Frauen und Alten [...].
Jeder wohnt für sich und legt seinen Hof dort an, wo eine Quelle, ein schönes Stück Land oder Gehölz ihm günstig erscheint. Ihre Dörfer legen sie nicht in unserer Weise an, dass die Gebäude verbunden sind und aneinanderstoßen: Jeder umgibt sein Haus mit freiem Raum [...].
Für Bauzwecke benutzt man nur unbehauenes Bauholz, ohne auf ein gefälliges oder freundliches Aussehen zu achten [...].

Quelle: Tacitus, übersetzt in Wolfgang Lautemann, Manfred Schlenke (Hrsg.): Geschichte in Quellen. Altertum. Bayerischer Schulbuch-Verlag. München 1989, S. 877–883

M 5 Der römische Geschichtsschreiber Tacitus beschreibt das Leben der Germanen (um 98 n. Chr.)

AUFGABEN

1 a) Fasse die Darstellung des Römers Tacitus über die Germanen und ihre Lebensweise zusammen (M2, M5).
b) Vergleiche diese mit der Rekonstruktionszeichnung des germanischen Dorfes (M3). Beurteile, inwieweit die Beschreibung von Tacitus historisch korrekt ist.

2 Wie sahen die Germanen nach heutigen Erkenntnissen aus? Beschreibe (M1).
3 Werte die Karte M4 mithilfe der Schritte auf S. 255 aus (Atlas).
4 Stelle dar, was du über die germanische Gesellschaft erfährst.

Handel über die Grenzen hinaus

Der Limes – eine Grenzbefestigung

Die Römer drangen immer weiter nach Nordgermanien vor, doch im Jahr 9 n. Chr. erlitt die römische Armee eine herbe Niederlage gegen die Germanen. In der sogenannten Varusschlacht im Teutoburger Wald bei Osnabrück verloren ca. 20 000 Soldaten ihr Leben.

Daraufhin zogen sich die Römer hinter Rhein und Donau zurück, wo sie sich leicht verteidigen konnten. Zudem hatten sie das Interesse an dem Land verloren, da es nicht fruchtbar schien. Doch zwischen den beiden Flüssen gab es kein natürliches Hindernis und feindliche Gruppen konnten in das Römische Reich eindringen. Sie überfielen Dörfer und Städte und verschwanden wieder mit ihrer Beute in den dichten Wald des freien Germaniens.

Zum Schutz ihres Reiches errichteten die Römer daher ab etwa 85 n. Chr. eine künstliche Grenzbefestigung. Im 2. Jahrhundert war der **Limes** ca. 550 km lang.

Zu Beginn bestand der Limes nur aus einem Weg für die Patrouillen zwischen einzelnen Wachtürmen aus Holz, später bestand er aus einem Graben und teils aus einem Zaun aus Holzpfählen, teils aus einer Steinmauer. Etwa 900 Wachtürme wurden entlang der Grenze gebaut.

Von dort konnten sie weit in das Gebiet der Germanen schauen. Bei Gefahr gaben sie durch optische Signale wie Rauch und Feuer oder durch ein Hornsignal aus einem Blasinstrument Alarm. Dann kam Hilfe aus einem der etwa 120 kleineren oder größeren Kastelle herbei, die entlang der Grenze lagen. So konnte nun niemand mehr unbemerkt die Grenze überqueren. Gleichzeitig schützte der Limes das Reich vor Räuberbanden und ließ größere Angriffe frühzeitig erkennen.

M 2 Nachbau eines Limesturmes

M 1 Verlauf des Limes in Hessen

Rom – Weltmacht der Antike

M 3 Handel zwischen Römern und Germanen am Limes

Handel an der Grenze

Der Limes war jedoch mehr als eine Grenzbefestigung der Römer. Hier endete zwar die römische Macht, aber nicht der römische Einfluss. Es gab kontrollierte Übergänge, die dem Handel dienten und an denen ein umfangreicher Warenaustausch mit den germanischen Völkern stattfand. Außerdem ließen sich im Schutz des Limes um die Lager der Römer herum römische Familien nieder. Zur Versorgung der Soldaten und der restlichen Bevölkerung entstanden Gutshöfe (landwirtschaftliche Betriebe).

Bald gelangten auch viele Luxuswaren über das ausgebaute Straßennetz der Römer durch römische Händler in die Gebiete. Die Germanen tauschten von den Römern Schmuck, Töpfe, Wein, Parfum, Gewürze, Olivenöl und Glasbecher. Die Römer erhielten dagegen blondes Frauenhaar für Perücken, Honig, Felle, Wachs, Bernstein und Sklaven.

Die römische Kultur hatte eine große Anziehungskraft. So übernahmen viele Germanen in der Nähe der Grenze oder auch in den Provinzen Teile der römischen Kultur. Viele Germanen arbeiteten später für die Römer. Sogar Hilfstruppen der Römer konnten aus Germanen bestehen. Im 5. Jahrhundert n. Chr. gab es fast nur noch Germanen in den Grenztruppen, echte Römer waren selten.

AUFGABEN

1. Werte die Karte M1 aus. Beschreibe die Lage und den Verlauf des Limes in Hessen.
2. Fertige einen Steckbrief zum Limes an (Internet).
3. Erkläre, welche Bedeutung der Limes für die Römer hatte.
4. Erkläre die Aussage: „Der Limes ist mehr als nur eine Grenze des Römischen Reiches."
5. Welche Waren boten die Römer an, welche die Germanen? Erstellt hierzu eine Collage.

Der Einfluss der römischen Kultur

Kultur prägt den Lebensstil im gesamten Römischen Reich

Die Menschen im Römischen Weltreich genossen manche Neuerung, welche die Römer brachten.

Mit der Herrschaft über ein Gebiet wurde die lateinische Schrift dort verbreitet. Diese Schrift hatte gegenüber anderen Schriften der Zeit, zum Beispiel gegenüber den Hieroglyphen, einen großen Vorteil: Das älteste lateinische Alphabet bestand aus lediglich 27 Zeichen. Die Schrift war einfach und klar, jeder konnte sie lernen. Wir verwenden sie im Wesentlichen bis heute.

Die Römer waren zudem hervorragende Baumeister. Mit einfachsten Werkzeugen errichteten die Legionäre in Friedenszeiten Brücken, gepflasterte Straßen, Aquädukte (Wasserleitungen), Kastelle und Grenzmauern. Jeder Bürger durfte die öffentlichen Gebäude benutzen. Beim Bau setzten die Römer als billige Arbeitskräfte vor allem Sklaven ein.

Zwischen den einzelnen Provinzen herrschte ein lebhafter Austausch. Die Römer verbreiteten ihre Kultur und ihre Errungenschaften im ganzen Reich. Sie griffen die Erfindungen und das Wissen der eroberten Länder auf und nutzten diese. Ebenso handelten die Völker in den eroberten Provinzen. Sie griffen die Sprache, die Sitten, das Rechtssystem, die Kunst und Kultur der Römer auf und nahmen sie an. Man bezeichnet diesen Prozess auch als **Romanisierung**.

Die Völker und Stämme, mit denen die Römer im Austausch standen, übernahmen viele Gegenstände und Techniken. Da sie in ihrer eigenen Sprache dafür keine Bezeichnungen hatten, benutzten sie die lateinischen Begriffe der Römer. Sie entliehen also diese Wörter (sogenannte **Lehnwörter**).

Im Laufe der Jahrhunderte wurden diese Wörter an die Muttersprache angepasst und natürlich verändert. Trotzdem ist bei vielen Begriffen der lateinische Ursprung noch zu erkennen. Das Lateinische hat auch heute noch Bedeutung. So wurde der Fachwortschatz in einigen Wissenschaften, zum Beispiel in der Medizin oder in der Biologie, in Latein festgelegt.

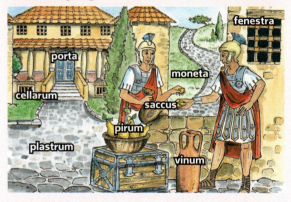

M1 Lateinische Wörter als Ursprung für Wörter heutiger europäischer Sprachen

INTERNET

Wie die Römer Recht gesprochen haben:

Digital+
WES-112452-272

M2 Turmuhr der evangelischen Stiftskirche in Landau (Pfalz) mit römischen Ziffern

AUFGABEN

1 Erkläre mit eigenen Worten den Begriff „Romanisierung".

2* Erstelle eine Tabelle und ordne den lateinischen Wörtern in M1 die deutschen Begriffe zu.

3 Ermittle mithilfe von M2 die Bedeutung der römischen Ziffern I, V und X.

AKTIV

Den Römern auf der Spur – ein Museum besuchen

M 3 Das Limeskastel Saalburg

Das Limeskastell Saalburg
Um 90 n. Chr. bauten römische Soldaten in der Nähe des heutigen Bad Homburg im Taunus ein Holzkastell zur Kontrolle des Verkehrsweges. Zunächst lebten hier 160 Soldaten und taten ihren Dienst. Um 135 n. Chr. wurde das Kastell für rund 600 Mann weiter ausgebaut.
Entlang der Straße entwickelte sich ein richtiges Lagerdorf. Hier wohnten die Familien der Soldaten, Handwerker und Händler.
Ab der Mitte des 2. Jahrhunderts wurde das Kastell in Steinbauweise verstärkt und erweitert. Ebenso wurden eine große Badeanlage, eine Herberge und weitere öffentliche Gebäude errichtet.
Um 200 n. Chr. erreichte das Lagerdorf seine größte Ausdehnung, bis zu 2000 Menschen lebten hier.
Im Jahr 233 n. Chr. brannte der Ort infolge eines germanischen Angriffs nieder. Nach vielen Reparaturarbeiten verließen die Römer die Saalburg jedoch ungefähr 30 Jahre später und zogen sich hinter den Rhein und die Donau zurück.
Heute ist das Limeskastell Saalburg das einzige rekonstruierte römische Militärlager weltweit.
Der Limes und somit auch die Saalburg gehören seit 2005 zum UNESCO-Weltkulturerbe.

1. Schritt: Vorbereitung
- Erkundigt euch nach Museen in eurer Nähe, die Funde aus der Römerzeit ausstellen. Sie sollten nicht allzu weit vom Schulort entfernt sein (siehe S. 270 M1).
- Erkundigt euch außerdem über die Öffnungszeiten und die Eintrittspreise.
- Bucht eine Führung oder ein spezielles Programm für Schulklassen.
- Diese Fragen helfen euch bei der Vorbereitung:
  – War jemand aus eurer Klasse schon einmal in diesem Museum?
  – Was könnt ihr darüber berichten?
  – Was wird ausgestellt?
  – Was wollt ihr erfahren oder wissen?

2. Schritt: Durchführung
- Macht euch Notizen über das Alter und die Verwendung einzelner Funde.
- Wurden in der Nähe deiner Schule oder deines Heimatortes Funde gemacht?
- Macht Fotos und Skizzen von Fundstücken, die euch gefallen.
- Achtet auf ein angemessenes Verhalten im Museum, fasst nichts an!

3. Schritt: Nachbereitung
- Jeder und jede von euch sollte über ein Stück berichten, das ihm oder ihr besonders gut gefallen hat.
- Erstellt eine Schautafel, mit der ihr diese Funde präsentiert und beschreibt.
- Ihr könnt auch zu einem besonderen Fundstück eine eigene Geschichte schreiben. Wie wurde das Stück damals verwendet? Welche Personen haben es benutzt?

AUFGABE

4 Beschreibe M3.
5 Plant einen Museumsbesuch mithilfe der Schrittfolge, führt ihn durch und bereitet ihn nach.

Die Anfänge des Christentums

M1 Jesus als guter Hirte

Der Ursprung des christlichen Glaubens

Am Beginn des 1. Jahrhunderts lebte im heutigen Israel ein Mann namens Jesus. Er war ein jüdischer Wanderprediger, der den Menschen einen Gott predigte (**Monotheismus**), der sie ohne Vorbehalte liebte. Seine Anhänger waren einfache Leute, für sie war dieser Jesus mehr als nur ein Prediger, er heilte Menschen und tat Wunder. Sie bezeichneten ihn als Gottessohn. Den römischen Besatzern erschien dieser Jesus gefährlich, weshalb sie ihn wegen Hochverrats verurteilten und ungefähr im Jahr 30 n. Chr. kreuzigten.

Nach seinem Tod gab es immer wieder Menschen, die behaupteten, der auferstandene Jesus sei ihnen erschienen. Diese Erscheinungen waren für die Menschen so beeindruckend, dass viele Anhänger für den Rest ihres Lebens die Botschaft von Jesus Christus verbreiteten. Die Botschaft von einem liebenden Gott und der Vorstellung eines Lebens nach dem Tod war für alle Menschen sehr attraktiv, sodass der neue Glaube viele Anhänger im ganzen Römischen Reich gewann.

M2 Kunstdruck von 1882

AUFGABEN

1 Im Bild M1 ist Jesus als ein Hirte dargestellt.
a) Nenne Eigenschaften, die deiner Meinung nach ein guter Hirte haben sollte.
b) Begründe, warum die Christen Jesus als ihren guten Hirten sahen.

Rom – Weltmacht der Antike

M 3 Die Ausbreitung des Christentums

Von der verfolgten Sekte zur Staatsreligion

Für die Römer waren die **Christen** zunächst eine Art jüdische Sekte. Die Gläubigen trafen sich mehrfach in der Woche in Privathäusern, beteten gemeinsam das Vaterunser, lasen aus den heiligen Schriften (heutige **Bibel**) und feierten in Erinnerung an Jesus Christus das Abendmahl. Sie halfen sich gegenseitig durch Rat und Tat und versorgten alte und kranke Menschen auch materiell. Sie lehnten grundsätzlich Gewalt ab und damit auch die Zirkusspiele, genauso wie das römische Militär. Am folgenreichsten war jedoch ihre Weigerung, für den römischen Kaiser zu opfern: Je mehr Menschen Christen wurden, desto bedrohlicher erschien es vielen römischen Politikern, dass sich eine scheinbar unkontrollierbare Gruppe im Staat bildete, der man nicht vertrauen konnte und die sich weigerte, dem Kaiser zu opfern. Immer wieder kam es deshalb zu Christenverfolgungen, bei denen viele Christen ermordet wurden. Dennoch wuchs die Bewegung immer weiter und begann im Laufe der Zeit, sich zu organisieren. Dazu gehörte, dass man aus den heiligen Schriften, die man z. B. über Jesus besaß, ein heiliges Buch zusammenstellte, die Bibel. Im vierten Jahrhundert wurde das Christentum zunehmend im Römischen Reich toleriert, bis es 391 von Kaiser Theodius zur Staatsreligion erklärt wurde.

INFO

Das Christentum heute
Mit ca. 2,2 Milliarden Gläubigen ist die christliche Religion die weitverbreitetste weltweit. Das Christentum ist keine einheitliche Religion, sondern es gibt verschiedene Glaubensrichtungen (Konfessionen). Die größte bildet mit 1,4 Milliarden Gläubigen die katholische Kirche. Weitere bedeutsame Glaubensrichtungen sind die protestantischen Kirchen, wie z. B. die Lutheraner und die griechisch-orthodoxe Kirche. In Deutschland gehören insgesamt ca. 45 Mio. Menschen zu einer christlichen Konfession.

AUFGABEN

2 Erstelle eine Mindmap zum Christentum. Nutze dazu die Übersicht zu den Merkmalen von Religionen von S. 186 M2.

3 Erkläre, weshalb der christliche Glaube viele Anhänger bei den Römern fand.

4 Begründe, weshalb der römische Staat den Christen zunächst feindlich gesinnt war.

5* Beschreibe das Bild (M2). Erkläre, was dort geschieht.

6 a) Nenne heutige Länder, in denen es im 3. Jahrhundert Christen gab (M3, Atlas).
b) Ermittle Länder auf der Karte, in denen es damals viele Christen gab, in denen es heute aber fast keine mehr gibt.

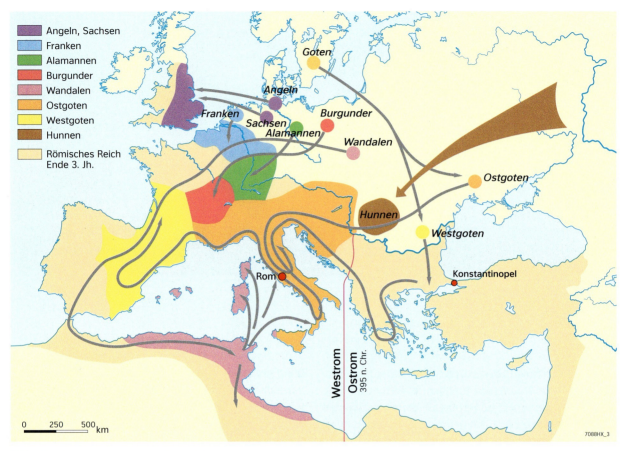

M1 Wanderungen germanischer Völker

Das Ende des Römischen Reiches

Die Zeit der Völkerwanderung

Das Römische Reich war lange Zeit ein Weltreich und schien unbesiegbar zu sein. Im 4. Jahrhundert n. Chr. geriet das Reich in eine Krise. Das römische Heer konnte seine langen Grenzen nicht mehr ausreichend verteidigen. Das Regieren des riesigen Römischen Reiches wurde immer schwieriger. Als Kaiser Theodosius 395 n. Chr. starb, teilten seine beide Söhne das Reich in zwei Hälften: Westrom mit der Hauptstadt Rom und Ostrom mit der Stadt Konstantinopel (Byzanz bis 330 n. Chr.). Im Weströmischen Reich sprach man Lateinisch, im Oströmischen Reich wurde Griechisch gesprochen.

Vermutlich infolge von Klimaveränderungen kam es zu Missernten und damit zu Hungersnöten. Zudem wurden die Germanen von Osten her durch die Hunnen, ein asiatisches Reitervolk, bedrängt. Diese trieben die Germanenstämme vor sich her. Die Germanen suchten daher nach neuen Siedlungsgebieten in Europa und Afrika. Deshalb kam es um 375 n. Chr. zu einer großen **Völkerwanderung**.

> Zahllose Völkerschaften, und zwar solche von äußerster Wildheit, haben ganz Gallien in Besitz genommen! Die Franken durchstreifen Gallien; die Alamannen kommen sogar bis nach Italien herüber. Die Goten überschwemmen Griechenland. Alles Land zwischen den Alpen und den Pyrenäen, zwischen dem Ozean und dem Rhein haben diese Völker verwüstet. Mainz, die einst hoch berühmte Stadt, ist erobert und zerstört. Die mächtigen Städte Reims, Speyer und Straßburg sind Teile Germaniens.
>
> Quelle: Wolfgang Lautermann, Manfred Schlenke (Hrsg.): Geschichte in Quellen. Altertum. Bayerischer Schulbuch-Verlag. München 1978, S. 790

M2 Bericht eines römischen Geschichtsschreibers

Rom – Weltmacht der Antike

M 3 Die Hagia Sophia in Istanbul – eingeweiht im Jahr 537 n. Chr. als christliche Kirche; nach der Eroberung Konstantinopels (1453) durch die Osmanen in eine Moschee umgewandelt; 1934 in der Türkischer Republik in ein Museum umgewandelt; seit 2020 wieder als islamische Moschee genutzt.

Innere Entwicklungen im Reich

Der letzte weströmische Kaiser Romulus Augustus, dessen Machtbereich auf Italien beschränkt war, wurde vom östlichen Teil des Reiches schon lange nicht mehr anerkannt. Sein Spottname „Augustulus" (Kaiserlein) weist darauf hin, dass die alte Ordnung im westlichen Teil des Römischen Reiches bereits in Auflösung begriffen war. Nicht der Kaiser, sondern mächtige Heerführer übten die Herrschaft aus; die öffentliche Ordnung und das Staatswesen verfielen immer weiter. Odoaker, ein weströmischer Offizier germanischer Abstammung, setzte den letzten weströmischen Kaiser im Jahr 476 n. Chr. ab. Damit beendete er das weströmische Kaisertum und ließ sich selbst zum König von Italien krönen. Mit dem Untergang des Römischen Reiches endete auch das Zeitalter der Antike. Die Zeit der Völkerwanderung wird in der Geschichte auch als Übergangszeit zwischen Antike und Mittelalter beschrieben.

Konstantinopel – das neue Rom

Das Oströmische Reich mit der Hauptstadt Konstantinopel erlebte unter Kaiser Justinian (527 – 565 n. Chr.) seine größte Ausdehnung. Konstantinopel ist das heutige Istanbul in der Türkei. Justinian ließ die Hauptstadt prächtig ausbauen. Aus dieser Zeit stammt auch die Hagia Sophia – das beeindruckendste Bauwerk dieser Zeit. Justinian wollte das Römische Reich wieder herstellen, doch die Germanenstämme und auch arabische Reiter waren zu mächtig.

In den folgenden Jahrhunderten wurde das Oströmische Reich immer kleiner und unbedeutender. Aber erst am 29. Mai 1453 endete mit der Eroberung Konstantinopels das Oströmische Reich – fast 1000 Jahre nach dem Ende Westroms.

AUFGABEN

1. Werte die Karte M1 aus (Atlas). Erstelle dazu eine Übersichtstabelle mit folgenden Merkmalen: Name des Volksstammes, ursprünglicher Lebensraum, Beschreibung des Wanderungsweges, neues Herrschaftsgebiet.
2. Nenne Ursachen für den Zerfall des Römischen Reiches.
3. Begründe, warum sich das Oströmische Reich mit Konstantinopel als Hauptstadt fast 1000 Jahre länger als das Weströmische Reich halten konnte. Beachte dabei M1.

100389-060-1
schueler.diercke.de

ALLES KLAR?

Gründung Roms
1. Erzähle die Gründungsgeschichte Roms mit eigenen Worten nach.
2. Vergleiche dazu, wie Rom nach wissenschaftlichen Erkenntnissen entstanden ist.

Der römischer Soldat
1. Erkläre, warum die Römer ein Berufsheer einführten.
2. Warum war das römische Heer in Kriegen meist überlegen? Erläutere.

Das römische Weltreich
1. Beschreibe die Ausdehnung des Römischen Reiches.
2. Erstelle eine Liste von heutigen Staaten, deren Gebiet im Römischen Reich lag. Beachte bei der Auswertung die einzelnen Methodenschritte der S. 254–255.

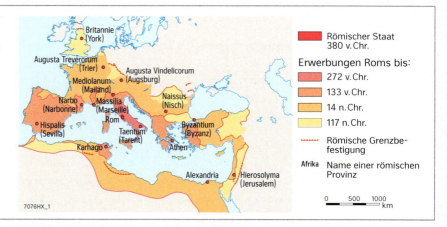

Der Limes
1. „Der Limes trennte und verband". Erläutere diese Aussage.
2. Beschreibe das Verhältnis zwischen den Römern und den Germanen?

Punische Kriege
1. Was waren die Punischen Kriege? Erkläre.
2. Erläutere, wer Hannibal war und wodurch er berühmt wurde?

Rom – Weltmacht der Antike

Panem et circenses
Erkläre, was sich hinter dem antiken Stichwort „Brot und Spiele" verbirgt.

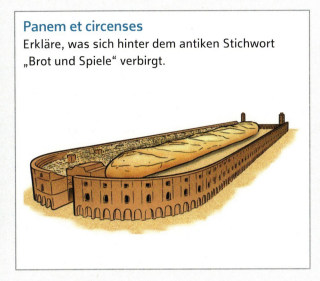

„familia"
1. Erstelle ein Schaubild zur Rangfolge in der römischen Familie.
2. Beschreibe, welche Rechte die einzelnen Mitglieder hatten.

Zeitstrahl
Ordne die Begriffe Landmacht, Weltreich und Seemacht sowie Stadtstaat den Zahlen im Zeitstrahl zu.

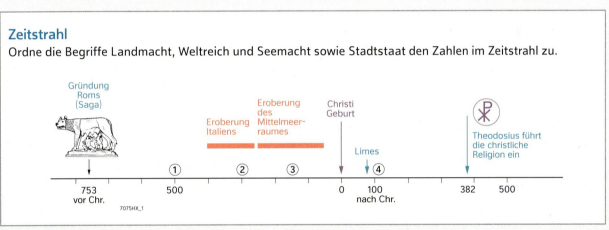

Begriffe wiederholen – erstelle Karteikarten
Schreibe jeweils auf die Vorderseite einer Karteikarte einen der folgenden Begriffe. Erkläre auf der jeweiligen Rückseite, was damit gemeint ist. Du kannst dazu auch noch einmal im Kapitel nachlesen.

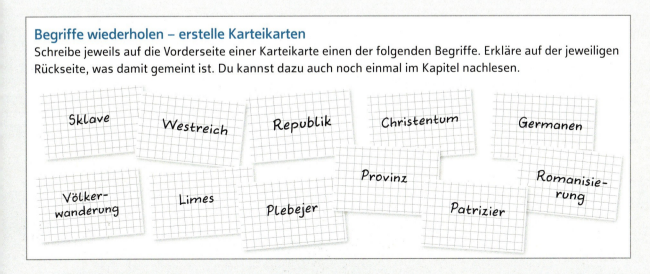

Urlaub in Deutschland und Europa

M1 Der deutsche Küstenraum

Urlaub an den Küsten Deutschlands

Sophie: Ich war zehn Tage lang mit meinen Eltern auf Sylt. Ein Autozug brachte uns auf die Insel.
Jarik: Wir waren eine Woche auf Rügen, der größten Insel Deutschlands. Wir wohnten in Binz und hatten es nicht weit zum kilometerlangen, flachen Sandstrand, wo wir uns den ganzen Tag austoben konnten.
Sophie: Wir waren auch gerne am Strand. Wenn wir vom Baden mal eine Pause machen wollten und **Ebbe** war, zogen wir unsere Gummistiefel an und machten uns auf zur Wattwanderung, auf der wir viele Tiere entdeckten. Am lustigsten fand ich den Wattwurm und die Strandkrabben. Ich habe viele Muschelschalen und andere Schätze gesammelt. Wenn du mal zu mir kommst, zeige ich sie dir.
Jarik: Ebbe und **Flut** gab es bei uns nicht, ich habe aber einen Surfkurs gemacht!
Sophie: Wow! Das habe ich mich noch nicht getraut. Wir sind mit dem Schiff rausgefahren und haben Seehunde und Kegelrobben gesehen, die sich mit ihren Jungen auf den Sandbänken sonnten oder lustig neben unserem Boot schwammen.

M2 Nach den Sommerferien treffen sich Sophie und Jarik und berichten von ihren Urlaubsreisen.

Urlaub in Deutschland und Europa

Jarik: Wir besuchten auch einen Kletterpark, einen riesigen Rutschenturm und fuhren auf einer Sommerrodelbahn. Im Dinosaurierpark sahen wir über 100 Dinosaurier in Lebensgröße, die sich teilweise sogar bewegten. Selbstverständlich besuchten wir auch die berühmten Kreidefelsen und andere Sehenswürdigkeiten der Insel. Schau mal, ich habe sogar einen echten Feuerstein gefunden!
Sophie: Ich war auch mit meinen Eltern Fahrrad fahren. Das war ganz schön anstrengend, da es oft windig war. Wenn wir auf dem **Deich** fuhren, grasten um uns herum die Schafe. So einen Feuerstein hätte ich auch gerne. Vielleicht sollten wir nächstes Jahr tauschen: Du fährst nach Sylt und ich nach Rügen.
Jarik: Gute Idee! Aber nur, wenn ich dort auch surfen kann.
Sophie: Ja, klar! Auch auf Sylt gibt es viele Surfschulen.

AUFGABEN

1.* *Erstelle eine Tabelle, in der du alles auflistest, was dir Jarik und Sophie über ihre Reiseziele verraten.*
2. *Beschreibe die Lage von Sylt und Rügen (Atlas).*
3. *Benenne Meere, Flüsse, Städte, Inseln und Inselgruppen in der Karte (Atlas).*
4. *Ermittle die Entfernung von deinem Schulort nach a) Sylt, b) Rügen (Atlas).*
5. *Ermittle eine Reiseroute von deinem Schulort nach a) Sylt, b) Rügen. Zeichne eine Skizze.*
6. *Reiseberichte: Wart ihr schon einmal an der Nord- oder Ostsee? Berichtet euren Mitschülern davon. Oder kennt ihr jemanden, der schon einmal dort war? Interviewt diese Person.*

100386-034
schueler.diercke.de

M1 Surfen kann man in Wenningstedt lernen

M3 Besuch des Aquariums südlich von Westerland

Urlaub an Nord- und Ostsee

Auf Sylt an der Nordsee

Sylt ist die größte nordfriesische Insel. An der Westküste verfügt sie über einen fast 40 km langen Sandstrand. An ihrer schmalsten Stelle ist die Insel nur 320 m breit (M4). Rund 17 000 Menschen wohnen auf Sylt. In den Sommermonaten, zur **Hauptsaison**, befinden sich täglich etwa 150 000 Menschen auf der Insel. Die Menschen kommen nach Sylt, um sich zu erholen, die Natur zu genießen und weil die salzhaltige Luft an der Nordsee gut für die Gesundheit ist.

M2 Wattwanderung bei Hörnum

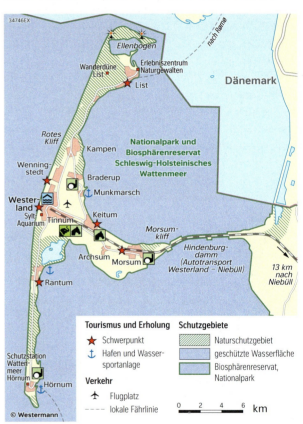

M4 Karte von Sylt

AUFGABEN

1. Ordne die Aktivitäten von Sophie und Jarik (S. 282/283 Aufgabe 1) und die Fotos A – H in den beiden Karten M4 und M9 zu.
2. Beschreibe mithilfe von M4 und M8 Gemeinsamkeiten und Unterschiede der beiden Inseln.
3.* Erstelle mithilfe des Internets einen Steckbrief zu Sylt oder Rügen.
4. Partnerarbeit: Plant mithilfe der Karte und der Informationen von Sophie und Jarik eine Reise nach Sylt oder nach Rügen. Was würdet ihr dort gerne unternehmen?

Urlaub in Deutschland und Europa

M5 Störtebeker-Festspiele in Ralswiek

M8 Im Ozeaneum in Stralsund

Auf Rügen an der Ostsee

Auf Rügen, der größten Insel Deutschlands, leben 70 000 Menschen. Die Insel liegt in der Ostsee und ist durch den Rügendamm und die Rügenbrücke mit dem Festland verbunden. Rund 5,5 Mio. Übernachtungen verbuchte die Insel im Jahr 2021. Rügen verfügt über 56 km Sandstrand.
Beim Baden und für die Schifffahrt spielen Ebbe und Flut kaum eine Rolle.

M6 Kreidefelsen im Nationalpark Jasmund

M9 Karte von Rügen

M7 „Rasender Roland" unterwegs nach Putbus

M10 Im Hafen von Sassnitz

285

M1 Hochwasser und ... . Niedrigwasser

Warum verschwindet das Meer?

Während ihres Urlaubes an der Nordsee konnte Sophie nicht jederzeit schwimmen gehen. Als sie morgens zum Strand lief, war das Wasser nicht mehr da. Sophie war enttäuscht. Sie dachte, sie könne gar nicht mehr mit ihrem Schwimmbrett über die Wellen gleiten. Ihr Vater jedoch lachte und versprach ihr, dass das Wasser wieder zurückkommen werde. Um ganz sicher zu sein, ging Sophie zum Bademeister und ließ sich von ihm erklären, warum das Meer verschwindet – und ob es auch wiederkommt.
Mit einer Skizze zeigte der Bademeister Sophie den Verlauf von Ebbe und Flut (M2). Doch als Sophie diese mit ihrem Smartphone abfotografierte, lag Sand auf der Zeichnung. Zum Glück kann sie sich noch gut daran erinnern, was der Bademeister ihr erzählt hat.
Zusätzlich gab er ihr einen Tidenkalender mit. Darin werden für einen bestimmten Ort die Uhrzeiten für Hochwasser und Niedrigwasser angegeben. So kann Sophie herausfinden, wann sie schwimmen gehen kann. Es sollte nur bei Flut gebadet werden. Wenn die Ebbe einsetzt, entsteht mitunter ein starker Sog, der einen ins Meer ziehen kann.

Ein Bademeister berichtet:
„*Der Meeresspiegel der Nordsee ist nicht immer gleich hoch. Innerhalb von ungefähr zwölf Stunden hebt und senkt er sich je einmal: Während der Flut steigt das Wasser an, bis es seinen höchsten Stand (Hochwasser) erreicht hat. Nun folgt der Zeitraum, in dem sich das Wasser zurückzieht, die Ebbe. Den niedrigsten Stand nennt man Niedrigwasser. Anschließend setzt wieder die Flut ein, auf die später wiederum die Ebbe folgt. Innerhalb von 24 Stunden kommt es also zweimal zu Flut und zweimal zu Ebbe. Den Wechsel von Ebbe und Flut bezeichnet man als Gezeiten oder Tide.*"

M2 Wir erstellen eine Zeichnung zu Ebbe und Flut.

Urlaub in Deutschland und Europa

EXTRA

Die Entstehung von Ebbe und Flut

Ebenso wie die Erde hat auch der Mond eine Anziehungskraft, mit der er an der Erde zieht. Die Kontinente sind fest, aber das Wasser ist beweglich, sodass der Mond auf den Ozeanen Flutberge entstehen lässt. Auf der gegenüberliegenden Seite entsteht ebenfalls ein Flutberg. Er kommt, ähnlich wie bei einem Kettenkarussell, durch die gemeinsame Drehbewegung von Erde und Mond zustande. Zwischen den Flutbergen herrscht Ebbe. Gleichzeitig dreht sich die Erde auch um sich selbst, sodass die Flutberge und Ebbetäler über die Erde wandern.

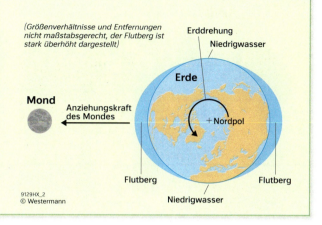

Auswirkungen auf die Schifffahrt

Dass es an der Nordsee Ebbe und Flut gibt, hat nicht nur Auswirkungen auf Sophies Badezeiten. Auch die Fischer müssen sich bei ihrer Arbeit nach den Gezeiten richten. Bei Niedrigwasser liegen viele Schiffe auf Grund und können nicht hinausfahren. Ob und wann die Fischer aufs Meer fahren können, entnehmen sie ebenfalls dem Tidenkalender, den das Wasserstraßen- und Schifffahrtsamt für Monate im Voraus berechnet. Mit beginnender Flut laufen die Fischer mit ihren Booten aus. Während des Hochwassers sind sie auf See zum Fischen. Setzt die Ebbe ein, müssen sie wieder zurück in ihren Häfen sein. Sie könnten sonst irgendwo im Watt steckenbleiben und müssten auf die nächste Flut warten.

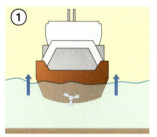 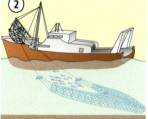 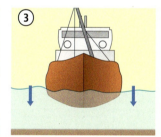 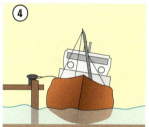

M 3 Gezeitenwechsel

AUFGABEN

1. Vergleiche die Bilder M1. Beschreibe die Unterschiede.
2.* Übernimm die Zeichnung des Bademeisters in deinen Hefter (M2):
   a) Vervollständige mithilfe des Textes den Verlauf von Ebbe und Flut innerhalb von 24 Stunden.
   b) Markiere die Zeiträume für Ebbe und Flut farbig.
   c) Zeichne außerdem Hoch- und Niedrigwasser ein.
3. Ordne die Begriffe den Bildern in M3 zu: Ebbe – Flut – Hochwasser – Niedrigwasser.
4.* Erkläre, warum das Baden außerhalb der Badezeiten gefährlich ist.
5. Beschreibe, welche Auswirkungen Ebbe und Flut auf das Leben der Menschen an der Nordsee haben.

Ein Ausflug ins Wattenmeer

M1 Wattwanderung

Unterwegs mit einer Expertin

Hannah Diedrichs leistet nach ihrem Schulabschluss ein Freiwilliges Ökologisches Jahr bei der Dünen- und Vogelwacht Langeoog. Zu ihren Aufgaben gehört die Betreuung des **Nationalparks**. Sie führt auch Besucher oder Schulklassen durch den Nationalpark Wattenmeer. Auch Sophie nahm mit ihren Eltern an einer solchen Wattwanderung teil. Dabei hat sie Interessantes erfahren.

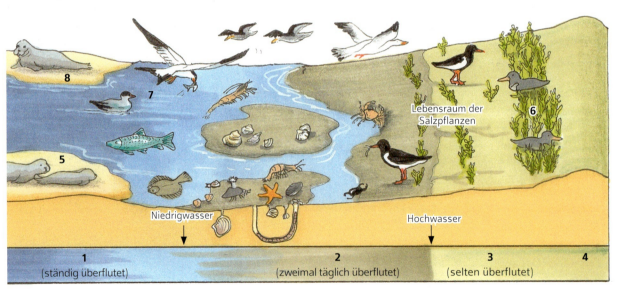

M2 Das Wattenmeer

AUFGABEN

1. Ordne den Zahlen 1–8 in M2 die folgenden Begriffe zu: Rastplatz für Seehunde, Meer, Nahrungsgebiet der Schwimm- und Tauchvögel, Düne, Brutplatz der Vögel, Salzwiese, Säugeplatz für Seehunde, Watt.
2. Nenne die Bundesländer, die Anteil am Wattenmeer haben (Atlas).
3. Erläutere, worauf du in den verschiedenen Schutzzonen achten musst (M5).
4. Die Hinweisschilder M6 zeigen, wie man sich an der Küste verhalten muss. Notiere zu jedem Schild eine Regel.
5.* Hilf Sophie, ihre Strandfunde zu bestimmen (M4).

Urlaub in Deutschland und Europa

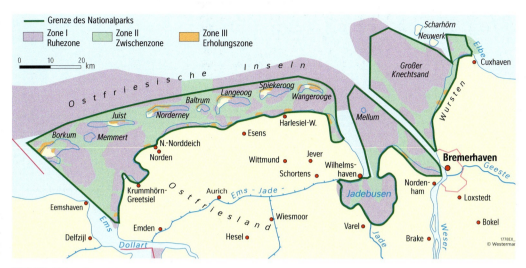

M 3 Wattwanderung

Nationalpark Wattenmeer

Hannah berichtet: *„Für die Bewohner an der Küste ist der* **Tourismus** *eine wichtige Einnahmequelle. Viele Menschen leben davon, dass Urlauber und Besucher sich hier erholen wollen. Die Touristen genießen hier die einzigartige, teilweise unberührte Natur. Deshalb kommen sie immer wieder. Der Naturraum muss geschont werden, damit der Tourismus erhalten bleibt. Aber die natürliche Landschaft mit ihren Tieren und Pflanzen muss auch vor den Touristen geschützt werden.*

Aus diesen Gründen wurden drei Nationalparks an der deutschen Nordseeküste eingerichtet. Hier, im Nationalpark Niedersächsisches Wattenmeer, sind rund 3450 km² (Quadratkilometer) unter Schutz gestellt. Dabei wurden drei verschiedene Schutzzonen eingerichtet mit unterschiedlich strengen Bestimmungen. Dadurch werden der Naturschutz und die Nutzung durch den Menschen genau geregelt."

Zone I: Die Ruhezone ist am strengsten geschützt und darf ganzjährig nur in wenigen Bereichen auf markierten Wegen oder bei geführten Wattwanderungen betreten werden. Auch Boote dürfen hier nicht fahren. In dieser Zone liegen beispielsweise Seehund-Bänke und die Brutgebiete der Vögel.

Zone II: Die Zwischenzone darf auf ausgewiesenen Wegen ganzjährig betreten werden (ausgenommen sind Vogelschutzgebiete). Das Baden, Boot fahren, Fischen und Jagen ist hier erlaubt.

Zone III: Die Erholungszone ist zur vielfältigen Nutzung durch den Menschen freigegeben. Hier dürfen auch Hotels und Freizeiteinrichtungen gebaut werden.

M 5 Erklärung der Schutzzonen im Nationalpark Niedersächsisches Wattenmeer

M 6 Hinweisschilder

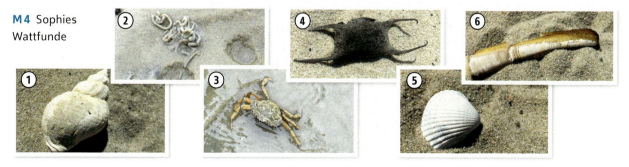

M 4 Sophies Wattfunde

289

M1 Klettern im Sommer

M3 Skifahren im Winter

Urlaubsregion Alpen

Viele Menschen kommen jedes Jahr in die Alpen, um hier ihren Urlaub zu verbringen. Es ist das ganze Jahr **Saison**, denn jede Jahreszeit bietet zahlreiche Freizeitaktivitäten. Mit 100 Mio. Besuchern (zum Vergleich: Deutschland hat etwa 83,8 Mio. Einwohner) sind die Alpen eines der weltweit am meisten besuchten Urlaubsgebiete.
Zum Beispiel besuchen jeden Tag bis zu 4000 Menschen die Zugspitze (M2), Deutschlands höchsten Berg.

Nach einer langen Wanderung oder einer Fahrt mit der Zugspitzbahn erreicht man den Berggipfel. Dort angekommen, hat man einen großartigen Blick auf die Berge von drei weiteren Alpenländern. Allerdings ist der Mont Blanc, der mit 4810 m höchste Berg der Alpen, nicht dabei. Er liegt in Frankreich, einem von acht Ländern, die Anteil an den Alpen haben.

M2 Touristen auf der Zugspitze

AUFGABEN

1.* Notiere in einer Tabelle Aktivitäten, die man in den Alpen im Sommer und im Winter unternehmen kann (M1 – M3). Nenne weitere Beispiele.
2. Suche die Zugspitze im Atlas. Wie hoch ist der höchste Berg Deutschlands?
3. Notiere die Länder, die Anteil an den Alpen haben, mit ihrer jeweiligen Hauptstadt (Atlas).
4.* Vor allem im Sommer lohnt es sich, eine Bergwanderung zu unternehmen. Was packst du in deinen Rucksack? Entscheide dich für fünf Gegenstände.

Urlaub in Deutschland und Europa

Die Alpen – vom Tal zum Gipfel

① Mit zunehmender Höhe wird es kühler. Laubbäume gibt es kaum noch. In den Nadelbäumen sind Eichhörnchen auf der Suche nach Tannenzapfen.

② Im Tal gibt es viele Felder und Wiesen. Der Ausblick auf den Berg und die Wälder ist großartig. Hier unten ist es in der Sonne angenehm warm.

③ Hier stehen nur noch vereinzelt ganz kleine Bäume. Dafür gibt es Bergwiesen, die aussehen wie grüne Matten. Manchmal hört man Murmeltiere pfeifen.

④ Obwohl die Sonne scheint, ist es sehr kühl geworden. Ganz oben auf dem Berg gibt es keine Pflanzen mehr. Felsen und Schnee bestimmen den Gipfel.

⑤ Im nahe gelegenen Wald gibt es vor allem Laubbäume. Viele verschiedene Vogelarten leben hier und es ist angenehm schattig und kühl.

⑥ Zu den Buchen und Eichen gesellen sich mit Fichten und Tannen nun auch Nadelbäume, die mit den kühleren Temperaturen besser zurechtkommen.

M4 Die Höhenstufen der Alpen

AUFGABEN

5 Beschreibe die Veränderungen, die man mit zunehmender Höhe am Berg (M4) erkennen kann.

6 Ordne die Textbausteine den richtigen Buchstaben in M4 zu.

7* Erstelle eine einfache Zeichnung, die die verschiedenen Höhenstufen der Alpen zeigt. Verwende folgende Begriffe: Tal – Fels und Eis – Laubwald – Matten – Mischwald – Nadelwald – Baumgrenze – Schneegrenze.

8 Stelle Vermutungen an, wie der Mensch die einzelnen Stufen nutzen könnte.

100389-056
schueler.diercke.de

291

So nutzt der Mensch die Höhenstufen der Alpen

① Schon immer spielt die Nutzung der Wälder eine wichtige Rolle in den Alpen. Laub- und Nadelbäume werden forstwirtschaftlich genutzt.

② Auf einer Bergwanderung durchqueren Touristen manchmal alle Höhenstufen vom Tal bis hinauf auf den Gipfel.

③ Auf den hoch gelegenen Wiesen weiden die Kühe. Hier verbringen sie die Zeit zwischen Frühling und Herbst.

④ Hier leben und arbeiten die meisten Menschen in den Alpen. Dörfer und Städte sind entstanden.

⑤ Für Kletterer sind die steilen Gipfel am interessantesten. Hier finden sie optimale Bedingungen für ihren Sport.

M 1 Menschen nutzen die Höhenstufen.

AUFGABEN

1. Ordne die Textbausteine den verschiedenen Höhenstufen zu.
2. Ergänze deine Zeichnung von S. 291 (Aufgabe 7) mit Hinweisen zur Nutzung durch den Menschen.
3. Überprüfe mithilfe des Bildes und der Texte deine Vermutungen (von S. 291 Aufgabe 8), wie der Mensch die Höhenstufen nutzt.

EXTRA

Rettung in den Alpen

Wandern im Sommer und Ski- und Snowboardfahren im Winter sind die beliebtesten Urlaubsaktivitäten in den Alpen. Sind zu viele Menschen bei gutem Wetter in der Ferienzeit unterwegs, kann es auch mal zu Unfällen kommen. Die Bergwacht Bayern rückt dann aus, um Menschen in Not zu helfen. Neben Unfällen beim Wintersport ist Selbstüberschätzung beim Wandern oder Klettern ein Problem. Oft sind Urlauber für die Touren im Gebirge nicht richtig ausgerüstet. Auch auf das Wetter sollte man unterwegs achten, denn es kann im Gebirge besonders schnell wechseln. Häufig kommt es noch im Frühjahr zu Schneefall. Nebel, der schnell aufziehen kann, ist vor allem in großer Höhe gefährlich. Eine gute Planung und Vorsicht im Hochgebirge helfen, Unfälle zu vermeiden und die Zeit in diesem beliebten Urlaubsgebiet zu genießen.

M2 Vorgehen beim Lawineneinsatz

M4 Bergretter im Einsatz

A Lawinen können auch durch Wintersportler ausgelöst werden.

B Bei der Suche nach Verschütteten kommen ausschließlich Menschen zum Einsatz.

E Die Rettungsmannschaften grenzen das Gebiet, in dem sie suchen, ein.

D Die Überlebenschancen bei einem Lawinenunglück sind auch nach zwei Stunden noch hoch.

C Die Erstversorgung von Lawinenopfern findet direkt vor Ort statt.

M3 Stimmen die Aussagen zu einem Lawineneinsatz?

AUFGABEN

4 Nenne Gefahren, auf die man beim Urlaub in den Alpen achten muss.
5 Nenne Probleme, die von den Menschen selbst verursacht werden.
6* Beschreibe, wie die Vorbereitung einer Bergtour im Idealfall aussehen sollte.
7 Lawinen sind eine tödliche Gefahr. Finde die richtigen Aussagen zum Lawineneinsatz (M3).

Wandel in den Alpen

„Ich lebe schon immer in den Bergen. Als ich ein kleiner Junge war, bewirtschafteten meine Eltern unseren Bergbauernhof. Da hier oben kein Ackerbau möglich ist, hielten wir nur Kühe und Ziegen auf unseren Weiden. Die Butter und den Käse stellten wir für den Verkauf und Tausch her. Im Frühling verbrachte ich viel Zeit als Almhirte mit unseren Tieren auf den Weiden hoch oben. Die Wochen auf der Alm waren manchmal einsam und nicht immer einfach. Ich musste unser Vieh vor wilden Tieren schützen und aufpassen, dass alle zusammenblieben. Das Wasser für mich und die Tiere musste ich aus einem kalten Bergbach holen. Zwar gab es auf der Alm immer viel zu tun, doch erinnere ich mich gerne an die Zeit zurück.
Leider gab es hier in den Bergen nie genug Arbeit für alle. Viele junge Menschen verließen die Dörfer und zogen in die Städte. Obwohl heute durch den Tourismus in den Alpen vieles hektischer geworden ist, stellt dieser doch eine große Chance für die jungen Menschen dar."

M2 Sölden in Österreich 1910

M1 Bergbauer Wenger

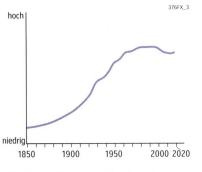

M3 Touristenanzahl in den Alpen

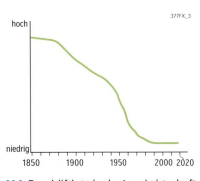

M4 Beschäftigte in der Landwirtschaft

Urlaub in Deutschland und Europa

Der Tourismus bringt Vor- und Nachteile

Heute stellt der Tourismus die wichtigste Einnahmequelle der Menschen in den Alpen dar. Da diese Urlaubsregion im Winter und im Sommer viel zu bieten hat, kommen die Gäste das ganze Jahr.

Seit den Anfängen der touristischen Nutzung wurden unzählige Arbeitsplätze unter anderem in Hotels, Gaststätten, der Verwaltung und dem Baugewerbe geschaffen. Zudem wurde die **Infrastruktur** ausgebaut und somit auch die Erreichbarkeit vieler Orte verbessert. Durch die entstandenen Arbeitsplätze müssen die Menschen ihre Heimat nicht mehr verlassen und finden in verschiedenen Berufen ein Einkommen.

Der **Massentourismus** in den Alpen bringt jedoch auch zahlreiche Probleme mit sich. Viele Einwohner empfinden den Lärm und den zunehmenden Verkehr als Belastung. Zudem sind viele der Arbeitsplätze, die entstanden sind, nur zeitlich begrenzt und werden manchmal eher schlecht bezahlt. Auch die Natur leidet unter der Nutzung durch den Menschen.

M5 Sölden heute (Ausschnitt)

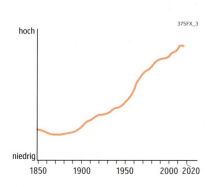

M6 Beschäftigte im Tourismus

M7 Auf der Skipiste

AUFGABEN

1* a) Vergleiche die Bilder M2 und M5. Notiere in einer Tabelle die Veränderungen, die du erkennen kannst.
b) Ergänze deine Tabelle aus Aufgabe 1 a) mithilfe der beiden Texte.
c) Markiere in der Tabelle aus deiner Sicht positive Veränderungen mit grüner, negative mit roter Farbe. Begründe.

2* Beschreibe die Veränderungen in den Alpen anhand von M3, M4, M6 und M7.

Gefährdet der Tourismus die Alpen?

Auswirkungen des Tourismus auf die Natur

Im Sommer und Winter reisen Millionen von Urlaubern in die Alpen. Doch der Tourismus bringt nicht nur Vorteile mit sich. Beim Bau neuer Hotels, beim Straßenbau, beim Anlegen von Parkplätzen oder neuen Skipisten werden große Flächen verbaut. Dies führt zum einen zu einer starken Bodenversiegelung, wodurch kein Regenwasser mehr versickern kann. Bei starkem Regen kann es dadurch zu Überschwemmungen kommen. Zum anderen wurden Bergwälder abgeholzt. Wenn der Boden an den Berghängen aber nicht mehr durch die Wurzeln des Waldes gehalten wird, beginnt der Boden bei starkem Regen hangabwärts zu fließen. Solche Schlammlawinen nennt man Muren. Sie können ganze Ortschaften begraben.

Damit die Skifahrer die besten Bedingungen vorfinden, werden die Skipisten mit schweren Pistenraupen vorbereitet. Diese verdichten aber den Boden und zerstören die Vegetation. Um die Saison zu verlängern, werden Schneekanonen eingesetzt, die viel Energie und Wasser benötigen.

Auch der zunehmende Autoverkehr belastet die Natur: In einigen Tälern ist in der Hauptreisezeit die Luftverschmutzung vergleichbar mit der in einer Großstadt.

M1 Pistenraupe im Einsatz

M3 Ausbau einer Skipiste

M2 Besucher einer Skihütte

M4 Ferienbeginn

Es geht auch anders!

Um mehr Touristen anzulocken, wurde das Angebot an Freizeitsportmöglichkeiten weiter ausgebaut. Damit stieg die Belastung für die Natur. Die Bewohner sind auf die Einnahmen aus dem Tourismus angewiesen. Sie suchen deshalb nach Wegen, die Erholung, Spaß und Umweltschutz miteinander vereinbaren. Dazu wurde das Konzept eines **sanften Tourismus** erarbeitet.
Beim sanften Tourismus geht es darum, die Eingriffe in die Natur so gering wie möglich zu halten. Die Besucher sollen die Kultur und Natur des Urlaubsgebietes kennenlernen. Sie sollen sich rücksichtsvoll gegenüber der Natur und auch den Bewohnern verhalten. Hotels verwenden regional hergestellte Produkte und achten darauf, Abfall zu vermeiden. Die Anzahl der Gästebetten wird begrenzt und die Verwendung öffentlicher Verkehrsmittel gefördert.

M6 Ein Wanderer ruht sich aus.

Herr Bürgermeister, viele Leute sagen, dass man den Tourismus in den Alpen drastisch reduzieren soll, um die Natur zu retten. Wie ist Ihre Meinung?
Das ist unmöglich. Fast alle Bewohner unseres Ortes leben von den Urlaubern. Wir haben nahezu Vollbeschäftigung. Und haben die Menschen, die das ganze Jahr arbeiten, nicht auch ein Recht auf Erholung, auf Bewegung in frischer Luft in den herrlichen Alpen? Da sind bei uns ideale Bedingungen gegeben.
Was unternehmen Sie, damit diese schöne Natur nicht zerstört wird?
Wir setzen jetzt auf den sogenannten sanften Tourismus, der die Natur schützt und der für unsere Gäste hochwertigen Urlaub bietet.
Was heißt das genau?
Wir bieten Preisnachlass, wenn die Urlauber nicht mit dem Auto, sondern mit dem Zug kommen. Sie dürfen dann die öffentlichen Verkehrsmittel bei uns kostenlos nutzen. So beugen wir der Luftverschmutzung vor und müssen nicht so viele Parkplätze bauen. Zudem bieten wir kostenlose Shuttlebusse zu den Zielen rund um unser Dorf an.

Skipisten zerstören doch auch die Natur. Haben Sie da Ideen?
Wir bieten bei Schneemangel andere Aktivitäten an, um Schneekanonen zu vermeiden. Wir verbieten Motorschlitten als Fun-Sport. Skifahren abseits der Pisten ist auch nicht erlaubt.
Wenn alle von Dienstleistungen in der Tourismusbranche leben, geht viel von der Ursprünglichkeit verloren. Heißt das, die wenigen Landwirte müssen aufgeben?
Keineswegs, die Landwirte haben Gelegenheit, ihre Erzeugnisse wie Käse und Fleischprodukte selbst an die Gäste zu verkaufen. Dies nutzt der einheimischen Bevölkerung und gewährleistet dem Urlauber hohe Qualität. Das Essen in unseren Hotels besteht ebenfalls hauptsächlich aus regionalen Produkten.
Kritiker behaupten: „Wenn viele Leute kommen, steigen die Einnahmen, aber der Erholungswert sinkt."
Wir achten darauf, dass nicht zu viele Gästebetten zur Verfügung stehen. So genehmigen wir z. B. keine großen Hotelanlagen. Wir versuchen, aus den Fehlern, die andernorts gemacht wurden, zu lernen.

M5 Ohne Tourismus geht es nicht – ein Bürgermeister berichtet (2018).

AUFGABEN

1. *Beschreibe mithilfe von M1 – M4 und mithilfe des Textes auf Seite 296 die Auswirkungen des Tourismus auf die Alpen und ihre Bewohner.*
2. *Nenne Merkmale des sanften Tourismus.*
3. *Erstelle ein Liste mit den Maßnahmen, die zeigen, dass der Bürgermeister auf sanften Tourismus setzt (M5).*
4. *Kann der sanfte Tourismus den Massentourismus ersetzen? Begründe deine Meinung.*

Urlaub am Mittelmeer

Warst du schon einmal auf Mallorca, an der Adria, in der Ägäis oder an der türkischen Riviera? Dann warst du schon einmal am Mittelmeer. Vielleicht wohnen auch Verwandte von dir in Spanien, Kroatien, Syrien, Marokko oder der Türkei nahe an der Mittelmeerküste oder in einem anderen Land, das am Mittelmeer liegt. Wenn die Deutschen Urlaub im Ausland machen, dann ist kein Ziel so attraktiv wie das Mittelmeer.

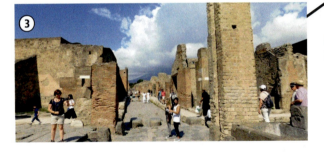

M 1 Karte des Mittelmeers

A Hier gibt es viele steile Felsküsten mit Buchten, in denen sich Sand- oder Kiesstrände befinden.

B Auf der bei deutschen Touristen beliebtesten Urlaubsinsel gibt es in der Hauptstadt Palma einen Yachthafen.

C Der Strand dieser Stadt liegt zwar am Mittelmeer, aber nicht in Europa, sondern in Asien.

D Dieser Strand liegt auf einer Insel im östlichen Mittelmeer.

E Vor etwa 2 500 Jahren wurde die Akropolis als Wehranlage mit einem Tempel mit hohen Säulen in Athen gebaut.

F Diese langgezogene Bucht liegt an der Côte d'Azur. Dort befindet sich eine Stadt mit einer sieben Kilometer langen Strandpromenade am Meer.

G Die Stadt Pompeji wurde vor etwa 2 000 Jahren durch den Ausbruch des Vulkans Vesuv verschüttet. Teile davon wurden wieder ausgegraben.

Urlaub in Deutschland und Europa

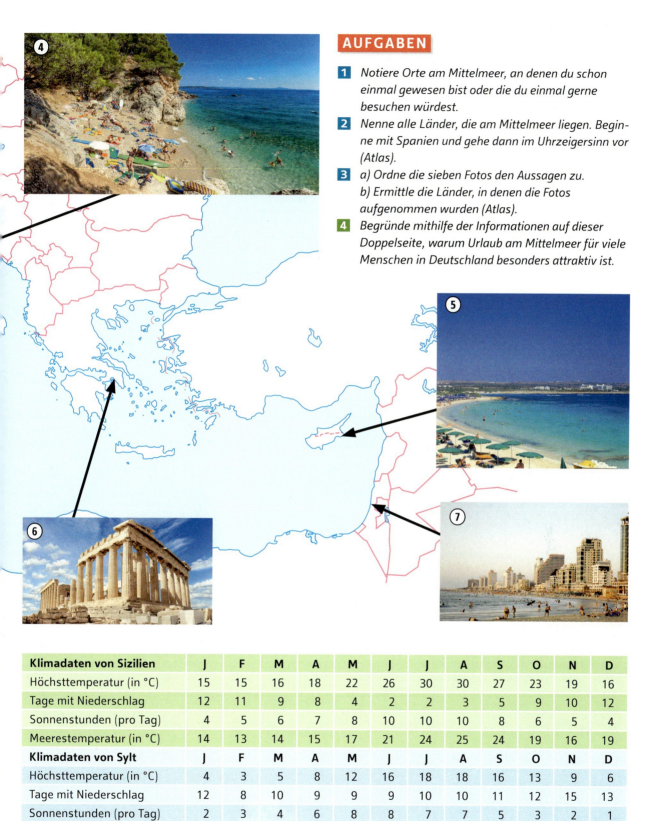

AUFGABEN

1. Notiere Orte am Mittelmeer, an denen du schon einmal gewesen bist oder die du einmal gerne besuchen würdest.
2. Nenne alle Länder, die am Mittelmeer liegen. Beginne mit Spanien und gehe dann im Uhrzeigersinn vor (Atlas).
3. a) Ordne die sieben Fotos den Aussagen zu.
   b) Ermittle die Länder, in denen die Fotos aufgenommen wurden (Atlas).
4. Begründe mithilfe der Informationen auf dieser Doppelseite, warum Urlaub am Mittelmeer für viele Menschen in Deutschland besonders attraktiv ist.

Klimadaten von Sizilien	J	F	M	A	M	J	J	A	S	O	N	D
Höchsttemperatur (in °C)	15	15	16	18	22	26	30	30	27	23	19	16
Tage mit Niederschlag	12	11	9	8	4	2	2	3	5	9	10	12
Sonnenstunden (pro Tag)	4	5	6	7	8	10	10	10	8	6	5	4
Meerestemperatur (in °C)	14	13	14	15	17	21	24	25	24	19	16	19
Klimadaten von Sylt	J	F	M	A	M	J	J	A	S	O	N	D
Höchsttemperatur (in °C)	4	3	5	8	12	16	18	18	16	13	9	6
Tage mit Niederschlag	12	8	10	9	9	9	10	10	11	12	15	13
Sonnenstunden (pro Tag)	2	3	4	6	8	8	7	7	5	3	2	1
Meerestemperatur (in °C)	4	3	3	5	9	12	16	17	16	13	10	7

M 2 Klimadaten von Sizilien und Sylt im Vergleich

100386-060-1
schueler.diercke.de

Europa im Überblick

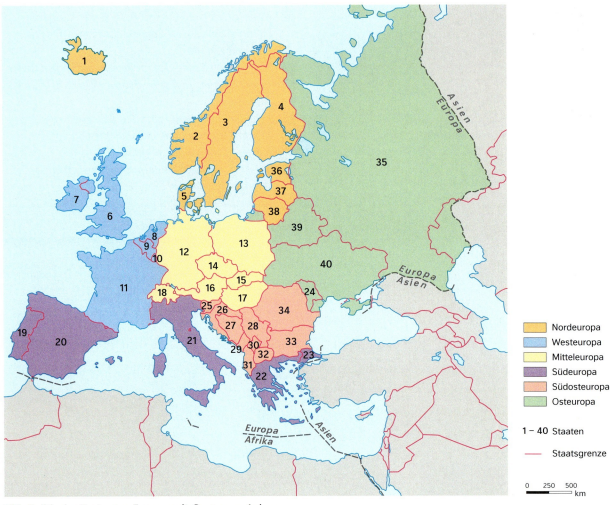

M1 Politische Karte von Europa mit Grenze zu Asien

Ein Kontinent – viele Länder

Europa ist der zweitkleinste Kontinent, dennoch liegen 47 Länder auf ihm. Über 741 Mio. Menschen leben hier und sprechen über 100 verschiedene Sprachen. Die Grenze zwischen Europa und Asien ist keine natürliche, sondern eine festgelegte, erdachte Linie.

Europa ist reich gegliedert und verfügt über viele Inseln und Halbinseln. Es gibt ein nordeuropäisches Tiefland, zahlreiche Mittelgebirge und einige Hochgebirge. Der höchste Berg Europas ist mit 4 810 m der Mont Blanc, der längste Fluss ist mit 3 531 km die Wolga.

M2 Europa – ein vielfältiger Kontinent

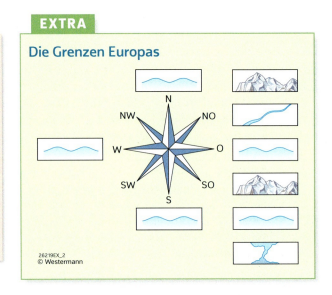

EXTRA

Die Grenzen Europas

Urlaub in Deutschland und Europa

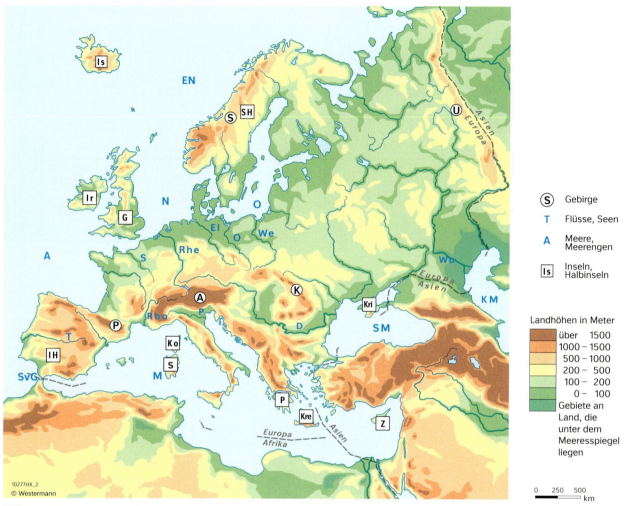

M3 Physische Karte von Europa

AUFGABE

1. Notiere, welche Länder zu Nord-, West-, Mittel-, Süd-, Südost- und Osteuropa gehören (M1, Atlas).
2. Benenne die in M3 markierten Gebirge, Flüsse und Inseln.
3. Nenne mithilfe des Atlas ...
   a) ... das Land mit den meisten Nachbarländern,
   b) ... die Länder, die am Schwarzen Meer liegen,
   c) ... die Länder, die an der Nordsee liegen,
   d) ... die Länder, die an der Ostsee liegen,
   e) ... das südlichste Land Europas,
   f) ... Länder, die komplett auf einer Insel liegen.
4.* Übernimm die Zeichnung aus dem Extra-Kasten in deinen Hefter und trage die natürlichen Grenzen Europas ein.
5. Ermittle mithilfe der Maßstabsleiste die maximale Nord-Süd- und Ost-West-Ausdehnung Europas.
6. Die größte Insel, der längste Fluss, der höchste Berg ... . Wie gut kennt ihr euch in Europa aus? Erstellt in Gruppen ein Europa-Quiz.

M1 Aufnahme der Cala Major in den 1950er-Jahren und heute

Badeurlaub auf der Insel Mallorca

Mallorca verändert sich – Massentourismus

Im Jahr 1960 wurde der Flughafen von Palma de Mallorca eröffnet. Dadurch wurde es für Urlauber leichter, die Insel zu erreichen. Die Urlauber wurden von dem milden Klima, der landschaftlichen Vielfalt und der Schönheit der Strände angelockt.

Die Zahl der Touristen stieg schnell an. Es entstanden an den Küsten viele neue Hotels. Einheimische gaben die Landwirtschaft auf, um in den Hotelanlagen zu arbeiten. Neue Straßen, Feriensiedlungen, Golfplätze, Restaurants und Freizeitangebote für die Touristen wurden geschaffen. Alle Angebote sind in Deutsch oder Englisch zu lesen oder in Bildern dargestellt, damit die Gäste keine Sprachschwierigkeiten haben. Der Massentourismus hat jedoch seine Spuren hinterlassen. Weite Teile der Küste wurden verbaut. In der Hochsaison wird das Wasser knapp. Während ein Einheimischer im Durchschnitt 100 l Wasser am Tag verbraucht, liegt der Verbrauch in den Tourismusorten zwischen 250 und 400 l pro Person. Dabei sind für die Bewässerung eines Golfplatzes zwei Millionen Liter Wasser nötig. Viele der Einheimischen sind mittlerweile der Meinung, dass Mallorca nicht noch mehr Urlauber verkraftet.

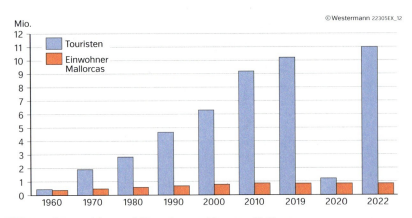

M2 Touristenzahlen und Einwohnerzahlen von Mallorca

AUFGABEN

1. Beschreibe die Lage von Mallorca (Atlas).
2. Vergleiche die Luftaufnahmen miteinander und beschreibe die Veränderungen (M1).
3. Erkläre die Entwicklung der Touristenzahlen von Mallorca (M2).
4. Nenne Probleme, die der Massentourismus auf Mallorca mit sich gebracht hat (M1, M2, M5).

Urlaub in Deutschland und Europa

M3 Agrotourismus auf Mallorca – eine Form des sanften Tourismus

M5 Demonstrationen gegen Umweltzerstörung durch Tourismus

Sanfter Tourismus

Auf Mallorca hat ein Umdenken eingesetzt. Die Einheimischen wünschen sich einen Tourismus, bei dem die Landschaft und Natur sowie das Meer geschützt werden. Sie wollen einen sanften Tourismus. Folgende Regeln sollen umgesetzt werden: Die Natur soll so wenig wie möglich beeinflusst werden. Der Tourismus soll sich bestmöglich an die Kultur des Landes anpassen. Eine Form des sanften Tourismus stellt der Agrotourismus dar. Dabei handelt es sich um meist kleine landwirtschaftliche Betriebe, die Unterkünfte in ihrer Finca (bäuerliches Ferienhaus) anbieten. Der Grundgedanke ist die Nähe zur Gastfamilie. Dadurch erhalten Urlauber Einblicke in den Alltag des Landlebens.

Die Regierung von Mallorca hat verschiedene Maßnahmen umgesetzt, um den Massentourismus einzudämmen. Schon seit 1988 muss jeder Neubau mindestens 100 m vom Meer entfernt liegen. Alte Hotels direkt an der Küste werden nach und nach abgerissen. Neue Hotels dürfen nur gebaut werden, wenn es sich um hochwertige Anlagen handelt. Weite Teile der Insel wurden unter Naturschutz gestellt.

Der Stadtrat von Palma de Mallorca hat „Benimmregeln" für Touristen beschlossen. Es ist jetzt z. B. verboten, am Strand Alkohol in größeren Gruppen zu trinken und Lärm zu machen. Polizisten sollen darauf achten, dass keine Bierflaschen mehr mitgebracht werden. Früher gab es häufig Verletzungen durch Glasscherben. Touristen, die die Regeln nicht einhalten, müssen bis zu 400 Euro Strafe zahlen.

M4 „Benimmregeln" für Touristen

AUFGABEN

5 *Erkläre, inwieweit der Agrotourismus eine Form des sanften Tourismus darstellt (M3).*
6 *Der Stadtrat von Palma de Mallorca versucht, die Probleme des Massentourismus zu lösen. Nimm Stellung zu den Maßnahmen (M4).*

ALLES KLAR?

An der Nordsee

1. Vergleiche die beiden Bilder miteinander und ordne beiden Bildern Fachbegriffe aus diesem Kapitel zu.
2. Welche Auswirkungen hat das Phänomen auf das Leben der Menschen an der Nordsee?

Lernkarte: Die Küsten Deutschlands

1. Benenne die mit Buchstaben markierten Staaten, Städte, Flüsse, Meere und Kanäle sowie Inseln und Inselgruppen.
2. Benenne weitere, mit Zahlen markierte Städte sowie Inseln und Inselgruppen.
3. Zeichne eine Kartenskizze von Norddeutschland und trage in diese ein: die Nord- und die Ostsee, den Kanal, der beide verbindet, sowie zwei Flüsse und mindestens fünf Städte deiner Wahl. Wähle zudem Inseln aus. Erstelle eine Legende.

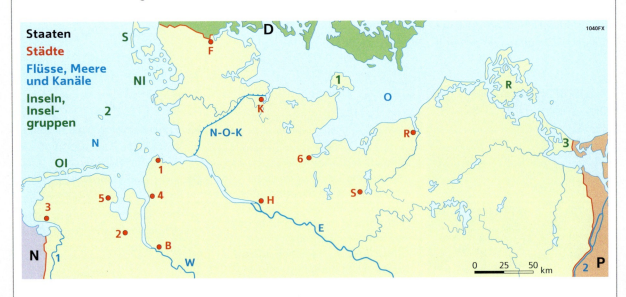

Urlaub in Deutschland und Europa

Lernkarte: Die Alpenländer

1. Benenne die mit Buchstaben markierten Staaten, Städte, Flüsse und Seen sowie Berge.
2. Benenne weitere, mit Zahlen markierte Städte, Flüsse und Meere.
3. Zeichne eine Kartenskizze vom Alpenraum und trage in diese ein: die Staaten mit Anteil an den Alpen, einen Fluss, zwei Berge und sechs Städte deiner Wahl.

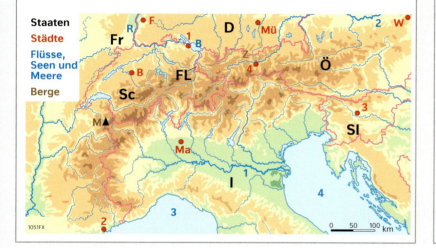

In den Alpen

1. Erstelle eine Mindmap zum Thema „Alpen".
2. Bilde aus den Silben Begriffe rund um die Alpen.
   spit – te – mus – hen – Ski – gren – Hö – ze – fen – Tou – ze – ris – Zug – stu – Baum – pis
3. Begründe, warum die Alpen ein vielfältiges Urlaubsgebiet sind.
4. Erkläre, welche Vorteile der Tourismus den Menschen vor Ort bieten kann.
5. Nenne Risiken, die durch den Massentourismus entstehen.
6. Zeichne ein Bildpaar, das die Alpen früher und heute gegenüberstellt.

Der Mittelmeerraum

1. Der Mittelmeerraum ist sehr vielfältig. Erstelle in deinem Hefter ein Wortgitter zum Mittelmeerraum.
2. Finde mithilfe des Atlas heraus, welches Land (a – c) nicht am Mittelmeer liegt. Nenne den Außenseiter.

M	I	T	T	E	L	M	E	E	R
×	N	×	×	×	×	×	×	×	×
×	S	P	A	N	I	E	N	×	×
×	E	×	×	×	×	I	×	×	×
×	L	×	×	×	×	S	×	×	×
×	N	×	×	×	×	×	×	×	×

a)   Griechenland   Türkei   Portugal   Syrien

b)

c)

Starthilfen

1 Gesellschaftslehre

Seite 19, Aufgabe 5:
Beginne deine Wegbeschreibung z. B. mit folgenden Worten:
Wenn ich aus unserer Haustür hinaustrete, gehe ich zunächst die ...-straße nach rechts entlang. An der nächsten Kreuzung biege ich nach links in die ...-straße ein.
Natürlich kannst du auch bei jeder Richtungsänderung die jeweiligen Himmelsrichtungen angeben.

Seite 21, Aufgabe 3:
Schreibe in die Mitte des Blattes das Thema und ordne wichtige Fachbegriffe drumherum. Der Text „Ideen sammeln mit einer Mindmap" auf S. 12 kann dir helfen.

Seite 23, Aufgabe 6:
Arbeite dich bei der Beschreibung von unten nach oben. Beispiel: Die Eltern wählen den ... . Die gewählten Mitglieder des ... wählen dann den Landeselternbeirat sowie Mitglieder der ... . Diese ist zuständig für ... . Der ... vertritt die Interessen der Eltern gegenüber ... .

Seite 26, Aufgabe 3:
Du kannst zum Beispiel einen Kompass oder eine Kompass-App benutzen.

Seite 26, Aufgabe 4:
Denke an den Merksatz, den du in M2 vervollständigt hast. In welcher Himmelsrichtung siehst du die Sonne untergehen?

Seite 28, Aufgabe 5:
Du kannst deine Ergebnisse in einer Tabelle sammeln:

Stadt	Seite	Planquadrat	Kontinent
...	...	...	...

Seite 29, Aufgabe 9:
Finde heraus, welche Informationen du nur bei welchem Kartentyp findest. Du kannst auch die Legende der Kartentypen in einem Atlas vergleichen.

2 Kinderwelten

Seite 33, Aufgabe 1:
Die Person in der Mitte bist du. Worauf zeigen die Pfeile? Warum überschneiden sich einige der Einrahmungen? Warum sind die gelben Figuren nicht nochmal umrandet?

Seite 33, Aufgabe 6:
Gehe in drei Schritten vor:
1. Arbeite heraus, welche Personen etwas von Alina wollen, also Erwartungen an sie haben (Beispiel: Alinas Mutter).
2. Nenne die Rolle, in der sich Alina dabei jeweils befindet (Beispiel: Gegenüber ihrer Mutter ist Alina in der Rolle der Tochter).
3. Notiere, welche Erwartungen die Mutter an Alina hat (Beispiel: Alinas Mutter erwartet von ihr, dass sie auf ihren kleinen Bruder aufpasst.).

Seite 35, Aufgabe 3:
Gehe deinen Alltag im Kopf durch. Wie sieht dein Morgen nach dem Aufstehen aus? Wie kommst du zur Schule? Wie würdest du mit dem Rollstuhl in der Schule zurechtkommen?

Seite 39, Aufgabe 6a:
Geht die Maßnahmen nacheinander durch und überlegt, welche Wirkung das auf den Täter hätte, ob es unerwünschte Nebenfolgen gibt und ob die Maßnahme für das Opfer umsetzbar sind.

Seite 44, Aufgabe 3:
Achte auf Anzahl der Kinder, Familienformen und Umgang mit Scheidung.

Seite 45, Aufgabe 9:
1. **Daten erheben:** Finde heraus, wie viele Mitschüler in den verschiedenen Familienformen leben.
2. **Statistik erstellen:** Nimm kariertes Papier und zeichne für jede Familienform eine eigene Säule. Male für jeden Schüler ein Kästchen aus. Alternativ kannst du dies auch mit Legosteinen machen.

Seite 50, Aufgabe 4:
Beachte bei deiner Bewertung auch, ob ein Elternteil Vollzeit oder Teilzeit arbeitet.

Seite 53, Aufgabe 1:
Auf S. 32 findest du eine Definition des Begriffs „Werte" und einige Beispiele.

Seite 61, Aufgabe 1:
Nimm auch S. 58 zu Hilfe.

3 Orientierung auf Erde

Seite 68, Aufgabe 2:
Hier musst du deine Perspektive (Blickrichtung) anpassen. Stelle dir vor, du bist auf der Erde und schaust auf den Mond (M4). Welche Seite ist bei den zwei Halbmonden die beleuchtete Seite?

Seite 69, Aufgabe 3:
Wer die Sonne darstellt, nimmt einen gelben Gegenstand in die Hand und hält ihn über den Kopf, der Darsteller der Erde einen blauen. Jetzt überlegt ihr: In welcher Richtung dreht sich die Erde um sich selbst (M2)? Genauso dreht sich jetzt der Darsteller der Erde um sich selbst. Jetzt überlegt ihr gemeinsam, wie sich der Mond um die Erde dreht (M2, M5). Anschließend müsst ihr noch entscheiden, wie sich Erde und Mond gemeinsam um die Sonne drehen (M1). Beachtet auch die Geschwindigkeit der drei Drehungen. Welche Drehung müsst ihr am schnellsten, welche am langsamsten darstellen?

Seite 71, Aufgabe 1:
Rechne die Größen der Kontinente und anschließend die der drei Ozeane zusammen (addieren).

Seite 76, Aufgabe 3:
Hannah startet im Planquadrat B1/B2. Yasin startet im Planquadrat B4/C4. Leon startet in C5.

Seite 78, Aufgabe 2:
Schlage im Atlas nach.

Seite 78, Aufgabe 4:
Du kannst weitere Informationen zu Hessen im Internet recherchieren.

Seite 80, Aufgabe 2:
Je tiefer die Landschaft liegt, desto dunkler ist das ....
Je höher die Landschaft liegt, desto dunkler ist das ...
Je enger die Höhenlinien gezeichnet sind, umso ... ist das Gelände.

Seite 82, Aufgabe 1:
Das Modellauto ist in Wirklichkeit etwa 8 cm breit. Die Breite des verkleinerten Autos Nr. 3 in M1 ist etwa 2,6 cm. Die Maßstabszahl erhältst du, wenn du die Breite des Autos in Wirklichkeit (8 cm) durch die Breite des Autos Nr. 3 (2,6 cm) teilst: 8 cm : 2,6 cm = ... Runde dein Ergebnis.

Seite 85, Aufgabe 4:
Die Erde hat eine Kugelform. Lasse dich nicht vom Blick auf die abgebildeten Erdkugeln täuschen. Ist der Abstand von beispielsweise 10° Grad bis 20° Grad so weit bzw. so viel wie von 30° Grad bis 40° Grad?

Seite 85, Aufgabe 5:
Mit dem Smartphone und der App „Google Maps": Du brauchst weder WLAN noch mobile Daten, sondern nur GPS. Dafür darf kein Dach über dir sein. Gib in Google Maps den Namen und Ort deiner Schule ein. Tippe mit dem Finger auf den angezeigten Ort und halte den Finger dort so lange, bis die GPS-Koordinaten angezeigt werden.
Mit dem Computer und „Google Maps": Öffne Google Maps. Gib den Namen und Ort deiner Schule ein. Klicke mit der rechten Maustaste auf den angezeigten Ort. Wähle „Was ist hier?". Die GPS-Koordinaten werden in einem kleinen Fenster angezeigt.

Seite 88, Aufgabe 2, Gradnetz:
Südpol, Süd, Breitenkreise, Äquator, 360, 180, Westhalbkugel, Nordpol, gleich, Osthalbkugel

4 Mensch und Natur

Seite 93, Aufgabe 4:
Du kannst deine Ergebnisse in einer Tabelle sammeln:

Name	Zeit und Ort	Größe	Gehirn	äußere Merkmale und Besonderheiten
Vor-mensch	- vor ca. 5 Mio. Jahren - Afrika	...	...	...

Seite 100, Aufgabe 3:
Deine Tabelle könnte so aussehen:

	Altsteinzeit	Jungsteinzeit
Lebensweise	...	...
Wohnen	...	...
Nahrung	...	...
wichtige Erfindungen	...	...

Seite 100, Aufgabe 5:
Überlege dir zunächst, welche Vor- und Nachteile die neolithische Revolution mit sich brachte. Notiere dafür zunächst zwei Vorteile und zwei Nachteile:

Vorteile der neolithischen Revolution	Nachteile der neolithischen Revolution
...	...

Fallen dir keine weiteren Vor- oder Nachteile ein, lies nochmal auf den S. 96 bis 99 nach. Folgende Begriffe könnten dir ebenfalls hilfreich sein: Nahrung, Raubüberfälle, Arbeitsteilung, Feuer.

Seite 103, Aufgabe 3:
Bedenke bei der Lösung auch Folgendes:
- Wie ändert sich die Stellung eines Menschen in der Gemeinschaft, der über besondere Qualifikationen verfügt.
- Wie verändern sich die soziale Stellung und Macht eines Menschen oder einer Menschengruppe, die über Besitz verfügen?
- Wie veränderten sich möglicherweise die Überlebenschancen?

Seite 103, Aufgabe 6:
Folgende Fragen könnten dir bei der Lösung hilfreich sein:
- Was wird mit dem Gegenstand gemacht (aufbewahren, bearbeiten, zerkleinern, hacken, drücken etc.)?
- Wo könnte der Gegenstand benutzt werden?

Seite 104, Aufgabe 3:
Überlege dir die Konsequenz der Metallherstellung:
Wenn für eine Tonne Metall 250 000 Quadratmeter Buchenwald notwendig sind und die Menschen immer mehr Metall benötigen, welche Konsequenz hat das für...
... die Buchenwälder?
... die darin lebenden Tiere?

Seite 118, Aufgabe 4:
Erkläre mit eigenen Worten den Begriff Wetter und nenne die Bausteine, die das Wetter beeinflussen.

Seite 119, Aufgabe 7:
Verwende die Wörter Wärme, Erdoberfläche, Sonne, Luft, Wärmestrahlung.

5 Orientierung in Hessen und Deutschland

Seite 125, Aufgabe 1:
Eine Tabelle kann dir helfen. Übertrage sie in dein Heft. Den Buchstaben des Textbausteines schreibst du jeweils in das linke von beiden Kästchen, den Buchstaben des dazugehörenden Fotos in das rechte.

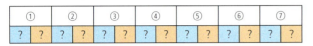

Seite 126, Aufgabe 1:
So könnte deine Erzählung beginnen:
Ich wohne in ... Zur Schule komme ich ... Bei uns gibt es ... Besonders gut gefällt mir ...

Seite 131, Aufgabe 2:
Sieh dir die Beschriftungen genau an, die Farben, die Verbindungen zwischen einzelnen Begriffen. Was wird hier verallgemeinert? Was ist das Typische, was hier dargestellt werden soll?

6 Leben in Extremräumen

Seite 142, weißer Kasten oben, Aufgabe 3:
Pyramiden von Gizeh – Eisberge in der Antarktis – Yanomami-Jäger im tropischen Regenwald Brasiliens – Die Wüstenlandschaft im Tschad – Mit dem Hundeschlitten durch Grönland – Der Amazonas, der wasserreichste Fluss der Welt

Seite 142, weißer Kasten unten, Aufgabe 1:
Erdmännchen, Faultier, Polarhase, Skorpion, Tukan, Weddellrobbe

Seite 151, Aufgabe 8:
Überlege: Wenn jeder Tag gleich verläuft, gibt es keine ... Denke weiter nach: Worin besteht ein wichtiger Zusammenhang zwischen Pflanzen, wie z. B. Weizen oder Mais, und dem Menschen?

Seite 152, Aufgabe 2:
Übernimm folgende Zeichnung in dein Heft und vervollständige sie:

Seite 153, Aufgabe 6:
Gehe in deiner Tabelle auf Folgendes ein:
Höhe der Bäume – Anzahl der Baumarten – Anzahl der Tiere – Jahreszeiten – Wurzeln.

Seite 154, Aufgabe 4:
Beachte: Wie läuft der Tag der Yanomami-Kinder ab? Welche Rolle haben die Eltern?

Seite 159, Aufgabe 1:
Gehe bei deiner Antwort auf folgende Fragen ein:
- Wie sieht das Ausmaß der weltweiten Zerstörung des tropischen Regenwaldes aus?
- Wo wurde bislang am meisten Regenwald zerstört?
- Auf welchem Kontinent ist die Zerstörung geringer?

Seite 163, Aufgabe 1:
Lies dazu den Text auf dieser Seite und fasse die Aufgaben zum Beispiel als Stichpunkte zusammen.

Seite 163, Aufgabe 4:

So lebten die Inuit früher

	Winter	Sommer
Sie wohnten in ...	...	...
Sie jagten ...	...	...
Sie fuhren mit ...	...	...

Seite 163, Aufgabe 6:
Die Menschen in der Altsteinzeit zogen zum Überleben umher. Stelle einen Zusammenhang zum Leben der Inuit her. Schlage den Begriff „Nomade" auch noch einmal im Minilexikon nach.

Seite 165, Aufgabe 4:
Beginne deine Beschreibung mit einer groben Eingrenzung und werde immer genauer. Beginne mit dem Kontinent, Land, welche Region des Landes (Himmelsrichtung), falls möglich Angabe von Längen- oder Breitenkreis, woran grenzt das Gebiet?

Seite 167, Aufgabe 1:
Denke bei deinen Überlegungen an:
Gesundheit, Verpflegung und Ausstattung der Fahrzeuge.

Seite 167, Aufgabe 4:
Erkläre ihnen, warum die Wüste so einzigartig ist.

Seite 170, Aufgabe 3:
So könnte deine Lageskizze aussehen:

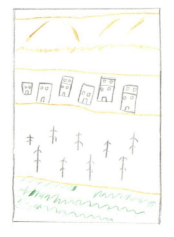

Seite 173, Aufgabe 1:
So kannst du anfangen:
Regenmonat in Äthiopien → Ankunft des Regenwassers in Ägypten → ...

Seite 173, Aufgabe 2:
Folgende Oberbegriffe helfen dir beim Erstellen eines Steckbriefes über den Nil: Gesamtlänge, Quelle / Ursprungsland, Mündung, wichtigste Städte, Nildelta ...

Seite 175, Aufgabe 4:

Deutschland – eine Hochkultur?

Merkmale	vorhanden? ja	vorhanden? nein	Beispiel
repräsentative Bauten...	...	...	Brandenburger Tor
Religion ...	...	...	...

Seite 177, Aufgabe 3:
Folgende Satzanfänge helfen dir, zu erklären, wie die Ägypter trockenen Wüstensand in fruchtbares Ackerland verwandeln: *Die Menschen im alten Ägypten legten... an. Somit konnte das Wasser einfacher auf die Felder verteilt werden, denn... Während der Trockenzeit... Um sich vor Überflutungen zu schützen, ...*

Seite 179, Aufgabe 3:

Beruf	Tätigkeiten	Zuständigkeiten
...	...	...

Seite 181, Aufgabe 3:

	Akhenaten	Zuberi	Geb	Radamas
Beruf	...	...	...	...
Aufgaben	...	...	...	...

7 Antikes Griechenland

Seite 197, Aufgabe 1:
Eine Collage ist ein zusammengesetztes Kunstwerk, das sich aus vielen Materialien wie Fotos, Papier, Stoff, aber auch Zitaten, Karikaturen, Zeitungsausschnitten und vielem mehr zusammensetzt. Sie entsteht, indem die Einzelteile zu einem bestimmten Thema passend auf ein großes Stück Papier (z. B. DIN-A3) geklebt werden. Es gibt also viel Spielraum zum freien Gestalten.

Seite 197, Aufgabe 4:
Die Tabelle könnte so aussehen:
Die Olympischen Spiele damals und heute

	Gemeinsamkeiten	Unterschiede
...	...	...

Mögliche Vergleichspunkte könnten sein: Ablauf, Disziplinen, Dauer, Austragungsorte...

Seite 201, Aufgabe 4:

Historiker erstellen Verfassungsschaubilder, um komplizierte Sachverhalte und Zusammenhänge übersichtlich und gut nachvollziehbar darzustellen. So wertest du Verfassungsschaubilder aus:

1) **Beschreiben:**
Im ersten Schritt beschreibst du, beginnend bei dem Punkt, von dem alle Pfeile wegführen, was du siehst. Fragen, die dir helfen können, sind z. B.:
- Welches Thema stellt das Schaubild dar?
- Wer (Personen oder Bevölkerungsgruppen bzw. Ämter) wird genannt? Welche Aufgabe haben sie?
- Welche Pfeile siehst du? Wo haben sie ihren Ausgangspunkt/wohin zeigen sie? Wie sind sie beschriftet?

2) **Untersuchen**
In diesem zweiten Schritt werden die beschriebenen Aspekte erklärt. Fragen, die dir helfen können, sind z. B.:
- Welche Fachbegriffe werden verwendet und was bedeuten sie?
- Was weißt du über die genannten Personen?
- Was weißt du über den historischen Kontext, also die Zeit, die das Schaubild beschreibt?

3) **Deuten**
In diesem letzten Schritt fügst du alle Informationen zu einem Gesamtbild zusammen und formulierst eine Kernaussage.

Seite 201, Aufgabe 6:
Hilfreiche Fragen:
- Welche Fähigkeiten braucht jemand, der ein politisches Amt übernimmt?
- Was macht einen guten Klassensprecher aus?
- Wie kann man dafür sorgen, dass derjenige oder diejenige ein Amt bekleidet, der bzw. die am besten für das Amt geeignet ist?
- Welche Gefahr besteht, wenn man aus allen Menschen jemanden auslost, ohne seine Fähigkeiten zu berücksichtigen?
- Welche Probleme können auftreten, wenn man aus allen Menschen jemanden auslost, ohne seine Motive zu kennen?
- Warum kann es Probleme verursachen, wenn jemand keine Lust hat, ein bestimmtes Amt auszuüben?

Seite 203, Aufgabe 5a:
Hilfreiche Fragen:
- Wer darf in der attischen Demokratie die Politik mitbestimmen?
- Wer hat in der attischen Demokratie kein politisches Mitspracherecht?
- Wie viele Personen hatten politisches Mitspracherecht?
- Wie viele Personen durften in der Politik nicht mitbestimmen?
- Wessen Interessen wurden berücksichtigt?
- Wessen Interessen wurden wohl nicht berücksichtigt?
- Was bedeutet Demokratie?

Seite 203, Aufgabe 5b:
Hilfreiche Fragen:
- Wer darf die Politik mitbestimmen?
- Wer hat kein politisches Mitspracherecht?
- Wie viele Personen hatten politisches Mitspracherecht?
- Wie viele Personen durften in der Politik nicht mitbestimmen?
- Wessen Interessen wurden berücksichtigt?
- Wessen Interessen wurden wohl nicht berücksichtigt?

Seite 207, Aufgabe 3b:
Nutze die Operatorenliste. Folgende Satzanfänge können dir auch helfen: Die Spartaner waren ... Für die Spartaner war es wichtig, dass die Männer... Die 300 waren ... Ein Löwe ist ein Tier, das... Wegen dieser Eigenschaften passt der Löwe zu den 300, weil...

Seite 209, Aufgabe 4:
Deine Tabelle könnte folgende Spalten haben:

		Junge	Mädchen
Erziehung in Sparta	Inhalt	...	...
	Aufgaben	...	...
	Ziel	...	...
Erziehung in Athen	Inhalt	...	...
	Aufgaben	...	...
	Ziel	...	...

8 Konsum und Nachhaltigkeit

Seite 223, Aufgabe 4:
Achte vor allem auf die Unterschiede zwischen allen Befragten und den befragten Jugendlichen.

Seite 224, Aufgabe 4:
Achtest du beim Kauf eines Produktes nur auf den Preis? Überlege, was dir oder anderen Käufern an einem Produkt wichtig sein könnte. Welche Eigenschaften könnten für den Kauf von Bedeutung sein? Für viele Verbraucher sind z. B. auch Herstellungsbedingungen wichtig. Fallen dir hierzu einige Punkte ein?

Seite 227, Aufgabe 3:
Gehe z. B. darauf ein, wie viele Menschen zu diesem Markt Zugang haben im Vergleich zu einem Wochenmarkt in deinem Heimatort.

Seite 234, Aufgabe 1:

Arbeitsschritte Fischfang und Weiterverarbeitung	Ort
...	...

Seite 236, Aufgabe 2:
Vergleiche nach folgenden Kriterien:
Familie, Freizeit, Schule und Zukunftsperspektive.

Seite 238, Aufgabe 2:
Hinweise zur Lagebeschreibung findest du auf S. 124.

Seite 239, Aufgabe 4:
Berücksichtige dabei unter anderem Aspekte wie Wetterabhängigkeit, Technikeinsatz, Energiebedarf, Energiekosten, Landschaftsbild (M1).

Seite 245, Aufgabe 5:
Überlege, was gegeben bzw. verfügbar sein muss, um erneuerbare Energie zu erzeugen.

Seite 247, Aufgabe 3:
Auf S. 16 findest du Hinweise zur Gestaltung eines Plakats. Flyer (= Flugblätter) sind handliche Informationszettel. Manchmal eignen sich diese auch zum Klappen.

9 Römer

Seite 253, Aufgabe 5:

	Die Sage „Romulus und Remus"	Die Wirklichkeit „wissenschaftliche Erkenntnisse"
Gründungsjahr	...	...
Namensfindung	...	...
Woher kommt das Wissen?	...	...

Seite 257, Aufgabe 6:
Bedenke dabei, welche Vorteile ein Legionär hatte, nachdem er 25 Jahre gedient hat.

Seite 259, Aufgabe 5:
Schlage hierzu nochmals auf der Methodenseite S. 254/255 nach und gehe wie beschrieben Schritt für Schritt vor.

Seite 261, Aufgabe 3:
Aktiviere hierzu dein Vorwissen. Was weißt du bereits über Demokratie? Wer hat in einem demokratischen Staat wie Deutschland das Sagen? Deine Antworten zu Aufgabe 5 auf Seite 203 können dir dabei helfen.

Seite 263, Aufgabe 3:

	damals	heute
Gemeinsamkeiten	...	...
Unterschiede	...	...

Seite 265, Aufgabe 4:
Folgende Fragen können dir helfen: Wo arbeiteten Sklaven? Welche Rechte hatten Sklaven?

Seite 266, Aufgabe 3b:
Wiederhole dein Vorwissen zu den Themen Gleichberechtigung und Rollenverteilung. Die Seiten 50/51 können dir helfen.

Seite 272, Aufgabe 2:
Du kannst deine Ergebnisse in einer Tabelle sammeln, sie könnte so beginnen:

lateinischer Begriff	deutscher Begriff
porta	...

Seite 275, Aufgabe 5:
Im neuen Testament (Luk 23,33f) ist die im Bild dargestellte Szene wie folgt beschrieben: Schließlich kamen sie an einen Ort, der Golgatha heißt. Dort wurden alle drei gekreuzigt - Jesus in der Mitte und die zwei Verbrecher rechts und links von ihm. Jesus sagte: „Vater, vergib diesen Menschen, denn sie wissen nicht, was sie tun." Und die Soldaten würfelten um seine Kleider.

10 Urlaub in Deutschland und Europa

Seite 283, Aufgabe 1:
Du kannst deine Ergebnisse in einer Tabelle sammeln:

	Sylt	Rügen
Lage	...	...
Tiere	...	...
Freizeitaktivitäten	...	...
Besonderes	...	...

Seite 284, Aufgabe 3:
Lage, Größe, Küstenlänge, Bundesland, Einwohner, Sehenswürdigkeiten

Seite 287, Aufgabe 2:
Achte beim Vervollständigen der Zeichnung darauf, dass es jeden Tag zweimal zu Ebbe und zweimal zu Flut kommt. Ebbe und Flut sind Zeiträume, keine Zeitpunkte.

Seite 287, Aufgabe 4:
Die Badezeiten sind abhängig von Ebbe und Flut.

Seite 288, Aufgabe 5:
Gefunden hat Sophie einen *Kothaufen eines Wattwurms, eine Eikapsel eines Stechrochens, eine Herzmuschel, eine Schwertmuschel, eine Strandkrabbe und eine Wellhornschnecke.*

Seite 290, Aufgabe 1:

Seite 290, Aufgabe 4:
Fernglas, Sonnencreme, Buch, GPS-Gerät, Wanderkarte, Wasserflasche, Verpflegung, Wanderstöcke, Foto, Mütze

Seite 291, Aufgabe 7:
Übernimm folgende Zeichnung in dein Heft und vervollständige sie:

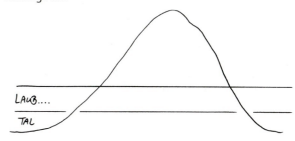

Seite 293, Aufgabe 6:
Denke an das Wetter, die Ausrüstung und die Zeitplanung.

Seite 295, Aufgabe 1:
Der Text auf Seite 294 bietet ergänzende Informationen zu Bild M 2. Der Text auf Seite 295 erzählt mehr über das Leben in Sölden heute.

Seite 295, Aufgabe 2:
Die Diagramme zeigen immer einen zeitlichen Verlauf: Links siehst du, wie es früher war, rechts die Situation heute. Überlege:
– Kommen heute mehr oder weniger Menschen als früher in die Alpen?
– Wie hat sich die Anzahl der Menschen, die in der Landwirtschaft arbeiten, verändert?
– Wo finden die Menschen heute Arbeit?

Seite 301, Aufgabe 4:
Europa wird von drei Meeren eingegrenzt: vom Europäischen Nordmeer, vom Mittelmeer und vom Atlantik. Als Grenze im Osten gilt folgende gedachte Linie: *Uralgebirge – Uralfluss – Kaspisches Meer – Kaukasusgebirge – Schwarzes Meer – Bosporus.*

Operatoren

Schwierigkeitsstufe I: Wissen wiedergeben

Beschreiben / wiedergeben heißt, das Wichtigste aus einem Material oder mehreren Materialien in eigenen Worten und mit den richtigen Fachwörtern darzustellen.

Nennen / benennen heißt, Informationen (Begriffe oder Stichwörter) ohne Erklärung / Kommentar aufzuzählen.

Skizzieren heißt, die wichtigsten Punkte knapp aufzuschreiben.

Zusammenfassen heißt, zuerst einen Einleitungssatz zu formulieren. Dann die wichtigsten Informationen aus einem Text / Material in eigenen Worten aufzuschreiben und dabei Fachsprache zu verwenden.

Schwierigkeitsstufe II: Erklären und Anwenden

Analysieren / untersuchen heißt, Texte und Materialien nach vorgegebenen Gesichtspunkten (Kriterien) zu untersuchen und die Zusammenhänge dann strukturiert deutlich zu machen.

Auswerten heißt, Informationen aus einem Material (z. B. Text, Grafik, Karte, Foto) zu sammeln und die wichtigsten Aussagen aufzuschreiben.

Charakterisieren heißt, Sachverhalte oder Personen in ihrer Eigenart zu beschreiben, typische Merkmale zu kennzeichnen und diese dann zusammenzufassen. Dabei passende Adjektive verwenden.

Darstellen heißt, Sachverhalte mithilfe von Materialien und mit Fachbegriffen zu beschreiben und Zusammenhänge aufzuzeigen.

Einordnen / zuordnen heißt, die Informationen, die du aus den Materialien gewinnen kannst, zusammenzustellen und in einen Zusammenhang einzufügen.

Erklären heißt, Materialien oder Sachverhalte deutlich zu machen, in einen größeren Zusammenhang einzuordnen und zu begründen.

Erläutern heißt, Inhalte und Zusammenhänge mithilfe des gelernten Wissens ausführlicher aufzuschreiben und mit (eigenen) Beispielen deutlich zu machen.

Herausarbeiten heißt, aus Materialien bestimmte Sachverhalte zu erschließen, die nicht genannt werden, z. B. herauszufinden, was der Autor/das Material aussagen möchte oder zwischen den Zeilen lesen.

Vergleichen / gegenüberstellen heißt, Gemeinsamkeiten, Ähnlichkeiten und Unterschiede mithilfe von Kriterien / Merkmalen / Aspekten herauszufinden.

Schwierigkeitsstufe III: Urteilsfähigkeit

Begründen heißt, Argumente zu sammeln, die eine Aussage bestätigen.

Beurteilen heißt, im Anschluss an die Bearbeitung eines Themas oder eines Materials eine Aussage zu treffen, ob ein Sachverhalt richtig ist. Dabei sollst du keine persönliche Wertung und keine eigene Meinung äußern (im Gegensatz zu „bewerten / Stellung nehmen").

Bewerten / Stellung nehmen bedeutet die gleiche Aufgabenstellung wie beim Operator „beurteilen", diesmal aber ist eine eigene Meinung zu äußern und diese zu begründen.

Diskutieren heißt, mithilfe von Fachwissen, Argumenten und Werten eine eigene Meinung zu formulieren und sie gegen andere zu vertreten.

Entwickeln heißt, zu einem Thema oder Problem ein Konzept / eine Lösung zu formulieren.

Erörtern heißt, Pro- und Kontra-Argumente zu sammeln, abzuwägen / gegenüberzustellen und abschließend eine eigene Meinung aufzuschreiben.

Gestalten / erstellen / entwerfen / verfassen heißt, eine Aufgabe kreativ so zu lösen, dass ein neues Produkt dabei herauskommt. Ein Produkt kann z. B. ein Plakat, eine Zeichnung oder ein Text sein.

Interpretieren heißt, eigene Überlegungen zu dem aufzuschreiben, was der Autor / das Material aussagen möchte. Am Ende solltest du eine begründete Stellung abgeben. Oft müssen dazu vorher Materialien analysiert, erläutert oder bewertet werden.

Überprüfen heißt, mithilfe von Fachwissen eine Aussage zu bestätigen oder zu widerlegen.

Minilexikon

Altsteinzeit (S. 96)
Den frühesten und längsten Abschnitt der Steinzeit nennen wir Altsteinzeit. Diese begann vor ungefähr drei Millionen Jahren und dauerte bis ca. 10000 v. Chr. Die Menschen lebten in der Altsteinzeit als Jäger und Sammler in Horden zusammen.

Anbieter (S. 226)
Ein Anbieter stellt Waren oder Dienstleistungen gegen Bezahlung zur Verfügung. Der Anbieter kann die Bedingungen festlegen, zu denen er eine Ware oder Dienstleistung verkaufen möchte, dazu macht er seinen möglichen Kunden ein Angebot.

Angebot (S. 227)
Ein Angebot entsteht durch das Verkaufsinteresse eines Gutes. Wenn viele Menschen eine Ware veräußern wollen, dann ist das Angebot groß. Wenn gleichzeitig die Nachfrage für diese Ware klein ist, ist der Preis in der Regel niedrig.

Antike (S. 192)
Die Antike ist die Bezeichnung für das griechisch-römische Altertum von circa 800 v.Chr. bis circa 500 n.Chr. Es war die Blütezeit der griechischen und römischen Hochkultur.

Aquakultur (S. 235)
In Küstennähe werden Fische oder Muscheln in Käfigen gezüchtet, gemästet und anschließend vermarktet.

Äquator (S. 70)
Der Äquator ist eine Linie auf Karten und Globen, welche die Erde in eine Nord- und eine Südhalbkugel teilt. Der Äquator ist 40076,59 km lang.

Arbeitsteilung (S. 103)
Man spricht von Arbeitsteilung, wenn unterschiedliche Arbeitsschritte von verschiedenen Personen mit verschiedenen Berufen durchgeführt werden.

Archäologie (S. 95)
Wissenschaft, die aufgrund von Bodenfunden und Ausgrabungen alte Kulturen erforscht.

arid (S. 149)
Klima, in dem mehr Wasser verdunstet, als Niederschlag fällt. Im Diagramm liegt die Temperaturkurve über der Niederschlagskurve.

Artenvielfalt (S. 153)
Die Artenvielfalt gibt Auskunft über die Anzahl verschiedener biologischer Arten (Pflanzen und Tiere) innerhalb eines festgelegten Lebensraumes.

Atomenergie / Kernenergie (S. 244)
siehe S. 244 M2 unter „Kernenergie"

Bargeld (S. 225)
Bargeld ist Geld, das man in den Händen halten kann – also Münzen oder Geldscheine.

Bedürfnis (S. 218)
Ein anderes Wort für Wünsche. Im Unterschied zum Wunsch lösen Bedürfnisse meist ein direktes Handeln aus.

Beleuchtungszone (S. 144)
sich parallel zum Äquator erstreckende Regionen der Erde, die im Jahresverlauf die jeweils gleichen, durch den Sonnenstand bestimmten Lichtverhältnisse aufweisen.

Bibel (S. 275)
Die Bibel ist das heilige Buch im Christentum. Es enthält die Schriften des Alten Testamentes (z. B. mit der Schöpfungsgeschichte und den Erzählungen vom jüdischen Volk) und des Neues Testamentes mit der Geschichte von Jesus Christius.

Bio-Produkt (S. 116)
Produkt, bei dessen Herstellung darauf geachtet wird, dass keine chemischen Pflanzenschutzmittel verwendet und die Tiere artgerecht gehalten werden. Ziel der Herstellung eines Bioproduktes ist es, die Umwelt zu schonen und die chemische Belastung des Produkts zu verringern.

Boden (S. 112)
Die oberste lockere Erdschicht, in der sich die Wurzeln der Pflanzen befinden und aus der sie sich mit Nährstoffen versorgen. Der Boden ist eine wichtige Voraussetzung für den landwirtschaftlichen Anbau. Fruchtbarer Boden verspricht gute Erträge.

Brandrodung (S. 156)
Bei der Brandrodung werden Waldflächen kontrolliert abgebrannt. Mit dieser Technik werden im tropischen Regenwald neue Flächen für die Landwirtschaft gewonnen. Die Asche dient dabei als Dünger. Nach wenigen Anbaujahren ist der Boden ausgelaugt und es muss eine neue Fläche abgebrannt werden.

Breitenkreis (S. 84)
Breitenkreise bilden zusammen mit den Längenkreisen das Gradnetz der Erde. Sie werden vom Äquator aus nach Norden und Süden von jeweils 0° bis 90° gezählt. Man unterscheidet südliche und nördliche Breite. Sie verlaufen immer parallel zum Äquator und verbinden die Punkte auf der Erde, die die gleiche geographische Breite haben.

Buchgeld (S. 225)
Unter Buchgeld versteht man Geld, das nur auf einem Bankkonto bereitsteht. Es entsteht durch die Einzahlung von Bargeld auf ein Konto oder durch die Kreditvergabe einer Bank.

Christen (S. 275)
Das Christentum ist eine Religion. Sie beruft sich auf das Leben und die Lehren des Jesus (Beiname Christus), der als Sohn Gottes angesehen wird. Die Gläubigen dieser Religion werden Christen genannt.

Colosseum (S. 264)
siehe Fachbegriff-Kasten S. 264

Coming-out/Outing (S. 48)
Bei einem Coming-out bekennt sich ein Mensch öffentlich, in seiner Familie und/oder seinem Freundeskreis zu seiner sexuellen Orientierung. Ein Outing hingegen ist nicht selbstbestimmt, d.h. die sexuelle Orientierung einer Person wird ohne deren Zustimmung bekannt gemacht.

Cybermobbing (S. 38)
Cybermobbing ist ein englischer Begriff, der eine Beleidigung, Bedrohung oder Nötigung einzelner Menschen mithilfe elektronischer Kommunikationsmittel beschreibt. Die Opfer werden meist über einen längeren Zeitraum über das Internet (z. B. in sozialen Netzwerken) oder per Handy gedemütigt und bedroht.

Daseinsgrundfunktion (S. 128)
wichtige Ansprüche an den Lebensraum des Menschen, wie z. B. Wohnen, Arbeiten, sich Bilden, sich Versorgen, sich Erholen, in Gemeinschaft leben.

Deich (S. 283)
Ein Deich ist ein künstlich aufgeschütteter Damm an einer Küste oder einem Flussufer. Er soll das dahinter liegende Land vor Überschwemmungen schützen.

Demokratie (S. 21)
siehe Fachbegriff-Kasten S. 202

Diktator (S. 261)
Ein Diktator bestimmt mehr oder weniger alleine die Regeln der Politik in einem Land.

Dreifelderwirtschaft (S. 107)
Eine im Mittelalter entwickelte Art der Landwirtschaft zur Steigerung der Erträge. Im jährlichen Wechsel wird ein Drittel des Bodens mit Wintergetreide bepflanzt, ein Drittel mit Sommergetreide und das letzte Drittel bleibt unbebaut (brach) bzw. wird als Weide genutzt, damit sich der Boden erholen kann.

Ebbe (Seite 282)
Als Ebbe wird das regelmäßige Zurückweichen des Meerwassers bezeichnet. Dieser Vorgang dauert etwas mehr als sechs Stunden (Gezeiten).

Ein-Eltern-Familie (S. 44)
Ist eine Familienform, in der ein Elternteil für ein Kind oder mehrere Kinder allein sorgt.

Einwanderungsland (S. 61)
Land, das aufgrund guter Arbeits- und Lebensbedingungen ausländischer Bevölkerung gegenüber offensteht und deren Zuzug in der Regel auch bewusst unterstützt.

Energie (S. 244)
Energie ist die Fähigkeit, mechanische Arbeit zu verrichten, Wärme abzugeben oder Licht auszustrahlen. Eine Form der Energie ist die elektrische Energie, die wir als Strom bezeichnen.

Energiewende (S. 245)
Unter Energiewende versteht man die Abkehr von der traditionellen Strom- und Wärmeerzeugung durch Kohle- und Atomkraft. Ziele sind die umweltschonende Energieerzeugung durch die Verwendung von erneuerbaren Energieträgern und deutliche Energieeinsparungen.

Epoche (S. 92)
Epochen sind verschieden lange Abschnitte in der Geschichte. Die Grenzen der Epochen gehen oft ineinander über.

erneuerbare Energieträger (S. 244)
siehe Material-Kasten M2 S. 244

Europäische Union (S. 116)
Zusammenschluss von 27 europäischen Staaten mit dem Ziel der wirtschaftlichen und politischen Vereinigung.

extreme Armut (S. 56)
Extreme Armut entsteht, wenn lebenswichtige Grundbedürfnisse des Menschen nicht erfüllt werden können. Gemeint sind vor allem Trinkwasser, Nahrung, Kleidung, ein sicherer Ort zum Wohnen und ärztliche Versorgung.

familia (S. 266)
Die „familia" bezeichnet im alten Rom die familäre Gemeinschaft, bestehend aus dem Hausvater (pater familias), den Kindern, den Familien der Söhne und den wirtschaftlich abhängigen Bauern (Klienten).

Familiennachzug (S. 61)
Familiennachzug bedeutet, dass Familienangehörige einer (geflüchteten) Person, die sich bereits im Zielland befindet, nachziehen dürfen. Absicht ist, die Familienmitglieder wieder zusammenzuführen.

Fjord (S. 235)
Ein Fjord ist ein vom Eis eines Gletschers geformtes Gebirgstal, das durch den späteren Anstieg des Meeresspiegels überflutet wurde.

Flussoase (S. 172)
Typ einer Oase in der Wüste. Sie erhält Wasser durch einen Fluss, der die Wüste durchfließt.

Flut (Seite 282)
Das regelmäßige Ansteigen des Meerwassers heißt Flut. Dieser Vorgang dauert etwas mehr als sechs Stunden (Gezeiten).

Forstwirtschaft (S. 246)
Die Forstwirtschaft ist die Bewirtschaftung des Waldes zur Holzgewinnung. Sie gehört zum primären Wirtschaftssektor. Dabei wird darauf geachtet, dass nur so viel Holz geschlagen wird, wie nachwachsen kann. Die Forstwirtschaft ist auch zuständig für den Naturschutz im Wald.

Fossil (S. 125)
Fossilien sind Überreste vorzeitlicher Pflanzen und Tiere, die in Gesteine eingebettet wurden.

fossile Energieträger (S. 244)
siehe Material-Kasten M2 S. 244

Gastarbeiter (S. 61)
Gastarbeiter sind aus ihrem Heimatland weggezogen, um im Ausland zu arbeiten. Meist kommen Gastarbeiter aus weniger entwickelten Ländern (zum Beispiel aus den Mittelmeerländern) in wirtschaftlich weiter entwickelte Staaten wie Deutschland.

geistige und körperliche Behinderung (S. 34)
Wenn die körperlichen Funktionen und die geistige Fähigkeit eines Menschen länger als sechs Monate beeinträchtigt sind und dadurch auch die Teilhabe am Leben in der Gesellschaft, spricht man von einer Behinderung. Ursache einer Behinderung kann eine Erkrankung, ein Unfall oder eine angeborene Schädigung sein.

Generation (S. 42)
siehe Fachbegriff-Kasten S. 42

Germanen (S. 268)
Die Germanen waren kein einheitliches Volk. Sie setzten sich aus verschiedenen Stämmen, wie z.B. Alemannen, Franken oder Goten, zusammen. Sie lebten während der Bronzezeit in Norddeutschland, Dänemark und Südschweden. Später breiteten sie sich über ganz Europa aus.

Gesamtkonferenz (S. 22)
In der Gesamtkonferenz beraten alle Lehrkräfte einer Schule über Fragen des Unterrichts und der Erziehung. Diese beschließt zudem wichtige Angelegenheiten der Schule.

Gesellschaft (S. 32)
Die Gesellschaft ist eine größere Gruppe von Menschen, die zusammenleben. Sie leben z.B. in einem Staat, haben meist eine gemeinsame Sprache, gemeinsame Traditionen und Werte.

Gesetz (S. 36)
siehe Fachbegriff-Kasten S. 36

Geschlechtsidentität (S. 48)
Menschen fühlen sich persönlich zu einem Geschlecht zugehörig (männlich, weiblich oder gar nichts von beidem). Dabei kann es das Geschlecht sein, mit dem man geboren wurde, muss es aber nicht.

Gewächshauskultur (S. 238)
Pflanzen, die im Glashaus/Gewächshaus unabhängig vom Klima gezüchtet werden. Das Glashaus ist beheizbar und hat ein transparentes Dach und Wände, damit Sonnenlicht ins Innere gelangen kann.

Gladiator (S. 264)
Kämpfer, der in Rom zur Unterhaltung des Volkes auftrat. Bei den Gladiatorenkämpfen ging es um Leben und Tod. Sklaven, Kriegsgefangene und Verbrecher wurden in Gladiatorenschulen für den Kampf ausgebildet.

gleichberechtigt (S. 50)
Menschen sind gleichberechtigt, wenn sie unabhängig von Geschlecht, Alter, Herkunft, Hautfarbe oder sexueller Orientierung die gleichen Rechte haben.

Gradnetz (S. 84)
Viele Darstellungen der Erde (Globus, Karte) sind mit einem Netz von Linien überzogen. Einige Linien verlaufen vom Nordpol zum Südpol (Längenhalbkreise, also Meridiane), andere Linien parallel zum Äquator von Westen nach Osten (Breitenkreise). Das Gradnetz dient zur Ortsbestimmung auf der Erde.

Grundwasser (S. 168)
Wasser, das sich durch Niederschläge in den Hohlräumen der tieferen Erdschichten und Gesteine gesammelt hat. Es kann auf einer wasserundurchlässigen Gesteinsschicht viele Kilometer unterirdisch fließen.

Gunstraum (S. 113)
Gebiet mit guten Voraussetzungen für die landwirtschaftliche Nutzung (fruchtbare Böden, reiches Wasserangebot, klimatische Vorzüge)

Gymnasion (S. 209)
siehe Info-Kasten S. 209

Halbgötter / Heroen (S. 195)
siehe Info-Kasten S. 195

Hauptsaison (S. 284)
Die Hauptsaison ist die Zeit des Jahres, in der in einem Urlaubsort die höchsten Gästezahlen zu verzeichnen sind. In den Ländern am Mittelmeer ist dies vor allem in den Monaten Juli und August der Fall. Dann ist Hauptsaison.

Hellene (S. 192)
Im Griechenland der Antike wurde unter dem Begriff Hellenen die Gesamtheit der Griechisch sprechenden Völker zusammengefasst. Seit dem 7. Jahrhundert v. Chr. ist er die Bezeichnung für alle Griechen.

Hellenismus (S. 210)
Hellenismus bezeichnet die Ausweitung Griechenlands über den Orient bis nach Indien. Damit war die Verbreitung der griechischen Sprache und Kultur verbunden.

heterosexuell (S. 48)
Wenn ein Mann eine Frau liebt oder eine Frau einen Mann liebt, nennt man das „heterosexuell". Das ist die Art der Liebe, die die meisten Menschen haben, aber es gibt auch andere Arten der Liebe.

Hierarchie (S. 174)
Eine Hierarchie ist eine Rangordnung. Ganz oben befinden sich z. B. Menschen, die besonders viel Macht und Verantwortung haben. Weiter unten sind diejenigen, die weniger wichtige Ränge/Dienste/ Berufe innehaben.

Himmelsrichtung (S. 26)
Wenn du auf der Erde in eine Richtung unterwegs bist, dann bewegst du dich immer in eine bestimmte Himmelsrichtung. Die Haupthimmelsrichtungen sind Norden, Süden, Westen und Osten. Auf Karten ist in der Regel Norden oben.

Hochkultur (S. 174)
Eine besonders weit entwickelte Kultur nennt man Hochkultur. Kennzeichen einer Hochkultur sind u.a. Arbeitsteilung und die Entwicklung einer Schrift.

homosexuell (S. 48)
Manchmal verlieben sich Menschen in andere Menschen des gleichen Geschlechts. Wenn ein Mann einen anderen Mann liebt oder eine Frau eine andere Frau liebt, nennt man das „homosexuell". Es ist genauso wie wenn sich ein Mann und eine Frau ineinander verlieben.

humid (S. 149)
Klima, in dem mehr Niederschlag fällt, als verdunsten kann. Im Klimadiagramm liegt die Niederschlagskurve über der Temperaturkurve.

immaterielle Bedürfnisse (S. 218)
Im Gegensatz zu materiellen Bedürfnissen, die sich auf den Besitz greifbarer Dinge (z. B. Handy, Kleidung) beziehen, stehen bei der Erfüllung immaterieller Bedürfnisse Wünsche z. B. nach Geborgenheit, Liebe oder Glück im Mittelpunkt.

indigenes Volk (S. 154)
Als indigenes Volk werden die Nachfahren der ursprünglichen Bevölkerung eines Raumes bezeichnet, die heute aber nur noch eine Minderheit darstellen. Indigene Völker haben eine eigene Sprache und Kultur. Sie wurden häufig aus ihren angestammten Siedlungsgebieten verdrängt und spielen in Wirtschaft und Politik eine untergeordnete Rolle.

Influencer (S. 222)
Influencer sind Menschen, die in sozialen Netzwerken aktiv sind und mit ihren Posts große Reichweite und Bekanntheit erlangen. Sie nutzen ihre Reichweiten, um bestimmte Themen (Mode, Politik) zu verbreiten oder Werbung für Produkte und Unternehmen zu machen.

Infrastruktur (S. 295)
Dazu zählen alle Einrichtungen, die zur Entwicklung eines Raumes notwendig sind, wie Verkehrswege, Wasser- und Stromleitungen, Entsorgungsanlagen, Bildungs- und Erholungseinrichtungen, Krankenhäuser.

Inklusion (S. 34)
siehe Fachbegriff-Kasten S. 35

Integration (S. 60)
Integration ermöglicht Menschen mit Migrationshintergrund die Teilnahme am gesellschaftlichen und kulturellen Leben im Zuwanderungsland. Eine wichtige Voraussetzung für eine erfolgreiche Integration ist die Kenntnis der Sprache des Gastlandes.

intensive Tierhaltung (S. 114)
bezeichnet die Haltung einer großen Anzahl von Tieren in großen Betrieben unter meist nicht artgerechten Umständen. Sie dient der Erzeugung möglichst vieler tierischer Produkte (Milch, Eier, Fleisch, Wurst).

Jahreszeit (S. 145)
Einteilung des Jahres in vier Zeitabschnitte (Frühling, Sommer, Herbst, Winter), die durch die Umdrehung der Erde um die Sonne im Laufe eines Jahres in unseren Breiten bedingt ist.

Jungsteinzeit (S. 98)
Den zweiten Abschnitt der Steinzeit nennen wir Jungsteinzeit. Sie dauerte von ca. 10 000 – 2500 v.Chr. In dieser Zeit wurden die Menschen sesshafte Bauern.

Kaiser (S. 261)
Kaiser ist der höchste Titel für einen weltlichen Herrscher.

Kastell (S. 256)
Ein Kastell ist eine römische Befestigungsanlage innerhalb des Limes. Dort lebten Soldaten. Sie schützten die Grenzen des Römischen Reiches. Im Lauf der Zeit entwickelten sich viele Kastelle zu Städten.

Klassensprecher (S. 23)
Die Klasse wählt einen Klassensprecher oder eine Klassensprecherin. Er oder sie vertritt die Interessen der anderen Schülerinnen und Schüler

und informiert über Beschlüsse des Schülerrates.

Klima (S. 119)
siehe Fachbegriff-Kasten S. 119

Klimadiagramm (S. 148)
Zeichnerische Darstellung von Temperatur und Niederschlag eines Ortes. Es werden die Durchschnittstemperatur und der durchschnittliche Niederschlag je Monat und Jahr in °C und mm gezeichnet.

Klimafaktor (S. 146)
Klimafaktoren sind Eigenschaften eines Raumes, die das Klima beeinflussen: z. B. Breitenlage, Höhenlage, Talverlauf, Lage zum Meer, Exponiertheit, Hauptwindrichtung, Bodenbedeckung oder Siedlungen.

Klimazone (S. 146)
Die Erde ist aufgrund der unterschiedlichen großräumigen Temperatur- und Niederschlagsverhältnisse in Klimazonen eingeteilt. Gebiete mit ähnlichem Klima bilden eine Klimazone.

Kolonie / Kolonisation (S. 193)
siehe Fachbegriff-Kasten S. 193

Landwirtschaft (S. 112)
Die Landwirtschaft ist ein Wirtschaftszweig. Sie befasst sich mit der Bewirtschaftung des Bodens und mit der Viehzucht, um Nahrungsmittel, Futtermittel und Rohstoffe zu erzeugen.

Längenhalbkreis (S. 84)
Teil des Gradnetzes der Erde. Durch Greenwich (London) verläuft der Nullmeridian. Er teilt die Erdkugel in eine westliche und eine östliche Hälfte. Längengrade werden jeweils von 0° bis 180° nach Osten und Westen gezählt.

Legende (S. 79)
Die Legende ist die Zeichenerklärung einer Karte. Alle Farben und Signaturen (Kartenzeichen), die in der Karte benutzt werden, sind hier erklärt, sodass man die Karte verstehen kann.

Lehnwort (S. 272)
Ein Wort, das aus einer anderen Sprache entlehnt (=übernommen) ist, nennt man Lehnwort. Im Deutschen gibt es viele Lehnwörter. Das Wort Karren ist zum Beispiel vom römischen Wort „carrus" entlehnt.

LGBT-Community (S. 48)
LGBT ist eine englische Abkürzung und steht für „lesbian" (lesbisch), gay (schwul), „bisexual" (bisexuell) und „transgender" (transgender). Das Wort Community bedeutet Gemeinschaft. Bis heute werden Menschen der Community diskriminiert. Auf Demonstrationen wie dem Christopher Street Day machen sie auf diese Missstände aufmerksam und kämpfen für Gleichberechtigung und Aktezptanz in der Gesellschaft.

Limes (S. 270)
Der Limes war die Grenzbefestigung der Römer gegen die Germanen. Er war 550 km lang und etwa drei Meter hoch. Er bestand teils aus Holz, teils aus Stein und wurde durch Wachtürme gesichert.

Marketing (S. 222)
Unter Marketing versteht man die Strategie eines Unternehmens, den Verkauf von Produkten oder Dienstleistungen zu fördern. Dazu gehören zum Beispiel Fernsehspots und Werbeanzeigen in Zeitschriften oder auf Webseiten.

Massentourismus (S. 295)
Massentourismus ist durch eine große Anzahl von Urlaubern an einem Ort gekennzeichnet. Ein Großteil der Infrastruktur ist auf die Touristen ausgerichtet. Bekannte Stätten für Massentourismus sind Skigebiete in den Alpen oder Badeorte an der Nordsee oder am Mittelmeer.

materielle Bedürfnisse (S. 218)
Wünsche, die sich auf den Besitz von greifbaren Dingen beziehen (Nahrung, Kleidung)

Meridian (S. 84)
siehe Längenhalbkreis

Migrant (S. 58)
Person, die langfristig ihren Wohnsitz ändert (Migration = Wanderungsbewegung)

Migration (S. 58)
siehe Fachbegriff-Kasten S. 58

Migrationshintergrund (S. 60)
Man spricht von Migrationshintergrund, wenn die Person selbst oder mindestens ein Elternteil nicht mit deutscher Staatsangehörigkeit geboren wurde.

Mineraldünger (S. 108)
Von der chemischen Industrie hergestellte Substanzen, die dem Boden die von den Pflanzen benötigten Nährstoffe (Mineralien) zuführen und somit den Ertrag der Pflanzen erhöhen.

Mittelalter (S. 107):
Als Mittelalter bezeichnen wir die europäische Geschichte von 500 bis 1500 n. Chr. Allerdings gibt es auch andere Einteilungen. Die Zeit vor dem Mittelalter nennt man Altertum, die Zeit danach Neuzeit.

Mobbing (S. 38)
Wird ein Mensch häufiger durch einen anderen Menschen oder durch eine Gruppe gequält, beschimpft, ausgelacht oder sogar verletzt, spricht man von Mobbing. Menschen können z. B. in der Schule, in der Familie oder in sozialen Netzwerken gemobbt werden.

Monarch (S. 21)
Ein Monarch ist der gekrönte Herrscher einer Monarchie. Er bleibt König oder Kaiser auf Lebenszeit oder bis zu seiner Abdankung.

Monarchie (S. 206)
Die Monarchie ist eine Staatsform, in der ein König oder Kaiser die Macht hat/Staatsoberhaupt ist.

Mond (S. 69)
Allgemein ist ein Mond ein Himmelskörper, der einen Planeten auf einer Umlaufbahn umkreist. „Unser" Mond begleitet die Erde auf ihrem Weg um die Sonne.

Monokultur (S. 158)
Eine langjährige einseitige Nutzung einer bestimmten Fläche durch eine Kulturpflanze, z. B. Mais

Monotheismus (S. 274)
Religion, die nur einen einzigen Gott anerkennt. Dazu gehören z. B. das Christentum, das Judentum und der Islam.

Nachfrage (S. 227)
Die Nachfrage entsteht durch das Kaufinteresse an einem Gut (für die Erfüllung eines Bedürfnisses). Wenn viele Menschen eine Ware haben wollen, dann ist die Nachfrage groß. Wenn gleichzeitig das Angebot für diese Ware klein ist, ist der Preis in der Regel hoch

Nachfrager (S. 226)
Ein Nachfrager hat die Absicht, Waren und Dienstleistungen gegen Geld oder andere Waren im Tausch zu erwerben. Nachfrager können sowohl Einzelpersonen, Haushalte oder Unternehmen sein.

Minilexikon

Nachhaltigkeit (S. 246)
Nachhaltigkeit meint, dass die Lebensweise der Menschen von heute das Leben künftiger Generationen nicht beeinträchtigen soll. Dies umfasst z. B.: die Nutzung von Rohstoffen, die Verwendung von Flächen für die Landwirtschaft, die Herstellung von Waren. Im besten Fall sollen dabei die Natur geschützt, eine Verschwendung von Rohstoffen vermieden und die Grundbedürfnisse aller Menschen gesichert werden. Nachhaltigkeit umfasst somit die drei Dimensionen Umwelt, Wirtschaft und Mensch.

Nährstoffkreislauf (S. 157)
Der schnelle Nährstoffkreislauf ist ein Kennzeichen des tropischen Regenwaldes. Das herabfallende Laub und Geäst zersetzt sich am Boden und wird zu Humus. Diese Nährstoffe werden dann wieder an die Bäume und Sträucher abgegeben.

Nationalpark (S. 288)
Nationalparks sind große Gebiete mit besonders schönen oder seltenen Naturlandschaften. Es gelten Schutzbestimmungen, um die hier lebenden Tiere und Pflanzen in ihren Lebensräumen zu erhalten.

neolithische Revolution (S. 101)
Als neolithische Revolution wird der Beginn von Ackerbau und Viehzucht bezeichnet. Die Menschen in der Jungsteinzeit wurden sesshaft und hielten Vorräte.

Niederschlag (S. 112)
Bezeichnung für das aus der Lufthülle auf die Erdoberfläche gelangende Wasser in flüssigem oder festem Zustand. Man unterscheidet zwischen Regen, Niesel, Schnee, Hagel, Graupel, Tau.

Nomade (S. 106)
Nomaden sind Menschen, die nicht sesshaft sind, also nicht an einem festen Ort wohnen. Sie ziehen mit ihrem Besitz und ihren Tieren von einer Futter- oder Wasserstelle zur nächsten.

Nordpol (S. 160)
Der Nordpol ist der nördlichste Punkt auf der Erde. Er ist der am weitesten entfernte Punkt vom Äquator auf der nördlichen Halbkugel.

Norm (S. 32)
Normen sind in einer Gesellschaft bekannte, festgelegte Regeln, die das friedliche Zusammenleben sichern sollen. Sie sind zwar meist nicht wie ein Gesetz aufgeschrieben, aber allgemein anerkannt und wir empfinden sie als verbindlich.

Oase (S. 168)
Eine vom Menschen besiedelte „grüne Insel" in der Wüste. Durch vorhandenes Grund- oder Flusswasser ist der Anbau von Nutzpflanzen (z. B. Obst, Gemüse, Getreide) möglich.

Oberflächenform (S. 78)
Die Erde besitzt verschiedene Arten von Oberflächen. Dies sind zum Beispiel Ebenen, Hügel oder Gebirge.

ökonomisches Prinzip (S. 224)
Als ökonomisches Prinzip wird das vernünftige wirtschaftliche Handeln mit knappen Mitteln zur Erreichung wirtschaftlicher Ziele bezeichnet.

Online-Banking (S. 225)
Beim Online-Banking kann man mithilfe des Internets auf der Website der Bank, bei der man sein Bankkonto hat, seine Bankgeschäfte erledigen. So kann man z. B. prüfen, wie viel Geld man auf seinem Konto besitzt oder man kann eine Überweisung machen, um z. B. eine Rechnung zu bezahlen.

Orakel (S. 195)
siehe Fachbegriff-Kasten S. 195

Parlament (S. 21)
Der Begriff Parlament ist abgeleitet vom französischen Wort „parler" (deutsch: sprechen). Die gewählten Mitglieder des Parlamentes verabschieden Gesetze und andere Beschlüsse.

Patchwork-Familie (S. 44)
Eine Patchwork-Familie entsteht dann, wenn Kinder aus einer früheren Beziehung mit in die neue Partnerschaft gebracht werden.

Patriachat (S. 266)
Das Patriarchat ist eine Form der Gesellschaft, in der allein die Männer das Sagen haben. Heutzutage sind die Frauen den Männern durch das Gesetz gleichgestellt. Allerdings haben Frauen oft noch Nachteile, z. B. verdienen sie manchmal für die gleiche Arbeit weniger Geld.

Patrizier (S. 260)
Die Patrizier waren die mächtigsten und reichsten Einwohner der mittelalterlichen Stadt. Zumeist waren es Kaufleute. Sie bildeten den Stadtrat und besetzten die wichtigsten Ämter.

Pendler (S. 131)
siehe Fachbegriff-Kasten S. 131

physische Karte (S. 28)
Die physische Karte ist ein wichtiges Hilfsmittel, um sich zu orientieren. Sie enthält u.a. Landhöhen (Farbgebung in Grün, Gelb und Braun), Oberflächenformen (Schummerung), Höhenangaben, Gewässer, Orte, Verkehrslinien, Grenzen sowie Einzelzeichen (Berg, Kirche usw.).

Plantage (S. 158)
Landwirtschaftlicher Großbetrieb, der vor allem in den Tropen (Klimazone) vorkommt. Hier werden in Monokultur Produkte für den Weltmarkt (z. B. Kautschuk, Kaffee, Bananen, Tee) angebaut. Plantagen besitzen Anlagen zur Aufbereitung oder Verarbeitung der angebauten Nutzpflanzen.

Plebejer (S. 260)
Menschen des einfachen Volkes, die keine großen Vermögenswerte besaßen und keiner einflussreichen Familie angehörten, wurden im alten Rom Plebejer genannt.

Polarnacht (S. 145)
Naturerscheinung zwischen Pol und Polarkreis. Als Polarnacht wird eine Zeitspanne bezeichnet, in der es Tag und Nacht dunkel ist. Die Sonne geht in dieser Zeit nicht auf. An den Polen dauert die Polarnacht etwa ein halbes Jahr, an den Polarkreisen einen Tag.

Polartag (S. 145)
Naturerscheinung zwischen Pol und Polarkreis. Polartag ist die Zeit des Jahres, in der die Sonne Tag und Nacht scheint. An den Polen dauert der Polartag etwa ein halbes Jahr, an den Polarkreisen einen Tag.

Politik (S. 20)
Politik kommt vom griechischen Wort ‚polis', was Stadt oder Gemeinschaft bedeutet. Politik wird auch als Staatskunst bezeichnet. Damit ist gemeint, dass die Politik das Zusammenleben in unserer Gemeinschaft (unserem Staat) regelt und gestaltet. Dies geschieht z. B. durch das Erlassen von Gesetzen, an die sich alle halten müssen.

Polytheismus (S. 186)
Religion, die nur mehrere Gottheiten anerkennt. Dazu gehört z. B. der Hinduismus.

Primärwald (S. 158)
Als Primärwald bezeichnet man den ursprünglichen Naturwald, der gar nicht oder kaum spürbar von Menschen genutzt und beeinflusst wird.

Produktivität (S. 108)
Mit Produktivität ist die Leistungsfähigkeit eines Menschen oder einer Maschine gemeint.

Provinz (S. 257)
Eine Provinz ist ein Gebiet, das unter einer anderen Verwaltung steht. Die ersten Provinzen entstanden in der römischen Antike, als fremde Völker besiegt worden waren.

Quelle (S. 12, 95)
siehe Info-Kaste S. 12

Recycling (S. 242)
Recycling (engl.: Rückführung) nennt man die Wiederverwertung von Müll. Viele Abfälle enthalten neu zu verwendendes Material: Glas, Aluminium, Papier, Kunststoffe. Sie müssen getrennt gesammelt werden. In vielen Orten gibt es für den sogenannten Wertmüll gesonderte „Grüne Tonnen", „Gelbe Tonnen" sowie Kunststoff- und Altglascontainer.

Regenbogenfamilie (S. 44)
Eine Familie, in der Kinder von einem gleichgeschlechtlichen Elternpaar großgezogen werden, nennt man Regenbogenfamilie. Mindestens ein Elternteil in der Familie definiert sich als schwul, lesbisch, bisexuell oder transgender.

Rekonstruktion (S. 93)
siehe Info-Kaste S. 93

Republik (S. 260)
Unter Republik versteht man eine Staatsform, in der das Volk die Möglichkeit hat, Einfluss zu nehmen, z. B. durch Wahlen.

Ressource (S. 246)
Eine Ressource ist ein natürliches Produktionsmittel und eine Hilfsquelle. Dies sind z. B. Rohstoffe, aber auch Umweltgüter wie Luft und Wasser, die für die wirtschaftliche Tätigkeit des Menschen erforderlich sind.

Revolution (S.68)
Die Erde umkreist innerhalb eines Jahres die Sonne. Diese Bewegung wird Revolution genannt

Rollenbild (S. 50)
Ein Rollenbild beschreibt die Erwartungen, die an das Verhalten einer Person in einer bestimmten Situation gerichtet werden.

Rollenkonflikt (S. 33)
Manchmal fällt es uns schwer oder es ist gar nicht möglich, alle Erwartungen, die Menschen in unseren sozialen Gruppen an uns stellen, zu erfüllen. Dieses Aufeinandertreffen von Erwartungen und Interessen nennt man Rollenkonflikt.

Romanisierung (S. 272)
Die Übernahme der römischen Sprache (Latein) und der römischen Kultur durch unterworfene Völker wird Romanisierung genannt.

Rotation (S.68)
Innerhalb von 24 Stunden dreht sich die Erde einmal um ihre eigene Achse. Diese Drehbewegung nennt man Rotation.

Sage (S. 194)
Eine Sage ist eine Geschichte über ausgedachte und oft übernatürliche Ereignisse, die mündlich weitererzählt wird und einen wahren Kern hat. Der Autor der Geschichte ist unbekannt.

Saison (S. 290)
Die Saison ist die Hauptgeschäfts- bzw. Hauptarbeitszeit, insbesondere im Tourismus, in der Landwirtschaft und im Handel.

sanfter Tourismus (S. 297)
Der sanfte Tourismus soll die Natur und Landschaft möglichst wenig belasten, auf die Traditionen und Interessen der einheimischen Bevölkerung Rücksicht nehmen und die Umwelt schonen, z. B. durch ein gutes Angebot von öffentlichen Verkehrsmitteln, damit auf das Auto verzichtet werden kann.

Scheidung (S. 44)
Eine Scheidung ist die Trennung eines verheirateten Paares. Die Ehe wird beendet.

Scherbengericht (S. 201)
siehe Info-Kasten S. 201

Schuldknechtschaft (S. 200)
siehe Info-Kasten S. 200

Schülervertretung (SV) (S. 22)
Die Schülerschaft hat das Recht, Leben und Unterricht an ihrer Schule mitzugestalten. Die Schülervertretung, die gewählten Vertreter der Schüler, setzt sich für deren Interessen ein.

Sekundärwald (S. 158)
Nach Zerstörung des natürlichen Waldes (z. B. des tropischen Regenwaldes) wird der nachwachsende Wald als Sekundärwald bezeichnet. Er ist meist lichter und artenärmer.

Senat (S. 260)
Als Senat wird die Regierung der Stadtstaaten Hamburg, Berlin und Bremen bezeichnet. Die Bezeichnung geht zurück auf den Senat im antiken Rom.

Sesshaftigkeit (S. 98)
In der Jungsteinzeit wurden die Menschen allmählich sesshaft und zogen nicht mehr umher. Sie hatten einen festen Wohnsitz, begannen mit dem Ackerbau, hielten Haustiere und bildeten größere Gemeinschaften.

sexuelle Orientierung (S. 48)
siehe Fachbegriff-Kasten S. 48

Siegel (S. 228)
siehe Fachbegriff-Kasten S. 228

Sippe (S. 269)
Bezeichnung für die Gemeinschaft blutsverwandter Familien

Sklave (S. 99, 264)
siehe Fachbegriff-Kasten S. 99

Sonderkultur (S. 112, 232)
siehe Fachbegriff-Kasten S. 232

soziale Gruppe (S. 32)
Als soziale Gruppe gilt eine Gruppe von Menschen ab 3 Personen, die sich regelmäßig treffen und sich als zusammengehörig fühlen (Sportverein, Freundeskreis).

Stamm (S. 269)
Ein Stamm ist eine größere Gruppe von Menschen mit gleichen kulturellen Merkmalen (z. B. Sprache und Religion). Diese leben in der Regel in einem geschlossenen Territorium.

Stockwerkbau (S. 152)
Im tropischen Regenwald wachsen die Pflanzen sehr üppig und bilden je nach Höhe verschiedene Schichten aus, die sogenannten Stockwerke.

Südpol (S. 161)
Der Südpol ist der südlichste Punkt auf der Erde. Er ist der am weitesten entfernte Punkt vom Äquator auf der südlichen Halbkugel.

thematische Karte (S. 28)
Die thematische Karte ist ein Kartentyp, der ein spezielles Thema beinhaltet. So gibt es z. B. thematische Karten zur Bevölkerungsdichte, zur Wirtschaft oder zum Luftverkehr.

Tourismus (S. 289)
Reiseverkehr zu Zwecken der Erholung und Bildung in Gebiete und Länder, die dafür landschaftlich und kulturell geeignet sind

Umland (S.130)
Unscharf abgegrenzte Region um eine Stadt, die durch vielfältige Verflechtungen mit dieser Stadt verbunden ist.

UN-Kinderrechtskonvention (S. 54)
Die UN-Kinderrechtskonvention ist eine Vereinbarung zwischen vielen Ländern der Welt, in der geregelt wird, dass Kinder spezielle Rechte haben, die in den Gesetzen der Länder berücksichtigt werden sollen. Diese Vereinbarung kommt von der Organisation Vereinte Nationen (engl. „United Nations", kurz UN).

Vegetation (S.168)
Alle Pflanzen, die in einem bestimmten Gebiet der Erde wachsen, nennt man die Vegetation dieses Gebietes.

Verdunstung (S. 149)
Die Verdunstung ist der Prozess, bei dem ein Stoff vom flüssigen in den gasförmigen Zustand übergeht, z. B. von Wasser in Dampf.

Vetorecht (S. 260)
Mit einem Vetorrecht hat man das besondere Recht, seinen Einspruch einzulegen, wenn man Bedenken hat oder gegen bestimmte Entscheidungen oder Vorhaben (z. B. den Beschluss eines Gesetzes) ist. Wenn man sein Veto einlegt, wird z. B. das Vorhaben nicht umgesetzt. Man muss sein Vetorecht aber nicht nutzen.

Völkerwanderung (S. 276)
Als Völkerwanderung wird die Wanderungsbewegung vor allem germanischer Völker in der Zeit des 4. bis 6. Jahrhunderts n. Chr. bezeichnet. Die Germanen wanderten dabei ins Römische Reich und teilweise bis nach Afrika ein. Die Zeit der Völkerwanderung ist eine Übergangszeit. Sie bildet die historische Verbindung zwischen den Epochen Antike und Mittelalter.

Volkstribun (S. 260)
Ein Volkstribun ist ein vom Volk gewählter Amtsträger im Römischen Reich. Er vertritt insbesondere die Rechte des unteren Volkes.

Wanderfeldbau (S. 157)
Bei der Landwirtschaftsform des Wanderfeldbaus wird auf einer kleinen Fläche Wald abgeholzt. Diese Fläche wird für den Ackerbau genutzt. Lässt die Fruchtbarkeit des Bodens nach, werden die Felder aufgegeben. Die Menschen wandern weiter und holzen eine neue Fläche ab. Auch die Siedlungen werden jeweils mitverlegt.

Wert (S. 32)
Werte sind jene Vorstellungen, welche in einer Gesellschaft allgemein als wünschenswert anerkannt sind und den Menschen Orientierung verleihen.

Wetter (S. 118)
siehe Fachbegriff-Kasten S. 119

Wüste (S. 166)
Die Wüste ist ein Gebiet, das sich durch Vegetationsarmut oder Vegetationslosigkeit auszeichnet, die durch Wärme, Trockenheit und/oder Kälte bedingt wird.

Zweifelderwirtschaft (S. 106)
Bei der Zweifelderwirtschaft wird die Ackerfläche in zwei Bereiche geteilt. Dabei wird die eine Hälfte mit Getreide bepflanzt und die andere bleibt unbepflanzt (Brache).

Bildquellenverzeichnis

|akg-images GmbH, Berlin: 53.2; Album/Oronoz 213.3; Bildarchiv Steffens 267.1; Lessing, Erich 104.1, 210.1; Mermet, Gilles 266.2; Pirozzi 253.3; © Science Source/SCIENCE SOURCE 206.1. |Alamy Stock Photo, Abingdon/Oxfordshire: Abrahams, Mike 43.1; BSIP SA 236.2; imageBROKER 120.5, 226.2; Pulsar Imagens 155.1; robertharding 155.4, 237.3. |Alamy Stock Photo (RMB), Abingdon/Oxfordshire: ALLTRAVEL 299.2; Blossey, Hans 125.7; Greenshoots Communications 237.6; Horree, Peter 239.1; imageBROKER 237.2, 286.2, 286.3; incamerastock 261.2; Oberhäuser, Rupert 116.1; Ratz, Madeleine 20.6; RGB Ventures 111.2, 284.2; robertharding 299.3; ton koene 165.2; Travelfile 299.1. |Astrofoto, Sörth: 68.2, 71.2; NASA 66.4; NOAO/AURA/NSF 67.2. |Baaske Cartoons, Müllheim: Alf, Renate (2015) 52.2; Alf, Renate (2016) 49.1; Renate Alf 47.1, 47.2, 51.1; Tomaschoff, Jan 63.1. |Berghahn, Matthias, Bielefeld: 3.2, 4.1, 22.1, 24.1, 25.1, 28.1, 29.1, 30.1, 76.2, 76.3, 76.4, 90.1, 100.1, 101.1, 106.1, 107.1, 108.1, 109.1, 152.1, 198.1, 199.1, 199.2, 215.1, 215.2, 215.3, 291.1, 292.1. |bpk-Bildagentur, Berlin: 176.2; adoc-photos 187.1; Antikensammlung, SMB/Laurentius, Johannes 215.5; Deutsches Historisches Museum / Psille, Arne 53.1; Liepe, Jürgen 268.1; Museum für Vor- und Frühgeschichte, SMB / Jürgen Liepe 98.2; RMN/Schormans, Jean 103.2; Scala 6.1, 250.1; Scala - courtesy of the Ministero Beni e Att. Culturali 265.2; Seidenstücker, Fiedrich 108.3. |Calleri, Paolo, Ulm: 249.1. |Carls, Claudia (RV), Hamburg: 177.1, 185.1, 266.1. |Colourbox.com, Odense: 146.11. |ddp images GmbH, Hamburg: homas Lohnes/dapd 232.2. |Dietz, Joachim, Böllenborn: 76.1, 125.4, 133.1, 151.3, 286.4, 308.1, 311.1. |dreamstime.com, Brentwood: Antares614 138.3; Ozolins, Imants 85.3. |Drescher, Heinrich, Münster: 17.1. |Fairtrade Deutschland e.V., Köln: 236.3. |fotolia.com, New York: 96.3; AlexQ 169.1; anastasios71 215.7; Andreas P 297.1; aussieanouk 142.2; bennymarty 146.10; Bidouze, Stéphane 150.1; Connfetti 66.5; erectus 160.2; ExQuisine 236.1; francescodemarco 147.6; Kühl, Nicole 142.1; osterwelle 290.3; Ralph Loesche 151.2; Reinartz, Petra 110.3; salparadis 147.4; Silver 161.1; somartin 305.6, 305.7, 305.8, 305.9; styleuneed 66.2; Tristan3D 27.2, 66.3, 68.3, 68.4, 68.5; vitaliy_melnik 215.9; wabeno 235.1; xiaoliangge 239.2. |Fürstenberg, Stephanie, Speyer: 78.1, 78.2, 79.2, 79.3, 143.1, 289.3, 289.4, 289.5, 289.6, 289.7, 289.8. |Gehbauer, Lisa, Darmstadt: 143.2. |Geobasis NRW, Köln: Datenlizenz Deutschland - Zero - Version 2.0 80.1. |Gmach, Evelyn, Nittenau: 23.2, 41.1. |Google Maps: 19.2, 84.1. |Güttler, Peter - Freier Redaktions-Dienst, Berlin: 89.2, 150.3, 166.2. |Güttler, Peter - Freier Redaktions-Dienst (GEO), Berlin: 18.2, 28.2, 29.2, 29.3, 29.4, 29.5, 29.6, 29.7, 71.1, 83.1, 89.1, 124.2, 124.3, 132.1, 132.2, 132.3, 132.4, 132.5, 132.6, 132.7, 132.8, 132.9, 132.10, 133.2, 133.5, 133.6, 133.7, 133.8, 133.9, 133.10, 133.11, 133.12, 139.1, 139.2, 146.1, 154.1, 276.1, 300.1, 300.2, 300.3, 304.3, 305.1, 305.2, 305.3, 305.4, 305.5. |Haus der Jugend e.V., Frankfurt am Main: 124.1. |Hebel, Anja, Hinterzarten: 81.1, 81.2, 81.3, 81.4, 81.5, 81.6. |Hessisches Kultusministerium, Wiesbaden: Landesschülervertretung Hessen 22.2. |Hessisches Landesamt für Bodenmanagement und Geoinformation, Wiesbaden: 18.1. |HüttenWerke, Klaus Kühner, Hamburg: 185.2, 200.1. |Imago, Berlin: Berg, Lars 5.4, 216.2; Dalmasso, Monica 155.5; Delimont, Danita 153.1; Environmental Images 156.2; Fotostand/Reuhl 60.4; imagebroker 304.1; Imo, Thomas 5.5, 217.2; Schellhorn, Steffen 95.2. |Interfoto, München: imagebroker 72.3; imagebroker/Huwiler, Stefan 296.1; Mary Evans

/ Pharcide 302.1. |iStockphoto.com, Calgary: 24K-Production 35.1; 4x6 282.2; AlbertoLoyo 171.1; alejomiranda 4.5, 140.1; alex-mit 67.1; Alina555 20.4; AndreyPopov 46.2, 240.2; Bet_Noire 227.2; bezfamilii 20.1; bogdanhoria 145.2; byryo 42.2; Cineberg 248.2; clu 179.2, 258.1; damircudic 285.2; David_Bokuchava 243.1; davidf 87.2; Dawid Kalisinski Photography 144.3; Deepak Sethi 225.2; DejanGileski 166.1; Digital Vision Vectors/duncan1890 274.2; Dony 35.4; Drazen_ 49.2; duncan1890 21.2, 212.2; Editorial/AndreyKrav 220.1; elvirkin 302.2; elxeneize 232.1; esemelwe 112.1; FatCamera 20.2; fermate 286.1; filipefrazao 155.3; filmfoto 137.2; GeorgeRudy 33.1; Gorlov, Kyryl 242.1; gradyreese 126.3; Grafissimo 37.1; guenterguni 144.2; Hadyniak, Bartosz 168.1, 168.2; heckepics 184.1; izusek 20.3; jacoblund 223.1; jarino47 187.4; jaroon 282.3; Jevtic 227.1; Joa_Souza 56.2; johnaudrey 166.4; jose1983 72.1; JWackenhut 285.5; Kranendonk, Jan 3.3, 65.1; LARISA DUKA 240.1; loops7 236.4, 236.5, 236.6, 236.7, 236.8, 236.9, 236.10, 236.11; LSOphoto 42.1; Mann_Clon 5.3, 217.1; mielag 245.3; Mienny 237.4; miniseries 218.3; MogensTrolle 142.4; monkeybusinessimages 32.1; mtcurado 237.1; neil bowman 150.2; o-che 186.1, 186.2, 186.3, 186.4, 186.5, 186.6, 186.7, 186.8; ollo 4.3, 122.1, 130.1; Opka 67.3; osame 44.3; oversnap 4.10, 141.3; Paralaxis 188.2; pidjoe 219.1; Pixelci 247.1; prapann 144.1; querbeet 138.9; ranplett 36.3; RusN 5.2, 216.1; Rzezuchowski, Wiktor 110.4; Sanchez, Alvaro 13.1, 14.1; scaliger 5.1, 191.1; SDI Productions 218.2; SiberianArt 231.2; skynesher 138.1; Soldatova, Mariia 42.3; SolStock 48.2, 63.2; Stadtratte 35.5; sunlow 246.1; svetikd 50.1; SweetBabeeJay 35.6; tanyss 160.1; Tenedos 161.2; tirc83 56.1; Trout55 26.3; ugurhan 4.8, 141.2; venemama 17.2; vichi81 145.1; waldru 284.1; Wavebreakmedia 20.5, 35.3, 36.1, 44.2; wayra 136.1; Woodcock, Jonathan 23.1; Yuri_Arcurs 126.4; ZernLiew 25.2; Zigic, Drazen 50.2; zlikovec 35.2. |Karto-Grafik Heidolph, Dachau: 13.2, 14.2, 26.4, 27.4, 68.1, 74.1, 75.1, 79.1, 85.1, 85.2, 85.5, 88.1, 88.2, 88.3, 88.4, 88.5, 88.6, 117.1, 119.1, 121.1, 121.2, 131.1, 151.4, 153.3, 156.3, 157.1, 169.2, 169.3, 193.1, 212.5, 232.3, 233.2, 234.1, 235.2, 242.2, 254.1, 255.1, 255.2, 255.3, 255.4, 256.6, 278.2, 287.1, 287.2, 287.3, 287.4, 294.3, 294.4, 295.2, 300.4, 306.1. |Kartographie Michael Hermes, Hardegsen Hevensen: 245.1, 289.1, 289.2. |Kleicke, Christine, Hamburg: 25.4. |krisenchat gGmbH, Berlin: krisenchat.de 38.2. |laif, Köln: Ernsting, Thomas 93.1; Raach 295.3. |Lohmann, Alexander Maria, Obergurgl: 294.1, 295.1. |MairDumont GmbH & Co. KG, Ostfildern: 282.1. |Marckwort, Ulf, Kassel: 11.4. |Marine Stewardship Council (MSC), Berlin: 234.2. |mauritius images GmbH, Mittenwald: Alamy Stock Photos / FlixPix 213.1. |MGH GUTES AUS HESSEN GmbH, Rosbach vor der Höhe: 233.3. |Mithoff, Stephanie, Egestorf: 40.1, 44.1, 75.2, 111.1, 119.2, 119.3, 164.3, 174.1, 175.1, 175.2, 175.3, 175.4, 175.5, 175.6, 175.7, 175.8, 175.9, 175.10, 175.11, 176.1, 177.1, 178.1, 179.1, 180.1, 182.2, 182.3, 183.1, 184.2, 186.9, 218.4, 225.1, 226.1, 267.2. |Müller, Bodo, Bartensleben: 96.2, 102.1, 102.2, 102.3, 103.1, 104.2, 105.1, 162.1, 163.1, 184.3, 184.4, 196.1, 204.1, 209.1, 209.2, 253.1, 257.1, 258.2, 271.1, 272.1, 278.4. |Nummer gegen Kummer e.V., Wuppertal: 38.3. |Nußbaum, Dennis, Koblenz: 11.2, 11.3, 11.7, 11.9, 279.1. |PantherMedia GmbH (panthermedia.net), München: Fälchle, Jürgen 303.3; Humber, Jürgen 133.3; mikelane45 142.6; Missal, E. + P. 304.2; suspense 284.3. |Pfannenschmidt, Dirk, Hannover: 97.1. |Pflügner, Matthias, Berlin: 11.10. |Picture-Alliance GmbH, Frankfurt a.M.: 293.2; Balance/Photoshot/Cede Prudente 159.4; Balk, Matthias 296.4; Beck, Sebastian 296.2; dieKLEINERT.de/Rudolf Schupple 98.1; dpa 159.1; dpa/ Hoppe, Sven 21.1; dpa/Anspach, Uwe 106.3; dpa/Ebener, David 228.1; dpa/epa efe Montserrat T Diez 303.2; dpa/epa/Thissen, Bernd 215.6; dpa/Gateau, Christophe 60.2; dpa/Karsten Piepjohn 147.2; dpa/Kleefeldt, Frank 294.2; dpa/Ossinger 61.2; dpa/Rumpenhorst, Frank 55.1; dpa/TASS/Bobylev, Sergei 58.1; dpa/Vennenbernd, Rolf 61.1; euroluftbild.de/Hans Blossey 3.1, 9.1; Gabowicz, Fryderyk 39.1; Hollemann, Holger /dpa 34.3; Hummel, E. 164.2; IAU/DLR/Kornmesser, Martin 66.1; imageBROKER/Kopp, Florian 57.1; imageBROKER/Moxter, Martin 125.3; Koene, Ton 162.2, 165.1; Koene,Ton 162.3; mag/Warnecke, Andrea 228.2; SVEN SIMON/Kremser, Elmar 60.3; SZ Photo/Schicke, Jens 213.2; The Advertising Archives 62.1; Wagner, Ulrich 60.1; Wassenaar, Steven 56.3; Wilms, Rolf 164.1, 170.1. |RhineCleanUp, Düsseldorf: RCU 243.2. |Rock, Tammo, Darmstadt: 26.1, 26.2, 26.5, 27.1, 27.3, 69.1, 85.4, 87.1, 128.2, 128.3, 128.6, 128.7, 298.3. |Rühl, E. Rainer, Alsheim: 11.5. |Schönauer-Kornek, Sabine, Wolfenbüttel: 11.8, 288.2. |Schreiber, Marco, Frankfurt: 230.1, 308.2. |Schumann, Friederike, Berlin: 229.1, 229.2, 229.3, 229.4. |Schwarzstein, Yaroslav, Hannover: 16.2. |Science Photo Library (RF), München: TEK IMAGE/SPL 128.5. |Shutterstock.com, New York: Al'fred 151.1; alexsol 107.3; Alexxxey 167.2; Astanin 96.1; bbernard 4.2, 91.1; Boldak, Anton 254.4; Boris-B 296.3; Cetin, Mehmet 277.1; Chalakov, Anton 95.1; dedMazay 205.1, 205.2, 205.3, 205.4, 205.5; Delimont, Danita 4.9, 140.3; Doerschem, Frederick 135.1; Elisseeva, Elena 112.3; f4 Luftbilder 273.1; Food Impressions 97.5, 97.8, 106.2; FotoHelin 152.4, 152.5; Frazao, Gustavo 4.6, 141.1; freedom100m 72.6; Gilmanshin 212.1; Gudella, Peter 293.1; Harvey, Dolores M. 163.2; hecke61 4.4, 123.1; Inspiring 194.1, 194.2, 194.3, 194.4, 194.5, 194.6, 194.7, 194.8, 194.9, 194.10, 194.11, 194.12; IrinaK 142.3; ivector 221.1; KajzrPhotography 167.1; Kiyota 114.1; koblizeek 229.7; Kotliar, Nata 248.1; Lansdown, Hugh 153.2; Lemi85 103.3, 103.4, 103.5; leungchopan 224.1; MarynaG 112.2; Mecnarowsk, Martin 166.3; MIA Studio 13.5, 14.5; Mohamed, Syahtuah 73.4; mountainpix 95.2; Natursports 257.2; Odua Images 13.4, 14.4; oleg tsiganok 46.1; Pantielieiev, Oleksandr 103.6; PARALAXIS 159.3; Pavel, Dzuba 120.4; Perez, Ique 97.6; Peyker 97.7; Phant 11.1; Popova Valeriya 146.3; Prostock-studio 222.1; Pursche, Torsten 4.7, 140.2; R.A.R. de Bruijn Holding BV 238.1; R.M. Nunes 152.2, 152.3; Radin, Lev 21.3; Rawpixel.com 218.1; Rich, Diana 11.6; RONORMANJR 224.2; Sabelskaya 134.1; Sammy33 278.3; Sashkin 13.6, 13.7, 14.6, 14.7; SaveJungle 97.4; SNEHIT PHOTO 130.2; Spreefoto 215.8; Stemmers, Alex 154.2; Todaro, Massimo 264.1, 264.2; Vermeulen-Perdaen, Guido 254.2; vvoe 274.1; Wehnert, Jan 10.2; Wirestock Creators 17.4; WoodysPhotos 55.2; yod 67 110.2. |Spangenberg, Frithjof, Konstanz: 99.1, 180.2, 180.3, 181.1, 202.1, 208.1, 215.4, 253.2, 256.1, 256.2, 256.3, 256.4, 256.5, 262.1, 265.1, 268.2, 268.3, 268.4, 278.1. |Steingässer, Jens, seeheim-jugenheim: 128.1. |Stiftung Warentest, Berlin: 229.5. |stock.adobe.com, Dublin: 110.1; #CNF 243.3; Alex T. 125.5; Andreas P 290.1; ARochau 137.1; Beautiful Blossoms 82.1, 82.2, 82.3, 82.4, 82.5; bestforbest 237.5; Bidouze, Stéphane 108.2; Bildergarage 10.3; Bjoern Wylezich 125.6; blende11.photo 25.3; Bormann, Markus 226.4; Buffaloboy 48.3; Cervo, Diego 39.2; chagpa 13.3, 14.3; CPO Titel; Dave 187.2; dimazel 70.3; djama 288.1; Dmitrijevs, Dmitrijs Titel; drubig-photo 32.2; e55evu 212.3; eyewave 138.8; Fälchle, Jürgen 147.3; FlexDreams 179.3; fotomaster 146.6, 146.7; Fox_Dsign 70.1, 70.2; Fred 252.1; Frog 974 298.1; Gross, Manuel 120.1; guillaume_photo 229.6; Halfpoint 58.2; highwaystarz 52.1; Ilmberger, Andy 97.3; ilyaska 167.3; industrieblick 226.3; Isselée, Eric 146.4; JackF 146.2, 146.9; JackNess 17.3; janaph 146.5; Jose Luis Stephens 246.3; Kara 6.2, 281.1; Kinney, Brian 72.5; Ködder, Rico 285.3; Körber, Stefan 254.3; Kzenon 128.4; la source de l'info 172.1; lazyllama 48.1; levelupart 303.1; LiliGraphie 120.3; lotharnahler 125.1; Manuel Schönfeld 285.4; manuela_kral 73.3; Marcos 34.2; Melnik, Vladimir 146.12; Mushy 107.2; Noppasinw 133.4; parallel_dream 125.2; Pattschull, Heino 212.4; pedarilhos 156.1; Petrus, Anton 72.4; philipus 126.1; Photoshooter 138.6; Pixeltheater 147.1; Plumette, Suzanne 188.1; Prudek, Daniel 73.1; Prusaczyk, Mariusz 72.2; purelife-pictures 126.2; riccardomojana 233.1; Rob 142.5; Roberto 155.2; Roman 10.1; Ruslan Gilmanshin 120.6, 261.1; scaliger 73.2; SiRo 270.1; stgrafix 118.1; streptococcus 130.3, 130.4, 130.5, 130.6, 130.7, 130.8, 130.9, 130.10, 130.11, 130.12, 130.13, 130.14, 130.15, 130.16, 130.17, 130.18, 130.19, 130.20, 130.21, 130.22, 130.23, 130.24, 130.25, 130.26, 130.27; Sughra 47.3, 47.4, 47.5, 47.6, 47.7, 52.3, 52.4, 52.5, 52.6; Sylvie Bouchard 146.8; Thomas 246.2; tilialucida 138.2, 299.4; Todaro, Massimo 259.1; Tolo 187.3; Topchii, Max 290.2; topics 138.5; TR Design 138.4; Uwe Titel; vectorfusionart 38.1; vovan 245.2; VRD 202.2; Wagner, Achim 272.2; wahooo 53.3; wavebreak3 36.2; WavebreakMediaMicro 34.1; whitcomberd 159.2; Wolfilser 6.3, 147.5, 281.2; wsf-f 138.7. |Störtebeker Festspiele GmbH & Co. KG, Ralswiek/Rügen: 285.1. |Struwe, Roland, Sulzbach: 19.3, 231.1, 244.1. |Tonn, Dieter, Bovenden-Lenglern: 178.2, 182.1, 189.1. |Trebels, Rüdiger, Düsseldorf: 16.1. |ullstein bild, Berlin: Schellhorn 120.2. |UNICEF Deutschland, Köln: 54.1. |Vermessungsamt Darmstadt, Darmstadt: 129.1, 129.2, 129.3, 129.4, 129.5, 129.6, 129.7. |Visum Foto GmbH, München: Hanke 118.2. |Wolff, Oliver, Königstein im Taunus: 19.1. |Zu gut für die Tonne!, Bonn: 240.3.